Analyse der Reformvorschläge
zur Weiterentwicklung
des betrieblichen Altersversorgungssystems

Europäische Hochschulschriften

Publications Universitaires Européennes

European University Studies

Reihe V

Volks- und Betriebswirtschaft

Série V Series V

Sciences économiques, gestion d'entreprise

Economics and Management

Bd./Vol. 2720

PETER LANG

Frankfurt am Main · Berlin · Bern · Bruxelles · New York · Oxford · Wien

Ralf Güstel

Analyse der Reformvorschläge zur Weiterentwicklung des betrieblichen Altersversorgungssystems

PETER LANG
Europäischer Verlag der Wissenschaften

Die Deutsche Bibliothek - CIP-Einheitsaufnahme

Güstel, Ralf:

Analyse der Reformvorschläge zur Weiterentwicklung des betrieblichen Altersversorgungssystems / Ralf Güstel. - Frankfurt am Main ; Berlin ; Bern ; Bruxelles ; New York ; Oxford ; Wien : Lang, 2001
(Europäische Hochschulschriften : Reihe 5, Volks- und Betriebswirtschaft ; Bd. 2720)
Zugl.: Hamburg, Univ., Diss., 2000
ISBN 3-631-37539-5

D 18
ISSN 0531-7339
ISBN 3-631-37539-5

Vorwort

Die vorliegende Arbeit wurde im Wintersemester 1999/2000 vom Fachbereich Wirtschaftswissenschaften der Universität Hamburg als Dissertation angenommen. Sie entstand während meiner Assistentenzeit am Institut für Wirtschaftsprüfung und Steuerwesen des Arbeitsbereiches Betriebswirtschaftliche Steuerlehre. Nach dem Ableben meines verehrten akademischen Lehrers, Herrn Prof. Dr. Lothar Haberstock übernahm der von mir ebenso geschätzte Herr Prof. Dr. Lutz Fischer, Institut für Ausländisches und Internationales Finanz- und Steuerwesen die wissenschaftliche Betreuung meiner Arbeit. Für die freundliche Unterstützung danke ich ihm herzlich. Herrn Prof. Dr. Siegfried Grotherr gilt mein Dank für die Übernahme des Korreferats im Promotionsverfahren, Herrn Prof. Dr. Walter Karten für die freundliche Übernahme des Vorsitzes im Prüfungsausschuß.

Ferner möchte ich mich bei Herrn Dipl.-Kfm. Lars-Henning Patzke für die große Einsatzbereitschaft zur Lösung bei auftretenden Computerproblemen bedanken. Mein besonderer Dank gilt Herrn Rechtsanwalt Gregor Schöne. Die kritisch-konstruktive Diskussion mit ihm war stets Erlebnis und Herausforderung zugleich.

Besonderer Dank gilt schließlich meiner Familie, ohne deren Unterstützung und Verständnis diese Arbeit nicht zustande gekommen wäre.

Hamburg, Mai 2000 Ralf Güstel

Inhaltsverzeichnis

Abkürzungsverzeichnis

(mit Adressen der wichtigsten Einrichtungen)

a. A. . ... =	anderer Auffassung
a. a. O. . ... =	am angegebenen Ort
aba.................. =	Arbeitsgemeinschaft für betriebliche Altersversorgung e.V., Rohrbacher Str. 12, 69115 Heidelberg
Abb. . ... =	Abbildung
Abs................... =	Absatz
Abschn............. =	Abschnitt
AFG .... =	Arbeitsförderungsgesetz, vom 25.06.1969, zul. geänd. durch G. v. 20.12.1996
AO.................... =	Abgabenordnung, vom 16.03.1976, zul. geänd. durch G. v. 19.12.1998
Art. . ... =	Artikel
BAG .... =	Bundesarbeitsgericht, Hugo-Preuß-Platz 1, 99113 Erfurt
BAV.................. =	Bundesaufsichtsamt für das Versicherungswesen, Ludwig-Kirchplatz 3 – 4, 10719 Berlin
BB.................... =	Der Betriebs-Berater (Zeitschrift)
Bd. .... =	Band

BdB	=	Bundesverband deutscher Banken, Burgstr. 28, 10178 Berlin
BdF	=	Bundesministerium der Finanzen, Graurheindorfer Str. 108, 53117 Bonn; Wilhelmstr. 97, 10117 Berlin
BDI	=	Bundesverband der deutschen Industrie, Breite Straße 29, 10178 Berlin
Beil	=	Beilage
BetrAV	=	Betriebliche Altersversorgung (Zeitschrift), Mitteilungsblatt der Arbeitsgemeinschaft für betriebliche Altersversorgung
BetrAVG	=	Gesetz zur Verbesserung der betrieblichen Altersversorgung vom 19.12.1974, zul. geänd. durch G. v. 16.12.1997 (Änderung aufgrund von Artikel 8 des RRG 1999) sowie durch Artikel 91 EGInsO, Gesetz vom 5.10.1994
BetrVG	=	Betriebsverfassungsgesetz v. 15.01.1972 i. d. F. der Bek. v. 23.12.1988, zul. geänd. durch G. v. 25.09.1996
BfF	=	Bundesamt für Finanzen, Graurheindorfer Str. 108, 53117 Bonn; Wilhelmstr. 97, 10117 Berlin
BFH	=	Bundesfinanzhof, Ismaninger Str. 109, 81675 München
BGB	=	Bürgerliches Gesetzbuch v. 18.08.1896, zul. geänd. durch G. v. 20.12.1996
BGBl.	=	Bundesgesetzblatt
BGH	=	Bundesgerichtshof, Herrenstr. 45a, 76133 Karlsruhe

BMF	=	Bundesministerium der Finanzen, Graurheindorfer Str. 108, 53117 Bonn; Wilhelmstr. 97, 10117 Berlin
bspw.	=	beispielsweise
BStBl.	=	Bundessteuerblatt
BT-Drucks.	=	Bundestags-Drucksache
BVerfG	=	Bundesverfassungsgericht, Schloßbezirk 3, 76131 Karlsruhe
BVI	=	Bundesverband Deutscher Investment Gesellschaften
bzw.	=	beziehungsweise
c. p.	=	ceterus paribus
DAX	=	Deutscher-Aktien-Index
DB....................	=	Der Betrieb (Zeitschrift)
DBA	=	Doppelbesteuerungsabkommen
ders.	=	derselbe
d. h.	=	das heißt
dies.	=	dieselbe (n)
Diss.	=	Dissertation
DStR	=	Deutsches Steuerrecht (Zeitschrift)
DStZ................	=	Deutsche Steuer Zeitung (Zeitschrift)

DSWR	=	Datenverarbeitung, Steuer, Wirtschaft, Recht - Zeitschrift für Praxisorganisation, Betriebswirtschaft und elektronische Datenverarbeitung
d. V.	=	der Verfasser
EGHGB	=	Einführungsgesetz zum Handelsgesetzbuche v. 10.05.1897, zul. geänd. d. G. v. 19.12.1998
EG-Richtlinie	=	Richtlinie des Rates der Europäischen Gemeinschaft/Union
EGV	=	Vertrag zur Gründung der Europäischen Gemeinschaft v. 25.03.1957 i. d. F. des Vertrages über die Europäische Union v. 7.02.1992, zul. geänd. durch Beitrittsvertrag v. 24.06.1994 i. d. F. des Beschl. v. 01.01.1995
Einl.	=	Einleitung
ErbStG	=	Erbschaftsteuer- und Schenkungsteuergesetz vom 17.04.1974 i. d. F. der Bek. v. 19.02.1991, zul. geänd. durch G. v. 20.12.1996
EStG	=	Einkommensteuergesetz v. 16.10.1934 i. d. F. der Bek. v. 7.09.1990, zul. geänd. durch G. v. 20.12.1996
EStR	=	Einkommensteuerrichtlinien, i. d. F. der EStÄR v. 15.12.1998
EU	=	Europäische Union
EuGH	=	Europäischer Gerichtshof, Luxemburg
f.	=	folgende (Seite)

ff. .... = fortfolgende (Seiten)

FG.................... = Finanzgericht

Fn..................... = Fußnote

FR.................... = Finanzrundschau (Zeitschrift)

G....................... = Gesetz

GAAP............... = Generally Accepted Accounting Principles

GewStG .... = Gewerbesteuergesetz v. 1.12.1936 i. d. F. der Bek. v. 21.03.1991, zul. geänd. durch G. v. 20.12.1996

GG .... = Grundgesetz der Bundesrepublik Deutschland v. 23.05.1949, zul. geänd. durch G. v. 3.11.1995

ggf.................... = gegebenenfalls

HFA.................. = Hauptfachausschuß der Wirtschaftsprüfer

HGB .... = Handelsgesetzbuch v. 10.05.1897, zul. geänd. durch G. v. 28.10.1994

h. M. .... = herrschende Meinung

Hrsg. .... = Herausgeber

IAS .... = International Accounting Standard

i. d. F. .... = in der Fassung

i. d. R. .... = in der Regel

i. e. S. .... = im engeren Sinne

INF .... =	Die Information über Steuer und Wirtschaft (Zeitschrift)
insb. .... =	insbesondere
InsO .... =	Insolvenzordnung vom 05.10.1994, BGBl. I, S. 2866 ff.
i. S. .... =	im Sinne
i. V. m. .... =	in Verbindung mit
IWB .... =	Internationale Wirtschaftsbriefe
i. w. S. .... =	im weiteren Sinn
JbFfStR .... =	Jahrbuch der Fachanwälte für Steuerrecht
KAGG .... =	Gesetz über Kapitalanlagegesellschaften, i. d. F. der Bek. v. 9.09.1998, zul. geänd. durch G. v. 24.03.1999
Komm. .... =	Kommentar
KStDV .... =	Körperschaftsteuer-Durchführungsverordnung i. d. F. der Bek. V. 22.02.1996
KStG .... =	Körperschaftsteuergesetz v. 31.08.1976 i. d. F. der Bek. v. 22.02.1996, zul. geänd. durch G. v. 20.12.1996
KStR .... =	Körperschaftsteuerrichtlinien, i. d. F. v. 15.12.1995

LStDV ....=	Lohnsteuer-Durchführungsverordnung v. 6.06.1949 i. d. F. der Bek. v. 10.10.1989, zul. geänd. durch G. v. 11.10.1995
LStR.................=	Lohnsteuerrichtlinie, i. d. F. v. 2.10.1998
m. a. W. ....=	mit anderen Worten
m. w. N.............=	mit weiteren Nachweisen
n. F. ....=	neue Fassung
NRW ....=	Nordrhein-Westfalen
NWB ....=	Neue Wirtschaftsbriefe
NZA..................=	Neue Zeitschrift für Arbeitsrecht (Zeitschrift)
OFD ....=	Oberfinanzdirektion
o. O..................=	ohne Ortsangabe
PSVaG.............=	Pensions-Sicherungs-Verein (Versicherungsverein auf Gegenseitigkeit), Berlin-Kölnische-Allee 2 – 4, 50696 Köln
R ....=	Richtlinie
Rdnr. ....=	Randnummer
RRG 1992........=	Rentenreformgesetz v. 18. 12. 1989, BGBl. I, S. 2261 ff.

RRG 1999........=	Rentenreformgesetz v. 16.12.1997, BGBl. I, S. 2998 ff.
Rspr. ....=	Rechtsprechung
s. ....=	siehe
S. ....=	Seite
SFAS ....=	Statement of Financial Accounting Standards
SGB ....=	Sozialgesetzbuch
sog. ....=	sogenannt (e)
StbG................=	Die Steuerberatung (Zeitschrift)
StBp ....=	Die steuerliche Betriebsprüfung (Zeitschrift)
StbJb...............=	Steuerberater-Jahrbuch
std. Rspr. ....=	ständige Rechtsprechung
StuW...............=	Steuer und Wirtschaft (Zeitschrift)
Tab..................=	Tabelle
TVG ....=	Tarifvertragsgesetz v. 9.04.1949 i. d. F. der Bek. v. 25.08.1969, zul. geänd. durch G. v. 29.10.1974
u. a. ....=	unter anderem
Urt. ....=	Urteil
v. ....=	vom

VAG ....= Gesetz über die Beaufsichtigung der privaten Versicherungsunternehmen (Versicherungsaufsichtsgesetz) v. 12.05.1901 i. d. F. der Bek. 17.12.1992, zul. geänd. durch G. v. 28.10.1994

VZ ....= Veranlagungszeitraum

VermBG ....= Vermögensbeteiligungsgesetz, Gesetz zur Förderung der Beteiligung der Arbeitnehmer am Produktivvermögen und anderer Formen der Vermögensbildung der Arbeitnehmer, BGBl. I, 1998, S. 2647 ff.

v. F. ....= vorgeschlagende Fassung

vgl. ....= vergleiche

VVaG ....= Versicherungsverein auf Gegenseitigkeit

VVG ....= Versicherungsvertragsgesetz v. 30.05.1908, zul. geänd. d. G. v. 5.10.1994

VW...................= Versicherungswirtschaft (Zeitschrift)

VZ ....= Veranlagungszeitraum

WPg ....= Die Wirtschaftsprüfung, Fachzeitschrift des Instituts der Wirtschaftsprüfer

z. B. ....= zum Beispiel

ZfB ....= Zeitschrift für Betriebswirtschaft

ZfbF ....= Zeitschrift für betriebswirtschaftliche Forschung

Ziff. ....= Ziffer

ZIP .... = Zeitschrift für Wirtschaftsrecht und Insolvenzpraxis

z. T. .... = zum Teil

Abbildungsverzeichnis

Erster Teil: Einleitung

A. Problemstellung

I. Finanzielle Alterssicherung in Deutschland

Die finanzielle Alterssicherung in Deutschland baut auf drei in ihrer Bedeutung und Verbreitung sehr unterschiedlich ausgeprägten Versorgungssystemen auf: der gesetzlichen Rentenversicherung, der betrieblichen Altersversorgung und der privaten Altersvorsorge.[1]

Die gesetzliche Rentenversicherung[2] stellt in Deutschland nach wie vor für den Großteil der Bevölkerung[3] den wesentlichen Bestandteil der finanziellen Altersvorsorge[4] dar. Dieses staatliche Altersversor-

---

1 Alterssicherung in diesem Sinne meint alle Maßnahmen, die dazu dienen sollen, das Leben nach Ende der beruflich aktiven Phase in finanzieller Hinsicht abgesichert zu gestalten. Diese Dreiteilung der Altersversorgungssysteme findet sich – in unterschiedlicher Ausprägung – in den meisten westlichen Industrienationen. Vgl. EU-Kommission (1999), S. 3 ff. und Dritter Teil, Fn. 7 dieser Arbeit.

2 Die gesetzliche Rentenversicherung basiert in Deutschland auf dem Umlageverfahren (§ 153 SGB VI) und finanziert sich zu ca. 80 % aus Beiträgen der Versicherten und zu ca. 20 % aus Bundeszuschüssen, die versicherungsfremde Leistungen – wie bspw. die Berücksichtigung beitragsfreier Zeiten während der Schulzeit und des Studiums sowie Kindererziehungszeiten – decken sollen. Die gesetzliche Rentenversicherung erfaßt die Arbeitnehmer in der Privatwirtschaft und die im öffentlichen Dienst, welche nicht beamtet sind. Vgl. z. B. Michaelis (1998), S. 85 ff. m. w. N. Zu den Formen der gesetzlichen Altersversorgung zählen die Beamtenversorgung [vgl. Battis (1998), S. 117 ff. m. w. N.], die Alterssicherung der Landwirte [vgl. Deisler (1998), S. 129 ff. m. w. N.] und die berufsständische Versorgung [vgl. Jung (1998), S. 151 ff. m. w. N.].

3 Im Jahr 1995 bezogen in den alten Bundesländern 89 % der Männer und 70 % der Frauen im Alter ab 65 Jahren eine Versichertenrente. Eine weitere Zunahme der Bedeutung der gesetzlichen Rentenversicherung wird erwartet, da im Jahr 1996 95 % der Männer und 93 % der Frauen im Alter von 40 bis unter 60 Jahren ein Versorgungskonto bei der gesetzlichen Rentenversicherung besaßen. Vgl. AVID (1996), S. 9 ff.

4 Das Einkommen von Rentenempfängern in Deutschland setzte sich 1986 zu 78 % aus gesetzlicher Rentenversicherung, 15 % betrieblicher Altersversor-

gungssystem wird ergänzt durch die Möglichkeiten der betrieblichen Altersversorgung und der privaten Vorsorge. In der Literatur hat sich daher der Begriff des „Drei-Säulen-Modells" etabliert, wobei die gesetzliche Rentenversicherung die erste Säule, die betriebliche Altersversorgung die zweite und die private Vorsorge die dritte Säule der finanziellen Alterssicherung darstellen. Dieses Drei-Säulen-Modell soll gewährleisten, daß der in der beruflich aktiven Phase des Lebens erreichte Lebensstandard auch im Alter aufrecht erhalten werden kann. Die Lastenverteilung und Tragfähigkeit dieser „Säulen" sind allerdings unterschiedlich ausgeprägt.[5] Die gesetzliche Rentenversicherung ist ungleich stärker belastet als die auch vergleichsweise gering verbreitete betriebliche Altersversorgung. Die private Eigenvorsorge ist trotz stetig zunehmender Tendenz im Verhältnis zur gesetzlichen Rentenversicherung kaum nennenswert.[6]

Die seit Ende der 80er Jahre einsetzende Diskussion über die Sicherheit der gesetzlichen Rentenversicherung führte zur Rentenre-

---

gung, 2 % Erwerbstätigkeit, 4 % Anlagevermögen und 1 % Sonstigem zusammen. Vgl. EU-Kommission (1994), S. 29.

5 Man spricht daher häufig statt von der Drei-Säulen-Theorie von der Drei-Schichten-Theorie, um auf die unterschiedliche Höhe der drei Säulen hinzuweisen. Vgl. Uebelhack (1998 a), Rdnr. 38. Der Ausbau der zweiten Säule in Deutschland hängt – wie auch im übrigen Europa – vor allem vom Leistungsumfang der ersten Säule ab. So findet sich eine schwach ausgebaute betriebliche Altersversorgung in Ländern mit hohen Leistungsversprechen aus der gesetzlichen Rentenversicherung (z. B. Italien, Spanien, Portugal). In Ländern mit begrenzten Leistungen aus der staatlichen Altersversorgung ist die Verbreitung der betrieblichen Altersversorgung hingegen sehr stark entwickelt (z. B. Großbritannien, Irland, Niederlande). Vgl. hierzu Dritter Teil, Fn. 7 dieser Arbeit.

6 Vgl. DIW (1999), S. 783. Die Unterscheidung zwischen betrieblicher Altersversorgung und privater Vorsorge ist im Einzelfall und unter Berücksichtigung aktueller Rechtsprechungstendenzen recht schwierig. Vgl. S. 55 ff. und S. 64 ff. dieser Arbeit. So umfaßt die Altersvorsorge im Gegensatz zur Altersversorgung lediglich alle Maßnahmen der Vermögensbildung vor Eintritt in den Ruhestand, die der Sicherung eines gewissen Lebensstandards im Alter dienen, ohne das biometrische Risiken abgedeckt werden.

form 1992.[7] Weitere Änderungen in der gesetzlichen Rentenversicherung erfolgten durch das Gesetz zur Förderung eines gleitenden Übergangs in den Ruhestand vom 23.07.1996 und durch das Gesetz zur Umsetzung des Programms für mehr Wachstum und Beschäftigung in den Bereichen der Rentenversicherung und Arbeitsförderung vom 25.09.1996.[8] Am 16.12.1997 hat der Bundestag das Rentenreformgesetz 1999[9] aufgrund der drohenden Erhöhung der Beitragssatzentwicklung verabschiedet. Der Beitragssatz[10] wird jedes Jahr neu festgesetzt und beträgt für das Jahr 2000 im gesamten Bundesgebiet 19,3 %[11] der Beitragsbemessungsgrenze[12]. Die Beiträge sind

---

7 Trotz zahlreicher Vorschläge [vgl. z. B. Buttler/Jager (1988), S. 386; Schmähl (1994), S. 507 ff.; Deutsche Bundesbank (1995), S. 30 f.] zu einem Übergang von dem Umlage- zu einem Kapitaldeckungsverfahren der gesetzlichen Rentenversicherung entschied sich die Bundesregierung für eine Reform im System [vgl. zur Begründung Deutscher Bundestag (1997 b), Allgemeiner Teil]. Die wichtigsten Maßnahmen des Rentenreformgesetzes 1992 seien hier kurz stichwortartig genannt: die Anhebung von Altersgrenzen, der Übergang zur nettolohnbezogenen Rentenanpassung, Beitragszahlung auf Lohnersatzleistungen und Neuregelung für den Bundeszuschuß. Vgl. RRG 1992 vom 18.12.1989, BGBl. I, S. 2261 ff.

8 Vgl. BGBl. I, 1996, S. 1461 ff. Die wichtigsten Maßnahmen seien hier stichwortartig genannt: Reduzierung anrechenbarer Ausbildungszeiten, Aufhebung der Versicherungsfreiheit bei Beschäftigung während des Studiums, Einschränkung von Leistungen nach dem Fremdrentenrecht, Umwandlung von Zeiten der Arbeitslosigkeit von Anrechnungszeiten in Berücksichtigungszeiten.

9 Vgl. RRG 1999 vom 16.12.1997, BGBl. I, S. 2998 ff.

10 Zur Finanzierung der gesetzlichen Rentenversicherung muß der Beitragssatz jährlich in der Höhe angepaßt werden, so daß die Einnahmen unter Berücksichtigung des Bundeszuschusses die Ausgaben der Rentenversicherung decken. Der Beitragssatz bemißt sich nach einem jährlich neu festzusetzenden Prozentsatz des beitragspflichtigen Einkommens des Versicherten, wobei die Bemessungsgrundlage gem. § 157 SGB VI in seiner Höhe begrenzt ist.

11 Vgl. Stradinger (1999), S. 5072. Im Jahr 2001 wird der Beitragssatz voraussichtlich auf 19,0 % und im Jahr 2002 auf 18,8 % sinken. Dies wird dadurch ermöglicht, daß die Renten in den nächsten beiden Jahren nach der Inflationsrate und nicht nach der Entwicklung der Nettolöhne angepasst werden sollen und dadurch, daß zusätzliche Finanzmittel aus der ökologischen

je zur Hälfte von Arbeitgeber und Arbeitnehmer aufzubringen (§ 168 Abs. 1 S. 1 Nr. 1 SGB VI). Ziel der gesetzlichen Rentenversicherung ist es u. a., den während des Berufslebens des Versicherten erreichten Lebensstandard im Rentenalter aufrechtzuerhalten.[13] Die Höhe der Versorgungszahlungen im Alter hängt von der Rentenart, der Höhe und der Dauer der geleisteten Beiträge, sonstigen Anrechnungszeiten und dem aktuellen Lohnniveau ab (§ 63 SGB VI).[14] Die mit der Rentenreform 1999 beschlossene Absenkung des Rentenniveaus durch den sogenannten demographischen Faktor, der in der Rentenanpassungsformel die Renten auf 64 % des letzten Nettoein-

---

Steuerreform in die Rentenkassen fließen. Damit wird der Beitragssatz voraussichtlich langsamer sinken, als von der Bundesregierung erwartet wurde. Sie war bisher von einem Beitragssatz von 19,1 % im Jahr 2000, von 18,8 % im Jahr 2001 und von 18,7 % im Jahr 2002 ausgegangen. Vgl. Handelsblatt (18.11.1999), S. 4. Durch die Zahlung von Beiträgen für Kindererziehungszeiten durch den Bund ab 1.06.1999 und die Übernahme der Kosten für die Auffüllbeiträge in den neuen Ländern durch den Bund wurde der Beitragssatz zur Rentenversicherung für das Jahr 1999 um 0,8 % auf 19,5 % gesenkt. Zuvor wurde, um eine sonst notwendig gewordene Anhebung der Rentenversicherungsbeiträge von 20,3 % auf 21 % zu vermeiden, eine Anhebung des allgemeinen Umsatzsteuersatzes von 15 % auf 16 % ab 1.04.1998 beschlossen. Vgl. Gesetz zur Finanzierung eines zusätzlichen Bundeszuschusses zur gesetzlichen Rentenversicherung vom 19.12.1997, BGBl. I, 1997, S. 3121 ff.

12 Die monatliche Beitragsbemessungsgrenze für die Renten- und Arbeitslosenversicherung beträgt im Jahr 2000 (1999) in den alten Bundesländern 8.600 (8.500) DM. Da die durchschnittlichen Einkommen in den neuen Bundesländern im vergangenen Jahr gesunken sind, verringerte sich die Beitragsbemessungsgrenze in den östlichen Bundesländern auf 7.100 (7.200) DM. Vgl. §§ 159, 275a SGB VI, § 175 Abs. 1 Nr. 1 AFG. Siehe zu den beitrags- und versicherungsrechtlichen Änderungen in der Sozialversicherung insbesondere Figge (1999), S. 2412 ff.; Stradinger (1999), S. 5071 ff.

13 Weiterhin umfassen die Leistungen der gesetzlichen Rentenversicherung auch Renten wegen verminderter Erwerbsfähigkeit und wegen Todes (§ 33 SGB VI). Vgl. zu den Leistungen der gesetzlichen Rentenversicherung insb. Michaelis (1998), S. 85 ff.

14 Allerdings sinkt ab einem bestimmten Gehalt das relative Absicherungsniveau, da die Bemessungsgrundlage der Rentenversicherungsbeiträge und folglich die Leistungen der Höhe nach begrenzt werden. Vgl. Schmähl (1981), S. 647.

kommens zurückführen sollte, wurde zwar für die Jahre 1999 und 2000 ausgesetzt[15], zeigt allerdings deutlich die Probleme der gesetzlichen Rentenversicherung auf.

Es ist nunmehr offenkundig, daß für künftige Rentner-Generationen die Leistungen der umlagefinanzierten gesetzlichen Rentenversicherung allein nicht mehr ausreichen werden, um den zur Zeit der Erwerbstätigkeit erreichten Lebensstandard aufrechtzuerhalten. Ziel jeglichen Eingriffs in das gesetzliche Rentenversicherungssystem muß daher – bei gleichbleibendem Versorgungsniveau – die Senkung bzw. Stabilisierung des Beitragssatzes sein, wobei zur Zeit Reformvorschläge[16] diskutiert werden, die die besonders problematische Zeit um das Jahr 2030[17] betrachten. Die steigende Lebenser-

---

15 Vgl. Gesetz zu Korrekturen in der Sozialversicherung und zur Sicherung der Arbeitnehmerrechte vom 19.12.1998, BGBl. I, S. 3843 ff. Gleiches gilt für die Minderungen in der Berufs- und Erwerbsunfähigkeitsrente und bei der Heraufsetzung der flexiblen Altersgrenze für Schwerbehinderte von 60 auf 63 Jahren.

16 Die Diskussion betrachtet die Abwägung von Umlage- und Kapitaldeckungsverfahren und die Übergangsprobleme, welche aus einem Systemwechsel resultieren. Weiterhin wird der Ersatz der beitragsbezogenen Rente durch eine Grundrente vorgeschlagen. Vgl. zu den einzelnen Vorschlägen z. B. Buttler/Jäger (1988), S. 386; Deutsche Bundesbank (1995), S. 30 f.; dies. (1999), S. 15 ff.; Ruland (1998), S. 935 ff.; Rürup/Liedtke (1998), S. 779 ff.; Schmähl (1994) S. 507 ff.; ders. (1998), S. 59 ff.; Wissenschaftlicher Beirat (1998).

17 Die Bundesregierung erwartete in 1995 auf Basis des damals geltenden Rechts bis 2009 einen Anstieg des Beitragssatzes auf 21,5 bis 22,3 %. Vgl. Bundesregierung (1995), S. 62. In dem Rentenversicherungsbericht 1999 sind in Alternativrechnungen verschiedene rentenpolitische Wege dargelegt. Ohne weitere Rechtsänderungen würde dann der Beitragssatz im Jahr 2002 auf 18,8 % und im Jahr darauf auf 18,7 % sinken. Langfristig würde sich der Beitragssatz dann bei mittleren Annahmen über die Beschäftigungs- und Lohnentwicklung zwischen 18,7 % und 19 % bewegen, und 18,8 % im Jahr 2013 erreichen. Vgl. Rentenversicherungsbericht (1999). Die *Prognos AG* [(1995), S. 11] schätzte 1994 für das Jahr 2010 einen Beitragssatz zwischen 22,4 bis 23 %, wobei dieser bis zum Jahr 2030 auf 28,5 % ansteigen könnte. Der *Sachverständigenrat zur Begutachtung der gesamtwirtschaftlichen Situation* prognostiziert in seinem Gutachten von 1996/1997 eine Beitragssteigerung auf bis zu 29 %. Vgl. Sachverständigenrat (1997), S. 234. Der

wartung wird zunehmend zu einem Problem, da eben dieser aufgrund stagnierender bzw. sinkender Geburtsraten im Laufe der letzten Jahrzehnte kein ausgleichsfähiges Pendant entgegengesetzt werden konnte. Weitere Leistungseinschnitte im Bereich der gesetzlichen Rentenversicherung sind angesichts des sich schon seit geraumer Zeit abzeichnenden demographischen Wandels unumgänglich, wenn das staatliche System auch in künftigen Jahrzehnten finanzierbar bleiben soll. Die Probleme in der gesetzlichen Rentenversicherung offenbaren nur allzu deutlich die steigende Notwendigkeit einer verstärkt ergänzenden Alterssicherung auch für den Durchschnittsverdiener. In der Bevölkerung ist diese Erkenntnis zwar mittlerweile weit verbreitet und auch die Vorsorgebereitschaft wächst, jedoch fehlt es oft angesichts der ständig steigenden Abgabenbelastung[18] an ausreichenden Spielräumen für eine Eigenvorsorge. Selbst durch das zum 01.01.1999 in Kraft getretene Gesetz zur Förderung der Beteiligung der Arbeitnehmer am Produktivvermögen und anderer Formen der Vermögensbildung ist eine nachhaltige Veränderung dieser Umstände nicht zu erwarten.[19]

Hinsichtlich der Problematik des gesetzlichen Rentenversicherungssystems und der begrenzten Möglichkeit der privaten Altersvorsorge

---

wissenschaftliche Beirat beim Bundesministerium für Wirtschaft rechnet für 2036 mit einem Beitragssatz von 28 bis 31 %. Vgl. Wissenschaftlicher Beirat (1998), S. 8. Nach einer unveröffentlichten Studie des ifo-Instituts im Auftrag der Bundestagskommission „Demographischer Wandel" erhöht sich der Rentenbeitrag nach 2020 sogar auf 30 bis 34 %. Vgl. Stern (1997), S. 222.

18 Vgl. DIW (1999), S. 783.

19 Durch das am 7.09.1998 verabschiedete dritte Vermögensbeteiligungsgesetz wurde das 5. Vermögensbildungsgesetz geändert. Ab dem 01.01.1999 bietet es Arbeitnehmern, deren zu versteuerndes Einkommen 35.000 DM (Ledige) bzw. 70.000 DM (Verheiratete) nicht übersteigt, die Möglichkeit, neben den bisher bereits möglichen 936 DM jährlich weitere 800 DM in verschiedenen Formen der Produktivkapitalbeteiligung anzulegen. Hierfür zahlt der Staat die sog. „Arbeitnehmer-Sparzulage" in Höhe von 10 % des Anlagebetrages. Letzterer ist vom Arbeitgeber gemäß § 3 Abs. 2 des 5. VermBG i. d. R. direkt an das jeweilige Institut zu überweisen.

muß die zweite Säule – betriebliche Altersversorgung – eine erhöhte Bedeutung innerhalb des Drei-Säulen-Modells erfahren. Da sich der Prozeß der Bildung von Altersversorgungskapital über mehrere Jahrzehnte vollzieht, müssen die Voraussetzungen für einen verstärkten Ausbau der betrieblichen Altersversorgung schon jetzt erfolgen. Tatsächlich nimmt der Verbreitungsgrad der betrieblichen Altersversorgung unter westdeutschen Arbeitnehmern allerdings seit Jahren tendenziell ab[20], so daß diskutiert wird, welche Möglichkeiten zur Stärkung der betrieblichen Altersversorgung bestehen. Hierbei wurden bislang nicht nur die über die Jahre erfolgten Änderungen des Ordnungsrahmens kritisiert, sondern es ist ein wahrer „reformatorischer Eifer“[21] entbrannt, welcher sich speziell an der Konzeption des „angelsächsischen Pensionsfonds“[22] orientiert. In diesem Zusammenhang sind gerade die traditionellen Durchführungswege der betrieblichen Altersversorgung, wie die Direktzusage, Pensionskasse und Unterstützungskasse in Deutschland ins Blickfeld geraten.

II. Chronologie der öffentlich diskutierten Reformvorschläge

Vor dem Hintergrund der großen Bedeutung von Pensionsfonds für die betriebliche Altersversorgung in Großbritannien und den USA sowie die nationalen und internationalen Kapitalmärkte[23] wird in Deutschland insbesondere von Banken- und Börsenkreisen ein Um-

---

20 Vgl. S. 24 ff. dieser Arbeit.

21 Arbeitskreis (1998), S. 321.

22 Pensionsfonds angelsächsischer Prägung werden üblicherweise gleichgesetzt mit steuerlich abzugsfähigen Zuwendungen des Arbeitgebers (unter Berücksichtigung der zukünftigen Lohn- und Preistrends), die beim Arbeitgeber nicht lohnsteuerpflichtig sind. Der steuerbefreite externe Versorgungsträger kann die Versorgungsmittel frei von Anlagebeschränkungen auf dem Kapitalmarkt anlegen; dieser übernimmt auch die Abwicklung der Altersversorgungszusagen. Weiterhin hat dieser auch die Pensionszahlungen der Versorgungsempfänger zu versteuern. Vgl. Blake (1995), S. 15 ff.

23 Vgl. Spengel/Schmidt (1997 a), S. 207 ff.

denken in bezug auf die Durchführungsformen der betrieblichen Altersversorgung angemahnt.[24]

Anläßlich des Forums „Pensionskassen und Börsen" im Juni 1989 wies die *Arbeitsgemeinschaft der Deutschen Wertpapierbörsen* darauf hin, daß Unternehmen eine Auslagerung ihrer Pensionsrückstellungen mit Refinanzierung durch Emission börsennotierter Aktien überlegen sollten.[25]

In einer 1995 von der *Deutschen Bank* vorgelegten Studie[26] wurde soweit ersichtlich erstmals in dieser Form angeregt, die betriebliche Altersversorgung von der derzeit dominierenden Direktzusage auf eine externe Finanzierung über Pensionskassen bzw. Pensionsfonds[27] angelsächsischer Prägung umzustrukturieren. Die Autoren legen dem Leser das Urteil nahe, der Pensionsfonds angelsächsischen Typs sei sowohl in gesamt- als auch in einzelwirtschaftlicher Sicht der effizienteste Durchführungsweg der betrieblichen Altersversorgung.[28] Diejenigen Stimmen, welche die Einführung eines Pensionsfonds in Deutschland fordern und so die damit einhergehende

---

24 Vgl. DB Research (1995); Deutsches Aktieninstitut (1996). Siehe auch die Presseveröffentlichungen wie z. B. FAZ (22.03.1996), S. 31; dies. (23.05.1996), S. 17; dies. (20.03.1997), S. 33; dies. (08.10.1997), S. 32; dies. (17.02.1998), S. 34; dies. (08.07.1998), S. 31; dies. (31.08.1998), S. 30; Börsen-Zeitung (11.10.1997), S. 4; dies. (27.11.1997), S. 1; Handelsblatt (07.10.1997), S. 4; dies. (29.01.1998), S. 5; dies. (02.02.1998), S. 6; dies (27.03.1998 a), S. 6; dies. (27.03.1998 b), S. 6; dies. (27.03.1998 c), S. 7; dies. (09.04.1998), S. 6; dies. (17.04.1998), S. 6; dies. (11.05.1998 a), S. 9; dies. (11.05.1998 b), S. 10; dies. (23.05.1998), S. 9; dies. (26.05.1998), S. 9; dies. (08.06.1998), S. 8; dies. (18.06.1998), S. 7; dies. (01.07.1998), S. 5; dies. (07.07.1998 a), S. 4; dies. (07.07.1998 b), S. 6; dies. (08.07.1998 a), S. 5; dies. (08.07.1998 b), S. 6; dies. (11.09.1998), S. 4; dies. (22.09.1998), 45; dies. (05.11.1998), S. B 1.

25 Vgl. Gerke-Kommission (1998), S. 5.

26 Vgl. DB Research (1995).

27 Die konkreten rechtlichen und organisatorischen Rahmenbedingungen werden nicht näher erläutert. Vgl. daher Fn. 22 dieses Kapitels.

28 Vgl. DB Research (1995), S. II f. und S. 15 ff.; dies. (1998 a), S. I.; Deutsches Aktieninstitut (1996), S. 1.

externe Finanzierung der betrieblichen Altersversorgung propagieren, stützen ihre Forderung auch und vor allem auf die These, nur eine Auslagerung der Finanzierung aus dem Unternehmen würde zu einer Belebung des Kapitalmarktes führen.[29]

Eine weitere Institution, welche allerdings nicht im Verdacht steht, lediglich der Absatzförderung des deutschen Kreditgewerbes zu dienen, hat jedoch noch deutlich weiterreichende Vorschläge geäußert. Während die *DB Research* ein „level playing field"[30] für alle Durchführungswege der betrieblichen Altersversorgung fordert, schlägt der *Wissenschaftliche Beirat beim Bundesministerium für Wirtschaft* vor, „... die steuerliche Abzugsfähigkeit der Zuführungen zu Pensionsrückstellungen aufzuheben und durch eine einheitliche Abzugsfähigkeit betrieblicher Pensionsprämienzahlungen an spezialisierte Finanzintermediäre, wie Pensionsfonds und Lebensversicherungen, zu ersetzen"[31]. Von dieser Vorgehensweise versprechen sich die im Beirat vertretenen namhaften Wissenschaftler eine nachhaltige Belebung der Beteiligungsfinanzierung insgesamt, insbesondere aber eine verstärkte Bereitstellung von Risikokapital für junge und innovative Unternehmen.[32]

Auf europäischer Ebene bestimmen die im Grünbuch der *EU-Kommission* „Zusätzliche Altersversorgung im Binnenmarkt" vom Juli 1997 angestellten Überlegungen die aktuelle Diskussion zur Weiterentwicklung der betrieblichen Altersversorgung.[33] Zielsetzung der

---

29 Dies fordern insbesondere DB Research (1995), S. I; dies. (1996), S. 17; Deutsches Aktieninstitut (1996), S. 1; Nürk (1996), S. 2187; Wissenschaftlicher Beirat (1997), S. 20; Gerke-Kommission (1998), S. 43 ff.

30 Vgl. DB Research (1995), S. III.

31 Wissenschaftlicher Beirat (1997), S. 21.

32 Vgl. Wissenschaftlicher Beirat (1997), S. 20.

33 Vgl. EU-Kommission (1997).

Kommission ist es, vor dem Hintergrund der absehbaren demographischen Entwicklung in der EU neue Impulse für den ergänzenden Ausbau der auf die Kapitalbildung beruhenden zusätzlichen Alterssicherung anzustoßen. Das Grünbuch enthält Vorschläge zur Verbesserung der Anlagemöglichkeiten von Altersvorsorgekapital sowie zur gemeinschaftlichen Abstimmung der steuerlichen Behandlung von Leistungen aus der ergänzenden Alterssicherung.

Ausgehend von dem seitens der Geldinstitute erhobenen Ruf nach Einführung von angelsächsischen Pensionsfonds wurde 1997 von *Kolvenbach* die sog. „Pensionsfonds-Unterstützungskasse"[34] und von *Bode/Grabner* der sog. „Betriebsrentenfonds"[35] vorgestellt.

Der Deutsche Bundestag hat im Februar 1998 einen Entschließungsantrag der Fraktionen der CDU/CSU und der F.D.P. verabschiedet, in dem die Bundesregierung gebeten wird, möglichst noch vor dem geplanten vierten Finanzmarktförderungsgesetz einen Gesetzentwurf zur Einführung von Pensionsfonds nach angelsächsischen Muster vorzulegen.[36]

Unter anderem auf Initiative des *Bundesverbandes Deutscher Investmentgesellschaften (BVI)*[37] sind durch das Dritte Finanzmarkt-

---

[34] Vgl. Kolvenbach (1997 a), S. 290 ff.; ders. (1997 b), S. 210 ff.

[35] Vgl. Bode/Grabner (1997 a), S. 928 ff.

[36] Die Entschließung des Deutschen Bundestages vom 13.02.1998 wünscht in ihrem ersten Punkt einen Gesetzentwurf zur Einführung von Pensionsfonds und in ihrem zweiten Punkt „Vorschläge zur Neuordnung der betrieblichen Altersversorgung und der privaten Altersvorsorge unter Einbeziehung der Vermögensbildung". Beides soll im „Rahmen der finanziellen Leistungsfähigkeit der öffentlichen Haushalte" erfolgen. Vgl. BT-Drucks. (13/9924). Die PDS hingegen hält Pensionsfonds für „kapitalistisches Teufelszeug". Vgl. Handelsblatt (27.03.1998 a), S. 6.

[37] Vgl. M-Rundschreiben Nr. 47/97 vom 13.03.1997 des Bundesverbandes Deutscher Investmentgesellschaften e. V.

förderungsgesetz vom 24.03.1998[38] „Besondere Vorschriften für Altersvorsorge-Sondervermögen" in das Kapitalanlagegesetz aufgenommen worden. Dieses Altersvorsorge-Sondervermögen soll einen neuen Durchführungsweg in der betrieblichen Altersversorgung ebnen.[39]

Die Vorstellungen der deutschen Banken wurden unter Einbeziehung des Bundesministeriums der Finanzen erneut vorgetragen. Der im Auftrag des „Forums Finanzplatz beim Bundesministerium der Finanzen" eingesetzte Arbeitskreis „Betriebliche Pensionsfonds" (sog. *Gerke-Kommission*) hat in seinem im Juli 1998 der Öffentlichkeit zugänglich gemachten Bericht insgesamt drei Modelle vorgestellt: den „betriebsunmittelbaren, den mittelbaren und den anlageorientierten Pensionsfonds".[40]

Fast zeitgleich sind verschiedene Vorschläge in die Diskussion aufgenommen worden. Die *Arbeitsgemeinschaft für betriebliche Altersversorgung e. V. (aba)* hat ein eigenes Modell „Pensionsfonds" vorgestellt.[41] Auch der *Gesamtverband der Deutschen Versicherungswirtschaft e. V.* hat gemeinsam mit der *Fachvereinigung Pensionskassen der Arbeitsgemeinschaft für betriebliche Altersversorgung e. V.* einen Vorschlag für ein „Zukunftsmodell Pensionskasse", die sog. „Euro-Pensionskasse", der Öffentlichkeit unterbreitet.[42] Weiter haben auch die deutschen Banken, vertreten durch den *Bundesverband*

---

38 Vgl. Gesetz zur weiteren Fortentwicklung des Finanzplatzes Deutschland, BGBl. I, S. 529 ff.

39 Inhaltlich ist dieses Altersvorsorge-Sondervermögen ganz erheblich hinter den Vorschlägen des *BVI* zurückgeblieben. Die weiter reichenden Gegenvorschläge des Bundesrates waren vom Bundestag nicht akzeptiert worden. Vgl. S. 300 ff. dieser Arbeit.

40 Vgl. Gerke-Kommission (1998).

41 Vgl. ABA (1998 a).

42 Vgl. GDV (1998).

deutscher Banken, im Mai 1999 noch einmal ihre eigenen Vorstellungen, den sog. „Betriebs-Pensionsfonds“ bekannt gemacht.[43]

Die neuen Vorschläge weichen teilweise – und dann zum Teil auch erheblich – von den bereits in den letzten Jahren diskutierten Ideen, die im Ausland üblichen betrieblichen Pensionsfonds auch in Deutschland einzuführen, ab. Das gilt nicht nur für die ursprünglichen Vorstellungen des *BVI*[44], sondern auch für die von der *Deutschen Bank Research*[45], des *Deutschen Aktieninstituts*[46] sowie des von der Versicherungswirtschaft bevorzugten Modells der „Euro-Pensionskasse"[47] und schließlich auch für die Überlegungen von *Bode/Grabner*[48].

Zum derzeitigen Stand der sog. Pensionsfondsrichtlinie ist auszuführen, daß bereits im Januar 1999 eine Mitteilung zum Thema Pensionsfonds veröffentlicht werden sollte. Nachdem dieser Termin verschoben wurde, ist nun am 11.05.1999 die ebenfalls bereits seit längerer Zeit angekündigte Mitteilung der Kommission „Zu einem Binnenmarkt für die zusätzliche Altersversorgung – Ergebnisse der Konsultation zum Grünbuch 'Zusätzliche Altersversorgung im Europäischen Binnenmarkt'" verabschiedet worden.[49] Wann dieser Mitteilung noch der Richtlinienvorschlag zum Thema Pensionsfonds folgen wird, ist derzeit noch nicht absehbar.

---

43 Vgl. BdB (1999).

44 Vgl. M-Rundschreiben Nr. 47/97 vom 13.03.1997.

45 Vgl. DB Research (1995).

46 Das „Modell“ des Deutschen Aktieninstituts besteht lediglich aus einem Forderungskatalog und wird hier nicht näher betrachtet. Vgl. hierzu z. B. Rosen (1997), S. 41 ff.; DAI (1997), S. 1 ff.

47 Vgl. hierzu Eichelmann (1997), S. 173 ff.; Kolvenbach (1997 a), S. 290 ff.

48 Vgl. Bode/Grabner (1997 a), S. 928 ff.

49 Vgl. EU-Kommission (1999).

III. Zielsetzung der Untersuchung

Eine umfassende Darstellung und kritische Analyse der öffentlichen Reformvorschläge fehlt bisher in der Literatur. Da einzelne Modelle der betrieblichen Altersversorgung u. a. von verschiedenen Verbänden der Finanzmarktdienstleister – *Bundesverband deutscher Banken, Bundesverband deutscher Investmentgesellschaften, Gesamtverband deutscher Versicherungen* – vorgeschlagen wurden, scheint eine – angesichts des enormen Marktes für Altersversorgungskapital[50] – objektive Analyse geboten. Diese Lücke soll hiermit geschlossen werden. Im Rahmen dieser Untersuchung soll eine Bestandsaufnahme der betrieblichen Altersversorgung in Deutschland, insbesondere eine Beleuchtung der einzelnen rechtlich zulässigen Durchführungswege und eine Bedarfsanalyse hinsichtlich deren Weiterentwicklung vor dem Hintergrund betriebswirtschaftlicher Fragestellungen erfolgen. In diesem Zusammenhang soll auch der Frage nachgegangen werden, ob es der Einführung eines weiteren, fünften Versorgungsträgers bedarf. Die Möglichkeiten und Problemfelder der herkömmlichen, wie auch der geforderten neuen Gestaltungswege werden sowohl aus Arbeitgeber- als auch aus Arbeitnehmersicht erörtert. Gleichzeitig wird versucht, die Interessenlage des Staates zu berücksichtigen. Es gilt somit, die Anforderungen der genannten Beteiligten zu ermitteln, miteinander in Einklang zu bringen und auf dieser Grundlage den jeweiligen bestehenden Durchführungsweg der betrieblichen Altersversorgung zu reformieren bzw. den Durchführungsweg zu implementieren, der einem zukunftsfähigen Altersversorgungsträger am weitesten entspricht.

B. Gang der Untersuchung

Ausgehend von dem durch die Problemstellung umrissenen Darstellungs- und Prüfungsumfang erfolgt im zweiten Teil der Arbeit

---

50 Zur Zeit betragen die Deckungsmittel der betrieblichen Altersversorgung ca. 490 Mrd. DM. Vgl. S. 19 ff. dieser Arbeit.

eine Darstellung der definitorischen und methodologischen Grundlagen der betrieblichen Altersversorgung in Deutschland, welche die Ausgangsbasis für die spätere Analyse bilden. In diesem Zusammenhang werden die Begrifflichkeiten, die derzeitige und zukünftige Bedeutung und die grundsätzlichen rechtlichen und wirtschaftlichen Rahmenbedingungen der betrieblichen Altersversorgung eingehend erörtert. Hierbei erfolgt zunächst eine Bestimmung des Begriffs der betrieblichen Altersversorgung, ihrer sozialen und ökonomischen Bedeutung und Entwicklung seit 1979 sowie ihrer Rechtsgrundlagen. Besonderes Gewicht kommt hier der Berücksichtigung des verfassungsmäßigen Grundsatzes der Gleichbehandlung zu. Im weiteren wird die Leistungsplangestaltung von Versorgungszusagen umfassend analysiert, da hier wesentliche Forderungen an ein zukünftiges Altersversorgungssystem gestellt werden. Die Schlußfolgerungen werden für die spätere Analyse benötigt und in einem Fazit zusammengefaßt. Um die einzelnen Durchführungswege der betrieblichen Altersversorgung umfassend beurteilen zu können, behandelt der folgende Gliederungspunkt die wichtigsten Normen des vor kurzem novellierten Gesetzes zur Verbesserung der betrieblichen Altersversorgung. Im Anschluß erfolgt eine kritische Würdigung der Änderungen durch das Rentenreformgesetz 1999.

Auf diesen Grundlagen aufbauend, wird im dritten Teil der Untersuchung ein Kriterienkatalog zur Beurteilung eines zeitgemäßen betrieblichen Altersversorgungssystems entwickelt. Hierfür erfolgt zunächst eine grundsätzliche Diskussion über die Weiterentwicklung oder Neuentwicklung von Durchführungswegen der betrieblichen Altersversorgung. Danach werden diejenigen Kriterien herausgearbeitet, die an der betrieblichen Altersversorgung beteiligten gesellschaftlichen Gruppen in diesem Zusammenhang für wesentlich erachten. Anhand dieser Prüfkriterien wird sodann ein Anforderungskatalog entwickelt, welcher als Prüfungsmaßstab des betrieblichen Altersversorgungssystems dient. Eine stichwortartige Zusammenfassung des Kriterienkataloges beendet den dritten Teil.

Anschließend folgt im vierten Teil der Arbeit eine Analyse der derzeitigen Gestaltungsformen sowie der jeweiligen Weiterentwicklungsvorschläge der betrieblichen Altersversorgung anhand des Anforderungskataloges. Besonderes Gewicht in der Analyse erfahren dabei die an die jeweiligen Versorgungsträger gestellten Forderungen der beteiligten Interessengruppen. Dieser vierte Teil stellt den Schwerpunkt der Untersuchung dar. Es werden die jeweiligen Durchführungswege und -vorschläge kurz in ihrer grundsätzlichen Konzeption umrissen, um sodann der Subsumtion unter die einzelnen Merkmale des Anforderungskataloges zu unterfallen. Im Anschluß an jede einzelne Prüfung der Versorgungsträger erfolgt eine zusammenfassende Beurteilung hinsichtlich eventueller Zukunftschancen.
Im fünften Teil der Untersuchung erfolgt aufgrund der gewonnenen Ergebnisse ein Ausblick und eine abschließende Handlungsempfehlung hinsichtlich der Reformvorschläge zur Weiterentwicklung des betrieblichen Altersversorgungssystems.

Zweiter Teil: Definitorische und methodologische Grundlagen der Untersuchung

A. Begriff, Bedeutung und Verbreitung der betrieblichen Altersversorgung

I. Begriff der betrieblichen Altersversorgung

Unter dem Begriff „betriebliche Altersversorgung" werden entsprechend der Legaldefinition des § 1 Abs. 1 BetrAVG alle Leistungen der Alters-[1], Invaliditäts-[2] oder Hinterbliebenenversorgung[3] verstanden, die einem Arbeitnehmer[4] aus Anlaß eines Arbeitsverhältnisses vom Arbeitgeber[5] zugesagt[6] worden sind.[7] Dieser Definition zufolge basiert der Begriff auf vier wesentlichen Kriterien:

---

1 Altersversorgung i. e. S. liegt nur vor, wenn der Anspruch auf die Leistung vom Erreichen eines bestimmten Lebensalters abhängig ist, welches nach der Verkehrsanschauung als Beginn des Ruhestandes gilt. Vgl. dazu Blomeyer/Otto (1997), Einl., Rdnr. 16 – 17. Siehe auch Erster Teil, Fn. 1 dieser Arbeit.

2 Da das Gesetz den Begriff der Invalidität nicht definiert, soll hierunter jede „... physische Unfähigkeit des Betroffenen, seiner bisherigen Tätigkeit nachzugehen ..." verstanden werden. Blomeyer/Otto (1997), Einl., Rdnr. 18. Bei der Auslegung der Versorgungsvereinbarung ist im allgemeinen die Koppelung an das Sozialversicherungsrecht von Bedeutung. Vgl. dazu Blomeyer/Otto (1997), Einl., Rdnr. 307.

3 Der Begriff der Hinterbliebenenversorgung lehnt sich an die Definition des § 46 SGB VI an, wonach als Hinterbliebene Witwen, Witwer, Waisen und „frühere Ehegatten" in Betracht kommen. Vgl. zu den Einzelheiten Blomeyer/Otto (1997), Einl., Rdnr. 321 – 328.

4 Eine Definition des Begriffs des Arbeitnehmers und des erweiterten Personenkreises (sog. Nicht-Arbeitnehmer) findet sich im § 17 Abs. 1 BetrAVG.

5 Zur Person des Zusagenden vgl. Ahrend/Förster (1999), § 1, Rdnr. 33 – 36.

6 Zwischen der Zusage und dem Arbeitsverhältnis muß ein Kausalzusammenhang bestehen. Vgl. zum Begriff der Zusage und der unterschiedlichen Behandlung in der Literatur z. B. Blomeyer/Otto (1997), Einl., Rdnr. 31 – 35.

7 Für den Begriff der betrieblichen Altersversorgung ist es daher ohne Bedeutung, ob es sich um einen privatrechtlichen oder um einen öffentlich-

- Die Leistungsarten umfassen alle Leistungen der Alters-, Invaliditäts- und Hinterbliebenenversorgung. Es kann sich hierbei um Kapital- oder Rentenleistungen oder um eine Kombination aus beiden handeln[8];

- diese Leistungen müssen einem Arbeitnehmer aus Anlaß eines Arbeitsverhältnisses zugesagt worden sein;

- das Leistungsversprechen erhält der Arbeitnehmer von seinem Arbeitgeber und

- die Zusage für Versorgungsleistungen kann durch verschiedene Rechtsgrundlagen begründet werden.

Die Erteilung einer Versorgungszusage kann alternativ im Wege einer einzelvertraglichen Vereinbarung, einer Gesamtzusage, einer Betriebsvereinbarung oder einer tarifvertraglichen Vereinbarung erfolgen. Außerdem kann sie konkludent aus betrieblicher Übung oder

---

rechtlichen Versorgungsträger handelt, der eine Zusage erteilt. Die Zusatzversorgung der Arbeitnehmer im öffentlichen Dienst wird im Rahmen dieser Arbeit nicht behandelt. Vgl. dazu z. B. Ahrend/Förster (1999), § 18, Rdnr. 1 – 5. Aufgrund der Definition muß man auch die freiwillige Versicherung oder die Höherversicherung in der gesetzlichen Rentenversicherung der betrieblichen Altersversorgung hinzurechnen, soweit sie der Arbeitgeber dem Arbeitnehmer finanziert. Diese wird jedoch wegen ihrer geringen praktischen Bedeutung (der Bestand an nicht versicherungspflichtigen Arbeitnehmern sinkt ständig, diese Form kennt keine Dynamisierung der Leistungen) hier nicht weiter betrachtet. Vgl. dazu weiterführend Beye (1998), S. 39 m. w. N.

8 Die Zahlung eines Ruhegeldes ist der Regelfall der betrieblichen Altersversorgung, jedoch nicht zwingend. Es kommen auch Sach- und Nutzungsleistungen (z. B. Wohnungsmiete, Strom und Heizung, Krankenkassenbeiträge u. ä.) in Betracht, sofern sie Versorgungscharakter haben. Wegen der geringen praktischen Relevanz bleibt diese Möglichkeit im Rahmen dieser Arbeit unbeachtet. Vgl. hierzu weiterführend z. B. Ahrend/Förster (1999), § 1, Rdnr. 11.

aus dem verfassungsmäßigen Recht auf Gleichbehandlung hervorgehen.[9]

Die von der Zusage begünstigten Personen lassen sich in Leistungsanwärter und Leistungsempfänger gliedern. Mit der Zusage erwirbt der Arbeitnehmer eine Anwartschaft auf die versprochene Leistung. Bei Eintritt des Versorgungsfalles[10] entsteht der Anspruch[11] auf Leistungen und der Anwärter wird zum Leistungs-empfänger.

II. Bedeutung der betrieblichen Altersversorgung

Die Hauptaufgabe der Alterssicherung besteht in der Einkommenssicherung nach Eintritt des Versorgungsfalles, also der Beendigung der Erwerbsphase durch Erreichen der Altersgrenze oder Realisierung eines der versicherten biometrischen Risiken. Durch die nachlassende Leistungsfähigkeit der gesetzlichen Rentenversicherung ist es u. a. die Aufgabe der betrieblichen Altersversorgung, Aufgaben und Ziele der gesetzlichen Alterssicherung anteilig zu übernehmen. Die betriebliche Altersversorgung sollte somit wesentliche Versorgungs- und Versicherungselemente der gesetzlichen Rentenversicherung beinhalten.[12] Diese Aufgabe verstärkt sich vor dem Hintergrund der geringen Möglichkeiten der Eigenvorsorge niedriger und mittlerer Einkommensgruppen.

Der Vorsorgeaufwand zur Alterssicherung zeichnet sich gegenüber der gesetzlichen Rentenversicherung durch eine individuellere Be-

---

9 Vgl. S. 37 ff. dieser Arbeit.

10 Das ist bei Altersversorgung das altersbedingte Ausscheiden aus der Erwerbstätigkeit, bei der Invaliditätsversorgung der Eintritt der Invalidität und bei der Hinterbliebenenversorgung der Tod des Arbeitnehmers. Der genaue Zeitpunkt ergibt sich aus der Versorgungsvereinbarung und der gewählten Versorgungsart.

11 Der Anspruch auf die Leistung darf erst mit einem biologischen Ereignis, dem Versorgungsfall, fällig werden, d. h. das die Leistungen erst zu oder ab diesem Zeitpunkt erbracht werden dürfen.

12 Vgl. Kommission Rentenversicherung (1997), S. 47.

rücksichtigung sowohl der wirtschaftlichen Leistungsfähigkeit des Arbeitgebers als auch des Versorgungsbedarfs des Arbeitnehmers aus. Die betriebliche Altersversorgung bietet in diesem Spannungsverhältnis einen angemessenen Risikoausgleich, wodurch sich insgesamt die Effizienz des Alterssicherungssystems erhöht. Die betriebliche Altersversorgung liefert somit einen wesentlichen Beitrag zum sozialen und wirtschaftlichen Erfolg des Alterssicherungssystems.

Die Ergänzung der gesetzlichen Alterssicherung durch die betriebliche Altersversorgung wird aber auch um so vordringlicher, je höher das individuelle Einkommen liegt. Nach den derzeitigen Verhältnissen ist davon auszugehen, daß in der gesetzlichen Rentenversicherung nach 45 rentenversicherungspflichtigen Jahren und Bezügen bis zur Beitragsbemessungsgrenze[13] etwa 70 % der letzten Nettobezüge als gesetzliche Altersrente erreicht werden. Über die Beitragsbemessungsgrenze hinausgehende Bezügeteile wirken sich nicht rentensteigernd aus. Trotz diesem dringenden Bedürfnis nach einer zusätzlichen Altersversorgung hat bisher lediglich jeder zweite männliche Arbeitnehmer Anspruch auf eine Betriebsrente, wobei Männer durchschnittlich 663 DM und Frauen 318 DM im Monat erhalten. Knapp zwei Drittel der Leistungen aus Betriebsrenten von Männern liegen unter 400 DM und 67 % der Betriebsrenten von Frauen liegen sogar unter 200 DM monatlich. Eine Höhe von 1.000 DM und mehr im Monat erreichen lediglich 16 % der Betriebsrenten von Männern und 6 % der Betriebsrenten von Frauen. Eine kleine Anzahl von Männern erhält monatlich 3.000 DM und mehr.[14]

Doch nicht nur für den einzelnen Arbeitnehmer bzw. seinen Angehörigen bietet die betriebliche Altersversorgung Vorteile; ihr kommt

---

13 Vgl. zur Beitragsbemessungsgrenze Erster Teil, Fn. 12 dieser Arbeit.

14 Die Ergebnisse ergeben sich aus einer Untersuchung zur Alterssicherung in Deutschland der Bevölkerung ab 55 Jahren, welche zuletzt im Auftrag des Bundesministeriums für Arbeit und Sozialordnung im Jahre 1997 durchgeführt wurde. Vgl. ASID (1995), Tab.3-2.

auch eine personalpolitische Bedeutung zu. Für den Arbeitgeber ist sie zum einen Teil der sozialen Betriebspolitik, zum anderen ein Mittel zur quantitativen und qualitativen Sicherung von Produktionsfaktoren der Arbeitskraft der Arbeitnehmer.[15] Die betriebliche Altersversorgung erweist sich als hilfreich im Wettbewerb um Arbeitskräfte, stärkt das Zugehörigkeitsgefühl der Arbeitnehmer zum Unternehmen und beeinflusst das Betriebsklima positiv.[16] Somit wirkt die betriebliche Altersversorgung der Arbeitskraftfluktuation entgegen. Andererseits sind betriebliche Versorgungsrenten Teil der Personalkosten (Lohnnebenkosten). Sie zählen zu den betrieblich bedingten Personalzusatzkosten und folgen aufwandsmäßig unmittelbar den freiwilligen Zusatzkosten für Urlaub und Gratifikationen.[17]

Darüber hinaus kommt der betrieblichen Altersversorgung eine betriebswirtschaftliche Bedeutung zu. Unter bestimmten Voraussetzungen führt die betriebliche Altersversorgung zu Liquiditäts- und Finanzierungseffekten, deren Ausmaß von der steuerlichen Behandlung der jeweiligen Gestaltungsform abhängig ist. Weiterhin ist anzumerken, daß sich durch die angesammelten Mittel die gesamtwirtschaftliche Kapitalbildung erhöht und somit das Volkseinkommen und die Beschäftigung positiv beeinflusst wird.[18] Die Kapitalbildung wirkt sich stabilisierend auf die Konjunktur und wachstumsfördernd aus.[19] Die Bedeutung wird durch die zur Zeit geschätzte Ersparnisbildung im Bereich der betrieblichen Altersversorgung in Höhe von 490 Mrd. DM deutlich. Außerdem leistet die betriebliche Altersversorgung einen

---

15 Vgl. Meinhardt (1992), S. 313.

16 Vgl. Radtke (1992), S. 371. Zur Wertschätzung der betrieblichen Altersversorgung im Verhältnis zu anderen Sozialleistungen vgl. Esser/Sieben (1997), S. 33 ff.

17 Der Aufwand für die betriebliche Altersversorgung beträgt ca. 9 % der gesamten Personalzusatzkosten. Vgl. Urbitsch (1992), S. 25.

18 Vgl. Uebelhack (1998 a), S. 18.

19 Ebenda, S. 19.

wichtigen Beitrag zur Korrektur der Einkommens- und Vermögensverteilung.

Das gesamte Versorgungskapital ist auf verschiedene Versorgungsträger verteilt. Je nachdem, welcher Durchführungsweg gewählt wird, unterscheidet man zwischen unmittelbaren und mittelbaren Versorgungszusagen. Bei den erstgenannten – auch als Direktzusagen bezeichnet – verpflichtet sich der Arbeitgeber, die Rentenleistungen selbst an die Empfänger zu zahlen, der Arbeitgeber ist also selbst Versorgungsträger. Bei den mittelbaren Versorgungszusagen werden i. d. R. vom Arbeitgeber im Verlauf der Anwartschaftszeit Beiträge an rechtlich selbständige juristische Personen, in Form von Unterstützungs-, Pensionskassen oder Lebensversicherungsgesellschaften gezahlt, welche somit Träger der Versorgung sind. In der Praxis werden diese Durchführungswege oft miteinander kombiniert, z. B. werden die Altersleistungen über eine andere Form zugesagt als vorzeitige Versorgungsfälle (Invaliden- und/oder Hinterbliebenenrente). Üblich ist auch, daß für leitende Arbeitnehmer durch den Einzelvertrag eine Direktzusage erteilt wird und die übrigen Arbeitnehmer die Leistungen aus einer Unterstützungs- oder Pensionskasse erhalten.[20]

Wie die folgende Abbildung 1 zeigt, bestehen die Deckungsmittel der betrieblichen Altersversorgung in Höhe von insgesamt 490 Mrd. DM im Jahr 1995 zum großen Teil aus gebildeten Pensionsrückstellungen in Höhe von 284,2 Mrd. DM (58 %). Die übrigen Deckungsmittel sind aus den Unternehmen auf die mittelbaren Versorgungsträger ausgelagert. Den größten Anteil hieran haben die Pensionskassen mit 107,8 Mrd. DM (22 %), gefolgt von den Direktversicherungen mit 58,8 Mrd. DM (12 %) und den Unterstützungskassen mit 39,2 Mrd. DM (8 %).

---

20 Ebenda, S. 44.

Abb. 1: Verbreitung der Gestaltungsformen der betrieblichen Altersversorgung

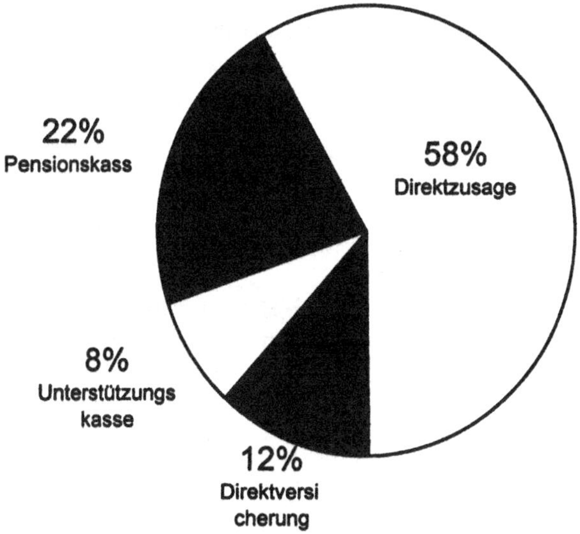

Quelle: ABA (1998 a), S. 9

Im Vergleich zu Vorjahren hat sich innerhalb dieser Verteilung eine Verschiebung der mittelbaren Versorgungsträger und insbesondere zugunsten der Direktversicherung ergeben. Im Jahre 1985 repräsentierten die Pensionsrückstellungen 65 % der gesamten Deckungsmittel, 25 % Pensionskasse, 6 % Unterstützungskasse und 4 % Direktversicherung. Es scheint, daß die Ursache für diese Verlagerung der Versorgungsmittel der Wunsch der Unternehmen ist, von jeglichen Versorgungspflichten befreit zu sein.[21]

---

21 Der klare Trend in Richtung Direktversicherung wird hauptsächlich durch die steigende Popularität von Gehaltsverzichtsvereinbarungen begründet. Vgl. Rößler/McShee (1998), S. 4; Hessling (1997), S. 20.

III. Verbreitung der betrieblichen Altersversorgung

Einen Überblick über den Grad der Verbreitung der betrieblichen Altersversorgung und deren Entwicklung vermitteln die regelmäßigen Erhebungen, die das *ifo-Institut* für Wirtschaftsforschung in München im Auftrag des *Bundesministeriums für Arbeit und Sozialordnung* zuletzt im Jahre 1996 durchführte.

Die Ergebnisse der Umfrage zeigen, daß der Anteil der Unternehmen mit betrieblicher Altersversorgung im verarbeitenden Gewerbe gegenüber 1993 leicht gestiegen ist (vgl. Abb. 2).

Abb. 2: Unternehmen mit betrieblicher Altersversorgung in Industrie und Handel im Zeitraum von 1981 bis 1996 (alte Bundesländer)

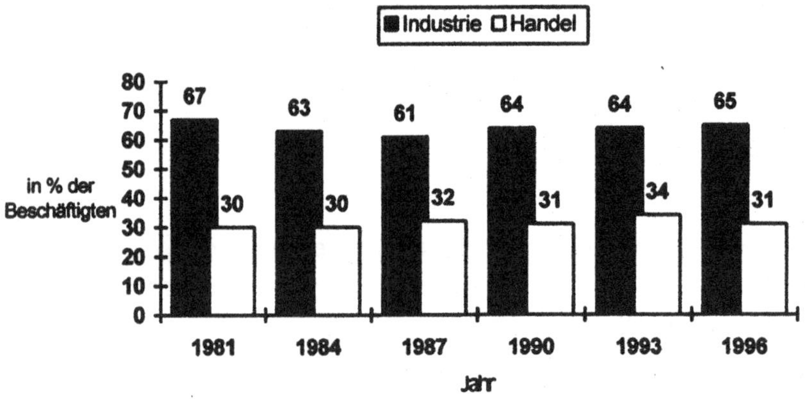

Quelle: ifo (1997), S. 32 und S. 42

Die Zunahme um 1 % beruhte ausschließlich auf einer expansiven Entwicklung in Unternehmen mit 20 bis 49 Beschäftigten. In den anderen Größenklassen blieb der Verbreitungsgrad stabil oder nahm sogar ab. Im längerfristigen Trendverlauf zeichnet sich insgesamt eine Fortsetzung der seit Anfang der achtziger Jahre stagnierenden Entwicklung in der Verbreitung nach Unternehmen ab. Die seitdem aufgetretenen Schwankungen sind größtenteils auf die Sonderentwicklungen in den kleinen Unternehmen zurückzuführen.[22]

Der Verbreitungsgrad der betrieblichen Altersversorgung nach Unternehmen im westdeutschen Handel zeigt ein anderes Bild. So ging im Gesamtdurchschnitt die Verbreitung von 34 % Mitte 1993 auf 31 % Mitte 1996 zurück. Die stärkste Abnahme verzeichneten kleine Unternehmen mit 3 bis 5 Beschäftigten (von 28 auf 21 %), aber auch in den beiden folgenden Größenklassen (6 bis 9 und 10 bis 19 Beschäftigten) war die Entwicklung rückläufig. 90 % aller Handelsunternehmen haben 3 bis 19 Beschäftigte; daher werden die auf die Gesamtzahl aller Unternehmen hochgerechneten Ergebnisse von dieser Gruppe entsprechend stark beeinflusst. In Unternehmen mit 20 und mehr Beschäftigten wurde dagegen ein stagnierender bis expandierender Verbreitungsgrad registriert. Der Verbreitungsgrad im Handel blieb folglich im längerfristigen Trendverlauf im Durchschnitt etwa konstant.[23]

Nach den Ergebnissen dieser Studie ist der Anteil der Beschäftigten mit betrieblicher Altersversorgung insgesamt gesehen leicht rückläufig. Diese Tendenz ist seit Anfang der 90er Jahre nahezu zum Stillstand gekommen, wie Abbildung 3 zeigt.

---

22 Vgl. ifo (1997), S. 32.

23 Ebenda, S. 42.

Abb. 3: Anteil der Beschäftigten mit betrieblicher Altersversorgung in Industrie und Handel im Zeitraum von 1981 bis 1996 (alte Bundesländer)

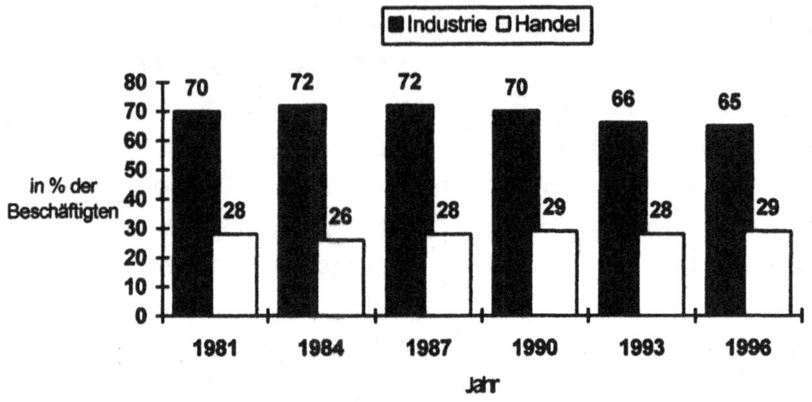

Quelle: ifo (1997), S. 32 und S. 42

Der Anteil der Beschäftigten im verarbeitenden Gewerbe mit betrieblicher Altersversorgung, d. h. mit erteilten oder verbindlich in Aussicht gestellten Versorgungszusagen, ist nur leicht gesunken (von 66 auf 65 %). Innerhalb des Untersuchungszeitraums von 1981 läßt sich eine insgesamt rückläufige bzw. stagnierende Entwicklung beobachten. Der Anteil der Beschäftigten im Handel mit betrieblicher Altersversorgung hat sich zwar gegenüber 1993 von 28 auf 29 % erhöht, ist aber über einen längeren Zeitraum hinweg betrachtet ebenfalls weitgehend konstant geblieben.

Auffallend ist eine weitaus geringere Verbreitung der betrieblichen Altersversorgung im Handel, gemessen an der Mitarbeiterzahl als auch an Unternehmen. Die Ursachen hierfür sind vielfältig. So sind im Handel wesentlich häufiger kleine Unternehmen mit einem im allgemeinen höheren Anteil von Teilzeitarbeitnehmern, einer höheren Personalfluktuation und einem geringeren Kapitalbedarf anzutreffen. Im verarbeitenden Gewerbe ist insbesondere der Anteil der Arbeitnehmer mit betrieblicher Altersversorgung nach dem Höchststand 1984 bzw. 1987 mit 72 % auf einen Anteil von 65 % rückläufig. Der Abwärtstrend seit Mitte der 90er Jahre, insbesondere bei Großunternehmen, ist auf die konjunkturelle Verschlechterung und dem damit einhergehenden zunehmenden Kostendruck auf die Unternehmen zurückzuführen.

Demzufolge haben im verarbeitenden Gewerbe mit betrieblichen Versorgungswerken 11 % der Unternehmen im Zeitraum 1994 bis 1996 Leistungseinschränkungen vorgenommen (1991 bis 1993: 7 %). Besonders ausgeprägt war der Anstieg der Leistungseinschränkungen bei Unternehmen mit 200 und mehr Beschäftigten.[24]

Im Handel hat sich der Anteil der Unternehmen, die nach der letzten Erhebung im Jahre 1993 Leistungen der betrieblichen Altersversorgung eingeschränkt haben, gegenüber dem Vergleichszeitraum 1991 bis Mitte 1993 insgesamt verdoppelt (von 5 auf 10 %), in der Größenklasse 500 und mehr Beschäftigte sogar verdreifacht (von 10 auf 32 %).[25]

Im Einzelnen lassen sich die vorgenommenen Leistungseinschränkungen im Zeitraum von 1994 bis 1996 auf folgende Ursachen zurückführen:[26]

- Schließung des Versorgungswerkes (72 % Industrie, 77 % Handel)
- Kürzung bereits zugesagter Leistungen (14 % Industrie, 22 % Handel)
- Einführung eines Versorgungsplanes, der geringere Leistungen und den Verzicht auf eine Dynamisierung der Anwartschaften vorsieht (18 % Industrie, 1 % Handel)

---

24 Ebenda, S. 33.

25 Ebenda, S. 43.

26 Ebenda, S. 34 und S. 44.

Als Hauptgrund für den Abbau bzw. die Nichteinführung betrieblicher Altersversorgung wurde in beiden Sektoren die ungünstige wirtschaftliche Entwicklung genannt, die mit einer Verzögerung zu Anpassungsentscheidungen geführt hat. Als weitere Gründe werden die gesetzgeberischen Entscheidungen, die Rechtsprechung, der Abbau von Überversorgungen und die gering eingestufte personalpolitische Bedeutung der betrieblichen Altersversorgung angeführt.[27]

So ist auch bei Leistungsverbesserungen und Neueinführungen von betrieblicher Altersversorgung eine rückläufige Tendenz feststellbar (vgl. Abb. 4). Im verarbeitenden Gewerbe hat sich der Rückgang im Zeitraum von 1994 bis 1996 mit 12 auf 11 % im Vergleichszeitraum weiter fortgesetzt.
Auch die Neueinführungen für sich allein genommen blieben mit 5 % konstant und konzentrierten sich wie in früheren Jahren vor allem auf kleine Unternehmen (20 bis 49 Beschäftigte). Hinsichtlich der Leistungsverbesserungen wurde ein deutlicher Rückgang in der Größenklasse 1000 und mehr Beschäftigte registriert.

---

27 Ebenda, S. 35 und S. 45.

Abb. 4: Verbreitung von Verbesserungen bzw. Neueinführungen der betrieblichen Altersversorgung in der Industrie im Zeitraum von 1982 bis 1996 (alte Bundesländer)

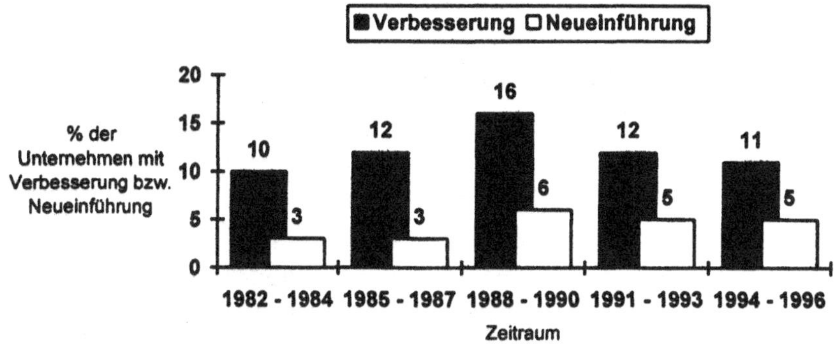

Quelle: ifo (1997), S. 36

Abb. 5: Verbreitung von Verbesserungen bzw. Neueinführungen der betrieblichen Altersversorgung im Handel im Zeitraum von 1982 bis 1996 (alte Bundesländer)

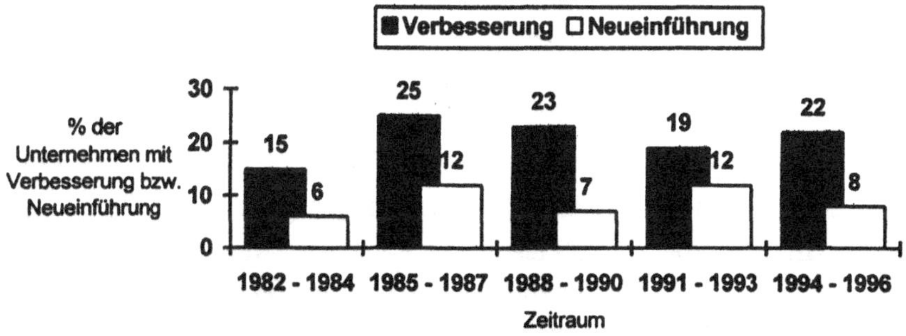

Quelle: ifo (1997), S. 46

Die Tendenz bei Leistungsverbesserungen und Neueinführungen von betrieblicher Altersversorgung im Handel zeigt die Abbildung 5.

Die Unternehmen des westdeutschen Handels realisierten zwar nach 1993 etwas häufiger Leistungsverbesserungen und Neueinführungen als im Vergleichszeitraum 1991 bis 1993 (zusammengefaßt 22 gegenüber 19 %). Der Anstieg im Gesamtaggregat beruhte allerdings ausschließlich darauf, daß vermehrt kleine Unternehmen (3 bis 5 Beschäftigte) derartige Maßnahmen ergriffen haben. In den anderen Größenklassen ist eine stagnierende, zum Teil auch rückläufige Entwicklung zu verzeichnen, welche besonders deutlich in Unternehmen mit 200 und mehr Beschäftigten ausgeprägt ist. Für sich allein genommen verloren die Neueinführungen an Bedeutung (von 12 auf 8 %). Diese Entwicklung beruhte im wesentlichen auf einen starken Rückgang in Unternehmen mit 6 bis 19 Beschäftigten.[28]

Als Hauptursache für die Leistungsverbesserungen und Neueinführungen wurden personalpolitische Aspekte (z. B. soziale Fürsorge, Vorteile beim Wettbewerb um Personal) genannt (Industrie: 68 %, Handel: 56 %). Steuerliche Vorteile versprachen sich in der Industrie 36 % bzw. im Handel 57 % der betroffenen Unternehmen, gefolgt von den sonstigen Gründen (z. B. Beseitigung der Ungleichbehandlung verschiedener Arbeitnehmergruppen).
Hinsichtlich der Größenklassen gab es jedoch auch hier Unterschiede. So sahen kleinere Unternehmen (im Gegensatz zu den Großunternehmen) in der steuerlichen Auswirkung einen größeren Vorteil als in dem personalpolitischen Aspekt. Die Bereitschaft zur Einführung einer betrieblichen Altersversorgung zeigten nur 1 % der befragten Unternehmen (1993 waren es in der Industrie 5 %, im Handel 1 %).[29] Die mangelnde Bereitschaft beruht im wesentlichen auf der ungünstigen wirtschaftlichen Entwicklung (Industrie: 60 %, Handel: 51 %), gefolgt von den sonstigen Gründen (Industrie: 29 %, Handel:

---

[28] Ebenda, S. 46.

[29] Ebenda, S. 49.

31 %).[30] Zu den sonstigen Gründen zählen hauptsächlich die Kostenbelastung und nach Ansicht der Handelsunternehmen das unkalkulierbare Kostenrisiko. Immerhin 18 % begründeten die Nichteinführung durch die Gesetzgebung, weitere 15 % durch die einschlägige Rechtsprechung. Ein Teil der Befragten rechnet darüber hinaus – aufgrund der bisherigen Entwicklung – mit einer Verschlechterung der Rahmenbedingungen und ist deshalb nicht bereit, die im Rahmen der Untersuchung noch darzustellenden Risiken zu tragen.

IV. Fazit

Für den Arbeitnehmer und zukünfigen Versorgungsempfänger wird eine betriebliche Zusatzrente immer wertvoller. Die vorangehenden Ergebnisse zeigen jedoch eine bestenfalls stagnierende Verbreitung der betrieblichen Altersversorgung nach Unternehmen und Mitarbeiter und lassen mittelfristig höchstens eine moderate Steigerung in Form von Leistungsanpassungen der Deckungsmittel erwarten. Der Trend zu einer Auslagerung des Versorgungskapitals mit Hilfe der mittelbaren Durchführungswege nimmt vor dem Hintergrund einer stärkeren Beitragsorientierung und dem Wunsch der Unternehmen nach einer besseren Kostenkalkulation weiter zu.

Aus den statistischen Umfragen ergibt sich ganz deutlich, daß der Rückzug der Arbeitgeber aus der betrieblichen Altersversorgung seine Ursachen hauptsächlich in den sich nicht zuletzt aus fiskalpolitischen Erwägungen kontinuierlich verschlechternden steuerlichen Rahmenbedingungen hat. Hinzu kommen die Veränderungen, welche die Globalisierung der Marktwirtschaft mit sich bringt und die einen immensen strukturellen Wandel erzwingen.[31] Dies erfordert nicht nur Anpassungsprozesse vom Arbeitgeber hinsichtlich des betrieblichen Altersversorgungsträgers, sofern er einzelnen Arbeitnehmern eine Versorgungszusage erteilen möchte. Auch das betriebliche Al-

---

30 Ebenda, S. 50.

31 Zu der Auswirkung der Globalisierung auf die Standards der betrieblichen Altersversorgung vgl. insb. Husmann (1998 a), S. 7 ff.

tersversorgungssystem an sich muß flexibel genug sein, wenn es zukunftsfähig bleiben will.

B. Begründung betrieblicher Versorgungsansprüche und deren Leistungsplangestaltung

I. Begründung betrieblicher Versorgungsansprüche

1. Begründung aufgrund ausdrücklicher Erteilung

a) Grundsatz der Freiwilligkeit

Der Arbeitgeber ist frei in seiner Entscheidung, ob er eine betriebliche Altersversorgung einführt.[32] Somit muß es dem Arbeitgeber auch möglich sein, für neue Arbeitnehmer die Altersversorgung einzustellen oder zu modifizieren. Weiterhin entscheidet der Arbeitgeber über den Umfang der bereitzustellenden Mittel, den sog. Dotierungsrahmen. Schließlich ist der Arbeitgeber auch in der Wahl der Gestaltungsform sowie in der Festlegung des begünstigten Arbeitnehmerkreises frei.[33] Die Einführung und Ausgestaltung einer betrieblichen Altersversorgung unterliegt demnach weitgehend der Privatautonomie. Einschränkungen der Vertragsfreiheit ergeben sich lediglich aus verfassungsrechtlichen Grundsätzen, den zwingenden Vorschriften des Betriebsrentengesetzes und/oder zwingenden Vorschriften eines Tarifvertrags bzw. einer Betriebsvereinbarung. Der Arbeitgeber muß aber seine Entscheidung im Vertrauen darauf treffen können, für einen längerfristigen Zeitraum verläßliche Rahmenbedingungen vorzufinden.

b) Rechtsgrundlagen

ba) Vorbemerkung

Während man früher die Versorgungszusagen des Arbeitgebers gegenüber seinen Arbeitnehmern als einseitige Fürsorgeleistung und Belohnung für Betriebstreue ansah, hat das BAG diese Meinung 1972 korrigiert und seitdem konsequent eine neue Auffassung ver-

---

32 Vgl. Kemper/Kisters-Kölkes (1992), S. 7.

33 Zur Berechtigung sachlicher Differenzierungen vgl. 38 ff. dieser Arbeit.

treten.[34] Die somit inzwischen wohl allgemeine Ansicht sieht Versorgungszusagen der betrieblichen Altersversorgung als Entgeltbestandteile des Arbeitsvertrages an.[35] Der Teil des arbeitsvertraglichen Entgelts, der als Versorgungszusage ausgestaltet ist, wird zwar durch die Arbeitsleistung des Arbeitnehmers unmittelbar erdient, seine Fälligkeit ist jedoch auf den Zeitpunkt des Versorgungsfalles hinausgeschoben. Aufgrund des arbeitsrechtlichen Kollektivgedankens ergibt sich eine Art Rangfolge hinsichtlich der Zulässigkeit expliziter arbeitsrechtlicher Vereinbarungen. Solche Vereinbarungen, die zwischen dem Arbeitnehmerkollektiv (der Gewerkschaft, dem Betriebsrat) und der Arbeitgeberseite getroffen werden, haben demnach grundsätzlich Vorrang vor Individualvereinbarungen.

bb) Betriebsvereinbarung und Tarifvertrag

Versorgungsansprüche der Arbeitnehmer gegen die Arbeitgeber können sich durch freiwillige Betriebsvereinbarung[36] oder Tarifvertrag[37] ergeben. Da beide Möglichkeiten kollektivvertragliche Regelungen zu betrieblichen Leistungen darstellen, sind von Arbeitgeberseite jeweils die Mitbestimmungsrechte der Arbeitnehmervertreter (Betriebsrat bzw. Gewerkschaft als Tarifpartner) bei der Gestaltung des Leistungsplans zu beachten. Dies ergibt sich aus § 87 Abs. 1 Nr. 8 und 10 i. V. m. § 80 Abs. 2 BetrVG.[38] Der einzelne Arbeitnehmer kann grundsätzlich nur an dem durch die jeweilige zwischen den

---

[34] Vgl. BAG (10.03.1972), S. 1486.

[35] Vgl. Schmeisser/Blömer (1999 a), S. 339. Die unterschiedlichen Auffassungen zum Entgeltcharakter der betrieblichen Altersversorgung werden ausführlich von *Steinmeyer* [(1991), S. 67 ff.] und *Wackerbarth* [(1996), S. 58 ff.] diskutiert. *Steinmeyer* gelangt zu dem Ergebnis, daß das Ruhegeld Entgelt im Sinne des § 611 Abs. 1 BGB für erbrachte Arbeitsleistung ist und lediglich eine besondere Form der Vergütung darstellt. *Wackerbarth* sieht das Ruhegeld als Entgelt für erbrachte Betriebstreue. Er geht davon aus, daß der Entgeltcharakter des betrieblichen Ruhegeldes von der Existenz einer Verfallklausel abhängt, so daß die versprochene Leistung ein Entgelt für die Betriebstreue darstellt. Für das BVerfG bestehen Arbeits- und Betriebstreueentgeltcharakter des betrieblichen Ruhegeldes nebeneinander. Vgl. BVerfG (27.11.1997), S. 247.

Parteien geschlossene Vereinbarung festgelegten Leistungsplan partizipieren, es sei denn, die geschlossene Vereinbarung erlaubt explizit Individualvereinbarungen.[39] Zugunsten des Arbeitnehmers kann in beiderseitigem Einverständnis stets von der geschlossenen Vereinbarung abgewichen werden, wobei dann hinsichtlich anderer Arbeitnehmer der verfassungsmäßige Gleichbehandlungsgrundsatz beachtet werden muß.[40] In der Praxis hat die Vereinbarung durch Tarifvertrag die größere Bedeutung. Soweit eine tarifvertragliche Regelung besteht, ist gem. § 77 Abs. 3 BetrVG der Abschluß von abweichenden Betriebsvereinbarungen ausgeschlossen.

bc) Gesamtzusage

Die Gesamtzusage (oder betriebliche Einheitsregelung) ist eine einseitige Verpflichtung des Arbeitgebers, mit der er der gesamten Belegschaft (oder einem großen Teil davon)[41] unter bestimmten Voraussetzungen eine Versorgungszusage erteilt. In der Praxis wird sie meist in Form einer Ruhe-, Versorgungs- oder Pensionsordnung bzw. Ruhegeldrichtlinie vorliegen. Eine solche Versorgungsordnung beinhaltet letztlich eine größere Anzahl gleichlautender Einzelzusagen.[42] So wird bei einer Versorgungsordnung die Versor-

---

36 Vgl. zur Betriebsvereinbarung Blomeyer/Otto (1997), Einl., Rdnr. 236 – 254.

37 Vgl. zum Tarifvertrag Blomeyer/Otto (1997), Einl., Rdnr. 261 – 268.

38 Vgl. BAG (12.06.1975), S. 1062 ff. und Hanau (1976), S. 91.

39 Vgl. Höfer/Meier (1998), S. 1896.

40 Vgl. Blomeyer/Otto (1997), Einl., Rdnr. 275. Zur Berechtigung sachlicher Differenzierungen vgl. S. 38 ff. dieser Arbeit m. w. N. Sofern der Arbeitgeber Betriebsvereinbarungen ändern möchte, können folgende Möglichkeiten geprüft werden: vorbehaltener Widerruf, Wegfall der Geschäftsgrundlage und Ablösung durch eine Betriebsvereinbarung sowie Kündigung der Betriebsvereinbarung. Vgl. Kemper (1998 c), S. 774. Zur Kündigung von Betriebsvereinbarungen vgl. insb. Roßmanith (1999), S. 634 ff.

41 Zur abgrenzbaren Gruppe vgl. BAG (16.09.1986), S. 265.

42 Vgl. Richardi/Wlotzke (1992), S. 1731, Rdnr. 8.

gungszusage Bestandteil des einzelnen Arbeitsvertrages.[43] Derartige Zusagen verpflichten den Arbeitgeber und können nicht mehr einseitig durch ihn zurückgezogen werden.[44] Eine ausdrückliche Annahme durch den Arbeitnehmer ist gem. § 151 BGB für ihre Wirksamkeit nicht erforderlich.[45]

bd) Einzelvertrag

Die Ansprüche auf betriebliche Altersversorgungsleistungen ergeben sich oft aus der einzelvertraglichen Vereinbarung des Arbeitgebers mit einzelnen Arbeitnehmern nach allgemeinen zivilrechtlichen Grundsätzen. Die Einzelvereinbarung wird meist mit besonders verdienten Arbeitnehmern, z. B. mit leitenden Angestellten, getroffen, bei denen die Ergänzungsfunktion der betrieblichen Altersversorgung zur gesetzlichen Rentenversicherung wegen der größeren Versorgungslücke besondere Bedeutung hat. Inhalt und Umfang der Versorgungszusage lassen sich so den individuellen Interessen der einzelnen Arbeitnehmer effektiv anpassen. Die Versorgungs-zusage wird dann Bestandteil des einzelnen Arbeitsvertrages.[46]

---

43 Vgl. Ahrend/Förster/Rößler (1999), 2. Teil, Rdnr. 43.

44 Allerdings kommen bei einer Gesamtzusage/vertraglichen Einheitsregelung theoretisch als Änderungsmöglichkeiten in Frage: Änderungsverträge, Änderungskündigungen, vorbehaltener Widerruf, Wegfall der Geschäftsgrundlage und Ablösung durch eine Betriebsvereinbarung. Vgl. hierzu Kemper (1998 c), S. 774.

45 Vgl. Ahrend/Förster (1999), § 1, Rdnr. 14. Die Schriftform ist hier seit 1995 durch das Niederschriftserfordernis gem. § 2 Abs. 1 NachwG für wesentliche Vertragsbedingungen, zu denen auch die Altersversorgung zu rechnen ist, notwendig geworden. Der Arbeitgeber verpflichtet sich gegenüber den bereits vorhandenen Arbeitnehmern, spätestens einen Monat nach der Gesamtzusage die wesentlichen Vertragsbedingungen unaufgefordert schriftlich niederzulegen, die Niederschrift zu unterzeichnen und den Arbeitnehmern auszuhändigen.

46 Vgl. Richardi/Wlotzke (1992), S. 1730, Rdnr. 2.

2. Begründung ohne ausdrückliche Erteilung

a) Betriebliche Übung

Anerkanntermaßen können Ansprüche der Arbeitnehmer gegen ihre Arbeitgeber durch sogenannte „betriebliche Übung" entstehen.[47] Dogmatisch ist die Anspruchsbegründung richtigerweise auf „Erwirkung" zurückzuführen[48], was bedeutet, daß der Arbeitgeber durch Leistungserbringung über einen längeren Zeitraum einen Vertrauenstatbestand setzt, der den Arbeitnehmer in schutzwürdiger Weise auf die zukünftige Leistungsgewährung vertrauen läßt.[49] Demnach kann auch die Anwartschaft auf betriebliche Altersversorgung durch betriebliche Übung entstehen.[50] Dies ist jedoch nur möglich, sofern anderweitige vertragliche Regelungen fehlen und das Vertrauen des Arbeitnehmers schutzwürdig ist. So hat das BAG in ständiger Rechtsprechung anerkannt, daß bereits die dreimalige vorbehaltliche Gewährung einer freiwilligen Leistung des Arbeitgebers einen Arbeitnehmeranspruch auf Wiederholung der Zuwendung begründet. Korrektiv dieser zu ausufernder Anspruchsbegründung führenden Rechtsprechung ist der durch das BAG erleichterte Maßstab zur Ablösung der betrieblichen Übung durch eine neue entgegengesetzte sogenannte „negative betriebliche Übung". Eine betriebliche Übung kann dadurch geändert werden, daß die Arbeitnehmer einer neuen Handhabung über einen Zeitraum von drei Jahren nicht wi-

---

47 Vgl. BAG (30.10.1984), S. 1747 und Hromadka (1984), S. 241.

48 Zur dogmatischen Einordnung vgl. Blomeyer/Otto (1997), Einl., Rdnr. 180 ff. m. w. N.

49 Die Gegenansicht, die einen Vertragsschluß durch konkludentes Verhalten annimmt, ist abzulehnen, da es insoweit wohl regelmäßig an einem Verpflichtungswillen des Arbeitgebers fehlen dürfte. Schwierigkeiten bereitet die Bestimmung des Zeitpunkts, ab dem eine betriebliche Übung besteht. Vgl. hierzu Blomeyer/Otto (1997), Einl., Rdnr. 185 m. w. N.

50 Vgl. BAG (26.03.1997), S. 1672 und Ahrend/Förster (1999), § 1, Rdnr. 15.

dersprechen.[51] Der Arbeitgeber ist nun nicht mehr darauf angewiesen, eine betriebliche Übung über den komplizierten Weg einer Änderungskündigung zu beseitigen. Er ist nun in der Lage, sich durch die nachträgliche Einfügung eines Freiwilligkeitsvorbehalts wieder von der betrieblichen Übung zu lösen. Die Möglichkeiten des Arbeitgebers, sich von den Ansprüchen aufgrund betrieblicher Übung zu befreien, sind daher in der Praxis erheblich erweitert und erleichtert worden und dürften dem Sachkundigen keine ernsthaften Schwierigkeiten bereiten.[52]

b) Gleichbehandlung

Für die Praxis viel bedeutsamer als die betriebliche Übung ist das Entstehen von Ansprüchen aufgrund des in Art. 3 GG verfassungsmäßig festgeschriebenen Grundsatzes der Gleichbehandlung.[53] Dieser besagt u. a., daß im wesentlichen Gleiches nicht willkürlich ungleich behandelt werden darf.

Der Grundsatz der Gleichbehandlung greift dort, wo der Arbeitgeber einzelnen Arbeitnehmern (oder Arbeitnehmergruppen) im Gegensatz zu anderen vergleichbaren Arbeitnehmern keine Versorgungszusage erteilt. Der Arbeitgeber muß in einem solchen Falle sachgerechte Differenzierungskriterien (z. B. Stellung im Betrieb, Dauer der Betriebszugehörigkeit, Umfang der Arbeitsleistung, Qualifikation) festlegen[54], um nachzuweisen, daß es sich bei den Vergleichspaaren eben nicht um im wesentlichen Gleiches handelt. Somit muß der Arbeitgeber nach objektiven Kriterien abgrenzen, welche Personen

---

51 Vgl. BAG (04.05.1999), S. 1924; BAG (20.11.1996),S. 2547; BAG (26.03.1997), S. 1672; zuletzt BAG (04.05.1999), S. 2082. Vgl. zur Terminologie Tappe/Koplin (1998), S. 2114.

52 Vgl. Tappe/Koplin (1998), S. 2114 ff. Zu den Aufhebungsmöglichkeiten vgl. auch Blomeyer/Otto (1997), Einl., Rdnr. 188 – 191.

53 Zur dogmatischen Begründung vgl. Blomeyer/Otto (1997), Einl., Rdnr. 193 ff.

54 Vgl. Lubnow (1992), S. 1209.

(-gruppen) in welchem Umfang von der betrieblichen Altersversorgung erfaßt werden.[55]

Die Verwirklichung des Gleichbehandlungsgebots wirft gegenüber Teilzeitbeschäftigten im Bereich der betrieblichen Altersversorgung besondere Probleme auf. Hat ein Arbeitgeber einen teilzeitbeschäftigten Arbeitnehmer ohne sachlichen Grund von betrieblichen Versorgungsleistungen ausgeschlossen, so muß er ihm nachträglich eine gleichwertige Versorgung verschaffen, auch wenn der Beginn des Arbeitsverhältnisses lange zurückliegt.[56] Inwieweit sich diese Folgen aufgrund des neuen „Scheinselbständigengesetzes"[57] auch auf jetzt als Arbeitnehmer zu behandelnde Personen ergeben, obliegt noch der Klärung durch die Rechtsprechung.

Doch nicht nur das verfassungsrechtliche Diskriminierungsverbot gem. Art. 3 Abs. 2 und 3 GG sowie der hieraus erwachsende arbeitsrechtliche Gleichbehandlungsgrundsatz gem. § 611a und § 612 Abs. 3 BGB[58] haben Einfluß auf die betriebliche Altersversorgung, son-

---

55 Die Beweislast für eine Verletzung der Gleichbehandlungspflicht durch den Arbeitgeber liegt beim Arbeitnehmer. Das BAG verlangt aber vom Arbeitgeber eine „Offenlegung" der Differenzierungsgründe einschließlich der Abgrenzung des begünstigten Personenkreises. Vgl. BAG (12.06.1990), S. 389.

56 Vgl. zur Problematik der Teilzeitbeschäftigten Blomeyer/Otto (1997), Einl., Rdnr. 225 – 227. Zu möglichen Auswirkungen auf die Betriebsrenten durch das zum 1.04.1999 in Kraft getretene Gesetz zur Neuregelung der geringfügigen Beschäftigungsverhältnisse vgl. insb. Fodor (1999), S. 800.

57 Gesetz zur Förderung der Selbständigkeit vom Bundestag am 12.11.1999 auf der Grundlage der Beschlußempfehlung und des Berichts des Ausschusses für Arbeit- und Sozialordnung [BT-Drucks. (14/2046)] verabschiedet. Siehe auch BT-Drucks. 13/1855. Es soll bestimmt werden, das Anhaltspunkte für eine sozialversicherungspflichtige Beschäftigung eine Tätigkeit nach Weisungen und eine Eingliederung in die Arbeitsorganisation des Weisungsgebers sind. Hierfür werden fünf Kriterien genannt, von denen drei für das Unterstellen einer Scheinselbständigkeit erfüllt sein müssen. Siehe hierzu Buchner (1999), S. 2514 ff.

58 Das geschlechtliche Benachteiligungsverbot einzelner Arbeitnehmer hat seinen besonderen Niederschlag im Dienstvertragsrecht des BGB (§§ 611a ff.) gefunden. Demnach darf kein Arbeitnehmer wegen seines Geschlechts

dern auch europarechtliche Aspekte. Artikel 119 des EG-Vertrages (EGV) legt fest, daß jeder Mitgliedstaat der Europäischen Union den Grundsatz des gleichen Entgelts[59] für Männer und Frauen bei gleicher Arbeit anzuwenden hat. Dieser Grundsatz nimmt starken Einfluß auf die betriebliche Altersversorgung in Europa. Die Tatsache, daß überwiegend Frauen einer Teilzeitbeschäftigung nachgehen[60] und daher von einer Versorgungszusage ausgeschlossen sind, bedeutet unter Umständen eine mittelbare Diskriminierung aufgrund des Geschlechts und damit einen Verstoß gegen Art. 119 EGV.[61]
Eine Versorgungsordnung ist dann mittelbar diskriminierend, wenn innerhalb der Gruppe der benachteiligten Teilzeitbeschäftigten der Frauenanteil erheblich höher ist als im übrigen Unternehmen.[62] In diesem Falle sind sachgerechte Differenzierungskriterien nicht mehr ausreichend. Vielmehr muß der Arbeitgeber beweisen, daß die unterschiedliche Behandlung einem unabweisbaren Bedürfnis des Unternehmens dient, für die Erreichung der unternehmerischen Ziele geeignet und unter Berücksichtigung der Bedeutung des Grundsatzes der Lohngleichheit nach den Grundsätzen der Verhältnismäßigkeit erforderlich ist.[63] Ein Ausschluß von Teilzeitbeschäftigten aus

---

von Vereinbarungen zwischen Arbeitgeber- und Arbeitnehmerseite ausgenommen sein oder eine geringere Vergütung erhalten.

59 Vgl. zur Definition des Entgelts Curall (1999), Artikel 119, Rdnr. 87 – 128, hier vor allem die Zusammenfassung der Rechtsprechung in Rdnr. 89.

60 Vgl. Ahrend/Beucher (1993), S. 254.

61 Vgl. EuGH (13.05.1986), S. 1509. Vgl. ausführlich Blomeyer/Otto (1997), Einl., Rdnr. 195 ff., 232, 1074 bzw. Curall (1999), Artikel 119, Rdnr. 39 – 79, speziell Rdnr. 47 – 49.

62 Vgl. Ahrend/Förster (1999), § 1, Rdnr. 25. Das BAG [vgl. z. B. BAG (20.11.1990), S. 1570] hat sich dieser Entscheidung in einer Reihe nachfolgender Urteile angeschlossen. Dabei hat das Gericht sich später sogar auf den Standpunkt gestellt, es liege kein mittelbarer, sondern ein unmittelbarer Verstoß gegen den allgemeinen Gleichheitssatz des Art. 3 Abs. 1 GG vor. Vgl. BAG (07.03.1995), S. 2020.

63 Vgl. Ahrend/Förster (1999), § 1, Rdnr. 24.

Versorgungsordnungen ist aufgrund dieser Anforderungen kaum noch möglich.

Hinterbliebenenversorgungen, welche nur Witwen-, nicht jedoch Witwerrenten vorsehen, verstoßen ebenfalls gegen den Gleichbehandlungsgrundsatz und sind deshalb nicht zulässig.[64] Das hat zur Folge, daß auch hier eine nachträgliche Versorgung eingerichtet werden muß, jedoch begrenzt auf Beschäftigungszeiten nach dem 17. Mai 1990.[65]

Eine Versorgungsordnung, die vorsieht, daß ausschließlich Mitarbeiter in gehobenen Positionen Anspruch auf eine betriebliche Altersversorgung haben, verstößt nach ständiger arbeitsgerichtlicher Rechtsprechung nicht gegen den Gleichbehandlungsgrundsatz. Dies wird vom BAG insofern gerechtfertigt, als Arbeitgeber nicht gezwungen werden könnten, mit ihren Sozialleistungen allgemeine gesellschaftliche Defizite zu kompensieren.[66]

II. Leistungsplangestaltung in der betrieblichen Altersversorgung

1. Aufnahmevoraussetzungen, Leistungsarten, Leistungsbedingungen, Leistungsformen betrieblicher Versorgungszusagen

Es können nur Arbeitnehmer (und ihre Hinterbliebenen) und der erweiterte Personenkreis des § 17 BetrAVG[67] von der betrieblichen Altersversorgung eines Unternehmens erfaßt werden. Ein freiwilliger Beitritt anderer Personen ist nicht möglich. Innerhalb dieses Unter-

---

64 Vgl. BAG (05.09.1989), S. 2400; Ahrend/Beucher (1993), S. 256. Ausführlich Blomeyer/Otto (1997), Einl., Rdnr. 207, 221, 318, 333.

65 Vgl. zum sog. Barber-Fall: EuGH (17.05.1990), S. 1824.

66 Vgl. BAG (14.10.1986), S. 829.

67 Die §§ 1 bis 16 BetrAVG gelten auch für Personen, die nicht Arbeitnehmer sind, wenn ihnen Leistungen der Alters-, Invaliditäts- oder Hinterbliebenenversorgung aus Anlaß ihrer Tätigkeit für ein Unternehmen zugesagt worden sind.

nehmens kann eine weitere Beschränkung auf bestimmte Arbeitnehmer (sofern der Grundsatz der Gleichbehandlung beachtet wird) erfolgen. Daneben existieren unternehmensspezifisch zeitbezogene Voraussetzungen, wie z. B. Mindestdienstzeiten[68], Mindestalter (sog. Vorschaltzeiten), Höchstalter bei Diensteintritt oder Wartezeiten, welche bis zur Altersgrenze erfüllt sein müssen.[69] Die Wartezeit stellt ein gutes Instrument für die Unternehmen dar, um sich vor vorzeitigen Versorgungsfällen, wie z. B. Invalidität oder den aus Todesfällen resultierenden Hinterbliebenenrenten, zu schützen[70], denn die Unverfallbarkeitsfrist tritt erst zehn Jahre nach der Zusageerteilung ein. Da auch extrem lange Wartezeiten (35 Jahre) von der Rechtsprechung akzeptiert werden, besteht weiterhin die Möglichkeit, die Altersrente bis zum Zeitpunkt der Pensionierung planmäßig erdienen zu lassen.[71]

Die Leistungsarten werden durch Eintritt eines biologischen Ereignisses hervorgerufen.[72] Der Leistungsplan kann Leistungen mit dem Eintritt in den Ruhestand in Form der Altersrente, aber auch durch Invalidität oder Tod in Form von Witwen-, Witwer- und Waisenrenten sowie Sterbegelder vorsehen.[73]

Da die Leistungen der betrieblichen Altersversorgung den Arbeitnehmern und ihren Angehörigen in der Regel zusätzlich zu den entsprechenden Leistungen der gesetzlichen Rentenversicherung zufließen, haben sich auch die Bedingungen, unter denen die Leistun-

---

68 Im allgemeinen beträgt diese 10 Jahre, sie kann aber auch kürzer sein oder ganz entfallen, wenn ein Todesfall oder eine Berufs- oder Erwerbsunfähigkeit auf einen Betriebsunfall zurückzuführen ist. Vgl. Uebelhack (1998 a), Rdnr. 239.

69 Vgl. Uebelhack (1998 a), Rdnr. 237.

70 Vgl. Schanz (1992), S. 104.

71 Vgl. Ahrend/Förster (1999), § 1, Rdnr. 39.

72 Vgl. Schanz (1992), S. 59. Vgl. zu den Leistungsarten beispielsweise Ahrend/Förster/Rößler (1999), 1. Teil, Rdnr. 1 – 20 c.

73 Vgl. Werner/Hagen (1993), S. 218 ff.

gen der betrieblichen Altersversorgung gewährt werden, im Laufe der Zeit immer stärker an die Bedingungen der gesetzlichen Rentenversicherung angepaßt. Die Leistungsvoraussetzungen können im Prinzip aber frei vereinbart werden. Sie sind in der Praxis sehr unterschiedlich und können wegen der Vielfalt und Individualität nicht im einzelnen abgehandelt werden. Regelmäßig werden diese Leistungen von der schon angesprochenen Mindestdienstzeit und dem Austritt des Arbeitnehmers aus dem Unternehmen abhängig gemacht. Witwen-/Witwerleistungen setzen regelmäßig eine gewisse Dauer der Ehe voraus. Weiterhin werden in der Praxis oft Spätehen-, Altersdifferenz- und Getrenntlebensklauseln vereinbart.[74]
Die Leistungsformen umfassen zum einen lebenslänglich laufende Leistungen (Rente), zum anderen nicht lebenslänglich laufende Leistungen in der Form der einmaligen Kapitalzahlung.[75]

2. Leistungspläne betrieblicher Versorgungszusagen

a) Vorbemerkung

Das Versprechen eines Arbeitgebers, einem Arbeitnehmer aus Anlaß eines Arbeitsverhältnisses zum Zwecke der Versorgung Alters-, Invaliditäts- und/oder Hinterbliebenenleistungen zukommen zu lassen, kann grundsätzlich in verschiedenen Formen ausgestaltet sein: als Leistungszusage, als Beitragszusage oder als Mischtypus beider. Die jeweilige Ausgestaltung der Versorgungszusage ist für deren Attraktivität und somit – in Hinblick auf die Wiederbelebung der betrieblichen Altersversorgung als Zielvorstellung – deren zukünftige Akzeptanz bei den Vertragsparteien von entscheidender Bedeutung.

---

74 Vgl. Uebelhack (1998 a), Rdnr. 240.

75 Vgl. Ahrend/Förster/Rößler (1999), 1. Teil, Rdnr. 5. Aufgrund der Begriffsbestimmung können auch andere Leistungen des Arbeitgebers zur betrieblichen Altersversorgung zählen. Diese müssen im Einzelfall danach abgegrenzt werden, ob sie der Versorgung dienen. Zu diesen Leistungen können u. a. Deputate, Weihnachtsgelder, Gewinnbeteiligungen und Tantiemen zählen. Vgl. hierzu Richardi/Wlotzke (1992), S. 1727 ff. Rdnr. 14 – 23.

So ist auf Arbeitgeberseite der verständliche Wunsch nach verbindlicher Kalkulierbarkeit des Kostenaufwands bestimmend, während auf Arbeitnehmerseite ein Bedürfnis besteht zu wissen, mit welchen Leistungen der betrieblichen Altersversorgung im Versorgungsfall gerechnet werden kann. Daneben spielt die Einordnung der jeweiligen Ausgestaltung aus arbeits- bzw. steuerrechtlicher Sicht eine gewichtige Rolle. Im folgenden soll daher – nach einer Darstellung der einzelnen Zusagetypen – untersucht werden, inwieweit die einzelnen Versorgungszusagetypen mit den zunächst fragmentarisch dargestellten Parametern in Einklang stehen.

b) Typologie betrieblicher Versorgungszusagen

ba) Leistungszusage

Die Leistungszusage ist der „klassische" Durchführungsweg der betrieblichen Altersversorgung in Deutschland.[76] Sie wird verschiedentlich sogar als „Prototyp" der betrieblichen Altersversorgung bezeichnet[77], da aus der Begründung zum Regierungsentwurf der Legaldefinition der betrieblichen Altersversorgung zu § 1 BetrAVG[78] eine solche Verwurzelung herausgelesen wird. Von der Praxis ob der ihr immanenten betriebswirtschaftlichen Risikofaktoren vielfach gescholten, preist *Blomeyer*[79] sie in Abgrenzung zur Beitragszusage als Altersversorgung im eigentlichen Sinne des Betriebsrentengesetzes. Bei der Leistungszusage ist die Versorgungsleistung selbst Gegenstand der Versorgungszusage, d. h. Vertragszweck ist die Gewährleistung einer ganz bestimmten bzw. exakt bestimmbaren Geldleistung im Versorgungsfall.[80] Es handelt sich somit um ein Ver-

---

76 Verschiedentlich als Leistungsprimat oder mit dem Anglizismus „Defined-Benefit-Plan" bezeichnet.

77 Vgl. Hanau/Arteaga (1997), S. 4.

78 Vgl. Bode/Grabner (1997 a), S. 929 und BT-Drucks. (7/1281), S. 22.

79 Vgl. Blomeyer (1997 a), S. 1399.

80 Vgl. Hanau/Arteaga (1997), S. 4.

sprechen des Arbeitgebers, dem Arbeitnehmer bei Fälligkeit eine vorher definierte Versorgungsleistung zukommen zu lassen.[81] Diese kann entweder als einmalige oder als wiederkehrende Leistung erbracht werden. Die Erfüllung der vertraglichen Verpflichtung des Arbeitgebers tritt somit – je nachdem, ob eine einmalige oder wiederkehrende Leistung vereinbart ist – mit Zahlung der vereinbarten Summe bzw. Ablauf der Zeit ein, für die wiederkehrende Leistung vereinbart ist.[82] Der Erfüllungszeitpunkt liegt somit bei der Leistungszusage jedenfalls (eventuell lange Zeit) nach Eintritt des Versorgungsfalles.

Die Versorgungsleistungszusage kann im Zeitpunkt des Leistungsversprechens als absoluter Betrag oder in einer nach stichtagsbezogenen Bemessungsgrößen (i. d. R. letztes Gehalt) eindeutig bestimmbaren Höhe festgelegt sein. Man spricht im ersten Fall von statischen, im zweiten Fall von dynamischen Leistungssystemen.[83] Bei letzteren kann die Ermittlung in Abhängigkeit vom einem Endgehalt bzw. von einem zu ermittelnden Karrieredurchschnittsgehalt erfolgen.[84] Dieser Leistungstyp ist dem eines Lebensversicherungsgeschäfts ähnlich, so daß hier zwischen einem Risikogeschäft einerseits und einem Spargeschäft andererseits unterschieden werden kann.[85] Die Versicherungsbetriebswirtschaftslehre versteht unter dem Risikogeschäft die Übernahme vieler Wahrscheinlichkeitsverteilungen von „Schäden" durch den Versicherer und den Ausgleich der übernommenen Schäden im Kollektiv und in der Zeit.[86] Als „Schäden" kommen bei der betrieblichen Altersversorgung die al-

---

81 Vgl. Blomeyer (1996), S. 310.

82 So die vorzugswürdige Geldleistungstheorie. Vgl. Blomeyer/Otto (1997), Einl., Rdnr. 132 und Rdnr. 222.

83 Vgl. Ahrend/Förster/Rößler (1995), S. 7 und 15.

84 Ebenda, S. 7 und 15.

85 Vgl. Rößler/Dernberger/Schmandt (1996), S. 1785.

86 Vgl. Farny (1995), S. 14.

tersbedingte Erwerbslosigkeit und ggf. Invalidität und Hinterbliebenenversorgung in Betracht. Dieses versicherungstechnische Risiko ist – bei gleichbleibender Zusammensetzung des Kollektivs – unabhängig von der Durchführungsform der betrieblichen Altersversorgung.[87]

Das Ziel des Spargeschäfts besteht darin, dem Versicherungsnehmer in der Zukunft eine bestimmte Kapitalsumme oder eine festgelegte Rente zu zahlen.[88] Dies erfolgt durch die planmäßige und verzinsliche Ansammlung von Sparbeträgen. Probleme entstehen hier jedoch dann, wenn die Verzinsung des Deckungskapitals den Kalkulationszinsfuß unterschreitet.[89]

Unabhängig vom Durchführungsweg treten bei Leistungszusagen zwei weitere Risiken auf. Zum einen erhöht eine Leistungszusage (genau wie eine Beitragszusage[90]) den Operating-Leverage[91], weil das Unternehmen sich zusätzliche fixe Personalkosten aufbürdet. Die Höhe dieser Kosten entspricht bei mittelbaren Versorgungszusagen den zahlungswirksamen Zuwendungen an den externen Versorgungsträger, bei unmittelbarer Zusage sind die Gesamtkosten in Finanzierungskosten (Verzinsung des akkumulierten Kapitals) und

---

87 Vgl. Arbeitskreis (1998 a), S. 328. Es handelt sich somit um kein spezielles Problem der Direktzusage, wie die *DB Research* [(1995), S. 9] fälschlicherweise behauptet.

88 Vgl. Farny (1995), S. 41 f.

89 Die Tragweite dieses Kapitalanlagerisikos für Lebensversicherer wird mit Blick auf die USA und Großbritannien deutlich, welche die vertraglich zugesicherte Mindestrendite in den vergangenen zwei Jahrzehnten teilweise nicht erwirtschaften konnten und somit in Bedrängnis gerieten. Vgl. Gebhard (1995), S. 357 ff.

90 Siehe S. 50 ff. dieser Arbeit.

91 Unter dem Operating-Leverage wird die Hebelwirkung absatz- bzw. produktionsmengenunabhängiger Aufwandspositionen im Leistungsbereich auf die Eigenkapitalrentabilität verstanden. Vgl. Arbeitskreis (1998 a), S. 329.

Personalkosten (fiktive Versicherungsprämie in Form der betragsmäßig gleichbleibenden Jahresbeträge) aufzuspalten.[92]

Bei der Leistungszusage hat der Arbeitgeber – in Anbetracht der Tatsache, daß die Fälligkeit der Leistung z. B. durch Berufsunfähigkeit oder Tod des Arbeitnehmers jederzeit unvorhergesehen eintreten kann – stets die Mittel bereitzustellen, die zur Erfüllung der geschuldeten Leistung erforderlich sind.[93] Die Möglichkeit des Arbeitgebers, sich hinsichtlich der Versorgung externer Durchführungswege zu bedienen, steht dem nicht entgegen. Durch richterliche Rechtsfortbildung ist inzwischen eine Subsidiärhaftung des Arbeitgebers im Falle des Ausfalls eines externen Versorgungsträgers allgemein anerkannt.[94] Versucht man, die im Mittelpunkt stehenden Altersrenten zu typisieren, so kann man drei Grundtypen unterscheiden: den Gesamtversorgungsplan, den gehaltsabhängigen (Prozent-)Plan und den Feste DM-Betragsplan.

baa) Gesamtversorgungsplan

Bei einem Gesamtversorgungsplan im Rahmen einer Leistungszusage übernimmt der Arbeitgeber eine Ausfallgarantie in bezug auf die gesetzliche Rente, d. h. er verpflichtet sich, die gesetzliche Rente des Arbeitnehmers auf z. B. 70 % des letzten Arbeitsentgelts (oder den Durchschnitt der letzten drei bis fünf Jahre) unter Anrechnung der gesetzlichen Rente „aufzufüllen".[95] Manche Versorgungspläne

---

92 Vgl. Rößler/Dernberger/Schmandt (1996), S. 1785.

93 Vgl. Hanau/Arteaga (1997), S. 4.

94 Zur Direktversicherung siehe Blomeyer/Otto (1997), § 1, Rdnr. 286; zur Unterstützungskasse siehe BAG (17.05.1973), S. 1308; auch bei den Pensionskassen kommt das vor, etwa wenn sich nachträglich herausstellt, daß der Arbeitgeber die Mitgliedschaftsvoraussetzungen für die Pensionskasse nicht mehr erfüllt, vgl. BAG (05.10.1993), S. 1683. Der Arbeitgeber haftet sogar im umgekehrten Fall unmittelbar, nämlich wenn die Zusatzversorgungskasse die Zusageempfänger von vornherein aus Satzungsgründen gar nicht versichert hätte, vgl. BAG (28.07.1992), S. 224.

95 Vgl. Heubeck (1998 c), S. 14 f.

sehen auch ungleichmäßig steigende Prozentsätze (Grund- und Steigerungsrenten – z. B. nach 10 Dienstjahren 35 %, danach für jedes Jahr zwischen 0,5 % bis 1,0 %) oder gleichmäßig steigende Renten (z. B. für jedes Dienstjahr 1,5 %) vor.[96] Der eben beschriebene Leistungsplan wird als halbdynamischer Leistungsplan bezeichnet, da die Anwartschaften grundsätzlich mit den steigenden Gehältern und Löhnen steigen.[97] Ein volldynamischer Leistungsplan ist dadurch charakterisiert, daß die spätere Leistung darüber hinaus in Abhängigkeit von einem Index (z. B. Lebenshaltungspreise, Gehälter der aktiven Belegschaft) vom Arbeitgeber erhöht wird.[98] Gesamtversorgungspläne sind durch die Entwicklungen der gesetzlichen Rentenversicherung nur noch selten in der Privatwirtschaft anzutreffen, da immer weniger Unternehmen bereit bzw. in der Lage sind, das Risiko einer Absenkung des Rentenniveaus zu übernehmen.[99]

bab) Gehaltsabhängiger (Prozent-) Plan

Eine weitere Form innerhalb der Leistungspläne ist der gehaltsabhängige (Prozent-) Plan. Dieser unterscheidet sich von dem Gesamtversorgungsplan dadurch, daß der Arbeitgeber keine Ausfallgarantie in bezug auf die gesetzliche Rente übernimmt, sondern von der individuellen gesetzlichen Rente unabhängige Leistungen vorsieht. Bei der Bestimmung der Höhe der Leistungen wird jedoch auch die allgemeine Leistungshöhe der gesetzlichen Rente mitberücksichtigt. Der Vorteil für den Arbeitgeber besteht darin, daß das Versorgungsversprechen vom Schicksal der gesetzlichen Rentenversicherung unabhängig ist. Der Leistungsplan könnte z. B. für jedes Dienstjahr 0,2 % des letzten Arbeitsentgelts vorsehen, so daß

[96] Vgl. Uebelhack (1998 a), Rdnr. 244.

[97] Vgl. Schanz (1992), S. 103.

[98] Vgl. Uebelhack (1998 a), Rdnr. 245.

[99] Vgl. Werner/Hagen (1993), S. 226.

sich als Versorgungsleistung nach 40 Dienstjahren 8 % des letzten Gehalts ergeben.[100] Auch ist es möglich, Grund- und Steigerungsraten vorzusehen.

Übersteigen Arbeitsentgelte die Beitragsbemessungsgrenze[101] der gesetzlichen Rentenversicherung, besteht bei dieser Form die Möglichkeit, die übersteigenden Lohn- und Gehaltsteile mit einem höheren Prozentsatz zu berücksichtigen.[102] Dies ist auch sinnvoll, da das Einkommen oberhalb der Beitragsbemessungsgrenze nicht in die Berechnung für die gesetzliche Rentenversicherung einfließt und folglich dieser Personenkreis einen höheren Versorgungsbedarf hat. Da die Anwartschaften hier mit dem jeweiligen Lohn bzw. Gehalt steigen, ist dieser Leistungsplan halbdynamisch.

In der Praxis finden sich oft Höchstbegrenzungs- und Maximierungsklauseln, welche die Summe aus gesetzlicher und betrieblicher Rente auf z. B. 65 % des letzten Arbeitsentgelts begrenzen. Hier soll verhindert werden, daß Beiträge an die Sozialversicherung anfallen, falls der Versorgungsberechtigte durch die Rentenzahlungen mehr an Nettoeinkommen bezieht, als er als aktiver Arbeitnehmer bekommen würde.[103] Solche endgehaltsabhängigen Versorgungsmodelle beinhalten allerdings das Risiko, daß die Steigerungen des Arbeitsentgelts, durch z. B. Tarifabschluß, in den letzten Jahren des Versorgungsanspruches bis zum voraussichtlichen Ende der Versorgung überproportional ansteigen.[104] Dadurch ist die Gefahr, daß Unterdeckungen der zukünftig zu erbringenden Versorgungsleistungen entstehen, besonders groß. Dies liegt vor allem daran, daß eine

---

100 Vgl. Uebelhack (1998 a), Rdnr. 247.

101 Vgl. Erster Teil, Fn. 12 dieser Arbeit.

102 Vgl. Schmidt (1988), S. 13.

103 Vgl. Uebelhack (1998 a), Rdnr. 248.

104 Vgl. Doetsch (1993), S. 983.

steuerlich wirksame Vorausfinanzierung hier nicht möglich ist, da die künftigen Einkommensentwicklungen nicht voraussehbar sind.[105]

bac) Feste DM-Beträge

Um die in der Zukunft liegenden Versorgungsleistungen für den Arbeitgeber kalkulierbarer zu machen, sehen die am einfachsten strukturierten Leistungspläne feste DM-Beträge vor. Derartige statische Versorgungsmodelle gliedern ihre Leistungen häufig nach Arbeitsentgelt und Dienstzugehörigkeit sowie nach Tarifgruppe (einkommensgruppenbezogene oder tarifgruppenbezogene Nominalbetragssysteme).[106] Zu diesen Festbetragssystemen zählt auch das sogenannte Eckwertsystem. Bei diesem Versorgungsmodell wird für eine bestimmte Einkommensgröße ein fester DM-Steigerungsbetrag für jedes Dienstjahr festgelegt und die von dieser Einkommensgröße abweichenden ruhegeldfähigen Einkommen zu dieser Größe ins Verhältnis gesetzt.[107] Hierbei kann die Bezugsgröße dynamisch gewählt werden, indem man z. B. ein bestimmtes Tarifgehalt oder die individuelle Beitragsbemessungsgrenze[108] in der gesetzlichen Rentenversicherung verwendet.

bb) Beitragszusage

Bei der Beitragszusage ist der Gegenstand der Versorgungszusage die Entrichtung von Finanzierungsbeiträgen durch den Arbeitgeber, d. h. der Arbeitgeber verpflichtet sich, bis zum Eintritt des Versor-

---

105 Vgl. S. 182 ff. dieser Arbeit. Eine Berücksichtigung bei der Ermittlung des Teilwerts ist aufgrund des Stichtagsprinzips gem. § 6a Abs. 3 Nr. 1 Satz 4 EStG nicht möglich, da zum einen der Zeitpunkt und zum anderen der künftige Umfang der Erhöhungen ungewiß sind. Sofern der künftige Umfang und der Zeitpunkt der Erhöhungen am Bilanzstichtag bekannt sind, sind diese Änderungen gem. R 41 Abs. 17 EStR bei der Berechnung zu berücksichtigen.

106 Vgl. Werner/Hagen (1993), S. 233 f.

107 Vgl. Lutz (1993), S. 70.

108 Vgl. Erster Teil, Fn.12 dieser Arbeit.

gungsfalles periodisch einen bestimmten bzw. einen bestimmbaren Betrag auf ein für den Arbeitnehmer geführtes Versorgungskonto abzuführen.[109] Die Erfüllung der schuldrechtlichen Verpflichtung des Arbeitgebers tritt bereits mit der jeweils periodisch anfallenden Beitragszahlung ein.[110] Der Erfüllungszeitpunkt liegt somit im Gegensatz zur Leistungszusage vor Eintritt des Versorgungsfalles. Die Höhe der im Versorgungsfall zu entrichtenden Kapital- oder Rentenzahlung ist demgemäß vollständig abhängig vom Bestand und der Rendite des durch die Beitragszahlung angesammelten Vermögens auf dem Versorgungskonto des Arbeitnehmers.[111]

Die Höhe der periodisch anfallenden Beitragszahlungen kann wiederum absolut festgelegt oder in Relation zu stichtagsbezogenen Bemessungsgrößen zu ermitteln sein.

Das für den Arbeitnehmer geführte Versorgungskonto kann entweder bei einem externen Versorgungsträger oder im eigenen Unternehmen eingerichtet sein.[112] Bei Vereinbarung einer Beitragszusage entstehen zusätzliche Kosten und Auszahlungen, welche sich auf das Risiko des Unternehmens genauso wie ein Barlohn gleicher Höhe auswirken. Soweit die Beitragszusage ganz oder teilweise an den Unternehmenserfolg gekoppelt ist, vermindern bzw. erhöhen sich die Fixkosten des Unternehmens. Folglich variiert der Operating-Leverage, d. h. die Hebelwirkung absatz- bzw. produktionsmengenunabhängiger Aufwandspositionen im Leistungsbereich auf die Eigenkapitalrentabilität.[113] Je größer dieser Hebel ist, desto stärker schlagen Schwankungen der Absatzmengen und die damit einher-

---

109 Verschiedentlich als Beitragsprimat oder mit dem Anglizismus „Defined-Contribution-Plan" bezeichnet.

110 Vgl. Hanau/Arteaga (1997), S. 5.

111 Vgl. Grabner (1997), S. 257.

112 Vgl. Blomeyer (1996), S. 310.

113 Vgl. Arbeitskreis (1998 a), S. 328.

gehenden Umsatzerlöse im Zeitablauf auf die Eigenkapitalrentabilität durch.[114]

Ob die Beitragszusage überhaupt ein Versorgungsmodell der betrieblichen Altersversorgung im Sinne des Betriebsrentengesetzes darstellt, ist in der Literatur umstritten. Die wohl herrschende Meinung vertritt die Auffassung, die „reine" Beitragszusage lasse sich nicht unter die gesetzlichen Vorschriften des Betriebsrentengesetzes subsumieren.[115] Der Begriff „Leistung" in § 1 BetrAVG setze nach dem aus dem Regierungsentwurf der Norm[116] ersichtlichen Willen des Gesetzgebers voraus, daß diese Leistung versicherungsmathematisch bestimmt sei.[117] Dies sei bei der „reinen" Beitragszusage eben nicht der Fall. Der Arbeitgeber übernehme mit der „reinen" Beitragsverpflichtung keines der für Zusagen im Sinne des Betriebsrentengesetzes typischen Risiken und verspreche daher keine „Altersversorgung", sondern lediglich eine „Altersvorsorge".[118] Eine Subsumtion der „reinen" Beitragszusage unter die Vorschriften des Betriebsrentengesetzes sei daher erst nach einer Gesetzesänderung möglich.[119] Doch auch bei der jüngsten Novellierung des Betriebsrentengesetzes durch das Rentenreformgesetz 1999 hat sich der Gesetzgeber nicht gewillt gezeigt, die Beitragszusage in die betriebliche Altersversorgung im Sinne des Betriebsrentengesetzes mit ein-

---

114 Vgl. Süchting (1995), S. 460 ff.

115 Vgl. Blomeyer (1997 a), S. 1400; ders. (1997 c), S. 1922; ders. (1996), S. 310; Hanau/Arteaga (1997), S. 5; Grabner (1997), S. 257; Popahl (1997), S. 177.

116 Vgl. BT-Drucks. (7/1281).

117 Vgl. Blomeyer (1997 c), S. 1921; Bode/Grabner (1997 a), S. 929.

118 Vgl. zur Abgrenzung Erster Teil, Fn. 6 dieser Arbeit.

119 Vgl. Hanau/Arteaga (1997), S. 5.

zubeziehen.[120] Da die Beitragszusage das gesamte Anlagerisiko einzig dem Arbeitnehmer aufbürdet, dürfte die Zusageform den sozialpolitischen Zweck der betrieblichen Altersversorgung verfehlen.[121] Dieser Auffassung sind in jüngerer Zeit vor allem *Doetsch*[122] und *Engbroks*[123] entgegengetreten. Sie vertreten die Ansicht, die „reine" Beitragszusage sei sehr wohl ein Zusagetyp im Sinne des Betriebsrentengesetzes.

Engbroks räumt hierbei jedoch ein, nur eine „reine" Beitragszusage, die daneben die Verpflichtung des Arbeitgebers enthalte, ein umfassendes sachgerechtes Regelwerk zur Kapitalanlage auf Grundlage versicherungsmathematischer Berechnungen zu erstellen, falle in den Geltungsbereich des Betriebsrentengesetzes.[124] Hiermit geht er insofern mit den Gegnern der Beitragszusage konform. *Doetsch* hingegen ist der Auffassung, auch „reine" Beitragszusagen seien Leistungszusagen im Sinne des Betriebsrentengesetzes, da auch bei ihnen vom Arbeitgeber für den Versorgungsfall eine Leistung versprochen werde.[125] Diese sei lediglich der Höhe nach nicht definiert. Daß eine Leistung i. S. d. § 1 BetrAVG versicherungsmathematisch berechenbar sein müßte, ließe sich weder dem Gesetzeswortlaut, noch dem Sinn und Zweck des Betriebsrentengesetzes entnehmen.[126]

---

120 Allerdings wird zum Teil vertreten, dies sei darauf zurückzuführen, daß die Forderung nach einer Einführung der reinen Beitragszusage in das Betriebsrentengesetz in einem zu späten Stadium des Gesetzgebungsverfahrens erhoben worden ist. Vgl. Recht (1998), S. 12.

121 Vgl. EU-Kommission (1999), S. 52.

122 Vgl. Doetsch (1998), S. 271 ff.

123 Vgl. Engbroks (1998), S. 137 ff.

124 Ebenda, S. 137.

125 Vgl. Doetsch (1998), S. 271.

126 Ebenda, S. 273.

Dieses Argument hält letztlich nicht stand. Zwar ist es zutreffend, daß „reine" Beitragszusagen im Betriebsrentengesetz nicht expressis verbis ausgeschlossen sind und die Definition der betrieblichen Altersversorgung grundsätzlich keine versicherungsmathematische Berechnung erfordert. Sinn und Zweck der Versorgungsleistung ergeben jedoch, daß eine solche auch vom Versorgungsempfänger kalkulierbar sein muß, da sie diesem zugute kommt. Letztlich muß ja der Arbeitnehmer wissen, ob und gegebenenfalls in welcher Höhe er zur Erhaltung seines Lebensstandards eine eventuelle private Eigenvorsorge treffen muß. Ein Leistungsversprechen, daß seiner Höhe nach weder bestimmt noch bestimmbar ist – also grundsätzlich auch durch Zahlung eines Pfennigbetrages erfüllt werden kann – ist nichts wert. Hinzu kommt, daß eine Anwartschaft auf betriebliche Altersversorgung im Wege der „reinen" Beitragszusage ihre Fähigkeit als Kreditsicherungsmittel verlieren würde.[127]

Auch das von anderer Seite vorgetragene Argument, das Anlagerisiko bei der Durchführung der betrieblichen Altersversorgung mittels der „reinen" Beitragszusage allein dem Arbeitnehmer aufzubürden, sei nicht unbillig, da auch er allein alle Anlagechancen nutzen könne[128], greift nicht durch. Dann würde nämlich der betrieblichen Altersversorgung jeglicher Versorgungscharakter abhanden kommen.[129]

Somit sprechen die einleuchtenderen Argumente für die herrschende Meinung. Die „reine" Beitragszusage stellt demnach noch keinen Zu-

---

127 Abgesehen von der juristischen Sichtweise – abtretbar sind lediglich bestimmte oder der Höhe nach eindeutig bestimmbare Forderungen – ist dies praktisch leicht nachvollziehbar. Kein Kreditgeber würde als Sicherung seines Kredits die Abtretung einer Forderung akzeptieren, von der niemand weiß, ob sie überhaupt einen nennenswerten Betrag zum Gegenstand hat.

128 Vgl. z. B. Kolvenbach (1997 b), S. 211; Baum (1997), S. 25.

129 So auch EU-Kommission (1999), S. 52.

sagetyp im Sinne des Betriebsrentengesetzes dar.[130] Welche Auswirkungen die Einführung von Beitragszusagen auf bestehende Versorgungssysteme mit Leistungszusagen haben könnte, läßt sich nur schwer einschätzen. Eine Trendentwicklung hin zu „reinen“ Beitragszusagen dürfte sich jedoch angesichts der Entwicklung in europäischen Nachbarländern nicht eben rasant entwickeln und darüber hinaus lediglich für Neuzusagen in Betracht kommen.[131]

bc) Mischtypus

Zwischen der klassischen Leistungszusage und der „reinen" Beitragszusage liegt ein Versorgungsversprechen, welches durch das Rentenreformgesetz 1999 erstmals in einem eigenen sechsten Absatz des § 1 BetrAVG verankert wurde: die beitragsorientierte Leistungszusage.[132]

Diese bereits vor über zwei Jahrzehnten entwickelte und in der betrieblichen Praxis bewährte beitragsorientierte Leistungszusage verspricht dem Arbeitnehmer lediglich eine Mindestversorgung (Leistungszusage), stellt aber darüber hinaus die tatsächliche Versorgungshöhe in Abhängigkeit von der mittels zugesagter Beitragszahlungen (Beitragszusage) erwirtschafteten Vermögensrendite.[133] Die sich letztlich ergebende Versorgungsleistung wird hierbei in Bezug

---

130 Wie eine mögliche gesetzliche Regelung der Beitragszusage aussehen könnte, zeigt Blomeyer (1998 b), S. 127 ff.

131 In Großbritannien und in den Niederlanden spielen Beitragszusagen eine sehr viel geringere Rolle als in den USA. Neueste Untersuchungen belegen zudem, daß Arbeitgeber sich nicht ausschließlich auf das eine oder andere System verlassen, sondern durchaus Beitrags- und Leistungszusagen miteinander kombinieren. Vgl. Gohdes (1999), S. 191. *Gohdes* gibt weiterhin Anhaltspunkte für die Wahl zwischen Beitrags- oder Leistungszusagen. Vgl. Gohdes (1999), S. 188.

132 Verschiedentlich auch als kosten- oder aufwandsorientierte Zusage bezeichnet. Die gesetzliche Erwähnung geht auf eine Initiative der *Bundesvereinigung der Arbeitgeberverbände* und der *aba* zurück. Vgl. Recht (1998), S. 11.

133 Vgl, Bode/Grabner (1980), S. 2151 ff.

zum Versorgungsaufwand des gesamten Zeitraums der Betriebszugehörigkeit gestellt, so daß die Versorgungsleistungen wertgleich mit dem Versorgungsaufwand sind.[134]
Bei diesem Versorgungssystem handelt es sich um eine Beitragszusage, bei der die Versorgungshöhe in Relation zu der Vermögensrendite, jedoch mit zugesagter Mindestversorgung, festgelegt ist, d. h. der Arbeitgeber verpflichtet sich, pro Beschäftigungsperiode einen fest vereinbarten Betrag auf ein für den Arbeitnehmer geführtes Versorgungskonto abzuführen. Die Höhe der Beiträge kann sich hier z. B. an einem fixen Betrag oder an einem bestimmten Verhältnis zum jeweiligen rentenfähigen Arbeitsverdienst orientieren.[135]
Für die Bestimmung der Versorgungsleistung aus dem vom Arbeitgeber bereitgestellten Versorgungsaufwand sind als Rechnungsgrundlagen zu berücksichtigen

- die biometrischen Risikoverhältnisse (Lebenserwartung, Invalidität, Familienstandsverhältnisse),
- das voraussichtliche Pensionierungsalter,
- die Verzinsung des anzusammelnden Versorgungskapitals bis zur Fälligkeit der späteren Versorgungszahlungen und
- die künftige Anpassung der laufenden Renten an die wirtschaftliche Entwicklung.[136]

Grundsätzlich ist es möglich, einen (oder mehrere) Parameter bei Zusageerteilung offenzuhalten und die biometrisch-statistische bzw. wirtschaftliche Entwicklung abzuwarten. Für eine unmittelbare Versorgungszusage hätte ein solches Verhalten allerdings einen zwingenden Ausweis in der Handelsbilanz zur Folge, in der Steuerbilanz

---

134 Vgl. Bode/Grabner (1997 a), S. 929.

135 Vgl. Richardi/Wlotzke (1992), S. 1744, Rdnr. 66.

136 Vgl. Ahrend/Förster/Rößler (1995), S. 3 f.

wäre ein solcher Ausweis der Pensionsrückstellung nicht möglich. Aufgrund des in Deutschland geltenden Steuerrechts ist Voraussetzung für die Bildung einer steuerlichen Rückstellung, daß die Höhe der zukünftigen Versorgungsleistung nach den Verhältnissen zum jeweiligen Bilanzstichtag eindeutig feststeht oder bestimmbar ist. Der Arbeitgeber muß sich somit hinsichtlich der obigen Parameter festlegen. Wenn die wirtschaftliche bzw. biometrisch-statistische Entwicklung ungünstiger als unterstellt verläuft (z. B. niedrigere Verzinsung) ergeben sich für den Arbeitgeber Zusatzlasten (und umgekehrt). Somit fehlt es also auch hier an einer vollständigen Kostenfixierung. Folglich liegt eine Verknüpfung von Elementen der Beitrags- und Leistungszusage vor, welche früher zur Begriffsprägung der Beitragsorientierung[137] geführt hat. Der Arbeitgeber hat die jeweiligen Parameter so zu wählen, daß ein Verlustrisiko so weit wie möglich ausgeschlossen wird. Mit der Festlegung der Parameter wird allerdings aus der beitragsorientierten Zusage materiellrechtlich eine eindeutig definierte Leistungszusage.[138]
Diese Verpflichtungsform findet sich in Deutschland relativ häufig bei den Durchführungswegen Pensionskasse und Direktversicherung. Durch Beteiligung an den entstehenden Vermögensüberschüssen wird die nach dem zugrunde liegenden Versicherungstarif garantierte Mindestleistung während der Vertragslaufzeit aufgestockt.[139]

---

137 Vgl. Bode/Grabner (1980), S. 2151.

138 Vgl. Bode/Grabner (1997 a), S. 930.

139 Die finanzielle Planungssicherheit des Arbeitgebers wird durch die Möglichkeiten, die Ansprüche bei vorzeitigem Ausscheiden (§ 2 Abs. 2 S. 2 bzw. § 2 Abs. 3 S. 2 BetrAVG) oder bei Abfindungen (§ 3 Abs. 2 S. 2 BetrAVG) auf die angesammelten Deckungsmittel zu beschränken, noch erweitert. Vgl. Hanau/Arteaga (1997), S. 6. Soweit ab Rentenbeginn sämtliche Überschußanteile zur Erhöhung der laufenden Leistung verwendet werden, entfällt die Anpassungspflicht gem. § 16 Abs. 3 BetrAVG n. F. für Pensionskassen und Direktversicherungen, wodurch sich die Planungssicherheit des Arbeitgebers erhöht. Vgl. im einzelnen S. 87 ff. dieser Arbeit.

Entscheidend ist im Ergebnis, daß der Arbeitgeber Finanzierungsbeiträge verspricht, welche dann nach versicherungsmathematischen Grundsätzen in Versorgungsbausteine umgerechnet werden.[140] Auch ist es unschädlich, wenn die beitragsorientierte Versorgungszusage keine festen Beträge vorsieht, sondern die Finanzierungsleistungen z. B. gewinn- oder bezügeabhängig festgelegt werden. Soweit sich aus der Vereinbarung genau der Versorgungszweck ergibt und damit eine sichere Abgrenzung z. B. zu einer gewöhnlichen Gewinnbeteiligung möglich ist, stehen einer solchen Vertragsgestaltung aus betriebsrentenrechtlicher Sicht keine Bedenken entgegen.[141] Dieser Anteil wird dann mit Hilfe der Versicherungsmathematik als Barwert zur Verfügung gestellt und dient als Summe für die Versorgungsleistung.[142]

Fraglich ist, wie sich die versicherungsmathematische Umrechnung der Finanzierungsbausteine in Hinblick auf Artikel 119 EGV verhält. Denn in seinem Urteil vom 17.05.1990[143] erkennt der EuGH an, daß alle Formen von Betriebsrenten Bestandteil des Entgelts sind und deshalb zwischen Frauen und Männern bei den betrieblichen Versorgungsleistungen grundsätzlich nicht differenziert werden darf. Durch die Einführung der Richtlinie 96/97/EWG[144] wurden jedoch berechtigte Zweifelsfragen ausgeräumt. Diese Richtlinie läßt die Gewährung unterschiedlicher Leistungsniveaus zu, um geschlechtsspezifischen unterschiedlichen versicherungstechnischen Berech-

---

140 Vgl. Bode/Grabner (1997 a), S. 929 f.

141 Vgl. BAG (30.10.1980), S. 1153; ebenso Blomeyer/Otto (1997), Einl., Rdnr. 56.

142 Vgl. Richardi/Wlotzke (1992), S. 1744, Rdnr. 67.

143 Vgl. EuGH (17.05.1990), S. 1824.

144 Vgl. hierzu ausführlich Currall (1999), Artikel 119, Rdnr. 163 – 166.

nungsfaktoren Rechnung zu tragen, welche im Fall von „Systemen mit Beitragszusage"[145] auftreten.

Selbst wenn sich die Beitragszahlung in Abhängigkeit vom Einkommen verändert, sind Altersversorgungsformen grundsätzlich aus steuerlicher Sicht begünstigt.[146]

III. Fazit

Die negative Entwicklung der betrieblichen Altersversorgung in Deutschland ist auf die mangelnde Akzeptanz der jeweiligen Durchführungswege seitens der Arbeitgeber zurückzuführen. Diese hat mannigfaltige Ursachen.

Ein wesentlicher Punkt für die geringe Akzeptanz der betrieblichen Altersversorgung ist das – vom Arbeitgeber ungewollte – Entstehen von Ansprüchen einer betrieblichen Altersversorgung aufgrund des Gleichbehandlungsgrundsatzes. Mit seinem Urteil vom 17.05.1990 stellte der EuGH klar, daß alle Formen von Betriebsrenten Bestandteil des Entgelts im Sinne von Artikel 119 EGV sind und deshalb zwischen Männern und Frauen bei den betrieblichen Versorgungsleistungen grundsätzlich nicht differenziert werden darf.

Auch die Orientierung des Gesetzgebers an der „klassischen" Leistungszusage als Prototyp der betrieblichen Altersversorgung hat zur negativen Entwicklung der betrieblichen Altersversorgung beigetragen. Hinsichtlich der Ausgestaltung der Leistungspläne und deren Koppellung an die Entwicklung der gesetzlichen Rentenversicherung

---

145 Die Verwendung des Wortes „Beitragszusage" in der deutschen Fassung der Richtlinie meint beitragsorientierte Zusagen i. S. d. § 1 Abs. 6 BetrAVG n. F. Echte Beitragszusagen erfordern keine versicherungsmathematische Berechnung der Versorgungsleistungen, da sie nur zur Bildung eines Sparguthabens führen. Vgl. Hanau/Arteaga (1997), S. 7.

146 Vgl. Erlaß des FinMin Baden-Württemberg (20.11.1984), S. 76. Gemäß § 6a EStG ist die Bildung von Pensionsrückstellungen in Abhängigkeit von gewinnabhängigen Bezügebestandteilen möglich. Dies gilt jedoch nur, soweit verdiente und nicht etwa zukünftige Gewinnbestandteile berücksichtigt werden. Vgl. § 6a Abs. 1 Nr. 2 EStG sowie BMF-Schreiben (31.10.1996), S. 1256.

sind nur wenige Unternehmen bereit, das Risiko einer zukünftigen Absenkung des Rentenniveaus zu übernehmen. Bei jeder Reduzierung des Versorgungsniveaus erhöht sich nämlich systemgemäß die dem Arbeitnehmer zur Aufstockung des zugesagten Versorgungsniveaus zu gewährenden Leistungen. Im Gegensatz zum Gesamtversorgungsplan bleiben gesetzliche Renten bei Leistungen aus Prozentplänen und DM-Plänen unberücksichtigt, es sei denn, eine Höchstbegrenzungsklausel sähe eine Limitierung der Versorgung vor.

Die aus betriebswirtschaftlicher Sicht unverantwortliche Ermangelung exakter Kostenkalkulation läßt die „klassische" Leistungszusage somit verständlicherweise auf wenig Gegenliebe von Seiten der Arbeitgeber treffen. Die wertvollen sozialpolitischen Aspekte und die damit verbundene Akzeptanz der Leistungszusage auf Gewerkschafts- und Arbeitnehmerseite vermögen dieses Manko nicht aufzuwiegen, da es letztlich allein dem Arbeitgeber obliegt, eine betriebliche Altersversorgung ein- oder weiterzuführen. Somit scheint die klassische Leistungszusage keinesfalls geeignet, dem Rückzug aus der betrieblichen Altersversorgung entgegenzuwirken, geschweige denn, diese zu beleben.

Die aus Arbeitgebersicht zu favorisierende „reine" Beitragszusage läßt sich nicht unter die geltenden Vorschriften des Betriebsrentengesetzes subsumieren. Insofern bleibt ihr auch die für die Attraktivität der betrieblichen Altersversorgung unerläßliche steuerliche Privilegierung versagt. Somit bietet sich dieser Versorgungstyp bei bestehender Rechtslage weder aus Arbeitgeber- noch aus Arbeitnehmersicht an. Eine strikte Notwendigkeit, Beitragszusagen ebenso wie Leistungszusagen durch arbeitsrechtliche Gesetze zu regeln, besteht nicht. So kann ein Arbeitgeber sich schon heute vertraglich verpflichten, für den Arbeitnehmer bestimmte Beiträge an einen Versorgungsträger zu entrichten.[147]

Somit bleibt letztlich der Mischtypus, die „beitragsorientierte" Leistungszusage. Hierbei werden Primärparameter beider Seiten kombiniert, da sie dem Arbeitgeber weitgehend Kalkulationssicherheit bietet und trotzdem den sozialpolitischen Aspekt der Kalkulationsmöglichkeit des anwartschaftsberechtigten Arbeitnehmers ausreichend berücksichtigt. Somit stellt dieser Versorgungsversprechenstyp aus keiner Sicht den Idealfall, aber bei Gesamtbetrachtung einen fairen Kompromiß der widerstreitenden Interessen dar. Die zunehmende Akzeptanz der beitragsorientierten Leistungszusage in der ansonsten rückläufigen Entwicklung der betrieblichen Altersversorgung ist ein weiterer Indikator dafür, daß einzig Modelle mit diesem Typ von Versorgungsversprechen die Möglichkeit bieten, die betriebliche Altersversorgung in Deutschland attraktiver zu gestalten.

---

[147] Solch eine beitragsdefinierte Versorgungszusage begegnen auch keine grundsätzlichen steuerlichen Bedenken. Vgl. hierzu Doetsch (1998), S. 274 f.

C. Die zur Beurteilung eines betrieblichen Altersversorgungssystems wichtigsten Bestimmungen des Gesetzes zur Verbesserung der betrieblichen Altersversorgung

I. Vorbemerkung

Jede Reform oder Ergänzung von betrieblichen Altersversorgungsträgern hat das bestehende Rechtssystem zu beachten, um vorhandene Strukturen aus Effizienzgründen zu nutzen. Die wesentlichen rechtlichen Rahmenbedingungen der betrieblichen Altersversorgung werden durch das Betriebsrentengesetz (BetrAVG) festgelegt. Dieses wurde unlängst durch das Rentenreformgesetz 1999[148] und das Einführungsgesetz zur Insolvenzordnung[149] novelliert. Das nunmehr seit dem 01.01.1999 in geänderter Fassung geltende Betriebsrentengesetz soll im folgenden dargestellt werden, um weitestgehend im Einklang mit diesem einen Kriterienkatalog zu entwerfen, mit dessen Hilfe dann die öffentlich diskutierten Reformvorschläge zur Verbesserung der betrieblichen Altersversorgung analysiert werden können.

II. Rechtliche Rahmenbedingungen

1. Unverfallbarkeit

a) Unverfallbarkeit dem Grunde nach (§ 1 BetrAVG)

Der erste Abschnitt des ersten Teils des Betriebsrentengesetzes regelt die sog. Unverfallbarkeit von Anwartschaften auf die betriebliche Altersversorgung. Die Unverfallbarkeit von Anwartschaften betrifft die Aufrechterhaltung von Versorgungsanwartschaften bei der Beendigung des Arbeitsverhältnisses vor dem Eintritt des Versorgungsfalles.[150] Die Voraussetzungen für die Unverfallbarkeit der An-

---

148 Vgl. Rentenreformgesetz 1999 vom 16.12.1997, BGBl. I, S. 2998 ff.

149 Vgl. Einführungsgesetz zur Insolvenzordnung vom 5.10.1994, BGBl. I, S. 2911 ff.

150 Vgl. Ahrend/Förster/Rößler (1999), 1. Teil, Rdnr. 356.

wartschaft auf eine Versorgungsleistung erwirbt ein Arbeitnehmer gem. § 1 Abs. 1 BetrAVG, wenn er zum Zeitpunkt des Ausscheidens das 35. Lebensjahr[151] vollendet hat und

- entweder die Versorgungszusage für ihn mindestens 10 Jahre[152] bestanden hat oder
- der Beginn der Betriebszugehörigkeit mindestens 12 Jahre zurückliegt und die Versorgungszusage für ihn mindestens 3 Jahre[153] bestanden hat.

Die erste Alternative betrifft hauptsächlich Unternehmen, welche schon seit längerer Zeit eine betriebliche Altersversorgung durchführen und die Versorgungszusage bei Eintritt in das Unternehmen erteilen. Die zweite Alternative ist im wesentlichen für Unternehmen bedeutsam, welche ein Versorgungswerk neu einführen.[154]
Der Arbeitnehmer behält gem. § 1 Abs. 1 Satz 2 BetrAVG auch dann seine Anwartschaft, wenn er aufgrund einer Vorruhestandsregelung ausscheidet und ohne das vorherige Ausscheiden die Wartezeit und die sonstigen Voraussetzungen für den Bezug von Leistungen hätte erfüllen können.[155] Die Vereinbarung langer Wartezeiten führt nicht zur Verzögerung des Eintritts der Unverfallbarkeit.[156]
Diese Regelung gilt grundsätzlich für alle Durchführungswege und Vertragsgestaltungen der betrieblichen Altersversorgung und er-

---

151 Die Berechnung richtet sich nach § 187 Abs. 2 Satz 2 BGB.

152 Vgl. ausführlich Blomeyer/Otto (1997), § 1, Rdnr. 31 – 87.

153 Vgl. ausführlich Blomeyer/Otto (1997), § 1, Rdnr. 88 – 147.

154 Vgl. Scheffler (1990), S. 53 f.

155 Zum Sonderfall des Vorruhestandes vgl. Blomeyer/Otto (1997), § 1, Rdnr. 185 – 190.

156 Vgl. Ahrend/Förster (1999), § 1, Rdnr. 39 – 40. Zum Ablauf der Wartezeiten und speziell der Grenzen der Regelung vgl. Blomeyer/Otto (1997), § 1, Rdnr. 218 – 232.

streckt sich damit sowohl auf die Alters- und Invaliditäts- als auch auf die Hinterbliebenenversorgung.[157]

Von den gesetzlichen Fristen zur Unverfallbarkeit kann gem. § 17 Abs. 3 BetrAVG nur zugunsten des Arbeitnehmers abgewichen werden.[158] Ein früherer Eintritt der Unverfallbarkeit kann somit vereinbart werden.

aa) Entgeltumwandlung (§ 1 Abs. 5 BetrAVG)

Durch § 1 Abs. 5 BetrAVG n. F. wird nun gesetzlich klargestellt, daß die Verwendung zukünftiger Entgeltansprüche zur Finanzierung betrieblicher Altersversorgungsmodelle in der Form einer Umwandlung des Barlohns in wertgleiche Anwartschaften auf Versorgungsleistungen Aufwendungen zur betrieblichen Altersversorgung im Sinne des Betriebsrentengesetzes darstellen (sog. Entgeltumwandlung). § 1 Abs. 5 BetrAVG n. F. bezieht sich nunmehr auf alle Durchführungswege der betrieblichen Altersversorgung, unabhängig von der im Einzelfall gewählten Rechtsgrundlage bzw. dem gewählten Rechtsbegründungsakt.[159] Diese Klarstellung ist insofern von erheblicher praktischer Bedeutung, als das der Träger der Insolvenzsicherung bei der betrieblichen Altersversorgung, der *PSVaG*, den Entgeltumwandlungszusagen bisher den Insolvenzschutz des Betriebsrentengesetzes versagt hat.[160] Die neu eingeführte Regelung bezieht sich nach ganz überwiegender Ansicht auch auf sog. Altzusagen, also Entgeltumwandlungszusagen, die bereits vor dem Inkrafttreten des § 1 Abs. 5 BetrAVG n. F. am 01.01.1999 abgegeben wurden.[161] Allerdings ist für diese der Insolvenzschutz gem. § 7 Abs. 3 Satz 3

---

157 Vgl. Ahrend/Förster (1999), § 1, Rdnr. 57 – 67.

158 Zum Gegenstand und Zweck der Unabdingbarkeit vgl. Blomeyer/Otto (1997), § 17, Rdnr. 166 – 168.

159 Vgl. BT-Drucks. (13/8011), S. 200.

160 Vgl. Paullsdorf (1991), S. 20 f.

161 Vgl. Blomeyer/Otto (1997), Einl., 45; Doetsch/Förster/Rühmann (1998), S. 258 ff.; Ahrend/Förster/Rößler (1999), Rdnr. 20.

BetrAVG i. V. m. § 18 SGB IV auf 30 % der monatlichen Bezugsgröße begrenzt.[162]

In Hinblick auf die Formulierung „künftige Entgeltansprüche" des § 1 Abs. 5 BetrAVG ist davon auszugehen, daß hiervon nicht lediglich die Barvergütung, sondern jedwede geldwerte Zuwendung des Arbeitgebers (z. B. Dienstwagen) erfaßt wird, sofern diese nur bereits vertraglich vereinbart und noch nicht fällig ist.[163] Auslegungsbedürftiger erscheint das Merkmal „wertgleich" in bezug auf die Versorgungsanwartschaft. Während eine Ansicht in der Literatur die Meinung vertritt, der Entgeltverzicht sei streng nach versicherungsmathematischen Grundsätzen in die entsprechende Versorgungsleistung umzurechnen[164], vertritt die Gegenansicht die Auffassung, der Formulierung sei keine eigene definitorische Bedeutung beizumessen und „wertgleich" beziehe sich in diesem Zusammenhang lediglich auf das Austauschverhältnis.[165] Letztlich wird es wohl an der Rechtsprechung der Arbeitsgerichte liegen, den Begriff auszufüllen. Vieles spricht für die zweitgenannte Auffassung. Zum einen hat der Gesetzgeber im Gegensatz zu der Formulierung des § 3 BetrAVG offensichtlich bewußt auf die Formulierung „nach anerkannten Regeln der Versicherungsmathematik" verzichtet.[166] Zum anderen würde die nicht nach versicherungsmathematischen Grundsätzen ermittelte und somit nicht „wertgleiche" Versorgungsanwartschaft nicht dem Schutz des Betriebsrentengesetzes (insbesondere der Insol-

---

162 Vgl. hierzu ausführlich Doetsch/Förster/Rühmann (1998), S. 258.

163 Vgl. Blumenstein/Krekeler (1998), S. 2600. Was unter dem Tatbestandsmerkmal „künftige Entgeltansprüche" zu subsumieren ist, findet sich z. B. bei Söffing (1998), S. 1285 ff.

164 Vgl. Höfer/Meier (1998), S. 1894.

165 Vgl. Doetsch/Förster/Rühmann (1998), S. 258.

166 Vgl. Beschlußempfehlung des Ausschusses für Arbeits- und Sozialordnung vom 02.10.1997, BT-Drucks. (13/8671), S. 80.

venzsicherung im Rahmen der §§ 7 ff. BetrAVG) unterfallen und der Versorgungsanwärter somit gewissermaßen doppelt geschädigt.[167]

ab) Beitragsorientierte Leistungszusage (§ 1 Abs. 6 BetrAVG)

Durch den neu eingeführten sechsten Absatz des § 1 BetrAVG wird die bereits seit 20 Jahren in der Praxis bewährte beitragsorientierte Leistungszusage „legalisiert". Die Finanzierung von Betriebsrenten mittels bloßer Mindestversorgungszusagen des Arbeitgebers zuzüglich einer individuell vereinbarten Beitragszahlung, welche sich nach festgelegten Parametern ergibt und so die tatsächliche Höhe der Versorgungsleistungen ergibt, genießt somit nun auch den Schutz und die wohlwollende Behandlung des Betriebsrentengesetzes.[168]

b) Unverfallbarkeit der Höhe nach (§ 2 BetrAVG)

Gemäß § 2 Abs. 1 BetrAVG erhält ein Arbeitnehmer, der nach Eintritt der Unverfallbarkeit aus dem Unternehmen ausscheidet, bei Eintritt des Versorgungsfalles die Versorgungsleistungen mindestens in der Höhe, die dem Verhältnis der Dauer der Betriebszugehörigkeit zu der Zeit vom Beginn der Betriebszugehörigkeit bis zum Erreichen der in der Versorgungsregelung vorgesehenen Altersgrenze entspricht (ratierliches Berechnungsverfahren).[169] Gemäß § 2 Abs. 5 BetrAVG werden Veränderungen der Versorgungsregelung und der Bemessungsgrundlagen nach Ausscheiden des Arbeitnehmers nicht berücksichtigt.[170] Der Quotenanspruch bildet jedoch nur die gesetzliche Untergrenze. Dieses Berechnungsverfahren gilt pro rata temporis grundsätzlich für alle Durchführungswege der betrieblichen Alters-

---

167 Vgl. Doetsch/Förster/Rühmann (1998), S. 259.

168 Näheres zur beitragsorientierten Leistungszusage vgl. S. 55 ff. dieser Arbeit.

169 Zur Berechnung vgl. Ahrend/Förster/Rößler (1999), 1. Teil, Rdnr. 408 ff.

170 Zur Berücksichtigung der künftigen Entwicklung bei der Berechnung des ratierlichen Anspruchs vgl. Blomeyer/Otto (1997), § 2, Rdnr. 384 – 452.

versorgung[171], somit auch für die nun durch § 1 Abs. 5 und 6 BetrAVG neu eingeführten Finanzierungsmöglichkeiten.

c) Abfindung unverfallbarer Anwartschaften (§ 3 BetrAVG)

§ 3 BetrAVG regelt die Möglichkeit der Abfindung einer gem. § 1 Abs. 1 – 3 BetrAVG unverfallbaren Anwartschaft auf Versorgungsleistungen. Durch das Rentenreformgesetz 1999 ist der erste Absatz des § 3 BetrAVG komplett neu gefaßt worden. Während § 3 BetrAVG a. F. ein grundsätzliches Abfindungsverbot mit eng begrenzten Abfindungsmöglichkeiten vorsah, sind durch die allgemein begrüßte Neufassung der Norm die Abfindungsmöglichkeiten erheblich erleichtert worden.

Sinn und Zweck der Regelung ist nach wie vor, den tatsächlichen Versorgungscharakter von Leistungen zur betrieblichen Altersversorgung zu gewährleisten.[172] Die bisherige Abfindungsregelung wurde vielfach als unglücklich angesehen[173], da der temporäre Bestand einer Versorgungszusage als untaugliches Abgrenzungskriterium betrachtet wurde. Dies deshalb, da zum einen keine Maßgabe hinsichtlich deren Höhe innehat[174] und zum anderen in der ursprünglichen Fassung der Norm eine Abfindung praktisch nur möglich war, sofern der tatsächlich äußerst seltene Fall eintrat, daß eine Versorgungsleistung erst nach Beginn des Dienstverhältnisses versprochen wurde.[175] Durch die Novellierung des § 3 BetrAVG kommt es nunmehr hinsichtlich der Zulässigkeit einer Abfindungsregelung nicht

---

171 Vgl. Scheffler (1990), S. 54.

172 Ebenda, S. 55 und Kemper (1998 b), S. 53.

173 Vgl. Blomeyer/Otto (1997), § 3, Rdnr. 6; Kemper (1998 a), S. 116; Doetsch/Förster/Rühmann (1998), S. 259.

174 Vgl. Kemper (1998 b), S. 54.

175 Vgl. Doetsch/Förster/Rühmann (1998), S. 259.

mehr auf die bisherige Bestandsdauer der Versorgungszusage, sondern nur noch auf die Höhe der unverfallbaren Anwartschaft an.[176]

§ 3 Abs. 1 BetrAVG n. F. sieht vier voneinander abgestufte Voraussetzungen für eine Abfindungsregelung vor. Zunächst besteht ein beiderseitiges Abfindungsrecht, sofern der Monatsbetrag der Versorgungsleistung im Zeitpunkt der Abfindung 1 % der monatlichen Bezugsgröße des § 18 SGB IV nicht übersteigt.[177] Kritisiert wird in diesem Zusammenhang, daß dem Arbeitnehmer hier ein einseitiges Abfindungsrecht eingeräumt wird, da eine Auszahlungspflicht des Arbeitgebers in diesem Fall dessen Bereitschaft zur Einführung einer betrieblichen Altersversorgung nicht fördern wird.[178] Dem ist allerdings mit *Doetsch/Förster/Rühmann*[179] entgegenzuhalten, daß der Arbeitgeber sich durch eine Abfindungsregelung enormen Verwaltungsaufwand erspart und der durch die Barabfindung verursachte Liquiditätsabfluß im Unternehmen verhältnismäßig gering ist.
Die zweite Stufe sieht die Möglichkeit der Parteien vor, eine Abfindung zu vereinbaren, sofern der Monatsbetrag der laufenden Rentenleistung 2 % der Bezugsgröße bzw. 240 % der Kapitalleistung nicht übersteigt.
Auf der dritten Stufe werden die Relationen von Versorgungsleistung zu Bezugsgröße gem. § 18 SGB IV gegenüber der zweiten Stufe verdoppelt und eine Abfindungsvereinbarung gestattet, sofern der Abfindungsbetrag in die gesetzliche Rentenversicherung oder eine Lebensversicherung eingezahlt wird.

---

176 Vgl. Blumenstein/Krekeler (1998), S. 2601.

177 1 % der monatlichen Bezugsgröße der genannten sozialrechtlichen Norm beträgt für 1999 DM 44,10.

178 Vgl. Kemper (1998 b), S. 72.

179 Vgl. Doetsch/Förster/Rühmann (1998), S. 260.

Letztlich kann der Arbeitgeber auf der vierten Stufe ohne Berücksichtigung der Leistungshöhe oder etwaiger Bezugsgrößen rückkehrbereite ausländische Arbeitnehmer abfinden.[180]
Darüber hinaus hat der Gesetzgeber in § 3 Abs. 1 Satz 4 BetrAVG eine Sonderregelung hinsichtlich der Abfindung von Versorgungsanwartschaften getroffen, die während eines Insolvenzverfahrens erdient wurden. Die Neuregelung soll die Liquidation eines insolventen Unternehmens erleichtern.[181]
Hinsichtlich der Novellierung des § 3 BetrAVG hat der Gesetzgeber auf eine ausdrückliche Erwähnung der Abfindungsmöglichkeiten bei fortbestehenden Arbeitsverhältnissen bzw. fortlaufenden Rentenleistungen, verzichtet. Dies bedeutet jedoch nicht, daß der Anwendungsbereich der Norm nunmehr eingeschränkt oder verändert gelten soll. Nach wie vor sind Abfindungen in den genannten Fällen im Rahmen der Vertragsfreiheit uneingeschränkt möglich.[182]

d) Übertragung unverfallbarer Anwartschaften (§ 4 BetrAVG)

§ 4 BetrAVG regelt die Übernahme der bereits bei dem Arbeitgeber begründeten Verpflichtung, im Versorgungsfall Leistungen zu erbringen, durch Dritte.
Sinn und Zweck der durch die Zustimmungspflicht des Arbeitnehmers beschränkten Möglichkeit des Schuldnerwechsels vor Insolvenz des Arbeitgebers, ist der Schutz des Arbeitnehmers.[183] Des weiteren schützt die Vorschrift mittelbar auch den Pensions-Sicherungs-Verein auf Gegenseitigkeit (PSVaG) als Träger der Insolvenzsicherung, denn dieser müßte im Fall der Übernahme durch einen letztlich insolventen Übernehmer dessen Verpflichtung tragen. Unter diesem Gesichtspunkt hat die Rechtsprechung den § 4

---

180 Vgl. Blomeyer/Otto (1997), § 3, Rdnr. 79.

181 Vgl. BT-Drucks. (12/3803), S. 110.

182 Vgl. Kemper (1998 b), S. 62 und Doetsch/Förster/Rühmann (1998), S. 259.

183 Vgl. Schoden (1994), § 4, Rdnr. 1 a.

BetrAVG über seinen Wortlaut hinaus auch auf bereits entstandene Leistungsansprüche angewendet.[184]
Durch die im Rahmen des Rentenreformgesetzes 1999 neu eingefügten Absätze 3 und 4 in dem ansonsten unveränderten § 4 BetrAVG hat der Gesetzgeber nun die Übernahmemöglichkeiten für den Fall der Unternehmensliquidation erleichtert. So kann nunmehr im Falle der Liquidation eines Unternehmens eine Versorgungsverpflichtung auch ohne Zustimmung des Versorgungsberechtigten von einer Unterstützungskasse übernommen werden, sofern diese die übernommene Verpflichtung kongruent durch eine Lebensversicherung oder Pensionskasse rückversichert, dem Versorgungsberechtigten hinsichtlich der Rückversicherung ein Pfandrecht bestellt und etwaige Überschüsse aus der Versicherung nur dem Versorgungsberechtigten zugute kommen. Bei dem Übernehmer muß es sich um eine sog. kongruent rückgedeckte Unterstützungskasse handeln (§ 4 Abs. 3 und 4 BetrAVG n. F.), d. h. eine Versorgungseinrichtung i. S. d. § 1 Abs. 4 BetrAVG, welche die übernommene Verpflichtung in voller Höhe bei einem der genannten Unternehmen rückversichert.[185] Diese kongruent rückgedeckte Unterstützungskasse i. S. d. § 4 Abs. 4 BetrAVG n. F. ist trotz der vertraut anmutenden Terminologie ein neues Instrument zur betrieblichen Altersversorgung.[186] Es handelt sich hierbei um eine trägerlose[187] Unterstützungskasse, da das Unternehmen, von dem sie die Versorgungsverpflichtung übernommen hat, in Folge der Liquidation nicht mehr existiert und die Unterstützungskasse die Verpflichtung nicht aufgrund eines Arbeitsverhältnisses, sondern aufgrund der Übernahme kraft eigener Verpflichtung zu erfüllen hat. Die Neuregelung i. R. d. § 4 BetrAVG

---

184 Vgl. BAG (17.03.1987), S. 122.

185 Vgl. Doetsch/Förster/Rühmann (1998), S. 260.

186 Vgl. S. 245 ff. dieser Arbeit.

187 Verschiedentlich auch als „herrenlos" bezeichnet. Vgl. Blumenstein/Krekeler (1998), S. 2602.

weicht nicht den Schutz des Arbeitnehmers und des Insolvenzschutzträgers *PSVaG* auf, sondern stärkt diesen sogar. Während früher einem Unternehmer in Ansehung eventueller Versorgungsverpflichtungen letztlich nur die sog. „stille Liquidation" übrig blieb, bei der der Leidtragende der *PSVaG* war, ergibt sich nunmehr die Möglichkeit, bei Übertragung der Verpflichtung auf die kongruent rückgedeckte Unterstützungskasse i. S. d. § 4 Abs. 4 BetrAVG n. F. das Unternehmen zu liquidieren.

Damit bei einer Unternehmensliquidation steuerliche Nachteile vermieden werden, wählte der Gesetzgeber die Konstruktion der „herrenlosen kongruent rückgedeckten Unterstützungskasse mit Verpfändung". Die steuerlichen Nachteile resultierten aus dem Umstand, daß es bei einer Unternehmensliquidation in der Regel keinen Nachfolgearbeitgeber gibt.[188] Früher bestand lediglich die Möglichkeit, eine Übernahme von unverfallbaren Anwartschaften sowie laufenden Versorgungsleistungen durch Lebensversicherungsunternehmen oder Pensionskassen zu vereinbaren. Die Zuwendungen an derartige Versorgungsträger lösen beim Versorgungsberechtigten unmittelbar Lohn- und Einkommensteuerpflicht aus. Eventuell sind auch Sozialabgaben zu zahlen. Anläßlich einer Unternehmensliquidation können diese Lasten erheblich sein. In der Regel ist auch keine Entlastung durch die Vervielfältigungsregel des § 40b Abs. 2 Satz 3 EStG[189] zu erwarten, weshalb Übernahmen durch versicherungsförmige Versorgungsträger zwar rechtlich möglich, praktisch jedoch – ob der Arbeitnehmer oder Arbeitgeber die Steuer- und Abgaben-

---

188 Im allgemeinen wären diese auch weder bereit noch verpflichtet, gesetzlich unverfallbare Anwartschaften von einem Vorarbeitgeber zu übernehmen. Vgl. Kemper (1998 b), S. 68.

189 Für Beiträge und Zuwendungen, die der Arbeitgeber für den Arbeitnehmer aus Anlaß der Beendigung des Dienstverhältnisses erbracht hat, vervielfältigt sich der Betrag von 3.408 DM mit der Anzahl der Kalenderjahre, in denen das Dienstverhältnis des Arbeitnehmers zu dem Arbeitgeber bestanden hat.

last trägt, ist unerheblich – eher selten.[190] Die Zuwendungen des Arbeitgebers an eine kongruent rückgedeckte Unterstützungskasse lösen keine Lohnsteuer beim Arbeitnehmer aus.[191] Somit garantiert diese Konstruktion trotz Liquidation des Unternehmens eine geschützte weiterbestehende Versorgung, ohne daß es für Arbeitgeber und Arbeitnehmer zu steuerlichen Nachteilen kommt.

2. Auszehrungs- und Anrechnungsverbot (§ 5 BetrAVG)

Die gesetzlichen Regelungen der Auszehrung und der Anrechnung beschränken sich nur auf sog. betriebliche Gesamtversorgungssysteme.[192] Diese betrieblichen Versorgungssysteme machen ihre Leistungen dem Grunde und der Höhe nach direkt von anderen Versorgungssystemen (gesetzliche Rentenleistungen) abhängig. Entweder werden die anderweitigen Bezüge der betrieblichen Versorgungsleistung ganz oder teilweise angerechnet oder die gesamten Versorgungsbezüge sind auf eine Höchstleistung begrenzt (z. B. 75 % des letzten Arbeitseinkommens).[193] Die Bestimmungen entfalten daher erst ihre Wirksamkeit nach der Anwartschaftszeit.

Das Auszehrungsverbot gem. § 5 Abs. 1 BetrAVG soll verhindern, daß die laufenden Leistungen nach der erstmaligen Festsetzung für die Dauer des Ruhestandsverhältnisses durch die Anrechnung auf sich erhöhende andere Versorgungsbezüge (z. B. die Renten der gesetzlichen Rentenversicherung) gekürzt oder entzogen werden können.[194] Somit wird erreicht, daß die eigentlich gewünschte Dyna-

---

190 So Hanau/Arteaga/Kessel (1997), S. 1404.

191 Dies gilt selbst dann, wenn die Unterstützungskasse die Zuwendung als Versicherungsbeitrag für eine Rückdeckungsversicherung verwendet und der Versorgungsberechtigte an der Rückdeckungsversicherung ein Pfandrecht erhält. Vgl. Kemper (1998 b), S. 69.

192 Vgl. Ahrend/Förster (1999), § 5, Rdnr. 2.

193 Siehe S. 44 ff. dieser Arbeit.

194 Vgl. Ahrend/Förster (1999), § 5, Rdnr. 4 – 5.

misierung sozialer Leistungen dem Arbeitnehmer zugute kommt und nicht den Arbeitgeber entlastet.[195]

Bei ihrer erstmaligen Festsetzung soll die Höhe der betrieblichen Altersversorgung keine Kürzung durch die Anrechnung auf andere Altersversorgungsbezüge erfahren, sofern diese auf den Beiträgen des Versorgungsempfängers beruhen (§ 5 Abs. 2 BetrAVG).[196] Eine Anrechnung ist erlaubt, wenn es sich um Renten aus der gesetzlichen Rentenversicherung handelt, welche auf Pflichtbeiträgen beruhen.[197] Eine Anrechnung ist weiterhin bei sonstigen Versorgungsbezügen (z. B. Renten der gesetzlichen Unfallversicherung)[198] möglich, die mindestens zur Hälfte durch Beiträge oder Zuschüsse des Arbeitgebers finanziert werden (§ 5 Abs. 2 BetrAVG).

3. Vorzeitige Altersleistung (§ 6 BetrAVG)

Im Zuge des Rentenreformgesetzes 1992[199] kam es zu einer Harmonisierung der Altersgrenzen von Frauen und Männern als Voraussetzung für den Leistungsbezug in der gesetzlichen Rentenversicherung. Die normale Altersgrenze ist demnach geschlechtsunabhängig das 65. Lebensjahr.[200] Zur Vereinheitlichung der Altersgrenzen sieht das Rentenrefomgesetz 1992 noch Übergangsvorschriften bis zum

---

195 Vgl. Scheffler (1990), S. 56.

196 Vgl. für die auf der Eigenvorsorge des Arbeitnehmers beruhenden Versorgungsleistungen Blomeyer/Otto (1997), § 5, Rdnr. 55 – 123.

197 Es ist zulässig, eine betriebliche Versorgungsregelung so zu gestalten, daß durch die Anrechnung anderer Versorgungsleistungen eine Betriebsrente bei Eintritt des Versorgungsfalles gar nicht erst entsteht. Vgl. Ahrend/Förster (1999), § 5, Rdnr. 2.

198 Vgl. Ahrend/Förster (1999), § 5, Rdnr. 9. Vgl. zur Behandlung bestimmter Ruhestandseinkünfte z. B. Blomeyer/Otto (1997), § 5, Rdnr. 134 – 177.

199 Vom 18.12.1989, BGBl. I, S. 2261.

200 Für männliche Versicherte, die nach dem 31.10.1943 geboren sind, für weibliche Versicherte, die nach dem 31.10.1952 geboren sind. Vgl. Ahrend/Förster (1999), § 6, Rdnr. 6 – 11.

Jahr 2012 vor.[201] Nach § 6 BetrAVG kann ein Arbeitnehmer erst dann vorzeitige betriebliche Altersleistungen beanspruchen, wenn er die gesetzliche Altersrente als Vollrente in Anspruch nimmt.[202]
Sobald der Berechtigte die Wartezeit und die sonstigen Leistungsvoraussetzungen[203] erfüllt, kann der Beginn der betrieblichen Versorgungsleistungen bei männlichen Arbeitnehmern auf das 63. Lebensjahr, bei weiblichen auf das 60. Lebensjahr vorgezogen werden.[204] Die geschlechtsspezifisch differenzierten Altersgrenzen werden unter Hinweis auf die Doppelrolle von Frauen als Arbeitnehmerin und Hausfrau nicht als Verstoß gegen den Gleichheitsgrundsatz des Art. 3 GG angesehen.[205] Ab Dezember 2014 gilt dann die einheitliche vorzeitige Altersgrenze von 62 Jahren.
Der Anspruch auf eine vorgezogene betriebliche Altersversorgung ist nur dem Grunde, nicht jedoch der Höhe nach geregelt. Der § 6 BetrAVG gestattet eine Kürzung des vorgezogenen betrieblichen Ruhegeldes, denn nur so ist ein Ausgleich zwischen den Interessen des Arbeitgebers und des vorzeitigen Versorgungsempfängers sowie den Interessen der bis zum vorgesehenen Pensionsalter im Unternehmen verbleibenden Arbeitnehmer möglich.[206] Bei vorzeitiger Al-

---

201 Siehe zu den einzelnen Regelungen Ahrend/Förster (1999), § 6, Rdnr. 6 – 11.

202 Der Bezug einer Teilrente nach § 42 SGB IV löst noch keine Ansprüche nach § 6 BetrAVG aus.

203 Diese ergeben sich aus den jeweiligen Versorgungsordnungen. Regelmäßig wird in diesen bestimmt, daß Versorgungsleistungen erst mit Beendigung des Arbeitsverhältnisses beansprucht werden können. Zu den Voraussetzungen für die vorzeitige Inanspruchnahme betrieblicher Altersleistungen vgl. Blomeyer/Otto (1997), § 6, Rdnr. 9 – 95.

204 Vgl. Scheffler (1990), S. 57.

205 Vgl. Ahrend/Förster/Rößler (1999), Teil 1, Rdnr. 544.

206 Vgl. Scheffler (1990), S. 57. Zu beachten ist die verkürzte Betriebszugehörigkeit, längere Rentenlaufzeit, Zinsverluste durch den vorzeitigen Bedarf der Versorgungsleistung und die eventuelle Zusatzbelastung aus der Anpassungsprüfung gem. § 16 BetrAVG. Vgl. Blomeyer/Otto (1997), § 6 BetrAVG, Rdnr. 95.

tersleistung wird eine Kürzung der Ansprüche für jeden Monat des vorgezogenen Rentenbezugs um 0,4 bis 0,7 % allgemein anerkannt.[207] Fehlt eine Kürzungsregelung in der Versorgungsordnung, erfolgt die Berechnung nach der ratierlichen Methode.[208]

Der EuGH sieht allerdings die differenzierte Altersgrenze für Männer und Frauen als Verstoß gegen Art. 119 EGV an.[209] Trotz der vom nationalen Gesetzgeber gewollten unterschiedlichen Altersgrenze kollidiert hier nationales Recht mit übergeordnetem europäischen Recht, da der vorzeitige Bezug der betrieblichen Altersversorgungsleistungen direkt vom vorzeitigen Bezug der Rente aus der gesetzlichen Rentenversicherung abhängig gemacht wird. Im Gegensatz zur unbestimmten Rückwirkung bei der Teilzeitarbeit erfolgt hier die Rückwirkung auf das Datum der Urteilsverkündung. Ab dem 17.05.1990 sind die unterschiedlichen Altersgrenzen für Männer und Frauen im Bereich der betrieblichen Altersversorgung für unzulässig erklärt worden.[210] Die Anwendung des Art. 119 EGV bezieht sich jedoch nur auf Rentenansprüche, welche nach dem 17.05.1990 erworben werden, d. h. es sind die gleichen Altersgrenzen bei einer Einstellung bzw. erstmaligen Aufnahme in ein Versorgungswerk erforderlich.[211] Die Gleichbehandlung muß somit bei den betrieblichen Versorgungswerken bereits heute vorgenommen werden, obwohl die gesetzliche Rentenversicherung noch bis zum Jahr 2012 Übergangsvorschriften zur Vereinheitlichung der Altersgrenzen vorsieht.

---

207 Vgl. Ahrend/Förster (1999), § 6, Rdnr. 18.

208 Vgl. Blomeyer/Otto (1997), § 6 Rdnr. 123.

209 Vgl. EuGH (17.05.1990), S. 1824. Dieser sieht gleiches Entgelt für Männer und Frauen vor und diskriminiert laut *Bezler/Fiedler* [(1991), S. 2074] durch die unterschiedlichen vorzeitigen Altersgrenzen das männliche Geschlecht.

210 Vgl. Ahrend/Beucher (1993), S. 253.

211 Vgl. EuGH (14.12.1993), S. 228 (sog. Moroni-Fall); EuGH (06.10.1993), S. 2132 (sog. Ten Oever-Fall); EuGH (28. 09. 1994), S. 2088 (sog. van den Akker-Fall); EuGH (28.09.1994), S. 2091 (sog. Coloroll-Fall); EuGH (28.09.1994), S. 2145 (sog. Smith-Fall).

Durch Einfügung eines neuen § 30a in das Betriebsrentengesetz aufgrund des Rentenreformgesetzes 1999 wurde die Rechtsprechung des EuGH nun in das Gesetz aufgenommen.

4. Insolvenzsicherung (§§ 7 – 15 BetrAVG)

Aufgrund des langfristigen Charakters von Anwartschaften und Leistungsansprüchen auf betriebliche Altersversorgung ist die Sicherung der Versorgungsansprüche der Arbeitnehmer gegen Zahlungsunfähigkeit des Versorgungsträgers bei Eintritt der Verpflichtung ein zentrales Problem des Betriebsrentenrechts. Aus diesem Grunde kommt der Insolvenzsicherung bereits begründeter Versorgungsanwartschaften bzw. laufender Versorgungsleistungen besondere Bedeutung zu. Der Gesetzgeber hat daher bereits bei Einführung des Betriebsrentengesetzes eine gesetzliche Insolvenzsicherung der betrieblichen Altersversorgung für notwendig erachtet.[212]

Träger der gesetzlichen Insolvenzsicherung ist der eigens für diesen Zweck gegründete *PSVaG*. Es handelt sich bei diesem quasi um eine gesetzlich vorgeschriebene Selbsthilfeeinrichtung derjenigen Arbeitgeber, die ihren Arbeitnehmern eine betriebliche Altersversorgung gewähren. Der *PSVaG* ist ein mit Hoheitsgewalt beliehenes Unternehmen.[213] Ihm obliegt im wesentlichen die Erhebung und gegebenenfalls zwangsweise Beitreibung der aufgrund öffentlich-rechtlicher Verpflichtung entstehenden Zwangsbeiträge seiner Mitglieder.[214] Die Abwicklung und Auszahlung von der ihm im Falle der

---

212 Vgl. zur historischen Entwicklung Blomeyer/Otto (1997), Vorb., § 7, Rdnr. 9 – 15.

213 Die Satzung des *PSVaG* in der Fassung vom 29. Juni 1995 ist dargestellt bei Blomeyer/Otto (1997), S. 1787 ff.

214 Derzeit zählt der *PSVaG* über 39.000 Arbeitgeber zu seinen Mitgliedern. Vgl. PSVaG (1998), S. 31. Der *PSVaG* ist gem. § 5 Abs. 1 Nr. 15 KStG von der Körperschaftsteuer befreit, wenn er ausschließlich die Aufgaben des Trägers der Insolvenzsicherung wahrnimmt, die sich aus dem Gesetz zur Verbesserung der betrieblichen Altersversorgung ergeben und wenn seine Leistungen nach dem Kreis der Empfänger sowie nach Art und Höhe den im

Insolvenz eines Versorgungsträgers zu tragenden Renten überträgt der *PSVaG* einem Konsortium von Lebensversicherern.

a) Bedeutung der Insolvenzsicherung

Die Bedeutung der Insolvenzsicherung durch den *PSVaG* hängt naturgemäß von zwei Faktoren ab: der Verbreitung der betrieblichen Altersversorgung in der Privatwirtschaft und dem Konjunkturverlauf. Letzter stehen in einem engen zeitlichen Zusammenhang mit der gesamtwirtschaftlichen Lage, d. h. die Anzahl der Insolvenzen nimmt relativ zu während und im Anschluß an rezessive gesamtwirtschaftliche Situationen.

Aus den nachfolgenden Abbildungen wird jedoch deutlich, daß nicht allein die Anzahl der Sicherungsfälle für den Umfang des durch den *PSVaG* zu leistenden Insolvenzschutz von Belang ist, sondern vielmehr auch die Größe des insolventen Unternehmens und damit einhergehend die Anzahl der Versorgungsempfänger und Anwärter mit unverfallbarer Anwartschaft (vgl. Abb. 6).

Betriebsrentengesetz bezeichneten Rahmen nicht überschreiten. Gemäß § 3 Nr. 19 GewStG gelten die Gründe für die Körperschaftsteuerbefreiung gleichermaßen für die Gewerbesteuerbefreiung, so daß der *PSVaG* auch von der Gewerbesteuer befreit ist.

Abb. 6: Sicherungsfälle des PSVaG im Zeitraum von 1975 bis 1998

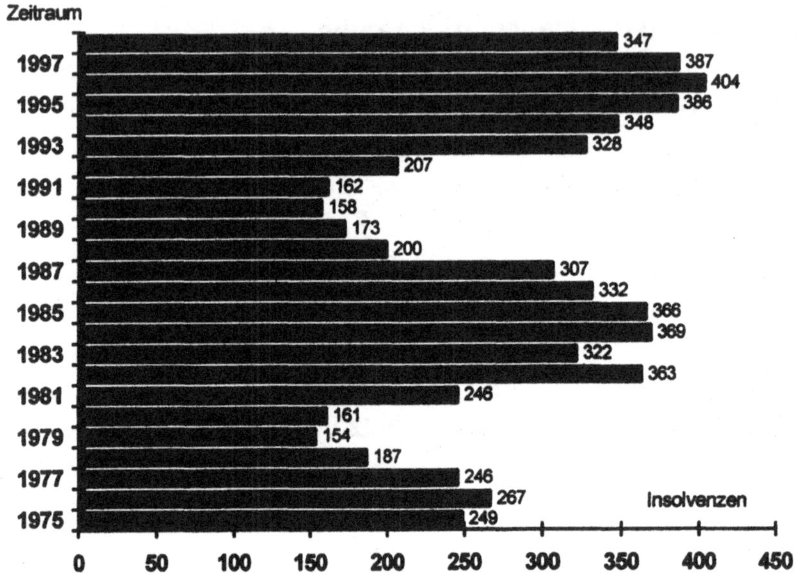

Quelle: PSVaG (1998), S. 31

Der aus der folgenden Abbildung 7 zu erkennende starke Anstieg der Gesamtzahl der Versorgungsanwärter und -berechtigten in den Jahren 1982, 1993 und 1996 ist im wesentlichen auf die Insolvenz der *AEG-Telefunken AG*[215] im Jahre 1982, durch die Insolvenzen im Stahlbereich des *Klöckner-Konzerns* und bei *Saarstahl*[216] im Jahre 1993 und den Insolvenzen im Bereich des *Bremer Vulkan Verbun-*

---

215 Aber auch ohne die *AEG-Telefunken AG* ergibt sich aus allen übrigen Insolvenzen bei der Zahl der Versorgungsberechtigten eine Steigerung um 37 %, die im wesentlichen auf eine außerordentliche Zunahme der Anzahl der gemeldeten Versorgungsanwärter im Vergleich zum Vorjahr zurückzuführen ist. Vgl. PSVaG (1982), S. 5 f. und S. 9.

216 Vgl. PSVaG (1993), S. 12.

des[217] und dem außergerichtlichen Sicherungsfall der *Klöckner-Humbold-Deutz AG* und ihrer Töchter[218] zurückzuführen.[219]

Abb. 7: Gemeldete Versorgungsempfänger und Anwärter mit unverfallbaren Anwartschaften des PSVaG im Zeitraum 1975 bis 1998

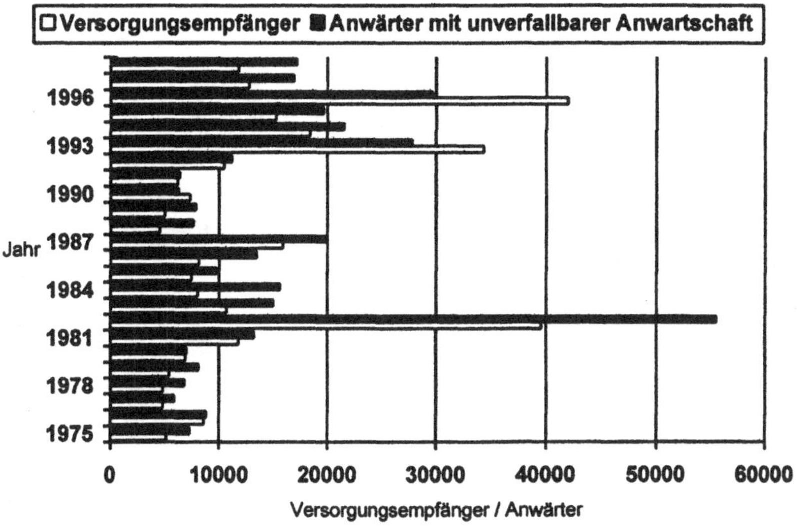

Quelle: PSVaG (1998), S. 31

b) Voraussetzung der Insolvenzsicherung

Dem Insolvenzschutz der §§ 7 – 15 BetrAVG unterliegen sämtliche Kapital- und Rentenleistungen, auf die der Arbeitnehmer bzw. dessen Hinterbliebene einen Anspruch oder eine Anwartschaft durch

217 Leistungsaufwand hierfür 175 Mio. DM. Vgl. PSVaG (1996), S. 12.

218 Leistungsaufwand hierfür 190 Mio. DM. Vgl. PSVaG (1996), S. 12.

219 Aufgrund des absolut höchsten Schadenaufwands seit Bestehen des *PSVaG* hatten Vorstand und Aufsichtsrat sich entschlossen, den Ausgleichsfonds mit Zustimmung des BAV in Höhe von 270 Mio. DM in Anspruch zu nehmen, um den an sich notwendigen Beitragsanstieg für die Mitglieder zu begrenzen. Vgl. PSVaG (1996), S. 24.

eine unmittelbare Versorgungszusage des Arbeitgebers, dessen Unterstützungskassenleistungen oder durch Beiträge an einer Direktversicherung mit unwiderruflichem Bezugsrecht erworben hat. Die unmittelbaren Versorgungszusagen machten im Jahr 1998 mit 89,2 % gegenüber 10,7 % Unterstützungskassen und 0,1 % widerruflichen oder beliehenen Direktversicherungen den größten Anteil der durch den *PSVaG* geschützten Versorgungszusagen aus.[220] Versorgungsansprüche der Arbeitnehmer gegen Lebensversicherer oder Pensionskassen unterliegen nicht dem gesetzlichen Insolvenzschutz, da hier der Arbeitgeber keine Zugriffsmöglichkeit auf das entsprechende Deckungskapital hat. Voraussetzung des Insolvenzschutzes ist jedoch, daß es sich bei den Arbeitgeberzusagen um solche aus Anlaß eines Arbeitsverhältnisses handelt, sich also die Zusagen als betriebliche Altersversorgung i. S. d. § 1 BetrAVG subsumieren lassen.[221] Ob diese Zusagen aufgrund einzel- oder kollektivvertraglicher Regelung erfolgt sind, ist für ihren Insolvenzschutz unerheblich.[222] Des weiteren sind lediglich laufende Versorgungsleistungen und bereits unverfallbare Anwartschaften insolvenzgeschützt.[223]

Sofern diese Voraussetzungen erfüllt sind, bedarf es zur Begründung der Einstandspflicht des *PSVaG* noch des Eintritts eines Versorgungs- und eines Sicherungsfalls. Der Versorgungsfall tritt mit Erreichen der Altersgrenze des Versorgungsberechtigten bzw. dem Eintritt der Voraussetzungen einer Invaliditäts- oder Hinterbliebenenversorgung ein.

Voraussetzungen für den Eintritt eines Sicherungsfalles werden in § 7 Abs. 1 BetrAVG enumerativ aufgezählt. Ein den Insolvenzschutz auslösender Sicherungsfall liegt demnach vor

---

220 Vgl. Geschäftsbericht PSVaG (1998), S. 9.

221 Vgl. Wohlleben (1998 b), S. 133.

222 Vgl. Ahrend/Förster/Rößler (1999), Teil 1, Rdnr. 626 ff.

223 Vgl. Blomeyer/Otto (1997), § 7, Rdnr. 47 – 68.

- bei Eröffnung des Insolvenzverfahrens über das Vermögen oder den Nachlaß des Arbeitgebers,

- bei Abweisung des Antrags auf Eröffnung des Insolvenzverfahrens mangels Masse,

- bei einem außergerichtlichen Vergleich des Arbeitgebers mit seinen Gläubigern, sofern der *PSVaG* diesem Vergleich zustimmt,

- bei vollständiger Beendigung der Betriebstätigkeit im Geltungsbereich des Betriebsrentengesetzes, sofern ein Antrag auf Eröffnung des Insolvenzverfahrens nicht gestellt wurde und ein solches offensichtlich mangels Masse nicht in Betracht kommt.

Sofern unter den genannten Voraussetzungen die Einstandspflicht des *PSVaG* begründet ist, bestehen die Versorgungsansprüche der Berechtigten nur noch gegen den *PSVaG*. Dessen Leistungspflicht beginnt gemäß dem durch das Rentenreformgesetz 1999 neu eingeführten Absatz 1a des § 7 BetrAVG mit dem auf den Insolvenzstichtag nächstfolgenden Monatsersten. Im Falle der Einstandspflicht aufgrund eines außergerichtlichen Vergleichs liegt der Beginn der Leistungspflicht des *PSVaG* im Zeitpunkt seiner Zustimmung. Rückständige Versorgungsleistungen sind rückwirkend für eine Dauer von sechs Monaten zu sichern. Der *PSVaG* hat die nunmehr gegen ihn gerichteten Ansprüche in der Höhe zu befriedigen, wie sie der Arbeitgeber zu erfüllen hätte, wenn nicht der Sicherungsfall eingetreten wäre.[224] Hierbei sind allerdings zwei wesentliche Einschränkungen zu beachten. Mit dem im Zuge der Einführung der neuen Insolvenzordnung bzw. dem Einführungsgesetz zur Insolvenzordnung[225] neu-

---

224 Vgl. Ahrend/Förster/Rößler (1999), 1. Teil, Rdnr. 646.

225 Vgl. vom 05.10.1994, BGBl. I, S. 2866 ff. (InsO) bzw. S. 2911 ff. (EGInsO). Durch die zum 01.01.1999 in Kraft getretene InsO wurden die bis dahin

gefassten Absatz 3 des § 7 BetrAVG wird die Höchstgrenze der Leistungen ab 1999 auf das Dreifache der Bezugsgröße des § 18 SGB IV festgelegt.[226] Sofern dem Versorgungsberechtigten statt einer monatlichen Rente eine einmalige Kapitalleistung zugesagt wurde, ist diese im Rahmen der Höchstbegrenzungsermittlung gem. § 7 Abs. 3 Satz 2 BetrAVG mit einem Verrentungsfaktor von 10 in eine entsprechende, anhand der Begrenzungsklausel überprüfbare laufende Rentenleistung umzurechnen.[227] Im Falle der betrieblichen Altersversorgung durch die nunmehr „legalisierte" Entgeltumwandlung gem. § 1 Abs. 5 BetrAVG wird diese Höchstgrenze sogar gemäß § 7 Abs. 3 Satz 3 BetrAVG n. F. auf 30 % dieser Bezugsgröße festgelegt.[228]

c) Finanzierung der Insolvenzsicherung

Die Insolvenzsicherung wird aus Gründen der Verwaltungs- und Kosteneffizienz nach dem Prinzip der Selbstveranlagung ihrer Mit-

---

geltende Konkursordnung, die Vergleichsordnung sowie die für die neuen Länder geltende Gesamtvollstreckungsordnung abgelöst. Ein Überblick über die neue Insolvenzordnung und deren Auswirkung auf die betriebliche Altersversorgung findet sich bei Berenz (1999), S. 149 ff.

226 Bei einer für 1999 festgelegten Bezugsgröße von 4.410 DM ergibt sich für die Einstandspflicht des *PSVaG* eine monatliche Obergrenze von 13.230 DM. Durch das Absenken auf die Bezugsgröße nach § 18 IV ist die Haftungsgrenze des *PSVaG* um ca. 48 % reduziert worden. Vgl. Langohr-Plato/Teslau (1999), S. 401. Eine versicherungsförmige Rückdeckung mit Verpfändung des Anspruchs auf die Versicherungsleistung an die Versorgungsberechtigten würde sich für den Teil der betrieblichen Altersversorgung anbieten, der die Höchstgrenzen des § 7 Abs. 3 BetrAVG nunmehr übersteigt und ab 1999 nicht mehr insolvenzgeschützt ist.

227 Für den *PSVaG* besteht nach ständiger Rechtsprechung des BAG keine Anpassungspflicht der Renten, wie sie § 16 BetrAVG vorsieht. Vgl. BAG (22.03.1983), S. 1982.

228 Das bedeutet für 1999 ein Betrag i. H. v. 1.323 DM im Monat. Zur Berücksichtigung der neuen gesetzlichen Höchstgrenzen für die Insolvenzsicherungspflicht bei der Ermittlung der *PSVaG*-Beitragsbemessungsgrundlage vgl. Engbroks (1999 a), S. 1 ff.

glieder finanziert.[229] Die Mittel für die Durchführung der Insolvenzsicherung werden gemäß § 10 Abs. 3 BetrAVG im Wege des Rentenwertumlageverfahrens durch Zwangsbeiträge der Arbeitgeber mit versicherungspflichtiger betrieblicher Altersversorgung aufgebracht (§ 10 Abs. 1 BetrAVG). In die Umlage des betreffenden Geschäftsjahres fließt das Schadensvolumen durch die Barwerte der neuen Renten, welche in diesem Geschäftsjahr zu Lasten der Insolvenzsicherung zu laufen beginnen.[230] Die vom *PSVaG* erhobenen Zwangsbeiträge müssen demnach den Barwert der im laufenden Kalenderjahr entstehenden Ansprüche auf Leistungen der Insolvenzsicherung sowie die Verwaltungskosten des *PSVaG* decken. Die Höhe der Beiträge richtet sich nach der von der Versorgungsform abhängigen Beitragsbemessungsgrundlage und wird nach den in § 10 Abs. 3 BetrAVG festgelegten Beitragsbemessungsgrundlagen jedes Jahr neu ermittelt. Dies setzt natürlich voraus, daß die Arbeitgeber die Höhe ihrer Beitragsbemessungsgrundlage vorschriftsmäßig i. S. d. § 11 BetrAVG dem *PSVaG* melden. Die Beitragsbemessungsgrundlage ergibt sich für jeden einzelnen Arbeitgeber individuell nach dem Wert der Pensionsverpflichtung zum Ende des Vorjahres, soweit er auf laufende Leistungen und unverfallbare Anwartschaften entfällt.[231] Zu deren Ermittlung haben sich die Arbeitgeber regelmäßig eines versicherungsmathematischen Sachverständigen zu bedienen.[232] Verstöße hiergegen werden gem. § 12 BetrAVG als Ordnungswidrigkeiten geahndet.

Charakteristisch für das Rentenwertumlageverfahren ist, daß sich ein von Jahr zu Jahr unterschiedlicher Schadensverlauf in den Beitragssätzen unmittelbar niederschlägt. Die nachstehende Abbildung 8 zeigt Auswirkungen der bereits in den Abbildungen 6 und 7 darge-

---

229 Vgl. Blomeyer/Otto (1997), § 10, Rdnr. 1.

230 Vgl. Windel (1998), S. 19 f.

231 Vgl. Scheffler (1990), S. 60.

232 Vgl. Wohlleben (1998 b), S. 134.

stellten Zusammenhänge auf die Entwicklung der Beitragssätze des *PSVaG*.

Abb. 8: Entwicklung der Beitragssätze des PSVaG im Zeitraum 1975 bis 1998

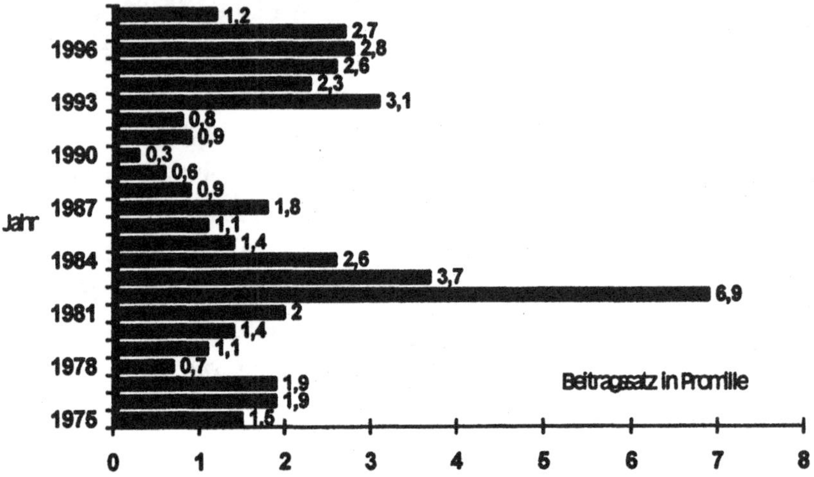

Quelle: PSVaG (1998), S. 31

Die schwankenden Beitragssätze sind ein wesentlicher Unsicherheitsfaktor innerhalb des Aufwands zur Finanzierung betrieblicher Altersversorgungsleistungen. Die Bildung einer Rückstellung für künftige Verpflichtungen an den *PSVaG* für am Bilanzstichtag beim *PSVaG* bereits erfaßte – über das Rentenbarwert-Umlageverfahren indes noch nicht durch Beitragsumlage finanzierte – unverfallbare Anwartschaften aus Insolvenzen ist äußerst umstritten. Die handelsrechtliche Literatur plädiert mehrheitlich für eine Passivierungspflicht der latenten Beitragslast der Unternehmen. Der Berufsstand der Wirtschaftsprüfer[233], demzufolge die Beiträge an den *PSVaG* als Nebenkosten der eigenen Pensionsverpflichtung zu qualifizieren sind,

233 Vgl. HFA, FN 1993, S. 91.

die mithin bilanziell das Schicksal der Pensionsverpflichtung[234] teilen, hat sich gleichermaßen für eine Passivierungspflicht ausgesprochen. Demgegenüber lehnt der BFH[235] eine Rückstellung sowohl unter dem Gesichtspunkt einer Verbindlichkeits- als auch einer Drohverlustrückstellung[236] ab. Nach Ansicht des BFH entsteht die rechtliche Verpflichtung zur Zahlung der künftigen Beiträge an den *PSVaG* nicht bereits zum Zeitpunkt des Eintritts des Sicherungsfalls, sondern vielmehr erst mit der Verpflichtung zur Zahlung der jeweiligen Beiträge per Umlage mittels Beitragsbescheid. Auch sei die Zahlungsverpflichtung vor diesem Zeitpunkt nicht wirtschaftlich verursacht, weil die wesentlichen Tatbestandsmerkmale, die zur (künftigen) rechtlichen Entstehung der Zahlungsverpflichtung führen, vor diesem Zeitpunkt nicht erfüllt sind.[237] Wesentliches Merkmal ist nach Ansicht des BFH nicht der Eintritt des Sicherungsfalls, sondern der Tatbestand, daß auch künftig ein Versorgungswerk (weiter-) bestehe, das zur Beitragszahlung verpflichtet sei. Entscheidend sei deshalb „... daß die wesentlichen Merkmale, von denen die künftigen Beiträge abhängen, ... sich erst in dem Zeitraum verwirklichen, für den die Bei-

---

234 Die Bildung einer Pensionsrückstellung nach § 6a EStG für die künftigen Beiträge an den *PSVaG* scheidet nach Auffassung von *Christiansen/Riemer* [(1984), S. 174] und *Stuhrmann* [(1989), S. 880] aus.

235 BFH (13.11.1991), S. 336. Vgl. hierzu die Urteilsbesprechung von Groh (1992), S. 184: „Die künftigen Versicherungsbeiträge werden ... für die künftige Versicherungsleistung geschuldet". Vgl. auch Brönner/Bareis (1991), IV Rdnr. 1074. Der BFH stützt seine Rechtsprechung maßgeblich auf das Wesen des Rentenbarwertumlageverfahrens [vgl. BFH (13.11.1991), S. 338] und auf seine Rechtsprechung zu den künftigen Beiträgen gegenüber den Berufsgenossenschaften [vgl. BFH (24.04.1968), S. 544; ders. (14.05.1971), S. 583].

236 Rückstellungen für drohende Verluste aus schwebenden Geschäften dürfen nicht mehr gebildet werden. Vgl. § 5 Abs. 4a EStG. Zur Auflösung von Rückstellungen für drohende Verluste, die zulässigerweise gebildet wurden vgl. § 52 Abs. 13 EStG n. F.

237 Vgl. Herzig (1986), S. 107.

träge erhoben werden"[238]. „Ob künftige Beiträge erhoben werden, hängt (seinerseits; d. V.) wesentlich davon ab, ob bei dem Arbeitgeber ... in künftigen Kalenderjahren die Voraussetzungen des § 10 Abs. 1 BetrAVG erfüllt sind"[239]. Diese Voraussetzung ist indes durch den Arbeitgeber beeinflussbar, wenn bzw. soweit er ein Versorgungswerk einrichtet, das nicht von § 10 BetrAVG erfaßt wird.

d) Auswirkungen der Novellierung des Betriebsrentengesetzes durch das Rentenreformgesetz 1999 auf die Insolvenzsicherung der §§ 7 – 15 BetrAVG

An der grundsätzlichen Systematik der Insolvenzsicherung hat sich durch die jüngste Novellierung des Betriebsrentenrechts nichts geändert. Die tatsächlichen Änderungen sind eher technischer Natur und auf Vorschläge des *PSVaG* zurückzuführen.[240] Neben der bereits angesprochenen Änderung des § 7 Abs. 1a und 3 BetrAVG ist § 8 BetrAVG um einen zweiten Absatz erweitert worden, welcher im wesentlichen die im Rahmen des § 3 BetrAVG vorgenommenen Änderungen für den Insolvenzschutz erläutert. § 9 Abs. 4 BetrAVG n. F. sieht eine Regelung zur betrieblichen Altersversorgung im Falle der Erstellung eines Insolvenzplans nach der neuen Insolvenzordnung vor. Letztlich enthält § 10 Abs. 2 Satz 2 BetrAVG n. F. nunmehr hinsichtlich des Rechnungszinsfußes zur Berechnung des Barwertes eine Verweisung auf § 65 VVG. Neu eingeführt wurde auf Betreiben des *PSVaG* der § 10a BetrAVG, welcher die Erhebung von Säumniszuschlägen bei Verstößen des Arbeitgebers gegen seine Meldepflicht gem. § 11 BetrAVG vorsieht, eine Verzinsung säumiger Beträge i. H. v. 0,5 % pro Monat anordnet und die Verjährung offener Forderungen des *PSVaG* gegen seine Mitglieder auf sechs Jahre vorschreibt.

---

238 BFH (13.11.1991), S. 336.

239 Ebenda.

240 Vgl. Wohlleben (1998 b), S. 134.

5. Anpassungsprüfungspflicht (§ 16 BetrAVG)

§ 16 BetrAVG regelt die Pflicht des Arbeitgebers, laufende Versorgungsleistungen der betrieblichen Altersversorgung auf ihre Angemessenheit hin zu überprüfen und gegebenenfalls den veränderten gesamtwirtschaftlichen Verhältnissen anzupassen. Hierdurch soll die inflationsbedingte Auszehrung der laufenden Versorgungsleistungen vermieden werden.

Der Kern der Änderungen des Betriebsrentengesetzes durch das Rentenreformgesetz 1999 ist die Entschärfung der Anpassungsprüfungspflicht des § 16 BetrAVG in seiner ursprünglichen Form. Der § 16 BetrAVG hatte sich als der am kontroversesten diskutierte Paragraph des ganzen Betriebsrentengesetzes erwiesen und war Gegenstand zahlloser Auseinandersetzungen zwischen Arbeitgebern und Arbeitnehmern.[241] Durch die – von der Rechtsprechung ausgelegte – normierte Verpflichtung, laufende Versorgungsbezüge in Hinblick auf einen Ausgleich des eingetretenen Kaufkraftverlusts alle drei Jahre zu überprüfen, ergab sich für die Arbeitgeber eine „... Quasi-Verpflichtung zur Anpassung von Betriebsrenten an die Entwicklung der Lebenshaltungskosten"[242]. Diese Überprüfungspflicht wurde von den Unternehmen als unkalkulierbare, übermäßige Belastung empfunden, besonders weil ihnen eine Vorfinanzierung der Rentenanpassung mit steuerlicher Wirkung weitgehend verwehrt war.

§ 16 BetrAVG a. F. ist in § 16 Abs. 1 BetrAVG n. F. übernommen worden. Zusätzlich wurde § 16 BetrAVG n. F. um drei weitere Absätze erweitert.

Nach § 16 Abs. 1 BetrAVG hat der Arbeitgeber alle drei Jahre die Anpassung der laufenden Leistungen der betrieblichen Altersversor-

---

241 Vgl. hierzu das umfangreiche Schrifttum aufgeführt bei Blomeyer/Otto (1997), § 16, S. 1131 – 1133.

242 Memorandum der Arbeitsgemeinschaft für betriebliche Altersversorgung zur Sicherung und Förderung der betrieblichen Altersversorgung in Deutschland vom 24.01.1995, S. 16.

gung zu prüfen und über eine Erhöhung nach billigem Ermessen zu entscheiden. Der Fristlauf beginnt mit dem Tag, an dem der Leistungsanspruch erstmals dem Grunde nach besteht.[243] Eine Verkürzung der Anpassungsprüfungsfrist ist in Hinblick auf § 17 Abs. 3 Satz 3 BetrAVG als für den Arbeitnehmer günstige Regelung möglich, wird aber in der Praxis regelmäßig nicht wahrgenommen.

Bei der Prüfung der Anpassung hat der Arbeitgeber gem. § 16 Abs. 1 BetrAVG n. F. insbesondere die Belange des Versorgungsempfängers, aber auch seine eigene wirtschaftliche Lage zu berücksichtigen. Den Belangen des Versorgungsempfängers ist jedenfalls dann ausreichend Rechnung getragen, wenn die Anpassung den Anstieg des Preisindexes der Lebenshaltung eines 4-Personen-Haushalts von Arbeitern und Angestellten erreicht (§ 16 Abs. 2 Nr. 1 BetrAVG n. F.).[244] Dies wird allerdings durch § 16 Abs. 2 Nr. 2 BetrAVG n. F. begrenzt auf den Anstieg der Nettolöhne vergleichbarer Arbeitnehmergruppen in dem Unternehmen, d. h. auf die Steigerung des betrieblichen Reallohns (sog. „reallohnbezogene Obergrenze").[245] Der neu eingeführte zweite Absatz des § 16 BetrAVG „legalisiert" somit die bereits seit über 25 Jahren währende Rechtsprechung des BAG[246]. Bei der Bildung von Arbeitnehmergruppen steht dem Arbeitgeber ein weitreichendes Ermessen zu.[247] Diese ha-

---

243 Vgl. Blomeyer/Otto (1997), § 16, Rdnr. 76. Zur Ermittlung des dreijährigen Nettolohnanstiegs vgl. Bode/Grabner (1999 a), S. 228 f.

244 Der für die Anpassungsprüfung maßgebliche Preisindex ist regelmäßigen Veröffentlichungen des Statistischen Bundesamts bzw. der jeweiligen Landesämter zu entnehmen. Zur Ermittlung der Teuerungsrate vgl. Bode/Grabner (1999 a), S. 228. Die Spezifizierung des anzuwendenden Indexes wird in einigen Jahren allerdings eine Gesetzesänderung notwendig machen, da nach heutigem Kenntnisstand ab 2002/2003 vom Statistischen Bundesamt nur noch der „Preisindex für alle privaten Haushalte" geführt wird.

245 Vgl. Blumenstein/Krekeler (1998), S. 2604.

246 BAG (17.05.1973), S. 1308.

247 Vgl. Blumenstein/Krekeler (1998), S. 2604.

ben somit die Wahl, eine grobe/große oder eine feine/kleine Einteilung vorzunehmen bzw. die Gruppenbildung an unterschiedlichen sachlichen Gesichtspunkten zu orientieren. Es besteht die Möglichkeit, die Vergleichsgruppe auf das Gesamtunternehmen oder auf einzelne Betriebe zu beziehen. Auf die Nettolohnentwicklung im ganzen Unternehmen wird abgestellt werden können, wenn keine vergleichbaren Arbeitnehmergruppen vorhanden sind.[248]
Die nettolohnbezogene Obergrenze wird mit dem Hinweis auf das fehlende Verständnis aktiver Arbeitnehmer für Anhebungen von Renten begründet, die der Höhe nach über die Einkommenszuwächse der aktiven Arbeitnehmer hinausgehen.[249] Weiterhin sollen in Gehaltssteigerungen unterhalb der Preissteigerungsrate Hinweise auf eine nicht zufriedenstellende wirtschaftliche Lage des Unternehmens zu sehen sein.[250] Daß die Nettolohnentwicklung Hinweise auf die schlechte (bzw. gute) Situation des Unternehmens gibt, ist nicht ganz nachzuvollziehen. Zum einen sind Lohn- und Gehaltssteigerungen das Ergebnis tarifvertraglicher Vereinbarungen, zum anderen können in diesen auch anderweitige Vergünstigungen vereinbart werden, welche sich nicht im Entgelt niederschlagen (z. B. kürzere Arbeitszeit).[251] Auch Finanz-Abgaben[252] haben Einfluß auf die Nettolohnentwicklung.
Hinsichtlich der Berücksichtigung der eigenen wirtschaftlichen Belange des Arbeitgeberunternehmens i. S. d. § 16 Abs. 1 BetrAVG n. F. kann auf die weiter unten folgenden Ausführungen zu § 16 Abs. 4 BetrAVG n. F. verwiesen werden.

---

248 Vgl. zur Anpassungsprüfung im Konzern Langohr-Plato (1999 c), S. 2137.

249 Vgl. Kolvenbach (1994), S. 77.

250 Ebenda, S. 77.

251 Vgl. Ahrend/Förster/Rößler (1999), 1. Teil, Rdnr. 706.

252 Finanz-Abgaben sind der Sammelbegriff für alle kraft öffentlicher Finanzhoheit zur Erzielung von Einnahmen erhobenen Zahlungen (Steuern, Gebühren, Beiträge).

Der Arbeitgeber muß die laufenden Leistungen jedoch nicht entsprechend der Kaufkraftminderung anpassen, wenn er sich zu einer jährlichen Rentenanpassung von mindestens 1 % verpflichtet (§ 16 Abs. 3 Nr. 1 BetrAVG n. F.) bzw. bei Durchführung der betrieblichen Altersversorgung mit Hilfe der Direktversicherung bzw. Pensionskasse, wenn alle auf den Rentenbestand entfallenden Überschußanteile zur Erhöhung der laufenden Leistungen verwendet werden (§ 16 Abs. 3 Nr. 2 BetrAVG n. F.).[253] Zur Berechnung der garantierten Rentenleistung darf der vom Versicherungsaufsichtsamt festgelegte Höchstzinssatz zur Bestimmung der Deckungsrückstellung nicht überschritten werden (§ 16 Abs. 3 Nr. 2 BetrAVG n. F.). Die erstgenannte Regelung gilt in Hinblick auf § 30c Abs. 1 BetrAVG n. F. jedoch nur für Zusagen, die ab den Prüfstichtagen in 1999 erteilt werden, während die zweitgenannte Alternative auch für Altzusagen gilt.[254]

Ob § 16 Abs. 3 Nr. 1 BetrAVG n. F. auch für bereits bestehende Versorgungszusagen anwendbar ist, wird vorraussichtlich genauso wie bei der Unverfallbarkeit zu entscheiden sein.[255] Hier wird es darauf ankommen, ob zwischen der nach dem 31.12.1998 erteilten Zusage und der schon bestehenden Zusage ein sachlicher Zusammenhang[256] besteht. Dieser ist hier wohl zwangsläufig gegeben.

Die Anpassungsprüfungspflicht besteht somit weiterhin bei der rückgedeckten Unterstützungskasse, die sich zwar über Versicherungen

---

253 Vgl. zu den Chancen und Risiken aus einer Anpassungsgarantie Meier (1998), S. 110 ff. Zum Zeitpunkt und Verfahren der Begründung der 1 %-Verpflichtung siehe Küpper (1998), S. 81 ff.

254 Zur Abgrenzung der Versorgungszusagen vor bzw. ab 1999 (Alt- oder Neuzusagen) vgl. Küpper (1998), S. 83 ff.

255 Vgl. § 1 Abs. 1 Satz 3 BetrAVG: „Eine Änderung der Versorgungszusage ... unterbricht nicht den Ablauf der Frist von 10 Jahren des Satzes 1".

256 Vg. BAG (28. 04.1992), S. 2292.

finanziert, aber trotzdem kein Versicherer laut Gesetz ist.[257] Dies ist die konsequente Fortführung der Privilegierung der versicherungsförmigen Durchführungswege im Betriebsrentengesetz.[258]
Der durch das Rentenreformgesetz 1999 neu eingefügte § 16 Abs. 4 BetrAVG sieht ab Prüfstichtagen in 1999 entgegen der bisherigen Rechtsprechung des BAG[259] vor, daß eine zu Recht wegen der wirtschaftlichen Lage des Unternehmens (teilweise) unterbliebene Anpassung zu einem späteren Zeitpunkt nicht nachgeholt werden muß. Das Unterlassen einer Anpassung ist dann rechtmäßig, wenn der Arbeitgeber dem Versorgungsempfänger die wirtschaftliche Lage des Unternehmens schriftlich darlegt und der Arbeitnehmer nicht binnen drei Kalendermonaten[260] schriftlich widersprochen hat. Die erforderliche schriftliche Darlegung wurde vom Gesetz bisher nicht näher spezifiziert. *Doetsch/Förster/Rühmann*[261] gehen davon aus, daß die Arbeitsgerichte diesen unbestimmten Rechtsbegriff in der Weise auslegen werden, daß der Arbeitgeber dem Versorgungsempfänger die maßgeblichen Gründe[262] im Sinne der bisherigen BAG-Rechtsprechung für die (teilweise) unterlassene Anpassung nennen muß. Die wirtschaftliche Lage des Unternehmens im Sinne des § 16 Abs. 4 BetrAVG n. F. ist gleichbedeutend mit der wirtschaftlichen Lage des Arbeitgebers im Sinne des § 16 Abs. 1 BetrAVG n. F.[263] Da es sich bei den unterschiedlichen Formulierun-

---

257 Auch ein Arbeitgeber, der eine Direktzusage versicherungsmäßig rückdeckt, ist kein Versicherer.

258 Vgl. z. B. § 2 Abs. 2 und 3 BetrAVG.

259 Vgl. BAG (28.04.1992), S. 2292.

260 Nach Belehrung über die Rechtsfolgen eines nicht fristgemäßen Widerspruchs. Vgl. § 16 Abs. 4 BetrAVG.

261 Vgl. Doetsch/Förster/Rühmann (1998), S. 263.

262 Vgl. die Begründung zu Nr. 18 Buchstabe c (§ 16 Absätze 2 bis 4) von Art. 8 des RRG 1999. Vgl. BT- Drucks. (13/8011), S. 209.

263 Vgl. Küpper (1998), S. 77.

gen demnach lediglich um ein Redaktionsversehen handelt, gelten die im folgenden dargestellten Beurteilungskriterien uneingeschränkt auch i. R. d. § 16 Abs. 1 BetrAVG n. F.

Zu den erforderlichen Informationen für die Beurteilung bzw. Prüfung der wirtschaftlichen Lage gehören vor allem[264]

- der am Anpassungsstichtag absehbare Investitionsbedarf, selbst für Rationalisierungen und die Erneuerung von Betriebsmitteln;

- eine angemessene Eigenkapitalverzinsung; hierbei kann grundsätzlich auf die bei festverzinslichen Wertpapieren langfristig erzielbare Verzinsung abgestellt und ein Risikozuschlag eingeräumt werden;

- Scheingewinne sollen unberücksichtigt bleiben;

- Betriebssteuern verringern die verwendungsfähigen Mittel; bei den Steuern vom Einkommen ist zu beachten, daß nach einer Anpassungsentscheidung die Erhöhungen den steuerpflichtigen Gewinn verringern;

- die bisherige Unternehmenswertentwicklung muß für eine einigermaßen zuverlässige Prognose über einen längeren, repräsentativen Zeitraum von i. d. R. mindestens drei Jahren ausgewertet werden.

Eine das Unterlassen der Anpassung rechtfertigende wirtschaftliche Lage des Unternehmens liegt somit vor, wenn es mit einiger Wahrscheinlichkeit nicht möglich sein wird, die Finanzierung der Renten-

---

264 Vgl. die vom BAG aufgestellten Kriterien, so zuletzt (17.04.1996), S. 2496. *Ludewig/Kube* [(1998), S. 1725 ff.] beschäftigen sich nach einer Darstellung der Vorgaben des BAG und der Berechnungsmodelle aus der Literatur mit den Fragen, wie im Rahmen der Anpassungsentscheidung eine angemessene Eigenkapitalverzinsung berücksichtigt werden kann und auf welche Weise die Ertragsteuern in die Berechnung einzubeziehen sind.

erhöhung aus zukünftigen Erträgen und Wertzuwächsen des Unternehmens aufzubringen.[265]

Diese Informationen müssen so aufbereitet werden, daß sie einem verständigen Versorgungsempfänger – gegebenenfalls mit externer Hilfe – ein Nachvollziehen der Entscheidungsgründe ermöglichen. Widerspricht der Versorgungsempfänger dem Arbeitgeber oder unterläßt letzter die schriftliche Darlegung für eine (teilweise) ausgefallene Anpassung nach § 16 Abs. 1 BetrAVG, dann entscheidet das Gericht, ob die Korrektur zu Recht unterblieben ist, wobei der Arbeitgeber die tatsächlichen Voraussetzungen, die ein Unterlassen der Anpassung rechtfertigen würden, zu beweisen hat.[266] Ist dies der Fall, so findet auch hier keine nachholende Anpassung an späteren Stichtagen statt. Der Ausschluß des § 16 Abs. 4 BetrAVG greift jedoch nicht, wenn der Arbeitgeber unrechtmäßig eine (volle) Anpassung nicht vornahm oder bewußt unwahre bzw. unvollständige Auskünfte über eine – materiell betrachtet – zu Recht unterbliebene Anpassung erteilte.

Diese für den Arbeitgeber entlastende Regelung gilt allerdings entsprechend § 30c Abs. 2 BetrAVG erst ab dem 01.01.1999. Für im Zeitraum davor zu Recht unterlassene Anpassungen bleibt es aus Gründen des Vertrauensschutzes bei der bisherigen Regelung, d. h. bei der Verpflichtung zur nachholenden Anpassung.

Die Interessen der Versorgungsempfänger werden somit vergangenheitsbezogen betrachtet, während die wirtschaftliche Lage des Arbeitgebers vorausschauend zu beurteilen ist. Vorrangig ist grundsätzlich der Erhalt des Unternehmens mit den verbundenen Ar-

---

265 Eine Anpassungspflicht besteht somit nur dann, wenn die Bewertung der Ertragslage, der Vermögenslage, die Bereinigung der Bilanzansätze von außergewöhnlichen Einflüssen und die Ersetzung der steuerlichen durch betriebswirtschaftliche Bewertungsansätze zu keinem Substanzverzehr führt. Vgl. Ahrend/Förster/Rößler (1999), 1. Teil, Rdnr. 712 – 714a.

266 Vgl. Küpper (1998), S. 88 f.

beitsplätzen und nicht die Anpassung der laufenden Versorgungsbezüge.[267]

Die Gründe für die Neuregelung des § 16 BetrAVG liegen auf der Hand. Dem Arbeitgeber wird eine Kalkulationssicherheit gegeben. Dem Versorgungsempfänger gibt diese Neuregelung Sicherheit, da die 1%ige Erhöhung unabhängig von der wirtschaftlichen Lage des Unternehmens erfolgt und i. R. d. §§ 7 ff. BetrAVG Insolvenzschutz genießt.

Des weiteren besteht für denjenigen Arbeitgeber, der sich des Durchführungswegs der Pensionszusage bedient, die Möglichkeit, die 1 %ige Anpassungsverpflichtung bereits während der Anwartschaftsphase steuerlich als gewinnmindernde Pensionsrückstellungen geltend zu machen.[268]

Durch die Einfügung der neuen Absätze 2 bis 4 ist es dem Gesetzgeber gelungen, einen guten Ausgleich zwischen dem Interesse der Unternehmen an Planungs- und Rechtssicherheit mit dem Interesse der Versorgungsempfänger an einem Teuerungsausgleich herzustellen. Durch den Verweis in § 16 Abs. 2 BetrAVG n. F. auf den Prüfungszeitraum (Absatz 1) sowie aus der Regelung in § 16 Abs. 4 BetrAVG n. F., wonach eine zu Recht unterbliebene Anpassung zu einem späteren Zeitpunkt nicht nachzuholen ist, wird ein neuer, sinnvoller Tatbestand durch den Gesetzgeber geschaffen.

6. Persönlicher Geltungsbereich (§ 17 BetrAVG)

Nach § 17 BetrAVG gilt das Betriebsrentengesetz nicht nur für Arbeitnehmer, sondern entsprechend auch für Vorstände, Geschäftsführer, Berater, Handelsvertreter, Hausgewerbetreibende u. a.[269], sofern ihnen eine Altersversorgung aus Anlaß ihrer Tätigkeit für ein Unternehmen zugesagt worden ist. Hinsichtlich der Nichtarbeitneh-

---

267 Vgl. Blomeyer/Otto (1997), § 16 Rdnr. 195.

268 Vgl. Blumenstein/Krekeler (1998), S. 2604.

mer hat die Rechtsprechung des BGH[270] allerdings eine Einschränkung vorgenommen. Danach sollen von dem Geltungsbereich des Gesetzes solche Personen nicht erfaßt werden, die als Unternehmer zu betrachten sind. Grundsätzlich sind dies

- der Einzelunternehmer sowie der persönlich haftende Gesellschafter einer KG oder einer OHG,
- der Allein- oder Mehrheitsgesellschafter einer Kapitalgesellschaft, wenn er zugleich Geschäftsführer dieser Gesellschaft ist,
- der Minderheitsgesellschafter-Geschäftsführer einer Kapitalgesellschaft, wenn er zusammen mit anderen Minderheitsgesellschafter-Geschäftsführern über die Mehrheit der Stimmrechte in der Gesellschafterversammlung verfügt.

Wenn eine Person für ein Unternehmen zeitweise als Arbeitnehmer, zeitweise als Unternehmer tätig geworden ist, muß in entsprechender Anwendung des § 2 BetrAVG der Teil der Zusage ermittelt werden, der in einem Arbeitnehmerstatus erdient wurde.[271] Dieser Teil unterliegt dann dem Geltungsbereich des Betriebsrentengesetzes.

III. Kritische Würdigung der Änderungen des Betriebsrentengesetzes durch das Rentenreformgesetz 1999

Das Rentenreformgesetz 1999 trägt in seinem Art. 8, welcher das Betriebsrentengesetz ändert, einigen wesentlichen Forderungen der Praxis nach einer Verbesserung der rechtlichen Rahmenbedingun-

---

269 Diese Sonderzusagen an Gesellschafter-Geschäftsführer von PersG und KapG sowie Versorgungszusagen an mitarbeitende Familienangehörige und Zusagen an Handelsvertreter werden im Rahmen dieser Arbeit nicht behandelt. Vgl. hierzu z. B. Ahrend/Förster/Rößler (1999), 6. Teil, m. w. N.

270 Vgl. BGH (28.04.1980), S. 1046; BGH (09.06.1980), S. 1215.

271 Vgl. zur Berechnung der Höhe des Anspruchs Blomeyer/Otto (1997), § 2, Rdnr. 12 – 96.

gen Rechnung. Die Änderungen sind zu begrüßen, auch wenn sie teilweise hinter den Erwartungen zurückgeblieben sind.

Die ursprünglich geplante Verkürzung der Unverfallbarkeitsfristen und die Absenkung des Mindestalters für die Unverfallbarkeit, welche im Koalitionsentwurf der damaligen Regierung zum Rentenreformgesetz 1999 enthalten waren, sind im Rahmen des Rentenreformgesetzes 1999 nicht erfolgt, da die notwendige steuerliche Flankierung nicht sichergestellt werden konnte.[272] Es wurde vielfach vorgeschlagen, die Unverfallbarkeitsfrist für die Versorgungsanwartschaften gemäß § 1 Abs. 1 BetrAVG auf drei Jahre zu verkürzen[273], wobei hier offen blieb, ob die Zusagedauer oder die Betriebszugehörigkeit gemeint ist. Eine solche Verkürzung dürfte sich wohl aus Gründen des Gleichheitsgrundsatzes nicht auf einzelne Modellvorschläge beschränken lassen. Darüber hinaus ist es den Vertragsparteien unbenommen, die Fristen abzukürzen. Die danach erworbene Anwartschaft ist jedoch nicht insolvenzgesichert.[274]

Mit der nunmehr normativ erfaßten Entgeltumwandlung verwischt faktisch die Unterscheidung von zweiter und dritter Säule des Alterssicherungssystems. Bereits kurze Zeit nach Inkrafttreten des Betriebsrentengesetzes setzte die Diskussion darüber ein, inwieweit es sich bei einer aus Gehaltsumwandlung finanzierten Direktversicherung überhaupt um eine betriebliche Altersversorgung handele. Im Mittelpunkt der Diskussion stand die Frage, ob nicht ein Wesens-

---

272 Insbesondere die Absenkung des Mindestalters für die Rückstellungsbildung und die steuerlich zulässigen Zuwendungen an Unterstützungskassen. Siehe die Begründung der Beschlußempfehlung des Ausschusses für Arbeits- und Sozialordnung, Art. 3 Nummer 1. Vgl. BT-Drucks. (13/8671), S. 31. Eine Verkürzung der Unverfallbarkeitsfristen bedeutet eine Erhöhung der Pensionsrückstellungen, da bei der Bemessung der Pensionsrückstellung auf das Beginnalter abgestellt werden muß.

273 Vgl. z. B. Gerke-Kommission (1998), S. 3.

274 Vgl. BAG (26.09.1989), S. 383.

merkmal der betrieblichen Altersversorgung sei, daß die Leistung vom Arbeitgeber freiwillig und zusätzlich zum Barlohn gewährt werde. *Schmid* problematisierte als einer der ersten die Frage, ob durch die Gehaltsumwandlung die Grenze von betrieblicher Altersversorgung zu privater Altersvorsorge nicht überschritten sei.[275] Mit einer Grundsatzentscheidung stellte der 3. Senat des BAG klar, daß auch eine durch Gehaltsumwandlung finanzierte Direktversicherung in den Geltungsbereich des Betriebsrentengesetzes fällt.[276] Die Legaldefinition der Gehaltsumwandlung in § 1 Abs. 5 BetrAVG gibt nun im wesentlichen die seit dem BAG-Urteil vom 26.06.1990 herausgebildete herrschende Meinung wieder.[277]

Eine solche Entwicklung kann nicht ohne Einfluß auf den Regelungsbedarf sein (Gleichbehandlung von zweiter und dritter Säule, spezifische steuerliche Förderung bestimmter privater Altersvorsorge-Produkte). Die Klarstellung des Gesetzgebers, daß auch Entgeltumwandlungszusagen dem Schutzbereich des Betriebsrentengesetzes unterliegen und damit durch den *PSVaG* insolvenzgeschützt sind, ist zu begrüßen. Für den Arbeitnehmer ist die Entgeltumwandlung insofern attraktiv, als er auf Einkommensteile, die einer hohen Steuer- und Sozialabgabenlast unterliegen, verzichtet und dafür Betriebsrenten eintauschen kann, die keine oder geringe Steuern auslösen und nur noch mit Beiträgen zur Krankenversicherung und zur Pflegeversicherung belastet werden. Auch für den Arbeitgeber ergeben sich Einsparungen bei den Sozialabgaben.[278]

---

275 Vgl. Schmid (1977), S. 700.

276 Vgl. BAG (26.06.1990), S. 2475.

277 Vgl. zur Diskussion im Schrittum Hanau/Arteaga (1999 b), S. 18 ff. m. w. N.

278 Einer Umfrage zufolge wird diese Novellierung von rund der Hälfte der befragten Unternehmen unterschiedlicher Größe, Branche und Region als „Schritt in die richtige Richtung“ bezeichnet. Vgl. die einzelnen Ergebnisse bei Höfer (1998 a), S. 1562 ff.

Beitragsorientierte Leistungszusagen i. S. d. § 1 Abs. 6 BetrAVG n. F. bieten für die Unternehmen eine Vielzahl von Vorteilen. Sie koppeln die positiven Effekte der Finanzierung mit Kalkulierbarkeit und Flexibilität. Daß der Wert des Versorgungsversprechens und damit die mit ihm verbundenen Kosten in den Vordergrund der Überlegungen gerückt werden, ist vorteilhaft. Der Arbeitgeber hat eine klare Vorstellung über die zu bereitstellenden Mittel für das Versorgungsversprechen. Die Vorteilhaftigkeit resultiert aus der steuerlichen Behandlung.

Abfindungs- und Übernahmemöglichkeiten für Versorgungsanwartschaften und laufende Versorgungsleistungen sind Voraussetzungen für eine sinnvolle Verwaltung und Abwicklung von betrieblichen Versorgungssystemen. Die Übernahmemöglichkeiten sind speziell für den Sonderfall der Unternehmensliquidation erweitert worden. Es wird dem Arbeitgeber, der sein Unternehmen liquidiert, gestattet, im Wege einer befreienden Schuldübernahme unverfallbare Anwartschaften und bereits laufende Versorgungsverpflichtungen ohne Zustimmung des Arbeitnehmers von einem besonderen Versorgungsträger, einer kongruent rückgedeckten Unterstützungskasse übernehmen zu lassen. Diese Konstruktion wurde in ihrer komplexen Form deshalb gewählt, um die steuerlichen Nachteile weitgehend zu vermeiden, die bei den bisherigen weiterbestehenden Übernahmemöglichkeiten gemäß § 4 Abs. 1 und 2 BetrAVG gegeben waren. Die Gesetzesnovellierung der § 3 und § 4 BetrAVG ist somit zu begrüßen, da die Abfindungsmöglichkeiten erleichtert und die Übernahmemöglichkeiten erweitert wurden. Allgemein wurde allerdings kritisiert, daß der Gesetzgeber es versäumt hat, hinsichtlich der erweiterten Abfindungsmöglichkeiten flankierende Steuerrechtsänderungen vorzunehmen.[279] So sind Abfindungszahlungen bei dem Emp-

---

279 Vgl. Kemper (1998 b), S. 63 und Doetsch/Förster/Rühmann (1998), S. 259 sowie Berner-Lüll/Drochner (1998), S. 1005.

fänger der Leistung gem. § 19 EStG einkommensteuerpflichtig, da sie Einkünfte aus nichtselbständiger Arbeit darstellen. Viel spricht jedoch dafür, sie als Entschädigungen für entgehende Einnahmen zu betrachten und ihnen somit die steuerliche Privilegierung der §§ 24 Nr. 1, 34 Abs. 1 EStG zuzuerkennen. Ob Abfindungszahlungen eine Sozialversicherungspflicht auslösen, muß noch von der sozialgerichtlichen Rechtsprechung abschließend geklärt werden.
Die Übertragbarkeit der Versorgungsverpflichtungen sollte nicht nur auf den Fall der Liquidation beschränkt bleiben, sondern die jederzeitige Übertragbarkeit von Direktzusagen auf Unterstützungskassen (z. B. wegen Unternehmensveräußerung bzw. Nachfolgeregelungen) müßte gesetzlich ermöglicht werden. Auch eine steuerneutrale Übertragbarkeit der Deckungsmittel zwischen den verschiedenen Durchführungswegen sollte ermöglicht werden. Es stellt sich hier allerdings das Problem des Übergangs von dem Prinzip der nachgelagerten Besteuerung zu dem Prinzip der vorgelagerten Besteuerung. Als Lösung würde sich eine Erweiterung des § 3 Nr. 65 EStG anbieten, damit die Übertragung des Deckungskapitals auf den Versicherer steuerfrei bleibt.[280] Die Versorgungszahlung müßte dann jedoch voll versteuert werden.

Wesentliche Änderungen ergeben sich im Bereich des gesetzlichen Insolvenzschutzes. Die gesetzlich festgelegten Höchstgrenzen, bis zu denen der *PSVaG* einsteht, sind erheblich herabgesetzt worden. Zur Absicherung der Teile von Versorgungsanwartschaften und –ansprüchen, die oberhalb der *PSVaG*-Höchstgrenzen liegen und nicht dem gesetzlichen Insolvenzschutz unterfallen, bietet sich eine Verpfändung einer zur Vorfinanzierung und zur Abdeckung der Versorgungsrisiken abgeschlossenen Rückdeckungsversicherung an.

---

280 Vgl. Hanau/Arteaga (1999 a), S. 901.

Die Neureglung der Betriebsrentenanpassung durch § 16 BetrAVG war ein erster Schritt in die vielfach geforderte Richtung. Sofern der Arbeitgeber die 1%ige Anpassung gem. § 16 Abs. 3 Nr. 1 BetrAVG wählt, verbessert er die Kalkulierbarkeit des Versorgungsversprechens erheblich und die Pensionsrückstellung erfaßt den künftigen Anpassungsbedarf mit steuerlicher Wirkung periodengerecht, nämlich bereits in der Anwartschaftsphase des Versorgungsempfängers. Für erstmalig ab 1999 vereinbarte Entgeltumwandlungszusagen kann die 1%ige Anpassung selbst dann vereinbart werden, wenn der Arbeitgeber zuvor ein Versorgungsversprechen erteilt hat. Unzulänglich ist jedoch, daß die 1%ige Anpassung lediglich auf Neuzugänge beschränkt wurde.
Die Abwahl der Anpassungsprüfungspflicht durch Überschußverwendung bei Rentendirektversicherungen und Pensionskassenzusagen wird sich positiv auswirken. Weiterhin werden die Arbeitgeber den Fortfall der „nachholenden Anpassung" für den ab 1999 auftretenden Anpassungsbedarf begrüßen. Allerdings ist die neu eingeführte Möglichkeit einer verbindlichen Zusage zu einer 1 %igen Anpassung pro Jahr nicht ausreichend, da es zur Zeit keinen Handlungsspielraum bei einer schwierigen wirtschaftlichen Lage des Unternehmens gibt. Denn es stellt sich nun die Frage, ob und wie man sich von der 1%igen Anpassungsverpflichtung wieder lösen kann.

Die Unsicherheiten über die zukünftige Behandlung durch die Gesetze und Rechtsprechungen haben sich nachhaltig negativ auf die Entwicklung und Verbreitung der betrieblichen Altersversorgung ausgewirkt und beeinträchtigten somit die langfristige Unternehmensplanung erheblich. Mit dem Rentenreformgesetz 1999 sind erste, aber keinesfalls ausreichende Schritte zur Verbesserung der Rahmenbedingungen der betrieblichen Altersversorgung eingeleitet worden. Um allerdings den weiteren Ausbau zu fördern, müssen über einzelne Korrekturen von Fehlentwicklungen hinaus die Rahmenbedingungen insgesamt vor dem Hintergrund einer zunehmenden Globalisierung modernisiert und an internationale Standards angepaßt werden.

Dritter Teil: Entwicklung eines Kriterienkatalogs zur Beurteilung eines zeitgemäßen betrieblichen Altersversorgungssystems

A. Vorbemerkung

Der wachsenden Bedeutung der betrieblichen Altersversorgung als zweiter Säule im System der finanziellen Alterssicherung steht eine tatsächlich bestenfalls stagnierende Verbreitung von betrieblichen Versorgungszusagen gegenüber. Insbesondere im Segment der klein- und mittleren Unternehmen sind Versorgungszusagen lediglich in verschwindend geringer Zahl existent.[1] Diese alarmierende Situation – in Fachkreisen längst bekannt – hat sogar in der Koalitionsvereinbarung der Regierungsparteien Widerhall erfahren. So heißt es in Ziff. VI. 2. der Vereinbarung vom 20.10.1998: „Die Rahmenbedingungen der betrieblichen Altersversorgung sollen verbessert werden, damit die betriebliche Altersversorgung weiterhin einen wichtigen Beitrag zur Alterssicherung der Arbeitnehmer leisten kann und um den Anreiz zu verstärken, auch künftig neue Betriebsrentenzusagen zu geben."

Zu den Zielvorstellungen über ein betriebliches Altersversorgungssystem gehören zum einen der Leistungsumfang, bis zu dem die Versorgungslücke, d. h. die Differenz zwischen den Leistungen aus der gesetzlichen Rentenversicherung und dem letzten Nettogehalt des Versorgungsempfängers geschlossen werden soll, zum anderen die Absicht des Arbeitgebers, durch die Wahl des geeigneten Durchführungsweges dieses Versorgungsziel möglichst betriebswirtschaftlich optimal zu erreichen.

Das komplexe Zusammenspiel arbeits- und steuerrechtlicher Rahmenbedingungen sowie personalpolitischer Vorstellungen macht deutlich, daß bei diesem Auswahlprozeß Prioritäten erforderlich sind.

---

1 Vgl. S. 24 ff. dieser Arbeit.

Die jeweils maßgeblichen Prioritäten besitzen insoweit nur eine zeitlich beschränkte Gültigkeit, als die verschiedenen Gestaltungsmöglichkeiten und Schwerpunkte hinsichtlich des wirtschaftlichen Umfelds und der exogenen Einflüsse von Gesetzgeber und Rechtsprechung einem steten Wandel unterliegen.
Um eine Vergleichbarkeit der Altersversorgungsträger herzustellen, müssen Kriterien entwickelt werden, die trotz unterschiedlicher Ausgestaltung der Altersversorgungswege zur Beurteilung herangezogen werden können. Um eine Entscheidungshilfe hinsichtlich eines zukünftigen Altersversorgungssystem zu erhalten, wird im Rahmen dieser Untersuchung im folgenden ein solcher Kriterienkatalog entwickelt werden.
Die geringe Verbreitung der betrieblichen Altersversorgung ist auf die mangelnde Akzeptanz der bestehenden Durchführungswege seitens der beteiligten Interessengruppen zurückzuführen.[2] Somit gilt es, die betriebliche Altersversorgung für diese Gruppen in Zukunft attraktiver zu gestalten. Die öffentlich diskutierten Vorschläge reichen von der Neueinrichtung eines weiteren Durchführungsweges der betrieblichen Altersversorgung bis hin zur bloßen Weiterentwicklung der bestehenden Durchführungswege durch Anpassung der gesetzlichen Rahmenbedingungen an die tatsächlichen praktischen Erfordernisse.

B. Weiterentwicklung oder Neuentwicklung von Durchführungswegen der betrieblichen Altersversorgung?

Hinsichtlich der Attraktivitätssteigerung der betrieblichen Altersversorgung für die Beteiligten wird zum Teil die Meinung vertreten, die bisherigen Durchführungswege müßten lediglich den Erfordernissen der Praxis angepaßt werden; für die Einführung eines neuen, gesetzlich verankerten Durchführungsweges bestünde somit kein Be-

---

2 Vgl. S. 24 ff. dieser Arbeit.

darf.[3] Andererseits wird die Einführung eines neuen Durchführungsweges in Hinblick auf die Stagnation der betrieblichen Altersversorgung für unerläßlich gehalten. Hierbei wird insbesondere die Einführung eines Pensionsfonds nach angelsächsischem Vorbild in das deutsche Betriebsrentensystem proklamiert.[4] Zunächst gilt es also, sich für die Weiterentwicklung oder die Neueinrichtung betrieblicher Altersversorgungssysteme zu entscheiden.

Jede Reform oder Ergänzung des Betriebsrentensystems hat das bestehende Sozial- und Rechtssystem zu beachten, welches die Ausgestaltungen prägt und die Ziele vorgibt. Betrachtet man es mit der h. M.[5] als sozialpolitischen Zweck der betrieblichen Altersversorgung, die gesetzliche Rentenversicherung durch anteilige Übernahme ihrer Leistungen zu entlasten, führt dies zu dem Schluß, daß jede betriebliche Altersversorgung auch Versorgungs- und Versicherungselemente der gesetzlichen Rentenversicherung beinhalten muß.[6] Bei der Übertragung systemfremder Modelle in das deutsche Betriebsrentensystem ist dies zwingend zu beachten. Eine unmittel-

---

3 Vgl. z. B. Kolvenbach (1997 a); ders. (1997 b); ABA 1998 (a); dies. (1998 a); dies. (1998 c); Bode/Grabner (1997 a); GDV (1998).

4 Vgl. z. B. DB Research (1995); dies. (1998 a); Deutsches Aktieninstitut (1996); Laux (1996); ders. (1997).

5 Vgl. stellvertretend z. B. Blomeyer (1997 b); Hanau/Arteaga (1997).

6 Anläßlich der Einsetzung der Regierungskommission „Fortentwicklung der Rentenversicherung" kam es zu einer grundsätzlichen Diskussion über das Verhältnis der Säulen der Alterssicherung zueinander. Die Kommission hat explizit klargestellt, daß zusätzliche Versorgungsmaßnahmen nur dann eine geeignete Ergänzung der gesetzlichen Rentenversicherung darstellen können, wenn sie auf einer Kapitaldeckungsbasis beruhen und die wesentlichen Versorgungs- und Versicherungselemente der gesetzlichen Rentenversicherung beinhalten. Ausdrücklich hat sie die kapitalfundierte betriebliche Altersversorgung als einen geeigneten Träger angesehen und ihren zügigen und deutlichen Ausbau empfohlen. Sie hat in diesem Zusammenhang betont, daß die betriebliche Altersversorgung grundsätzlich das gesetzliche System optimal ergänze und Möglichkeiten eröffne, sozial- und verteilungspolitische Grundsätze zu realisieren. Vgl. Kommission Rentenversicherung (1997), S. 45 ff.

bare Orientierung am Pensionsfonds angelsächsischen Vorbilds verbietet sich insofern bereits wegen der Inkongruenz der jeweiligen Sozial- und Rechtssysteme. Die Übernahme dieses Modells in das deutsche System ist nicht ohne weiteres möglich. Eine Implementierung wäre somit nur unter ganz erheblichem konzeptionellen und gesetzestechnischem Aufwand denkbar. Dies ist für sich gesehen wenig wünschenswert. Darüber hinaus würde es aber auch die bestehende Rechtslage unnötig komplizieren, ohne tatsächlichen Nutzen – der nicht auch mit der Verbesserung der bestehenden Durchführungswege erzielt werden kann – zu leisten. Allerdings würde es sich anbieten, betriebliche Altersversorgungssysteme der Länder detailliert zu betrachten, in denen die betriebliche Altersversorgung einen hohen Stellenwert einnimmt und sich bereits bewährt hat. Aus solch einer Analyse ließen sich Schlußfolgerungen bzw. Handlungsempfehlungen für das deutsche (betriebliche) Alterssicherungssystem ableiten. Dies wurde bereits ausführlich an anderer Stelle in der Literatur dargestellt.[7]

---

7 So wurden vor kurzem von *Steenbock* (1999) die Alterssicherungssysteme Deutschlands, der USA und Großbritanniens vergleichend dargestellt. Vgl. auch *ABA* (1997 b) welche die betriebliche Altersversorgung in Europa aus deutscher Sicht betrachtet. Vgl. ebenso *Heubeck* (1997), S. 131 ff. Siehe auch die vergleichende Darstellung der Altersversorgungssysteme im europäischen Binnenmarkt von der *EU-Kommission* (1997), dies. (1999). Vgl. hierzu die Erläuterungen zum Grünbuch der EU-Kommission von *Stürmer* [(1998), S. 210 ff.] sowie *Stiefermann* [(1995), S. 804 ff.]. Auch *Werner* [(1993), S. 903 ff.] bietet eine vergleichende Darstellung der betrieblichen Altersversorgung in Europa. Das europäische Umfeld betrachtet gleichermaßen *Rößler* [(1995), S. 84 ff.] sowie *Stegmann/Buttler* [(1997), S. 1275 ff.] und *Andresen* [(1997), S. 128 ff.] sowie *Heubeck* [(1997 d), S. 131 ff.]. Siehe auch *Soziales Europa* (1994). Internationale Aspekte betrachtet *Rößler* (1992), S. 465 ff. Vgl. auch die Darstellung von *Becher* [(1998), S. 291 ff.], der die betriebliche Altersversorgung mit Hilfe von Pensionsfonds in verschiedenen Ländern betrachtet. Siehe hierzu auch *Spengel/Schmidt* (1998), S. 89 ff.; dies. (1997 a). Die Erfahrungen mit Pensionsfonds in Österreich zeigt *Bauer* [(1997), S. 177 ff.] sowie *Höfer/Oppermann/Dikhoff* [(1990), S. 1662 ff.] und *Hermann* [(1993), S. 41 f.] sowie *Bode* [(1991), S. 31 ff.]. Siehe auch die Darstellung von Pensionsfonds im französischen Alterssicherungssystem von *DB Research* (1997) bzw. *Ranke/Roesler* [(1994), S. 206 ff.] und *Hermann* [(1994), S. 205 f.]. Zur betrieblichen Alters-

Insoweit ist daher die Neueinrichtung eines weiteren Durchführungsweges der betrieblichen Altersversorgung, welcher nicht explizit auf das deutsche Altersversorgungssystem abgestimmt ist, abzulehnen. Vielmehr muß der Versuch unternommen werden, vorhandene Strukturen aus Effizienzgründen zu nutzen und den tatsächlichen Erfordernissen der Praxis anzupassen.

In Deutschland bildet das am 19.12.1974 in Kraft getretene Betriebsrentengesetz den arbeits- und insolvenzrechtlichen Rahmen für die betriebliche Altersversorgung. Es definiert die Anforderungen an die betriebliche Altersversorgung und grenzt diese gegenüber anderen Leistungen ab. Im Betriebsrentengesetz sind die verschiedenen Durchführungswege aufeinander abgestimmt. Dies gewährleistet eine Gleichbehandlung der verschiedenen Durchführungswege (z. B. Mindestanforderung zur Unverfallbarkeit, Regelungen für vorzeitige Altersleistungen sowie Abfindungsvorschriften), wobei einige Regelungen individuelle Lösungen für spezielle Durchführungswege vorsehen. Das Betriebsrentengesetz sollte die Grundlage für jede weitere Reform darstellen, da die Schaffung eines völlig neuen Rechtsrahmens mit großen Unwägbarkeiten behaftet und die Komplexität lediglich erhöhen würde.

Es soll daher im folgenden auch untersucht werden, ob sich die in Deutschland öffentlich diskutierten Reformvorschläge, welche sich teilweise an betrieblichen Altersversorgungssystemen des Auslands orientieren, tatsächlich realisieren lassen oder ob hierfür Änderungen des zum 01.01.1999 novellierten Betriebsrentengesetzes nötig sind.

---

versorgung in der Schweiz siehe *Walser* (1992), S. 19 ff. *Stephen* [(1992), S. 68 ff.] betrachtet die betriebliche Altersversorgung in Großbritannien, ebenso *Flesch* [(1993), S. 906 ff. und 992 ff.] und *Etzel* [(1996), S. 97 f.] Die betriebliche Altersversorgung in Schweden und Dänemark untersucht *Schmidt* [(1995), S. 51 ff.]. Ausführlich wird die betriebliche Altersversorgung in den Niederlanden von *Bunicich* [(1993), S. 72 ff.] untersucht.

C. Anforderungen der beteiligten Interessengruppen an ein betriebliches Altersversorgungssystem

I. Vorbemerkung

Die Diskrepanz zwischen sozialer Notwendigkeit und tatsächlicher Verbreitung der betrieblichen Altersversorgung erklärt sich im wesentlichen durch deren mangelnde Akzeptanz auf Arbeitgeberseite. Diese sind frei in der Entscheidung, eine betriebliche Altersversorgung ein- oder weiterzuführen.[8] Insofern müssen bei der Attraktivitätssteigerung der bestehenden Durchführungswege der betrieblichen Altersversorgung vor allem deren Anforderungen an ein zukunftsträchtiges Modell Beachtung finden. Darüber hinaus müssen diese Anforderungen mit denen der Arbeitnehmerseite in Einklang gebracht werden, da auch insoweit selbstverständlich eine Akzeptanz hinsichtlich der betrieblichen Altersversorgung bestehen muß. Letztlich müssen diese miteinander zu vereinbarenden Interessen auch denen der weiteren Beteiligten entsprechen. Hier steht vor allem der Staat, dem es obliegt, etwaigen Anforderungen rechtliche Geltung zu verschaffen. Des weiteren ist die Gruppe der Kapitalmarktdienstleister zu berücksichtigen, da diese schließlich das zur Durchführung der betrieblichen Altersversorgung erforderliche Instrumentarium am Kapitalmarkt zur Verfügung stellen.

Die an der Durchführung der betrieblichen Altersversorgung beteiligten gesellschaftlichen Gruppen verfolgen hinsichtlich des anzustrebenden Inhalts einer gesetzlichen Neuregelung nicht unbedingt gleichgerichtete Interessen, wie die folgenden Standpunkte aufzeigen werden. Die jeweiligen Anforderungen sind aus finanz-, betriebs- und personalwirtschaftlichen Erwägungen an ein modernes Versorgungssystem zu stellen.[9]

---

8 Vgl. S. 33 ff. dieser Arbeit.

9 Vgl. z. B. ABA (1997 b), S. 6 ff.; dies. (1998 a), S. 5 ff.; dies. (1998 b), S. 241 ff.; dies. (1998 c), S. 254; Andresen (1999), S. 31 ff.; Barz (1997), S. 236 ff.; Becher (1998), S. 291 ff.; Birk/Wernsmann (1999 a), S. 166 ff.;

II. Interessengruppen

1. Arbeitgeber

Auf Arbeitgeberseite stehen für die Anforderungen an eine zeitgemäße Gestaltung der betrieblichen Altersversorgung naturgemäß betriebswirtschaftliche Gesichtspunkte im Vordergrund. Vorrangig sind in diesem Zusammenhang vor allem kostenverursachende bzw. -beeinflussende Faktoren. So ist aus betriebswirtschaftlicher Sicht zum einen eine Vermeidung zusätzlicher Kosten bzw. eine Begrenzung der unvermeidbaren Kosten erforderlich, zum anderen damit korrespondierend eine Kalkulationssicherheit, d. h. der (weitgehende) Ausschluß des Anfalls unwägbarer Kosten in der Zukunft. Hieraus ergeben sich im einzelnen folgende Anforderungen auf Arbeitgeberseite:

- Zulässigkeit von reinen Beitragszusagen, da nur durch solche im Zeitpunkt der Versorgungszusage die beim zukünftigen Eintritt des Versorgungsfalles anfallenden Kosten tatsächlich kalkulierbar sind.

- Zulässigkeit einer flexiblen Dotierung, die sich gegebenenfalls in Abhängigkeit von der wirtschaftlichen Ertragslage des jeweiligen Unternehmens ergibt.

- Ausschluß zukünftiger arbeitsrechtlicher Verpflichtungen wie z. B. der Nachschuß- oder Rentenanpassungspflicht.

Blomeyer (1997 a), S. 1397; ders. (1998 a), S. 1737 ff.; Bode/Grabner (1997 a), S. 928 ff.; dies. (1998), S. 374 ff.; Brühler Empfehlungen (1999); BT-Drucks. (13/9923); BT-Drucks. (13/9924); DB Research (1995), S. 12 ff.; dies. (1996), S. 12 ff.; dies. (1998 a), S. 3 ff.; Engbroks (1997), S. 88 ff.; EU-Kommission (1997), S. 3 ff.; dies. (1999); Förster (1992 b), S. 116 ff.; Gerke-Kommission (1998), S. 16 ff.; Grabner (1997), S. 254 ff.; ders. (1999), S. 903 ff.; GDV (1998), S. 13 f.; Hecker (1998), S. 248 ff.; Heubeck (1997 b), S. 131 ff.; ders. (1998 a), S. 246 ff.; Müller (1997), S. 119 f.; Otremba (1998), S. 251 ff.; Richter (1996), S. 1733 ff.; Schmeisser/Blömer (1999 a), S. 338 ff.; dies. (1999 b), S. 1747 ff.; Schwind (1998), S. 180 ff.; Uebelhack (1998 b), S. 132 ff.

- Besteuerung der für die Erfüllung der Versorgungszusagen bereitgestellten Mittel nach dem Zuflußprinzip, d. h. erst im Zeitpunkt der tatsächlichen Auszahlung an den Versorgungsberechtigten (sog. nachgelagerte Besteuerung).
- Vermeidung beschränkender Vorschriften hinsichtlich der Anlage der für die Erfüllung der Versorgungszusagen bereitgestellten Mittel, um eine möglichst hohe Rendite der Anlage zu erhalten und somit den finanziellen Versorgungsaufwand des Arbeitgebers gering zu halten.
- Zulässigkeit der Eigenbeteiligung von Arbeitnehmern, um die Bereitstellung von Deckungsmitteln zur Erfüllung der Versorgungszusagen seitens des Arbeitgebers gering zu halten.
- Minimierung des kostenmäßigen Verwaltungsaufwands der Versorgungsregelung auf Arbeitgeberseite.

2. Arbeitnehmer

Den während der aktiven Phase erreichten Lebensstandard im Alter aufrechterhalten zu können, ist vorrangige Anforderung der Arbeitnehmerseite an eine zeitgemäße Gestaltung der betrieblichen Altersversorgung. Demnach stehen auf Seiten der Arbeitnehmer vor allem Gesichtspunkte der Sicherheit zukünftiger Leistungen und der Rendite der bereitzustellenden Deckungsmittel im Vordergrund. Daneben werden auf Arbeitnehmerseite noch weitere gewichtige Anforderungen an ein Altersversorgungssystem gestellt. Im einzelnen:

- Weitestgehende Abdeckung der möglichen biometrischen Risiken durch die jeweilige Versorgungszusage, d. h. Versorgung für den Fall des Erreichens der Altersgrenze, der Berufs- und Erwerbsunfähigkeit und die Hinterbliebenenversorgung im Todesfall des Arbeitnehmers.

- Direkt gegen den Versorgungsträger und auf Erfüllung der unverfallbaren Versorgungszusagen gerichtete, durchsetzbare Rechtsansprüche des jeweiligen Versorgungsberechtigten.
- Frühe Unverfallbarkeit der Anwartschaften.
- Schutz der unverfallbaren Versorgungsanwartschaften vor Leistungsunfähigkeit des Versorgungsträgers bzw. Substanzschutz bereits laufender Versorgungsbezüge.
- Portabilität der bereits erworbenen unverfallbaren Versorgungsanwartschaften bei Wechsel des Arbeitgebers oder Versetzung innerhalb eines Konzerns.
- Vermeidung beschränkender Vorschriften hinsichtlich der Anlage der für die Erfüllung der Versorgungszusagen bereitgestellten Mittel, um eine höchstmögliche Rendite der Anlage zu ermöglichen; dies natürlich unter Berücksichtigung des vorrangigen Schutzes der Leistungsfähigkeit des Versorgungsträgers.
- Zulässigkeit der Eigenbeteiligung der Arbeitnehmer.
- Transparenz des Versorgungsmodells.

3. Staat

Die staatliche Akzeptanz zeitgemäßer Versorgungsmodelle ist insofern unerläßlich, als nur dieser die notwendigen gesetzlichen Rahmenbedingungen schaffen und gewährleisten kann. Nun ist zwar die betriebliche Altersversorgung an sich bereits eine sozialpolitisch wünschenswerte Erscheinung, da sie – bei ausreichender Verbreitung und entsprechendem Leistungsniveau – tatsächlich in der Lage wäre, den Wohlfahrtsstaat zu entlasten. Solch eine Entlastung des Wohlfahrtsstaates würde allerdings nur dann eintreten, wenn man vom Prinzip der Freiwilligkeit der Erteilung betrieblicher Altersversorgungszusagen absehen würde und jedem Arbeitnehmer eine betriebliche Versorgungszusage zukommen lassen würde. An der Freiwilligkeit der Versorgungszusage als ein Teil der sozialen Betriebspolitik des Arbeitgebers soll im Rahmen dieser Untersuchung jedoch festgehalten werden. Aus staatlicher Sicht ist jedes Versorgungsmodell angesichts knapper Haushaltsmittel unter dem Vorbehalt der Finanzierbarkeit zu betrachten. Insofern ist es für den Staat von entscheidender Bedeutung, Steuerausfälle und Steuerstundungseffekte zu vermeiden und steuerliche Privilegien nur dort zu gewähren, wo dies sozialpolitisch wünschenswert erscheint.[10]

4. Finanzmarktdienstleister

Die Finanzmarktdienstleister haben die zukünftige Gestaltung der betrieblichen Altersversorgung als lukratives Geschäftsfeld für sich entdeckt. So wurde beispielsweise die noch anhaltende Diskussion um die Notwendigkeit der Einführung eines Pensionsfonds angelsächsischen Vorbilds in Deutschland durch eine Studie der *DB-Research* aus dem Jahre 1995 eingeleitet.[11] Hauptinteresse der Finanzmarktdienstleister an der zukünftigen Gestaltung der betrieblichen Altersversorgung ist die Auslagerung der für die Erfüllung der Versorgungszusagen bereitzustellenden Mittel aus dem Arbeitgeberunternehmen, bestenfalls sogar ein vom Arbeitgeberunternehmen losgelöstes Finanzierungsverfahren durch weitgehend unabhängig agierende selbständige Versorgungsträger. Hiervon verspricht man

---

10 Wenngleich grundsätzlich alle Formen der Vermögensanlage der Alterssicherung dienen können, stellt sich die Frage der steuerlichen Privilegierung. Die steuerliche Privilegierung der betrieblichen Altersversorgung im Spannungsfeld zur privaten Altersvorsorge bzw. –versorgung soll hier nicht näher betrachtet werden. Ansatzpunkte für eine steuerliche Förderung verschiedener privater Alterssicherungsformen lieferte auch schon Steenbock (1999), S. 203 ff. Eine steuerliche Förderung bestimmter Altersvorsorgeformen sei nach *Krause-Junk/Müller* [(1999), S. 2284 f., m. w. N.] nur gerechtfertigt, wenn und soweit die Gesellschaft dadurch künftige Belastungen (insb. Sozialhilfe, Aufwendungen zur Vermeidung sozialer Spannungen) vermeiden könne. Zur Problematik der vernünftigen Abgrenzung zwischen den verschiedenen Formen des Alterssparens vgl. z. B. IFSt (1999) m. w. N.

11 Vgl. DB Research (1995).

sich eine Belebung des Kapitalmarktes und somit ein Aufschwung des Finanzplatzes Deutschland durch neue institutionelle Anleger.

Aufgrund der Anforderungen der verschiedenen gesellschaftlichen Gruppen an ein zeitgemäßes betriebliches Altersversorgungssystem wird im folgenden ein Kriterienkatalog für ein solches System erstellt, welcher die unterschiedlichen Ansätze und Zielrichtungen der verschiedenen Interessengruppen zusammenfügt.

D. Kriterienkatalog zur Beurteilung zeitgemäßer betrieblicher Altersversorgungsträger

I. Finanzierung

1. Externe Finanzierung

a) Vorbemerkung

Eine konsequent vollständige Auslagerung der Finanzierung der Versorgungsmittel aus dem Trägerunternehmen steht bei Banken und Versicherungen als Finanzmarktdienstleister als primäres Ziel der zukünftigen Gestaltung der betrieblichen Altersversorgung fest.[12] Neben den angeblichen volkswirtschaftlichen Vorteilen der externen Finanzierung – auf welche noch einzugehen sein wird – proklamieren die Fürsprecher der ausgelagerten, voll kapitalfundierten Finanzierung auch betriebswirtschaftliche Vorteile dieses Durchführungsweges. Die externe Finanzierung soll für die Unternehmen eine deutliche Kostenminderung, sowie eine Senkung der Eigenkapitalkosten gegenüber den Pensionsrückstellungen mit sich bringen. Darüber hinaus würden Liquiditätsrisiken und Effizienzprobleme vermieden. Letztlich sei dadurch angeblich auch die externe Finanzierung im Interesse der Arbeitgeberunternehmen, da diese auf diese Weise

---

[12] Eine solche wird verschiedentlich mit dem Anglizismus „outside-funding" bezeichnet. Vgl. DB Research (1995); dies. (1998 a); Deutsches Aktieninstitut (1996); Nürk (1996); Rosen (1996); Gerke-Kommission (1998).

ihren eigenen Versorgungsverwaltungsaufwand minimieren und im Falle der kapitalfundierten externen Versorgungsträgerschaft erhebliche Kosten sparen könnten.

b) Betriebswirtschaftliche Aspekte

Die Durchführung der betrieblichen Altersversorgung im Wege der externen Finanzierung würde das Management zwingen, sich an den Bedingungen und Renditeforderungen des Kapitalmarktes zu orientieren, während bei einer Durchführung der betrieblichen Altersversorgung durch interne Finanzierung den Verantwortlichen die Möglichkeit gewährt würde, im eigenen Interesse zu wirtschaften. Letztgenannte Möglichkeit birge die Gefahr, daß insoweit Altersversorgungsmittel rein wachstumsorientiert in weniger rentable Objekte investiert würden, nur um in den Genuß des mit der schieren Unternehmensgröße verbundenen Einkommens und Prestiges zu gelangen.[13]

Der Auffassung, daß die interne Finanzierung dem Management der Unternehmung größere Freiräume hinsichtlich der Kapitalanlage gewähren als extern finanzierte Durchführungswege, ist im Grundsatz zuzustimmen.[14] Genau diese Freiräume machen den Reiz der Pensionsrückstellung aus. Fraglich erscheint jedoch, ob diese Möglichkeiten tatsächlich zu einer nachteiligen Bewertung der innenfinanzierten Altersversorgung führen.

Zunächst ist anzumerken, daß Pensionsrückstellungen nicht als unentgeltliches Kapital zur Verwirklichung eventueller Expansionsziele eines Unternehmens anzusehen sind. Die durch Pensionsrückstellungen zur Verfügung stehenden Mittel müssen im Unternehmen einen rechnerischen Zins i. H. v. 6 % erwirtschaften, um nicht selbst

---

13 Selbst die geweckten Assoziationen an die „invisible hand" des Adam Smith können nicht verhindern, daß auf den vorherrschenden unvollkommenen Märkten ständig Fehlallokationen geschehen. Vgl. Schmitz (1996), S. 2102.

14 Vgl. Arbeitskreis (1998 a), S. 325.

einen Rückstellungsposten für drohende Verluste zu erfordern.[15] Dies mag isoliert betrachtet noch keine allzu große Hürde darstellen, scheint jedoch angesichts der derzeitigen Kapitalmarkteuphorie zunehmend in Vergessenheit zu geraten.

Schwerer wiegt wohl der Einwand, daß bei der internen Finanzierung eine wirksame Kontrolle der Mittelverwendung nicht durchführbar sei. Die Investition der durch Pensionsrückstellungen zur Verfügung stehenden Mittel obliegt schließlich dem Management und wird durch die Belegschaft – um „deren" Geld es sich eigentlich handelt – nicht überwacht. Einzig den Arbeitnehmervertretern in den Aufsichtsräten großer Unternehmen kommt eine derartige Funktion zu. Allerdings erscheint es wenig wahrscheinlich, daß im Gegensatz dazu ein externer Versorgungsträger als institutioneller Anleger eines Unternehmens eine besondere Kontrollfunktion hinsichtlich der Investitonsentscheidungen des Managements übernehmen wird. Die Kontrollmöglichkeit ist hier auf die gesellschaftereigenen Eingriffsmöglichkeiten beschränkt. Dies bedeutet, daß der externe Versorgungsträger im Falle der Anlage in Aktien auf die Ausübung der dem Aktionär zustehenden Rechte (Stimmrecht, ggf. Entsendung von Vertretern in den Aufsichtsrat) beschränkt ist. Ob sich hieraus eine wirksame Kontrolle ergibt, ist zweifelhaft. Ein Blick in die USA, wo die Pensionsfonds als institutioneller Anleger marktbestimmend auftreten, zeigt, daß diese mit einer sehr zurückhaltenden Wahrnehmung ihrer Kontrollrechte erfolgreich gewesen sind[16], aber in jüngster Zeit zunehmend Einfluß üben.[17]

---

15 Vgl. Schneider (1992), S. 368. Rückstellungen für drohende Verluste aus schwebenden Geschäften dürfen nicht mehr gebildet werden. Vgl. § 5 Abs. 4a EStG. Zur Auflösung von Rückstellungen für drohende Verluste, die zulässigerweise gebildet wurden vgl. § 52 Abs. 13 EStG n. F.

16 Vgl. Fehr (1997), S. B 10.

17 Gerade die schiere Größe und der hohe Anteil am Aktienbesitz zwingen speziell amerikanische Pensionsfonds zu einer zunehmenden Einflußnahme, da ein Verkauf oftmals einen Kurseinbruch provozieren würde und den Erlös erheblich schmälern könnte. So hat CalPERS angekündigt, im Rah-

Die Befürworter der externen Finanzierung stützen ihre Forderung u. a. darauf, eine interne Finanzierung würde für den Unternehmer beträchtliche Liquiditätsrisiken bergen.[18] Dies erscheint insofern fraglich, als das Liquiditätsrisiko bei der Rückstellungsfinanzierung auch nur in einer Erhöhung des Financial-Leverage-Risikos zu sehen ist.[19] Die als Leverage-Effekt bezeichnete Hebelwirkung des Fremdkapitalanteils auf die Eigenkapitalrendite wächst proportional zu der Differenz zwischen Gesamtkapitalrendite und Fremdkapitalzinssatz.[20] Diese Hebelwirkung wird jedoch nur dann zu einem Liquiditätsrisiko, sofern die Rückstellungsfinanzierung weder zur Kredittilgung, noch zur renditeträchtigen Investition verwendet wird.[21] Die dem Management obliegende Entscheidung hinsichtlich der Mittelverwendung ist aber, wie oben dargestellt, nicht per se ein der Rückstellungsfinanzierung innewohnender Risikofaktor. Vielmehr besteht dieses Risiko bei jeder anderen Fremdkapitalfinanzierung. Das mit der Innenfinanzierung einhergehende Liquiditätsrisiko ist also letztlich nach der Qualität der Anlageentscheidungen des Managements des einzelnen Unternehmens zu beurteilen und kann nicht zu einer grundsätzlichen Entscheidung gegen die Innenfinanzierung führen. Die nach der Zahlung von Renten verbleibenden Kapitalmittel können vom Unternehmen auf verschiedene Art und Weise eingesetzt werden:

- Zur Tilgung von Fremdkapital
- Zur Finanzierung von Investitionen in Sach- und Finanzanlagevermögen

---

men einer Corporate Governance Initiative verstärkt Einfluß auf die Geschäftspolitik und die Besetzung von Vorstandspositionen beteiligter Unternehmen nehmen zu wollen. Vgl. FAZ (08.07.1997), S. B 10.

18 Vgl. DB Research (1995), S. 9.

19 Vgl. Arbeitskreis (1998 a), S. 328.

20 Vgl. Süchting (1995), S. 446 ff.

21 Vgl. Arbeitskreis (1998 a), S. 328.

Um das Entscheidungsproblem der Innen- oder Fremdfinanzierung näher zu bestimmen, müssen folgende Variablen betrachtet werden:

- Die Gesamtkapitalrentabilität der Unternehmung,
- die Anlagerendite des externen Versorgungsträgers und
- der Fremdkapitalzinssatz der Unternehmung.

Weiter müssen die allgemeinen steuerlichen Vorschriften über die Aufwandsverrechnung sowie die lohnsteuerliche Behandlung bei den Arbeitnehmern betrachtet werden. In die Entscheidungsfindung müssen auch die Rechnungszinsfüße, welche zur Kalkulation des Verpflichtungsumfangs, sowohl bei den externen Versorgungsträger als auch bei der innenfinanzierten Versorgungszusage, benötigt werden, einbezogen werden. Die ökonomische Vernunft gebietet – unabhängig vom Durchführungsweg – einen einheitlichen Rechnungszinsfuß, welcher sich grundsätzlich an dem (Opportunitäts-) Kostensatz für langfristiges Fremdkapital orientieren sollte, zu benutzen.[22] Je nach Durchführungsweg sind jedoch unterschiedliche Rechnungszinsfüße vorgeschrieben, die zwischen 3,5 % und 6 % und damit deutlich unter den Marktzinssätzen liegen.[23]
Um die grundlegenden finanzwirtschaftlichen Problemstellungen darzustellen, die sich bei den verschiedenen Durchführungswegen der betrieblichen Altersversorgung ergeben, wird im folgenden ein 2-

---

22 Vgl. Schneider (1992), S. 376.

23 Vgl. Arbeitskreis (1998 a), S. 327. Bei Einschaltung einer Pensionskasse ist eine nach versicherungsmathematischen Grundsätzen berechnete Vorausfinanzierung der Verpflichtung zu einem Zinssatz von 4 bzw. 3,5 % bzw. 3,25 % ab 1. Juli 2000 möglich. Vgl. Handelsblatt (13.10.1999), S. 47. Demgegenüber gilt für die Berechnung von Pensionsrückstellungen mit 6 % und für die Ermittlung der Zuwendungen an Unterstützungskassen mit 5,5 % ein vergleichsweise hoher Zinssatz, weshalb die Vorsorgeaufwendungen unter ansonsten gleichen Bedingungen erst zeitlich später geltend gemacht werden können.

Perioden-Modell dargestellt.[24] Dieses stellt die Wirkungen alternativer Versorgungsträger zur Finanzierung einer einmaligen Pensionszahlung auf den Gegenwartswert der Auszahlungsansprüche der Eigentümer dar.

Bei Zusage einer einmaligen unmittelbaren Versorgungszusage am Ende der zweiten Periode in Höhe von P ist zunächst zu entscheiden, ob die am Ende der ersten Periode zu bildende Pensionsrückstellung $\frac{1}{1+\bar{r}}P$ zur Finanzierung von Investitionen mit der Rendite $\hat{r}$ oder zur Tilgung von Fremdkapital mit dem Zinssatz i verwendet werden soll. Für die erste Möglichkeit ergibt sich für den Gegenwartswert der Auszahlungsansprüche

$$(1)\quad GW_{ta} = \left[X - \frac{1}{1+\bar{r}}P\right]\cdot(1-t) + \frac{\left[X + \hat{r}\frac{1}{1+\bar{r}}P - P + \frac{1}{1+\bar{r}}P\right]\cdot(1-t)}{1+r\cdot(1-t)}$$

für die zweite

$$(2)\quad GW_{tb} = \left[X - \frac{1}{1+\bar{r}}P\right]\cdot(1-t) + \frac{\left[X + i\frac{1}{1+\bar{r}}P - P + \frac{1}{1+\bar{r}}P\right]\cdot(1-t)}{1+r\cdot(1-t)}$$

mit

GW = Gegenwartswert der Auszahlungsansprüche der Eigentümer,
$\hat{r}$ = Rendite einer Investition im eigenen Unternehmen,
i = Fremdkapitalzinssatz,

---

24 Angelehnt an Krahnen/Meran (1991), S. 119 ff. Vgl. Arbeitskreis (1998 a), S. 327.

$\bar{r}$ = steuerlicher Rechnungszinssatz zur Ermittlung der Pensionsrückstellungen ($\bar{r}$ = 6 %),

r = Alternativrendite der Eigentümer,

P = Pensionszusage,

$\frac{P}{1+\bar{r}}$ = Zuführung zu Pensionsrückstellungen,

t = Grenzeinkommensteuersatz der Eigentümer und

X = Bruttoerfolg vor Steuern und betrieblicher Altersversorgung.

Der Unterschied zwischen der Verwendung des Cash-flows besteht somit lediglich in der Annahme über den Erfolgsbeitrag der Pensionsrückstellung. Bei der ersten Möglichkeit erbringt die Investition des durch die Pensionsrückstellung reservierten Vermögens einen weiteren Ertrag in Höhe von $\hat{r}\frac{1}{1+\bar{r}}P$, im anderen Fall führt die Substitution von sonstigem Fremdkapital durch die Pensionsrückstellung zu einer Verringerung von Zinsaufwendungen in Höhe von $i\frac{1}{1+\bar{r}}P$.

Die Entscheidung, welche Alternative ein Unternehmen wählt, ist abhängig von ihrem Kapitalbedarf sowie von der bisherigen Kapitalstruktur. M. a. W.: Wenn sich dem Unternehmen Investitionsmöglichkeiten bieten, in denen der Gewinn höher ist, als bei einer alternativ denkbaren Schuldentilgung, wird in zusätzliche Aktiva investiert, andernfalls werden Schulden getilgt. Folglich ist die höhere der zwei Renditegrößen $\hat{r}$ bzw. i als Maß k für die Verzinsung der Pensionsrückstellung im Unternehmen anzusetzen: k = max $\{\hat{r};i\}$.

Bei Wahl einer externen Kapitalanlage zur Finanzierung der Versorgungsverpflichtungen sind am Ende der ersten Periode Zuwendungen an diese externe Durchführungsform i. H. v. $\frac{1}{1+\bar{z}}P$ zu zahlen.

Die Rendite $\hat{z}$ entsteht aus der Anlage des mit dem Kalkulationszinsfuß $\bar{z}$ berechneten Deckungskapitals am Kapitalmarkt. Um die unmittelbare Versorgungszusage mit einer externen Versorgungszusage vergleichbar zu machen, sollen die daraus entstehenden Überschüsse $\hat{z}\rangle\bar{z}$ dem Unternehmen zufallen.[25] Es ergibt sich somit für den Gegenwartswert der Auszahlungsansprüche der Eigentümer

$$(3) \qquad GW_2 = \left[X - \frac{1}{1+\bar{z}}P\right]\cdot(1-t) + \frac{\left[X + (\hat{z}-\bar{z})\frac{1}{1+\bar{z}}P\right](1-t)}{1+r\cdot(1-t)}$$

Somit wird derjenige Durchführungsweg gewählt, der den höheren Gegenwartswert der Auszahlungsansprüche der Eigentümer verspricht. Um darzustellen, wie sich die Vorteilhaftigkeit der betrachteten Durchführungswege bei alternativen Ausprägungen der Variablen ändert, wird die Differenz zwischen GW_1 und GW_2 gebildet:

$$(4) \ \Delta GW = GW_1 - GW_2$$

$$= \left[\frac{1}{1+\bar{z}} - \frac{1}{1+\bar{r}}\right]\cdot P\cdot(1-t) + \frac{\left[\frac{P}{1+\bar{r}} + (k-\bar{r}) - \frac{P}{1+\bar{z}}(\hat{z}-\bar{z})\right]\cdot(1-t)}{1+r\cdot(1-t)}$$

Solange ΔGW positiv ist, wäre eine unmittelbare Versorgungszusage im Interesse der Eigentümer, bei einer negativen Differenz ist die externe Finanzierung vorzuziehen. Um ein eindeutiges Ergebnis zu erhalten, muß vereinfachend von einer Identität der Rechnungszinsfüße $\bar{z}$ und $\bar{r}$ ausgegangen werden. Dann entfällt der erste Term in Gleichung (4) und somit entscheidet nur die Höhe der Renditen $\hat{z}$ und k welcher Durchführungsweg vorzuziehen ist. Sobald $k\rangle\hat{z}$ ist der Erfolgsbeitrag der unmittelbaren Versorgungszusage größer als der einer externen Finanzierung (und umgekehrt). Bei Einbeziehung unterschiedlicher Kalkulationszinsfüße kann die Entscheidung zwi-

---

25 Entgegen der gängigen Praxis bei Direktversicherungen und Pensionskassen.

schen interner und externer Finanzierung nur im Einzelfall getroffen werden.
Zu beachten ist allerdings, daß dann, wenn die für die Erfüllung von Pensionsverpflichtungen reservierte Liquidität in Aktien bzw. langlaufenden Renten angelegt werden, Kursschwankungen das Jahresergebnis des Anlegers stark beeinflussen können. Nach dem der deutschen Rechnungslegung zugrundeliegenden Imparitätsprinzip müssen Kursverluste bei Wertpapieren erfaßt, Kursgewinne erst bei ihrer Realisierung berücksichtigt werden. Entgegengesetzte Kursbewegungen können somit bei einzelnen Wertpapieren nicht saldiert werden.[26] Letztlich läßt sich somit sagen, daß unter betriebswirtschaftlichen Gesichtspunkten eine externe Finanzierung der Innenfinanzierung stets dann vorzuziehen ist, wenn erstere eine höhere Rendite verspricht.

Ein weiterer Grund für die Ausgliederung der Vermögensposition und der Pensionsrückstellungen ist, daß sich die Bilanz des Trägerunternehmens verkürzen soll. Der getrennte Ausweis der Pensionsrückstellung und ggf. der Deckungsmittel gem. § 246 HGB (Saldierungsverbot) hat zusammen mit dem Umstand, daß in der Pensionsverpflichtung neben Personalaufwand (Versorgungs-/Sparprämie) auch Zinsaufwand und Risikoaufwand enthalten sind, dazu geführt, daß Unternehmen hinsichtlich der Kapitalstruktur, Vermögenslage und Rentabilität als deutlich ungünstiger angesehen werden als vergleichbare Unternehmen, welche die gleichen Versorgungsleistungen über eine Pensionskasse bzw. Direktversicherung finanzieren oder ausländische Unternehmen, die über einen Pensionsfonds angelsächsischer Prägung finanzieren.[27] Im Jahresabschluß bedingen Pensionsverpflichtungen im Vergleich zu nicht-ausweispflichtigen

---

26 Diese Möglichkeit besteht allerdings bei Spezialfonds, soweit nicht der Tageskurs am Bilanzstichtag niedriger als der Buchwert ist (strenges Niederstwertprinzip). Vgl. hierzu ausführlich S. 161 ff. dieser Arbeit.

27 Vgl. Rößler/Dernberger/Schmandt (1996), S. 1785 ff.

Durchführungswegen ein höheres Fremdkapital und zugleich eine verlängerte Bilanz. Für angelsächsische Rating-Agenturen hat das Verhältnis von Eigen- zu Fremdkapital hinsichtlich der Bewertung von Unternehmen bezüglich ihrer Bonität, Finanzlage und ihrer Fähigkeit zur Erzielung nachhaltiger Gewinne eine hohe Bedeutung. Insbesondere unter Shareholder-value-Gesichtspunkten stellt Fremdkapital ein Anlegerrisiko dar.

Aus Gründen der Flexibilität sollte die externe Finanzierung der Versorgungsverpflichtungen dem Unternehmen ermöglicht sein. Eine Aufnahme in den Anforderungskatalog zur Beurteilung eines betrieblichen Altersversorgungssystems scheint somit aus betriebswirtschaftlicher Betrachtungsweise geboten.

c) Volkswirtschaftliche Aspekte

Des weiteren ist die Auslagerung der Finanzierung für die am Kapitalmarkt agierenden Dienstleister attraktiv. Diejenigen, welche die externe Finanzierung der betrieblichen Altersversorgung propagieren, stützen ihre Forderung vor allem auf die These, nur eine Auslagerung der Finanzierung aus dem Unternehmen würde zu einer Belebung des Kapitalmarktes[28] und der Beschäftigungspolitik[29] führen.

Aus der für den einzelnen Arbeitgeber weniger interessanten gesamtwirtschaftlichen Sicht wird argumentiert, daß die Einschaltung des externen Kapitalmarkts eine effiziente Allokation von Finanzierungsmitteln ermögliche und sich die Gefahr von Kapitalfehlallokati-

---

28 Vgl. Wissenschaftlicher Beirat (1997), S. 20 f. und DB Research (1995), S. 11 und 16.

29 In den USA investieren Pensionsfonds ca. 5 bis 10 Mrd. US $ in Venture-Capital-Unternehmen, wodurch in ca. 8.000 Unternehmen 200.000 Arbeitsplätze geschaffen wurden. Doch auch eine Steigerung des Fondsvolumens bei deutschen Investment-Gesellschaften führte zu weiteren Arbeitsplätzen. Die Erhöhung des Fondsvermögens von 240 Mrd. DM (Ende 1990) auf 875 Mrd. DM (20.09.1997) brachte einen Zuwachs von ca. 2.000 Arbeitsplätzen mit sich. Vgl. Gerke-Kommission (1998), S. 48.

onen verringere.[30] Darüber hinaus gewinne der Kapital- und Aktienmarkt durch die externe Finanzierung der betrieblichen Altersversorgung an Breite und Tiefe. Durch eine Auslagerung der Pensionsrückstellungen auf einen externen Versorgungsträger könnte Versorgungskapital i. H. v. 284,2 Mrd. DM für Investitionen zur Verfügung gestellt werden. Dieses Kapital würde dann zu einer verbesserten Eigenkapitalstruktur kleiner und mittlerer Unternehmen beitragen und somit die Finanzierung innovativer, wachstumsstarker Technologieunternehmen fördern.[31] Investitionen in diese Unternehmen sind mit vergleichsweise attraktiven Ertragschancen, aber auch höheren Verlustrisiken verbunden.[32] Folglich wird ein rationaler Investor hinsichtlich seiner individuellen Risikopräferenz den relativen Anteil risikobehafteter Investitionen am Gesamtvolumen ausrichten.[33] Je höher die von einem einzelnen Entscheidungsträger zu verwaltenden Versorgungsmittel sind, desto größer der für Zwecke der Finanzierung von kleinen und mittleren Unternehmen verfügbare Kapitalbetrag, sofern man von einer bestimmten, jedoch unterschiedlichen Quote riskant investierbarer Versorgungsmittel je Versorgungsträger ausgeht.

So wird zum Teil angeregt, bei einer eventuell neu entstehenden selbständigen Versorgungseinrichtung eine Allianz aus Bank und Assekuranz zu bilden, da somit beide Zweige ihre jeweiligen Sachkenntnisse bezüglich etwaiger Finanzierungsmöglichkeiten und -risiken beisteuern können.[34]

---

30 Vgl. DB Research (1995); S. 16, Deutsches Aktieninstitut (1996), S. 2; Rosen (1996), S. 2.

31 Vgl. z. B. Deutsches Aktieninstitut (1996), S. 2; Gerke (1995), S. 66 und S. 123; Wissenschaftlicher Beirat (1997), S. 20.

32 Vgl. Gerke (1995), S. 18 ff.

33 Vgl. Spengel/Schmidt (1997 a), S. 243.

34 Vgl. Neuhaus (1997), S. 1056.

Die *Gerke-Kommission* schätzt, daß bei Einführung der von ihr vorgeschlagenen Pensionsfonds[35] von einem jährlichen Volumen der betrieblichen Altersversorgung von rd. 40 Mrd. DM, schätzungsweise 10 % in „Pensionsfonds" fließen würde, wobei hiervon die Hälfte in inländische Aktien investiert würde. Dies entspräche einem zusätzlichen jährlichen Angebot von rd. 2 Mrd. DM.[36]

Der deutsche Aktienmarkt ist im internationalen Vergleich relativ klein. Dies bezieht sich sowohl auf das Aktienangebot (d. h. die Kapitalnachfrage) als auch auf die Aktiennachfrage (d. h. das Kapitalangebot). Selbst aufgrund zahlreicher Verbesserungen der Rahmenbedingungen[37] ist die Aktiengesellschaft in Deutschland zur Zeit im internationalen Vergleich eine wenig genutzte Rechtsform.[38] Die Aktiennachfrage konzentriert sich zur Zeit auf wenige liquide Werte[39], weshalb insbesondere kleinere Unternehmen Schwierigkeiten bei der Aufnahme von Eigenkapital haben.[40] Unter der theoretischen

---

35 Vgl. zum „betriebsunmittelbaren Pensionsfonds" S. 158 f., zum „betriebsmittelbaren Pensionsfonds" S. 247 f., und zum „anlageorientierten Pensionsfonds" S. 282 ff. dieser Arbeit.

36 Vgl. Gerke-Kommission (1998), S. 44.

37 Genannt seien hier beispielsweise die drei Finanzmarktförderungsgesetze und die Abschaffung der Vermögen- und Gewerbekapitalsteuer.

38 Einer Zahl von 4.548 Aktiengesellschaften (Stand 31.12.1997), von denen lediglich 736 an den Wertpapierbörsen notiert sind, stehen in Deutschland 666.340 GmbH's (Stand 01.01.1998) gegenüber. Zum Vergleich: In den USA sind 7.835 Unternehmen börsennotiert, in Großbritannien 2.450 und in Japan 3.079. Allerdings ist bei den Neuemissionen eine Trendwende zu beobachten. In der ersten Hälfte der 90er Jahre gingen lediglich 16 Unternehmen jährlich an die Börsen, wobei 1997 34 Neuemissionen verzeichnet wurden, die allerdings im Vergleich zu anderen Staaten eher gering ist (im Vergleich zu den USA, wo 1997 619 und Großbritannien, wo 243 Neuemissionen erfolgten). Vgl. Gerke-Kommission (1998), S. 43.

39 So vereinen die DAX-30 Unternehmen über 70 % der Marktkapitalisierung und die 30 umsatzstärksten Unternehmen fast 80 % der Börsenumsätze auf sich. Vgl. Gerke-Kommission (1998), S. 43.

40 Vgl. Gerke-Kommission (1998), S. 43.

Annahme der externen Finanzierung von Versorgungszusagen würde der Aktienmarkt mit einer erhöhten Nachfrage konfrontiert werden. Die bei diesem Nachfrageschub c. p. steigenden Aktienkurse würden eine Ermäßigung der Eigenkapitalkosten bewirken[41] und somit eine stärkere Emissionstätigkeit anregen.[42] Die damit verbundene Verringerung des Verschuldungsgrades würde die Unternehmen und somit die gesamte Volkswirtschaft gegen Konjunkturschwankungen unempfindlicher machen.[43] Die Bereitstellung dieses Wagniskapitals macht jedoch unter betriebswirtschaftlichen Gesichtspunkten nur dann Sinn, wenn das zu ersetzende Fremdkapital im Verhältnis zum ersetzenden Eigenkapital deutlich teurer ist.[44] Hierbei muß berücksichtigt werden, daß die derzeit als Finanzierungsquellen dienenden Rückstellungen bei der Durchführung im Wege einer Auslagerung des Versorgungskapitals nicht mehr zur Verfügung stehen würden. Somit könnte die gesteigerte Nachfrage an Investitionskapital durch das gesteigerte Angebot von geldsuchenden Unternehmen kompensiert werden.[45]
Darüber hinaus wird auch ein Abbau von Informationsasymmetrien[46] und eine effizientere Portfoliostreuung erwartet. Durch die verstärkte „Überwachung" institutioneller Anleger erfolge eine verstärkte Orientierung der Unternehmenspolitik in Richtung Shareholder-value.[47]

---

41 Vgl. Arbeitskreis (1998 a), S. 326.

42 Vgl. DB Research (1995), S. 16.

43 Vgl. Arbeitskreis (1998 a), S. 326.

44 Vgl. S. 114 ff. dieser Arbeit.

45 Vgl. Arbeitskreis (1998 a), S. 329.

46 Die Überwachung kleiner Unternehmen ist kostspielig und das Risiko durch fehlende interne Diversifikation hoch. Institutionelle Investoren sind aufgrund ihres speziellen Know-hows in der Lage, eine kontinuierliche Unternehmensbewertung und -analyse kostengünstiger durchzuführen, als dies einem einzelnen Anleger möglich ist.

47 Vgl. Gerke-Kommission (1998), S. 44.

Ob die prognostizierten Wirkungen tatsächlich in einer solchen Nachhaltigkeit eintreten, ist allerdings zu bezweifeln. Zum einen ist unsicher, in welchem Umfang die neuen institutionellen Anleger an deutschen Kapitalmärkten als Nachfrager auftreten würden. Weiterhin ist unsicher, ob die Unternehmen, die sich bisher durch Pensionsrückstellungen finanzierten, ihren Kapitalbedarf nun über Eigenkapitaltitel und nicht durch die Aufnahme von Fremdkapital decken würden. Zum anderen ist fraglich, ob deutsche institutionelle Anleger tatsächlich in gleichem Umfang wie ihre angelsächsischen Pendants am Aktienmarkt auftreten würden.[48] Zwar spricht einiges für einen vergleichsweise großen Aktienanteil im Portfolio eines idealtypischen institutionellen Anlegers.[49] So führt die lange Ausrichtung von Trägern der finanziellen Alterssicherung zu einem generell hohen Anteil langfristiger Anlagen (Aktien, langlaufende Anleihen, Immobilien) am Fondsvermögen. Dieser weite Planungshorizont rechtfertigt auch eine Investition in Beteiligungskapital junger Unternehmen und darüber hinaus erfolgt aufgrund des großen Volumens des Portefeuilles die Diversifikation von Risiken.[50] Ein weiterer Grund für einen hohen Aktienanteil ist die Tatsache, daß die Verbindlichkeiten der Altersversorgungsträgerunternehmen, d. h. die Pensionsversprechen bzw. -leistungen, mit der Geldentwertung bzw. der Lohnentwicklung wachsen.[51] Solch eine Indexierung der versprochenen Leistungen fordert eine Anlage in inflationsresistente Aktiva und das sind zunächst einmal Aktien.

---

48 US-Pensionsfonds investieren z. B. zwischen 5 und 10 Mrd. US $ jährlich in Venture Capital. In Deutschland stehen ca. 5 – 7 Mrd. DM Venture Capital bereit, in Großbritannien ca. 22 – 24 Mrd. DM und in den USA über 50 Mrd. DM. Vgl. Gerke-Kommission (1998), S. 44.

49 Vgl. Davis (1992), S. 129.

50 Die Anlage der Mittel am Kapitalmarkt erfolgt nach den Regeln der modernen Portfoliotheorie, wobei man durch Diversifikation versucht, unnötige Risiken, für die man keine Kompensation zu erwarten hat (sog. unsystematische Risiken), zu vermeiden. Vgl. Copeland/Weston (1988), S. 638 ff.

51 Vgl. Arbeitskreis (1998 a), S. 329.

Über die Attraktivität der Aktienanlage kann jedoch nur im Einzelfall entschieden werden. So beeinflusst insbesondere der Reifegrad des Versorgungswerks – hiermit ist die Relation von bereits pensionierten zu noch aktiven Mitgliedern des Versorgungswerks gemeint – den Zeithorizont der Anlagestrategie des Versorgers. Folglich wird ein wachsender Anteil von Pensionären zu einem tendenziell sinkenden Engagement in langfristigen Titeln zugunsten von Anleihen mit kurzer Duration und geringerem Risiko führen.[52] „Junge" Versorgungswerke sollten hingegen einen hohen Anteil an Aktien halten.

Auch die Art und Ausgestaltung des Leistungsplans kann Auswirkungen auf das Anlageverhalten des Versorgungsträgers haben. Durch die zur Zeit in Deutschland üblichen Leistungszusagen sieht sich das Management eines solchen einer nominell fixierten, auf der Basis des Stichtagsgehalts berechneten Verbindlichkeit gegenüber. Um eine Unterdeckung des Verpflichtungsumfangs zu verhindern, wird eine eher risikoscheue Anlagepolitik zu erwarten sein. Diese Vermutung verstärkt sich durch den Zwang des deutschen Handelsrechts, Aktiva nach dem Niederstwertprinzip zu bilanzieren. Aus diesem Grund können Kurssteigerungen, welche über den Anschaffungspreis hinausgehen, Kursverluste nicht ausgleichen.

Neben diesen Überlegungen zur Anlagepolitik tritt das Anlageverhalten der Deutschen insbesondere hinsichtlich ihrer Altersversorgung, welche deutlich risikoscheuer ausgerichtet ist als bspw. die der Angelsachsen. Die Ergebnisse einer Umfrage zur Altersvorsorge lassen die Deutschen als „Fanatiker der Sicherheit" erscheinen.[53] Auch die bisherige Anlagestruktur der deutschen Pensionskassen zeigt nur einen durchschnittlichen Aktienanteil von unter 10 %.[54] So-

---

52 Ebenda, S. 330.

53 Vgl. Schanz (1996), S. 19.

54 Vgl. S. 213 ff. dieser Arbeit. Untersuchungen bei amerikanischen Unternehmen zeigen, daß, obwohl deren Innenfinanzierungsmöglichkeiten beschränkter als in Deutschland sind, eine deutlich kapitalmarktorientierte Unternehmensführung im Zusammenhang mit der Nachfrage nach Kapital

mit erscheint es zumindest fraglich, daß deutsche institutionelle Anleger eine aktienfreundlichere Anlagepolitik betreiben würden.

Durch verbesserte Rahmenbedingungen und die Etablierung des Neuen Marktes in Verbindung mit der anhaltenen Aktienhausse fand ein Umdenken in Teilen des deutschen Mittelstandes hinsichtlich eines Börsengangs statt. Der Neue Markt der Frankfurter Wertpapierbörse hat sich seit Bestehen (10.03.1997) bereits nach kurzer Zeit als feste Größe in der deutschen und europäischen Börsenlandschaft etabliert. Innerhalb von kaum mehr als zwei Jahren hat er sich zum bedeutendsten europäischen Markt für Wachstumswerte entwickelt.[55] Die Bedeutung des Beteiligungskapitals in Europa wächst rapide. So haben europäische Kapitalbeteiligungsgesellschaften 1998 rund 14,5 Mrd. € (28,36 Mrd. DM) investiert. Das waren 50 % mehr als im Jahr davor. Das Volumen der von den Fonds eingeworbenen Mittel stieg um 1,7 % auf 20,3 Mrd. € (39,70 Mrd. DM).[56] Das Wachstumstempo am deutschen Markt für Beteiligungskapital hat sich im ersten Halbjahr 1999 nochmals um 78 % auf 1,82 Mrd. DM gesteigert. Das gesamte Portefeuille der Mitglieder des *Bundesverbandes deutscher Kapitalgesellschaften* expandierte auf 10,84 Mrd. DM bis 30.06.1999.[57]

---

zu kurzfristigen Entscheidungen verleiten kann, welche sich langfristig als ineffizient erweisen können. Vgl. Nachweise bei Heintges (1996), S. 80 ff. und S. 106 ff.

55 Vgl. Benz (1999), S. 1162. Nach einer Untersuchung des Deutschen Aktieninstituts sind rund 1.500 deutsche Unternehmen börsenfähig. 1995 gaben 14 (0,6 %) der befragten Unternehmen an, über einen Börsengang nachzudenken. Zwei Jahre später planten 29 (1,2 %) eine konkrete Eigenkapitalbeschaffung über die Börse, weitere 215 (8,9 %) beschäftigten sich mit der Überlegung. Vgl. Handelsblatt (03.12.1998), S. 61. Vgl. zur Börsenfähigkeit mittelständischer Unternehmen Maute (1999), S. 687 ff. bzw. zu den Zulassungsvoraussetzungen und Folgepflichten Benz (1999), S. 1162 ff.

56 Vgl. Bundesverband deutscher Kapitalbeteiligungsgesellschaften (1999).

57 Ebenda.

Die erst vor kurzem der Öffentlichkeit zugänglich gemachte Studie von *Heissmann/Goldman Sachs*[58] über die bevorzugten Verfahren zur Finanzierung betrieblicher Pensionsverpflichtungen kommt zu dem Schluß, daß deutsche Unternehmen entgegen landläufiger Ansicht eher als amerikanische zur externen Anlage neigen, obwohl die Entscheidung in Amerika steuerlich zugunsten der externen Anlage beeinflusst werde. Im Gegensatz zu der Einschätzung der Banken kommt die Studie zu dem Ergebnis, daß über alle vier Durchführungswege hinweg 58 % der Pensionsverpflichtungen durch Anlageportefeuilles gedeckt seien, während nur 42 % noch der Innenfinanzierung dienen. Die Aktienanlage spielt somit bereits jetzt eine große Rolle.[59] Nichtsdestoweniger ist eine weitere unter volkswirtschaftlichen Gesichtspunkten wünschenswerte Belebung des Kapitalmarktes durch eine mögliche Auslagerung des Versorgungsaufwands am ehesten gewährleistet.
Die Zielvorstellung „externe Finanzierung“ ist somit auch aus volkswirtschaftlichen Gründen in den Anforderungskatalog mit aufzunehmen.

2. Kapitalanlagefreiheit

Das durch die Rückstellungsbildung angesammelte Versorgungskapital ist grundsätzlich dem spezifischen Unternehmensrisiko ausgesetzt, welches aus der Sicht der Versorgungsempfänger ein Konzentrationsrisiko aufweist.[60] Dieses Konzentrationsrisiko zeigt die vollständige positive Korrelation der Rendite der Deckungsmittel mit der Gesamtkapitalrendite des Unternehmens. Das Geschäftsrisiko erhöht sich, je geringer die Aktivitäten der Unternehmen über eine Vielzahl von – voneinander unabhängigen – Geschäftsfeldern diversifiziert sind. Eine weitere positive Korrelation mit dem Geschäftsrisiko des Unternehmens besteht mit dem Arbeitsplatzrisiko des Ver-

---

58 Vgl. Rößler/McShee (1998).

59 Diese Entwicklung wurde sicher durch Aktienhausse, niedrige Zinsen, Liquiditätslage der Unternehmen und langjährige Investitionsschwäche gefördert.

sorgungsempfängers, in der Form, als daß geringeres Geschäftsrisiko jedenfalls nicht zu einer Bedrohung von Arbeitsplätzen aufgrund schlechter unternehmerischer Ertragslage führt.
Weiteres Primärziel auf Arbeitgeber- und Arbeitnehmerseite ist daher die weitgehende Vermeidung von Einschränkungen hinsichtlich der Anlage des Finanzierungskapitals. Eine Unterwerfung des zukünftigen Durchführungsweges der betrieblichen Altersversorgung unter die Restriktionen des VAG bzw. des KAGG bezüglich der Anlagenmischung steht einer bestmöglichen Performance der Kapitalanlage entgegen, da diese sich nur aus einer streng renditeorientierten Anlage ergeben kann. Durch eine Verbesserung der Performance kommt weiterhin der Arbeitgeberseite die Minimierung des eigenen Versorgungsaufwands zugute, während auf Arbeitnehmerseite eine Leistungsoptimierung erzielt werden kann.
Allerdings sollte in Hinblick auf die wirtschaftliche Selbstverantwortung des Trägerunternehmens und im Interesse der Arbeitnehmer im Falle einer streng kapitalfundierten externen Finanzierung die Möglichkeit der Beteiligung am Arbeitgeberunternehmen ebenso begrenzt werden, wie die Möglichkeit des Rückflusses von Beitragszahlungen in Darlehensform. Andernfalls besteht die Möglichkeit einer nicht wünschenswerten Vermögensvermischung, die ja gerade durch die externe Finanzierung vermieden werden soll. Auch muß im Fall der Kapitalanlagefreiheit im Interesse der Arbeitnehmer der Anlegerschutz weitreichend gewährleistet sein.[61] Die EU-Kommission geht in ihrer unlängst veröffentlichten Mitteilung davon aus, daß die Kapitalanlagefreiheit hinter Gesichtspunkten des Anlegerschutzes zurückzustehen habe. Dies ist zum einen angesichts des sozialpolitischen Zwecks der betrieblichen Altersversorgung nahezu selbstverständlich und zum anderen durch die vorstehenden Beschränkungen und den betriebsrentenrechtlichen Insolvenzschutz und die noch zu

---

60 Vgl. hierzu Arbeitskreis (1998 a), S. 328.

61 Vgl. EU-Kommission (1999), S. 4.

behandelnden Rechtsansprüche der Versorgungsberechtigten ausreichend gewährleistet. Eine erfolgreiche betriebliche Altersversorgung erfordert eine erfolgreiche Kapitalanlage mit einer hohen und sicheren Realverzinsung für das angesammelte Versorgungskapital. Hierdurch werden die Unternehmen auf der Finanzierungsseite entlastet, weshalb sie an einem effizienten Kapitalmarkt mit hohen Renditen und zieladäquaten Sicherheiten interessiert sind.[62] Zur Beurteilung eines zukünftigen betrieblichen Altersversorgungssystems ist daher die Aufnahme des Kriteriums „Kapitalanlagefreiheit" unerläßlich.

II. Besteuerung

1. Besteuerung des Versorgungsberechtigten

a) Interessen der Arbeitnehmerseite

Von überragender Bedeutung auf Arbeitnehmerseite ist die nachgelagerte steuerliche Behandlung der Versorgungsleistung.

Nachgelagerte Besteuerung der Versorgungsleistungen bedeutet im wesentlichen, daß sich die Vorsorgemaßnahmen des Versorgungsverpflichteten für den Versorgungsberechtigten nicht während dessen beruflich aktiver Phase steuererhöhend auswirken, sondern die Versorgungsleistungen erst bei ihrem tatsächlichen Zufluß – nach Eintritt des Versorgungsfalles – als nachträglicher Arbeitslohn gem. § 19 Abs. 1, Satz 1 Nr. 2, Satz 2 EStG zu versteuern sind, sofern die diesbezüglichen Voraussetzungen vorliegen.

Die nachgelagerte Besteuerung von Versorgungsleistungen ist zunächst von überragendem Interesse für den Versorgungsberechtigten bzw. den Versorgungsanwärter, also die Arbeitnehmerseite. Die Bereitstellung von Finanzmitteln zur Deckung der Versorgungszusa-

---

62 Es ist jedoch nicht Aufgabe der Unternehmen, mit ihrer betrieblichen Altersversorgung die Finanzmärkte oder einen bestimmten Markt wie den Aktienmarkt oder gar spezielle Produkte zu fördern. Vgl. Schmitz (1996), S. 1552 f.

ge seitens des Arbeitgebers begründet ja keinen unmittelbaren Zufluß zum Vermögen des Arbeitnehmers, d. h. dessen momentane finanzielle Situation wird nicht verbessert. Sofern also der Arbeitnehmer jene Versorgungsleistungen im Wege einer vorgelagerten Besteuerung bereits im Zeitpunkt ihrer bloßen Bereitstellung sich steuererhöhend anrechnen lassen muß, versteuert er Arbeitseinkommen, welches ihm gar nicht zugeflossen ist (sog. geldwerter Vorteil). Praktisch führt dies zu einer tatsächlichen Verringerung seines Nettoeinkommens. Bereits deswegen ist auf Arbeitnehmerseite die nachgelagerte Besteuerung Primäranforderung an eine zukünftige Gestaltung der betrieblichen Altersversorgung. Darüber hinaus ist ein Steueranfall nach Eintritt des Versorgungsfalles auf nachträglichem Arbeitslohn für den Arbeitnehmer meist rechnerisch sinnvoll, da die Steuerlast des Rentners progressionsbedingt in aller Regel niedriger als die des Erwerbstätigen ist.

b) Interessen der Arbeitgeberseite

Auch auf Seiten der Arbeitgeber ist eine nachgelagerte Besteuerung der Versorgungsleistungen attraktiver als die vorgelagerte Besteuerung. Im Falle der vorgelagerten Besteuerung ist der Arbeitgeber gegenüber dem Finanzamt Schuldner und Träger der pauschalen Lohnsteuer in Höhe von 20 % gemäß § 40 Abs. 3 i. V. m. § 40b Abs. 4 EStG. Diese Pflicht entfällt im Falle der nachgelagerten Besteuerung, so daß diese für den Arbeitgeber erhebliche Kosteneinsparungen mit sich bringt. Darüber hinaus wird der Versorgungsverwaltungsaufwand durch eine nachgelagerte Besteuerung des Arbeitgebers reduziert, da er sich mit der Besteuerung der Versorgungsleistungen beim Arbeitnehmer nicht zu beschäftigen hat.

Weiterhin entfällt korrespondierend mit der Einführung einer nachgelagerten Besteuerung die Sozialversicherungspflicht hinsichtlich der Versorgungsleistungsbeiträge im Moment ihrer Bereitstellung. Dies führt zu einer spürbaren finanziellen Entlastung von Arbeitgeber- und Arbeitnehmerseite. Unter Berücksichtigung dieser Kostenersparnisse wird das Angebot einer betrieblichen Altersversorgung für den Arbeitgeber deutlich attraktiver.

c) Fiskalische Interessen

Fraglich bleibt somit, inwieweit sich eine nachgelagerte Besteuerung mit den Interessen des Staates vereinbaren läßt. Diese bestehen zunächst darin, Steuerausfälle zu vermeiden. Von Steuerausfällen kann jedoch bei der Durchführung einer nachgelagerten Besteuerung nicht die Rede sein, da lediglich der Zeitpunkt des Steueranfalls verschoben wird.

Daneben steht es jedoch auch im Interesse des Staates, Steuerstundungseffekte zu vermeiden, um selbst über ausreichende Liquidität zu verfügen und finanziell handlungsfähig zu bleiben. Gestundet ist eine Forderung, sofern lediglich ihre Fälligkeit unbeachtet ihrer Erfüllbarkeit zeitlich hinausgeschoben wird.[63] Dies ist bei der nachgelagerten Besteuerung erfüllt.

Allerdings liegt es auch im Interesse des Staates, die Verbreitung der betrieblichen Altersversorgung zu fördern, um Versorgungslücken im Alter zu schließen. Andernfalls besteht die Gefahr, daß nicht ausreichend versorgte Empfänger von Leistungen aus der gesetzlichen Rentenversicherung die Gemeinschaft im Wege des Bezugs von anderweitigen sozialstaatlichen Zuwendungen belasten. Insofern ist eine Abwägung zwischen dem Interesse an der Vermeidung von Steuerstundungseffekten einerseits und der Akzeptanzerhöhung der betrieblichen Altersversorgung auf Arbeitgeber und -nehmerseite vorzunehmen. Führt demnach die Stundung der Steuerforderung zu einer tatsächlichen Erhöhung der Steuereinnahmen (wenn auch zeitversetzt), entspricht eine solche – unter Berücksichtigung des Entlastungsinteresses – auch dem derzeitigen Interesse des Staates. Eine von der *Gerke-Kommission* aufgestellte Rechnung verdeutlicht, daß die nachgelagerte Besteuerung eine Erhöhung der Steuerein-

---

63 Vgl. Palandt (1999), § 271, Rdnr. 12.

nahmen mit sich bringt, sofern die durchschnittlich erzielte Rendite des Versorgungsträgers der betrieblichen Altersversorgung über dem Finanzierungssatz des Staates liegt.[64] Demnach stehen finanzpolitische Interessen des Staates einer nachgelagerten Besteuerung nicht entgegen.

Fraglich bleibt, ob einer nachgelagerten Besteuerung rechtliche Bedenken entgegenstehen. Grundsätzlich ist die nachgelagerte Besteuerung von Versorgungsleistungen zur betrieblichen Altersversorgung zulässig. So wird sie für die Direktzusage gem. § 1 Abs. 1 BetrAVG und die Unterstützungskasse gem. § 1 Abs. 4 BetrAVG bereits nach geltendem Recht angewendet.
Sofern die nachgelagerte Besteuerung jedoch primäre Anforderung an die Gestaltung eines zukünftigen betrieblichen Altersversorgungssystems ist, erscheint es empfehlenswert, diese steuerliche Behandlung der Versorgungsleistungen generell auf sämtliche Durchführungswege der betrieblichen Altersversorgung zu erstrecken. Zum einen würde somit eine einheitliche Steuersystematik ge-

---

64 Unterstellt man einen steuerpflichtigen Versorgungsleistungsbeitrag des Arbeitgebers in Höhe von 100.000 DM bei einem Steuersatz des Arbeitnehmers in Höhe von 30 %, so hat der Staat bei nachgelagerter Besteuerung einen Stundungseffekt in Höhe von 30.000 DM für den Zeitraum bis zur Fälligkeit (beispielsweise 30 Jahre) zu kompensieren. Dies geschieht durch Kreditaufnahme am Kapitalmarkt. Bei einem Zinssatz von 6 % ergibt dies nach 30 Jahren eine Rückzahlungspflicht des Staates in Höhe von 172.304,74 DM. Wird nun der Versorgungsbeitrag in Höhe von 100.000 DM von dem Versorgungsträger wiederum am Kapitalmarkt zu einem Zinssatz von 12 % für die Dauer von 30 Jahren angelegt, ergibt dies bei Fälligkeit einen Auszahlungsbetrag in Höhe von 2.995.992,20 DM. Nimmt man nun realistischerweise an, daß der Arbeitnehmer diesen Betrag als Versorgungsleistungsempfänger nur noch mit einem Steuersatz in Höhe von 15 % zu versteuern hat, ergibt dies immer noch eine Steuerforderung in Höhe von 449.398,83 DM. Subtrahiert man hiervon den Finanzierungsaufwand des Staates zur Überbrückung des Stundungseffektes in Höhe von 172.304,74 DM, ergibt sich für den Staat eine positive Nettosteuereinnahmedifferenz in Höhe von 277.094,09 DM, d. h. anteilig pro Jahr eine Nettosteuermehreinnahme von rund 9.000 DM. Vgl. Gerke-Kommission (1998), S. 51 f.

schaffen[65], zum anderen könnte dann die Beurteilung der attraktivsten Gestaltung nach arbeits- und sozialrechtlichen, sowie betriebswirtschaftlichen Kriterien ermittelt werden, ohne insoweit durch steuerliche Hemmnisse beeinflusst zu sein. Zu prüfen ist demnach, ob eine generelle nachgelagerte Besteuerung der Versorgungsleistungen zulässig, eventuell sogar im Lichte des Gleichbehandlungsgrundsatzes des Art. 3 GG geboten ist.

Grundsätzlicher Gedanke des Art. 3 GG ist, daß im wesentlichen Gleiches nicht ohne ausreichende sachliche Differenzierungskriterien ungleich behandelt werden darf.

Grund der steuerlichen Ungleichbehandlung zwischen Direktzusage und Unterstützungskasse einerseits und Pensionskasse und Direktversicherung ist wiederum das Zuflußprinzip, d. h. eine vorgelagerte Besteuerung wird dort vorgenommen, wo dem Arbeitnehmer die Versorgungsleistung bereits heute als Arbeitslohn im Sinne des Einkommensteuergesetzes zufließt.[66] Dieser heutige Zufluß liegt dann vor, wenn der Arbeitnehmer bereits im Zeitpunkt der Bereitstellung der Deckungsmittel durch den Arbeitgeber einen unentziehbaren Anspruch auf die künftige Versorgungsleistung erhält.[67] Dies ist nach der Rechtsprechung des BFH dann der Fall, wenn dem Arbeitnehmer ein Rechtsanspruch gegenüber dem Versorgungsträger zusteht.[68] Bereits diese Definition des Zuflusses vermag nicht zu überzeugen, da nach der Rechtsprechung des BAG und des BFH Versorgungsleistungen zur betrieblichen Altersversorgung stets Entgelt-

---

65 Der Vorzug einer Vereinheitlichung zu einer nachgelagerten Besteuerung anstatt zu einer vorgelagerten ergibt sich aus den oben dargestellten Vorteilen der erstgenannten.

66 Vgl. Giloy (1999 b), § 19, Rdnr. B 786.

67 Vgl. Birk (1999), S. 323.

68 Vgl. BFH (27.05.1993), S. 23.

charakter haben und somit grundsätzlich als zufließender Arbeitslohn anzusehen sind.[69]
Darüber hinaus ist die Voraussetzung eines Rechtsanspruchs des Arbeitnehmers gegen den Versorgungsträger kein taugliches Differenzierungskriterium im Sinne des Artikel 3 GG, da nach der Rechtsprechung des BAG[70] dem Arbeitnehmer ein subsidiärer Ausfallhaftungsanspruch gegen den Arbeitgeber im Falle der Zahlungsunfähigkeit der Unterstützungskasse bzw. sogar unter Umständen contra legem ein direkt gegen die Unterstützungskasse gerichteter Leistungsanspruch zusteht. Mit dem gegenwärtigen System sind folglich Widersprüche und „systematische Ungereimtheiten" verbunden.[71] Somit ist hier eine steuerliche Gleichbehandlung aller bestehenden Durchführungswege der betrieblichen Altersversorgung in Ansehung der Art. 20 Abs. 3 in Verbindung mit Art. 3 GG geboten.[72]
Somit bleibt zu sagen, daß grundsätzlich staatliche Interessen einer nachgelagerten Besteuerung nicht entgegenstehen. Vielmehr verdient die betriebliche Altersversorgung generell wegen ihrer positiven Auswirkung auf das Altersversorgungssystem eine entsprechende steuerliche Privilegierung.

Zu prüfen ist, ob im Fall einer Reform der betrieblichen Altersversorgung auch die gesetzliche Rentenversicherung in das System der nachgelagerten Besteuerung einbezogen werden müßte, mit der Folge, daß die Beiträge zur gesetzlichen Rentenversicherung dann in voller Höhe steuerfrei gestellt und die Rentenleistungen im Alter

---

69 Vgl. S. 33 ff. dieser Arbeit. Kritisch zur Differenzierung bei den Begründungen eines Zuflusses auch Trzaskalik (1999), § 40b EStG, Rdnr. A 2 sowie § 11, Rdnr. B 103.

70 Vgl. BAG (05.06.1984), S. 2416 oder BAG (17.04.1985), S. 228.

71 Vgl. Gosch (1999), § 4d EStG, Rdnr. B 8.

72 Vgl. Birk/Wernsmann (1999 a), S. 168.

voll besteuert werden müßten.[73] In diesem Zusammenhang ist insoweit zu erörtern, ob eine Einführung im Bereich der betrieblichen Altersversorgung zu einer Ungleichbehandlung gegenüber der steuerlichen Behandlung der Sozialversicherungsrenten und der entsprechenden Rentenversicherungsbeiträge führen würde und – sofern dies der Fall wäre – ob diese Ungleichbehandlung gerechtfertigt wäre.

Die Rentenversicherungsbeiträge werden jeweils zur Hälfte von Arbeitgeber und Arbeitnehmer aufgebracht. Der auf den Arbeitgeber entfallende Anteil an den Beiträgen zur gesetzlichen Rentenversicherung ist für diesen eine abzugsfähige Betriebsausgabe i. S. v. § 4 Abs. 4 EStG, für den Arbeitnehmer ist dieser Anteil gem. § 3 Nr. 62 EStG steuerfrei. Der Arbeitnehmeranteil an den Beiträgen zur Sozialversicherung, welcher als Arbeitslohn zu versteuern ist, ist als Sonderausgabe nach § 10 Abs. 1 Nr. 2 Buchst. a EStG in der Höhe gem. § 10 Abs. 3 EStG beschränkt abziehbar. Die Folge ist, daß ein Großteil der Beträge nicht steuerlich abziehbar ist.[74] Rentenzahlungen hingegen unterliegen gemäß § 2 Abs. 1 Nr. 7 i. V. m. § 22 Nr. 1 Satz 3 Buchst. a EStG im Alter nur mit ihrem Ertragsanteil als sonstige Einkünfte der Einkommensteuer.[75]

Durch die Beschränkung auf eine Ertragsanteilsbesteuerung bei den Rentenzahlungen soll eine doppelte steuerliche Belastung sowohl des Einkommens, welches in der Erwerbsphase für die Rentenbeiträge verwendet wird, als auch des Kapitalrückflusses im Alter ver-

---

73 Vgl. Gerke-Kommission (1998), S. 53.

74 Vgl. Laux (1996), S. 16. Nach dort vorgenommenen Modellrechnungen für das Jahr 1996 konnte ein Alleinstehender mit einem Bruttojahresarbeitsentgelt von 96.000 DM 77,8 % der von ihm entrichteten Sozialabgaben nicht mehr steuerlich geltend machen. Das BMF gelangt zu ähnlichen Ergebnissen. Vgl. auch zu weiteren Details BMF (1997).

75 Vgl. BVerfG (26.03.1980), S. 1083. Zur historischen Entwicklung der Ertragsanteilsbesteuerung bei den Leibrenten siehe z. B. Birk/Wernsmann (1999 b), S. 842.

mieden werden.[76] Allerdings wird hier eine doppelte Steuerfreistellung gewährt, da gem. § 22 Nr. 1 Satz 3 Buchst. a EStG lediglich der Ertragsanteil besteuert wird und somit nicht der steuerfrei in den Kapitalanteil der Rente geflossene Arbeitgeberbeitrag.[77] M. a. W. wird der Arbeitgeberanteil weder vor- noch nachgelagert besteuert. Der Arbeitnehmeranteil wird aus beim Arbeitnehmer steuerpflichtigen Arbeitslohn entrichtet, die Rückzahlung des „angesparten" Kapitals im Alter bleibt jedoch steuerfrei. Somit handelt es sich hinsichtlich des Arbeitnehmeranteils um eine vorgelagerte Besteuerung.[78]

Im Fall einer Systemumstellung der betrieblichen Altersversorgung auf eine generelle nachgelagerte Besteuerung würde eine Ungleichbehandlung insofern vorliegen, als die Beiträge zur Sozialversicherung zur Hälfte völlig steuerfrei sind und der entsprechende Kapitalanteil auch im Alter nicht besteuert wird. In dieser Hinsicht wird die betriebliche Altersversorgung gegenüber den Beiträgen zur gesetzlichen Rentenversicherung benachteiligt.[79] Eine weitere Ungleichbehandlung ergäbe sich unter der Voraussetzung, daß der Arbeitnehmeranteil der gesetzlichen Rentenversicherung bei einer Systemum-

---

76 Rentenzahlungen sollen zum einen auf der Rückzahlung des in der Erwerbsphase angesammelten Kapitals, welches steuerfrei bleiben sollte, und zum anderen aus Erträgen dieses Kapitals, welches besteuert werden sollte, beruhen. Vgl. BT-Drucks. (2/481), S. 86 f.

77 Solch eine doppelte steuerliche Verschonung führt zu einer rechtfertigungsbedürftigen Ungleichbehandlung im Verhältnis der Alterseinkünfte untereinander. Vgl. hierzu kritisch Kirchhof (1999), § 2 EStG, Rdnr. A 214. Mit einer Entscheidung des BVerfG zu den Ungleichheiten im Bereich der Besteuerung der Beamtenpensionen und der Sozialversicherungsrenten ist in der nächsten Zeit zu rechnen (2 Bvl 7 aus 95). Es wird erwartet, daß diese Behandlung für verfassungswidrig erklärt wird und dem Gesetzgeber eine Frist zur Beseitigung dieses Zustands gesetzt wird. Vgl. Handelsblatt (19.06.1998), S. 5.

78 Sofern die Höchstbeträge nach § 10 Abs. 3 EStG noch nicht erreicht sind, findet – wie beim Arbeitgeberanteil – weder eine vor- noch nachgelagerte Besteuerung statt.

79 Vgl. hierzu Birk/Wernsmann (1999 a), S. 170.

stellung weiterhin vorgelagert besteuert würde.[80] Wenn eine Umstellung der gesamten Altersbesteuerung auf eine nachgelagerte Besteuerung für wünschenswert erachtet wird, kann solch eine Reform vom Gesetzgeber auch schrittweise verwirklicht werden, sofern eine vollständige Durchführung einer Reform zunächst nicht finanzierbar ist.[81] Weiterhin resultiert verfassungsrechtlich keine zwingende Kopplung an die Besteuerung der privaten Altersvorsorge, d. h. die verschiedenen Säulen der Altersversorgung können nach verschiedenen Systemen besteuert werden.[82]

Eine Systemumstellung auf eine generelle nachgelagerte Besteuerung lediglich im Bereich der betrieblichen Altersversorgung ist somit verfassungsrechtlich zulässig und geboten und würde keine Pflicht zur Umstellung auch der Besteuerung der gesetzlichen Rentenversicherung und der privaten Altersvorsorge nach sich ziehen. Die vom BMF befürchteten Steuerausfälle[83] in zweistelliger Milliardenhöhe sind unbegründet. Allerdings sind in der Übergangszeit Steuerausfälle zu erwarten, die aus einem Wegfall der pauschalen Einkommensteuer nach § 40b EStG und der noch nicht fließenden Lohnsteuer auf die Kapitalzuflüsse im Alter resultieren. Diese ließen sich durch die Einführung von Höchstgrenzen für lohnsteuerfreien Aufwand des Arbeitgebers abmildern. Gleichzeitig muß der Gesetzgeber Übergangsregelungen treffen, die eine nochmalige steuerliche Erfassung bereits versteuerten Einkommens vermeidet.[84]

---

80 Vgl. ausführlich Birk (1999), S. 325 f..

81 Vgl. BVerfG (07.07.1992), S. 1430; weitere Nachweise bei Birk/Wernsmann (1999 a), S. 171, Fn. 73 und 76.

82 Vgl. Birk/Wernsmann (1999 a), S. 172.

83 Vgl. BMF-Pressemitteilung Nr. 67/98 vom 7.7.1998.

84 Vgl. Birk/Wernsmann (1999 a), S. 172. Siehe zu verschiedenen Vorschlägen von Übergangslösungen auch IFSt (1999), S. 54 ff.

Innerhalb Europas kann die Koexistenz von Systemen vor- und nachgelagerter Besteuerung in Einzelfällen bei Arbeitnehmern, die von ihrem Recht auf Freizügigkeit Gebrauch machen, zu einer Doppelbesteuerung (Besteuerung von Beiträgen und Leistungen) oder zu gar keiner Besteuerung (Abzugsfähigkeit der Beiträge, Steuerfreiheit der Leistungen) führen. Solche Fälle sollten in bilateralen Vereinbarungen geregelt werden. Das Besteuerungsrecht im Zeitpunkt der Versorgungsleistung müßte dann dem Staat zugeteilt werden, in dem die Versorgungsansprüche erdient wurden, weil dieser Staat im Zeitpunkt der Vorausfinanzierung kein Steueraufkommen hatte. Um dies zu gewährleisten, käme z. B. eine Quellenbesteuerung bei dem Versorgungsträger oder – sofern der Arbeitgeber Versorgungsträger ist – dieser selbst in Frage.

Letztlich kann somit festgestellt werden, daß eine nachgelagerte Besteuerung der Versorgungsbezüge fiskalischen Interessen nicht entgegensteht und mit dem gegenwärtigen Konzept systematische Ungereimtheiten verbunden sind. Eine Aufnahme des Kriteriums „nachgelagerte Besteuerung" der Versorgungsleistungen in den Anforderungskatalog zur Beurteilung des betrieblichen Altersversorgungssystems ist zwingend erforderlich.

2. Besteuerung des Versorgungsträgers

Zur Gewährleistung einer möglichst hohen Versorgungszahlung im Zeitpunkt des Versorgungsfalles ist eine steuerneutrale Ansammlung des Versorgungskapitals vonnöten. Um eine solche zu erreichen, ist der Versorgungsträger von Körperschaft- und Gewerbesteuerzahlungen zu befreien. Diese Befreiung sollte an die Voraussetzungen zur sozialen Einrichtung des § 5 Abs. 1 Nr. 3 KStG und der §§ 1 – 3 KStDV gebunden werden. Damit eine Überdotierung des Versorgungsträgers – und hiermit einhergehend erhöhte Steuerausfälle – vermieden wird, muß weiterhin eine partielle Steuerpflicht, analog des § 6 KStG geführt werden. Es wären somit lediglich die Gewinne, die auf das überdotierte Kassenvermögen des Versorgungsträgers entfallen, steuerpflichtig. Um den Anwartschaftsbarwert zu dotieren, sollte sich die Höhe der Zuwendungen an dem Dotierungsrahmen des § 6a EStG orientieren. Damit eine Begrenzung der Dotierungsmöglichkeiten erreicht wird, sollte die Bewertung des Vermögens des Versorgungsträgers zu Verkehrswerten erfolgen. Eine Überdotierung würde folglich eine partielle Steuerpflicht auslösen. Abschließend sollte der zukünftige Versorgungsträger eine vollständige Erstattung von Körperschaft- und Kapitalertragsteuerbelastungen auf erzielte Gewinne beanspruchen können.

3. Besteuerung des Arbeitgebers

„Employee benefits are tax driven" lautet nach *Rupprecht* der wesentliche Grundsatz der betrieblichen Altersversorgung im Human-Resources-Management.[85] So steht jede Neugestaltung und Attraktivitätssteigerung des betrieblichen Altersversorgungssystems für die Arbeitgeber unter dem Vorbehalt einer günstigen steuerlichen Behandlung ihrer Versorgungsbeiträge. Erforderlich ist somit, daß sämtliche Beiträge – innerhalb gewisser Grenzen – als Betriebsausgaben steuermindernd geltend gemacht werden können. In diesem Zusammenhang stellt sich die schon zuvor diskutierte Frage, ob die Beiträge als zugeflossenes Entgelt der Lohnsteuer zu unterwerfen oder erst die späteren Leistungen zu versteuern sind. Die Nettokosten aus der betrieblichen Altersversorgung fallen umso geringer aus, je geringer die damit verbundene Steuerbelastung, beziehungsweise je höher die steuerlichen Entlastungen sind, die beispielsweise aus der Abzugsfähigkeit von Vorsorgeaufwendungen resultieren. Es muß gewährleistet sein, daß eine vollständige – steuerlich anerkannte – Ausfinanzierung der Versorgungsleistungen möglich ist.

---

85 Rupprecht (1996), S. 1109.

III. Dotierung

1. Gestaltung der Versorgungszusage

Auf Arbeitgeberseite besteht hinsichtlich der Versorgungszusagen das verständliche Bedürfnis nach Kalkulationssicherheit durch die Vermeidung von unvorhersehbaren Kostenrisiken bei oder nach Eintritt des Versorgungsfalles. Die derzeit vorherrschende Typologie der Versorgungszusagen – die „klassische" Leistungszusage – trägt diesem Bedürfnis in keiner Hinsicht Rechnung. Aus diesem Grund ist vielfach die nachdrückliche Forderung nach der Zulässigkeit sogenannter „reiner" Beitragszusagen erhoben worden. Wie vorstehend bereits eingehend dargestellt[86], läßt sich die „reine" Beitragszusage jedoch nicht mit dem sozialpolitischen Zweck des Betriebsrentenrechts vereinbaren, woraus folgt, daß eine solche bei derzeitiger Rechtslage im Rahmen der betrieblichen Altersversorgung nicht zulässig ist.[87] Fraglich bleibt dennoch, ob eine Änderung der Rechtslage durch explizite gesetzliche Zulässigkeit „reiner" Beitragszusagen tatsächlich in den Anforderungskatalog zukünftiger Gestaltung der betrieblichen Altersversorgung aufzunehmen ist.

Das Arbeitgeberinteresse an der Zulässigkeit „reiner" Beitragszusagen wird auf Arbeitnehmerseite nicht geteilt. Hier besteht ein ebenso berechtigtes Interesse an Kalkulationssicherheit, allerdings hinsichtlich der im Versorgungsfall tatsächlich zu erwartenden Leistungen. Dies wird durch die „reine" Beitragszusage in keiner Weise gewährleistet. Somit stehen sich in diesem Fall Arbeitgeber- und Arbeitnehmerinteressen konträr gegenüber. Die Interessen weiterer an der betrieblichen Altersversorgung beteiligten Interessengruppen werden durch die Typologie der Versorgungszusage nicht unmittelbar be-

---

86 Vgl. insoweit S. 50 ff. dieser Arbeit.

87 Entgegen *Blomeyer* wird diesseits die Auffassung vertreten, daß eine diese Rechtslage ändernde Gesetzesnovellierung nicht mit dem sozialpolitischen Sinn und Zweck des Betriebsrentenrechts vereinbar ist, mag auch ein erheblicher praktischer Bedarf auf Arbeitgeberseite bestehen.

rührt. Die betriebsrentenrechtliche Praxis hat als Kompromiß zwischen den konträr entgegengesetzten Interessen von Arbeitgeber- und Arbeitnehmerseite die „beitragsorientierte Leistungszusage" entwickelt, welche nunmehr eine gesetzliche Fundierung in § 1 Abs. 6 BetrAVG gefunden hat. Dieser Typ von Versorgungszusage erscheint als gangbarer Weg und fairer Kompromiß. Beiden Seiten wird so ein ausreichendes Maß an Kalkulationssicherheit gewährleistet, während gleichzeitig ein auf beiden Seiten vertretbares und geringes Kostenrisiko verbleibt. Die Einführung einer „reinen" Beitragszusage hingegen würde die Arbeitnehmerinteressen ungleich zurückstellen und letztlich wohl an Akzeptanz auf dieser Seite zu wünschen übrig lassen.
Somit erscheint die beitragsorientierte Leistungszusage die zukunftsträchtige Versorgungszusage und hat in dem Anforderungskatalog zur Beurteilung eines betrieblichen Altersversorgungssystems Platz zu finden.

2. Anpassung der Versorgungsleistung

§ 16 BetrAVG regelt die Anpassungsprüfungspflicht des Arbeitgebers hinsichtlich der laufenden Versorgungsleistungen an gegebenenfalls veränderte gesamtwirtschaftliche Verhältnisse.[88] Die zu dieser Norm ergangene Rechtsprechung, welche im Ergebnis dazu führte, daß der Arbeitgeber laufende Versorgungsleistungen alle drei Jahre durch Anpassung der Arbeitnehmerbezüge vor inflationsbedingter Auszehrung zu schützen hat, wurde auf Arbeitgeberseite als wesentliches Hemmnis gegen die Attraktivität der betrieblichen Altersversorgung betrachtet, da die Anpassung an gestiegene Lebenshaltungskosten im Drei-Jahres-Rhythmus eine unkalkulierbare Größe in der Kalkulation des Arbeitgebers darstellte. Dem Interesse des Arbeitgebers an Kalkulationssicherheit wird jedoch seit 1999 durch § 16 Abs. 3 n. F. BetrAVG Rechnung getragen, da die jährli-

---

[88] Vgl. S. 87 ff. dieser Arbeit.

che Anpassung um 1 % durch den Arbeitgeber kalkulierbar ist. Gleichzeitig wird somit dem Arbeitnehmerinteresse an Auszehrung der Versorgungsleistungen durch Kaufkraftschwund Rechnung getragen. Bedauerlicherweise hat sich der Gesetzgeber nicht dazu durchringen können, diese Regelung auf für vor 1999 begründete Versorgungszusagen zu ermöglichen. Hierfür waren vor allem Vertrauensschutzgesichtspunkte zugunsten des Arbeitnehmers maßgebend. Gegenstand dieser Untersuchung ist jedoch, zukünftige Gestaltungen betrieblicher Versorgungsträger aufzuzeigen. Insofern kann die Regelung des § 16 Abs. 3 n. F. BetrAVG als gangbarer Weg der Zukunft angesehen werden. Ein weitergehender Ausschluß der Anpassung von Versorgungsleistungen ist daher in den Anforderungskatalog zur Attraktivitätssteigerung der betrieblichen Altersversorgung nicht aufzunehmen.

3. Variable Dotierung

Unter betriebswirtschaftlichen Aspekten besteht auf Arbeitgeberseite ein Bedürfnis, die Bereitstellung von Deckungsmitteln für Versorgungszusagen gegebenenfalls den veränderten Ertragssituationen des Unternehmens anzupassen, d. h. in Zeiten niedriger Erträge die Bereitstellung von Deckungsmitteln zu reduzieren. Dies läßt sich bei der Durchführung mittels der beitragsorientierten Leistungszusage problemlos durch vertragliche Regelungen bewerkstelligen, solange die Deckung der Mindestversorgung (Leistungszusage) hierdurch nicht gefährdet wird. Solange für die Reduzierung ein Ausgleich vertraglich vereinbart wird, dürften auch Arbeitnehmerinteressen nicht entgegenstehen. Die Möglichkeit der variablen Dotierung unterstreicht jedoch lediglich die Relevanz der beitragsorientierten Leistungszusage, ohne daß ihr hierbei eigenes Gewicht zukommt. Eine Aufnahme in den Anforderungskatalog ist daher erläßlich.

4. Zulässigkeit von Arbeitnehmerbeiträgen

Die Zulässigkeit von Arbeitnehmerbeiträgen steht sowohl auf Arbeitgeber-, wie auch auf Arbeitnehmerseite an vorderer Stelle des An-

forderungskatalogs. Auf Arbeitgeberseite ist so eine Entlastung des tatsächlichen kostenmäßigen Aufwands bei gleicher Höhe der Versorgungszusage möglich. Auf Arbeitnehmerseite besteht durch die Zulässigkeit von Eigenbeiträgen die Möglichkeit, auf die Höhe und Güte der Versorgungsleistung unmittelbar einzuwirken und somit die finanzielle Altersversorgung zu erhöhen, ohne zugleich den zur Zeit nicht steuerlich begünstigten beschwerlicheren Weg der privaten Vorsorge einschlagen zu müssen. Über Anlagemöglichkeiten, Renditen, Chancen und Risiken braucht sich der i. d. R. auf diesem Gebiet unbewanderte Arbeitnehmer keine Gedanken und Mühen zu machen.
Voraussetzung der Zulässigkeit von Arbeitnehmerbeiträgen ist selbstverständlich eine gewisse Transparenz der Durchführung der betrieblichen Altersversorgung. Sofern sich der Arbeitnehmer unmittelbar an dieser beteiligt, hat er schließlich ein berechtigtes Interesse zu erfahren, wie mit dem von ihm bereitgestellten Finanzierungskapital im Einzelfall verfahren wird. Eine Aufnahme in den Anforderungskatalog scheint daher geboten.

IV. Versorgung

1. Versorgungsrisiko

Auf Arbeitnehmerseite besteht ein berechtigtes Interesse, abweichend von der Terminologie „Altersversorgung" auch weitere Versorgungsrisiken unter den Eintritt des Versorgungsfalles zu subsumieren. Insbesondere fallen hierunter die Hinterbliebenenversorgung im Falle des Todes des Versorgungsanwartschaftsberechtigten bzw. Versorgungsleistungsempfängers und die Invaliditätsversicherung. Dies liegt auch im Interesse des Staates, der auf diese Art eine Entlastung des Wohlfahrtstaates erreicht, da das Risiko eines zu geringen Versorgungsniveaus verringert wird. Dieses Interesse verstärkt sich vor dem Hintergrund der durch das Gesetz zu Korrekturen in der Sozialversicherung und zur Sicherung der Arbeitnehmerrechte vom 19.12.1998 herabgesetzten Berufs- und Erwerbsfähigkeitsrente.[89] Berechtigte Interessen des Arbeitgebers stehen dem nicht entgegen, sofern bei Eintritt des Versorgungsfalles die erworbenen Anwartschaften bereits unverfallbar sind. Die Abdeckung eines umfangreichen Versorgungsrisikos ist daher unabdingbare Voraussetzung für zukünftige Altersversorgungsträger. Dem hat auch der Gesetzgeber bereits bei Einführung des Betriebsrentengesetzes im Jahre 1974 durch die in § 1 BetrAVG festgeschriebene Legaldefinition der betrieblichen Altersversorgung Rechnung getragen. Ein Altersversorgungssystem bzw. ein solcher Durchführungsweg, der nicht die obenstehenden biometrischen Risiken absichert, ist demnach schon per Definition keine betriebliche Altersversorgung im Sinne des Betriebsrentenrechts. Eine Aufnahme in den Anforderungskatalog ist somit nicht erforderlich.

2. Unverfallbarkeit

In engem Zusammenhang mit der Forderung nach Portabilität[90] steht der Wunsch nach kürzeren Unverfallbarkeitsfristen. Allerdings sind neben der unterschiedlichen Ausgestaltung und den rechtlichen Rahmenbedingungen der betrieblichen Altersversorgung die Möglichkeiten einer steuerlichen Ausfinanzierung derartiger Verpflichtungen zu beachten. So sollten kürzere Unverfallbarkeitsfristen nur dann realisiert werden, wenn dem Zusammenhang zwischen der arbeitsrechtlichen Verpflichtung und dem zugehörigen Finanzierungsbedarf in angemessener Weise Rechnung getragen wird. Ansonsten würde die Nichtbeachtung dieser Aspekte zu einem Abbau der betrieblichen Altersversorgung in den Unternehmen führen.

Eine Herabsetzung der gesetzlichen Unverfallbarkeitsfristen würde kontraproduktiv wirken und gerade solche Unternehmen abschrecken, die für die betriebliche Altersversorgung gewonnen werden

---

89 Vgl. BGBl. I, S. 3843 ff.

90 Vgl. S. 149 ff. dieser Arbeit.

sollen. Zwar ist unzweifelhaft, daß die deutschen Unverfallbarkeitsfristen als Hürde für die Mobilität der Arbeitnehmer im Europäischen Binnenmarkt gesehen werden und damit letztendlich auch die Freizügigkeit im Sinne des EG-Vertrages tangieren. In der Praxis hat der grenzüberschreitende Einsatz von Arbeitnehmern jedoch nur in Konzernen größere Bedeutung. Dort gibt es mehrere vertragliche oder kollektivrechtliche Möglichkeiten, um ausgewogene Lösungen zu finden.[91]

Daß eine Verkürzung der Unverfallbarkeitsfrist aus Gründen der Flexibilität am Arbeitsmarkt wünschenswert ist, ist unbestreitbar. Steuerlich würde solch eine Verkürzung zu einer Erhöhung der Pensionsrückstellungen führen, da bei deren Bemessung das sog. Beginnalter herabgesetzt werden müßte. Die sich hieraus ergebende Erhöhung der Steuerausfälle steigert nicht unbedingt die Durchsetzungsfähigkeit dieser Reformüberlegung[92] und führt zu einer weiteren finanziellen Belastung der Unternehmen. Eine solche drastische Verkürzung der Unverfallbarkeitsfrist kann der Förderung des Verbreitungsgrades der betrieblichen Altersversorgung nur abträglich sein. Eine gesetzliche Regelung im Sinne einer Verkürzung der Unverfallbarkeitsfristen ist daher nicht erforderlich. Eine Aufnahme dieses Kriteriums in den Anforderungskatalog erübrigt sich.

3. Rechtsansprüche des Versorgungsberechtigten

Die Einräumung eines direkt gegen den Versorgungsträger gerichteten Anspruchs des Versorgungsberechtigten auf Leistungen aus der betrieblichen Altersversorgung erscheint nahezu selbstverständlich, erkennt man die Leistungen des Arbeitgebers zur betrieblichen Altersversorgung als Bestandteil des Arbeitsentgelts an. Die hiervon in § 1 Abs. 4 BetrAVG (Unterstützungskasse) gemachte gesetzliche Ausnahme ist durch die hierzu ergangene Rechtsprechung Makula-

---

91 Vgl. S. 149 ff., vor allem Fn. 100 (Dritter Teil) dieser Arbeit.

92 Vgl. Recht (1998), S. 10.

tur geworden, da dem Arbeitnehmer ein Durchgriffshaftungsanspruch auf den leistungsfähigen Arbeitgeber eingeräumt wurde bzw. sogar contra legem ein Direktanspruch gegen die Unterstützungskasse.[93] Die Unterscheidung zwischen dem gesetzlich normierten und dem durch Richterrecht entwickelten Haftungsanspruch erscheint vor diesem Hintergrund als Förmelei. Daher ist in den Anforderungskatalog lediglich die Forderung nach einem realisierbaren Rechtsanspruch des Versorgungsberechtigten auf Leistung aufzunehmen.

4. Insolvenzschutz

Aufgrund des langfristigen Charakters von Anwartschaften bzw. Ansprüchen auf Leistungen der betrieblichen Altersversorgung ist die Sicherung eben dieser gegen die Zahlungsunfähigkeit des Versorgungsträgers bei Leistungsfälligkeit ein vorrangiges Interesse auf Arbeitnehmerseite. Ein solcher Schutz vor Insolvenz des Versorgungsträgers wird am effektivsten durch eine Mitgliedschaft des Arbeitgeberunternehmens in dem *PSVaG* gewährleistet.[94] Allerdings verteuert dieser Insolvenzschutz natürlicherweise die Durchführung der betrieblichen Altersversorgung in Höhe des Betrages des Mitgliedschaftsbeitrags.[95] Insofern steht ein solcher Insolvenzschutz nicht eben oben auf der Wunschliste der Arbeitgeberseite. Allerdings ist hierbei folgendes zu beachten. Insolvenzschutz durch Mitgliedschaft im *PSVaG* macht jene Kapitalanlagevorschriften obsolet, deren Zweck es ist, die Leistungsfähigkeit des Versorgungsträgers im Versorgungsfall nicht zu gefährden. Bei Außerachtlassung eben dieser Anlagerestriktionen kann ein Unternehmen mit den bereitgestellten Deckungsmitteln am Kapitalmarkt daher rein renditeorientiert agieren. Die sich somit ergebene Möglichkeit der Verbesserung der

---

93 Vgl: BAG (05.06.1984), S. 2416 f; BAG (17.04.1984), S. 228 ff.

94 Vgl. insoweit S. 76 ff. dieser Arbeit.

95 Auch unter dem Hinweis des Abzugs als Betriebsausgabe.

Performance des investierten Kapitals sollte bei geschickter Anlage den finanziellen Mehraufwand der *PSVaG*-Mitgliederbeiträge mehr als kompensieren.

Natürlich sind gewisse Beschränkungen der Kapitalanlagemöglichkeit erforderlich, da ansonsten der am Kapitalmarkt agierende Versorgungsträger zu leicht in Versuchung kommen könnte, in Anbetracht der Absicherung durch den *PSVaG* sich zu hochspekulativen Investitionen hinreißen zu lassen. Diese Beschränkungen ließen sich auf ein Maß reduzieren, welches ein ordentlicher Kaufmann bei Zugrundelegung der erforderlichen Sorgfalt ohnehin einhalten würde. Insoweit ist der Insolvenzschutz auch durchaus als den Arbeitgeberinteressen gerecht zu beurteilen.

Für die Gruppe der Finanzdienstleister ergibt sich unter den eben genannten Voraussetzungen eine erhebliche Erweiterung ihres Geschäftsfeldes und somit ein enormes Beratungspotential.

Letztlich ist der Insolvenzschutz auch im Interesse des Staates, da nur dieser effektiv gewährleisten kann, daß eventuell steuerlich privilegierte Bereitstellung von Deckungsmitteln zur Erfüllung von Versorgungszusagen auch tatsächlich im Versorgungsfall zur Verfügung steht. Eine Aufnahme des Insolvenzschutzes als weiterer Maßstab zur Beurteilung eines betrieblichen Altersversorgungssystems scheint daher geboten.

5. Portabilität

Die zunehmende Globalisierung und Internationalisierung der Wirtschaft stellt sowohl auf Arbeitgeber- als auch auf Arbeitnehmerseite hinsichtlich der betrieblichen Altersversorgung neue Anforderungen. So ist es immer häufiger notwendig, daß Arbeitnehmer im Ausland tätig werden. Hierbei müssen verschiedene Problembereiche berücksichtigt werden. Neben der Art der Auslandsentsendung[96], der

---

96 Die steuerliche und sozialversicherungsrechtliche Beurteilung von Entsendungen hängt unter anderem von der Art und Dauer der Entsendung ab.

Frage des Versorgungsbedarfs[97] und der unterschiedlichen Interessen von Arbeitgeber und Arbeitnehmer sind auch steuerliche[98] und sonstige gesetzliche Restriktionen[99] zu beachten.[100]

Ein auf Arbeitnehmerseite relevantes Kriterium ist die Portabilität bereits erworbener Versorgungsanwartschaften auf andere Versorgungsträger, z. B. bei Wechsel des Arbeitgebers oder aber einer Versetzung in ein ausländisches Unternehmen. Insbesondere in Zeiten zunehmender Mobilität der Arbeitnehmer – unter besonderer Berücksichtigung der Freizügigkeit innerhalb der Europäischen Union – erlangt dieses Kriterium Nachdruck. Die Problematik ist, daß die Ansprüche bei einem Wechsel des Arbeitgebers grundsätzlich nicht übertragbar sind. Aus diesem Grund kommt es bei einem Versorgungsträgerwechsel zu einer Auszahlung des Geldes zu einer sofortigen Versteuerung des Versorgungskapitals.

Das Gebot der Freizügigkeit der Arbeitnehmer gem. Art. 48 EGV halte die einzelnen EU-Mitgliedstaaten dazu an, bestehende Hemmnisse für diese Freizügigkeit abzubauen[101], auch wenn bisher die Verabschiedung einer gesamteuropäischen Pensionsfondsrichtlinie

---

97 Ein Arbeitnehmer sollte hinsichtlich seiner Altersversorgung nicht schlechter gestellt werden, als wäre er in Deutschland geblieben.

98 In den verschiedenen Ländern können Beiträge an ein Versorgungswerk nur unter bestimmten Voraussetzungen als Betriebsausgaben geltend gemacht werden.

99 Hier sind eine Vielzahl nationaler Sonderregelungen und Beschränkungen zu beachten (z. B. die in verschiedenen Ländern übliche obligatorische Versorgung). Auch muß beachtet werden, ob die Übertragung einer unverfallbaren Anwartschaft auf einen ausländischen Arbeitgeber überhaupt möglich und gewünscht ist. Weiterhin muß berücksichtigt werden, daß der betroffene Arbeitnehmer nicht mehr dem Betriebsrentengesetz, speziell dem Insolvenzschutz, unterliegt. Hierzu gibt es in der Literatur unterschiedliche Meinungen. *Richter/Schanz* (1994) bejahen die Übertragungsmöglichkeit, sofern im Ausland ein vergleichbarer Schutz besteht. A. A. Höfer/Reiners/Wüst (1999), Band 1, Teil 10, Rdnr. 1233.

100 Vgl. zu den Problemen des internationalen Personaleinsatzes bei Auslandsentsendungen z. B. Buttler (1998), S. 1132 ff.

101 Vgl. ausführlich Wölker (1999), Artikel 48, Rdnr. 5 – 90.

wiederholt an den unterschiedlichen Ausprägungen der betrieblichen Altersversorgung in den einzelnen Mitgliedstaaten gescheitert sei.[102] Die *Europäische Kommission* versucht zwar schon seit Jahren, auch für den Bereich der betrieblichen Altersversorgung Regelungen zu treffen. Die große Vielfalt der diesbezüglichen Vereinbarungen sowie der entsprechenden rechtlichen Regelungen in den verschiedenen Mitgliedstaaten erschwert jedoch dieses Vorhaben. Ziel der Kommission ist dabei nicht die Harmonisierung oder gar Vereinheitlichung der verschiedenen europäischen Systeme, sondern lediglich die Koordinierung zur Beseitigung von Freizügigkeitshindernissen.[103] Zur Lösung dieses Problems, das eine wesentliche Voraussetzung für die Vollendung des Binnenmarktes darstellt, ist die „Freizügigkeits-

---

102 Vgl. Stegmann/Buttler (1997), S. 1275; Beyer/Langohr-Plato (1994), S. 71; im Sommer 1996 mußte die EU-Kommission einen derartigen Entwurf wegen einer Klage der französischen Regierung vor dem EuGH zurückziehen. Zuletzt wurde am 11.05.1999 die bereits länger angekündigte Mitteilung der Kommission „Zu einem Binnenmarkt für die zusätzliche Altersversorgung – Ergebnisse der Konsultation zum Grünbuch 'Zusätzliche Altersversorgung im Europäischen Binnenmarkt'" veröffentlicht. Vgl. EU-Kommission (1999), S. 1 ff. Ob dieser Mitteilung nunmehr endlich ein Richtlinienvorschlag zum Thema Pensionsfonds folgen wird, ist noch nicht abzusehen.

103 Dies entspricht auch dem im Maastricht-Vertrag verankerten Subsidiaritätsgebots: „In den Bereichen, die nicht in ihre ausschließliche Zuständigkeit fallen, wird die Gemeinschaft nach dem Subsidiaritätsprinzip nur tätig, sofern und soweit die Ziele der in Betracht gezogenen Maßnahmen auf Ebene der Mitgliedstaaten nicht ausreichend erreicht werden können und daher wegen ihres Umfangs oder ihrer Wirkungen besser auf Gemeinschaftsebene erreicht werden können." Art. 3 b des EG-Vertrages. Mit dem Prinzip der Subsidiarität wäre es folglich nicht vereinbar, wenn die EU Regelungen vorschreiben würde, die z. B. die Voraussetzungen für das Entstehen und die Höhe der Ansprüche (z. B. Unverfallbarkeitsgrenzen, Wartezeiten, Mindestbeitragszeiten, Rentenarten, Art und Weise der Ermittlung der Versorgungsrenten) betreffen. Vgl. ABA (1997 b), S. 4. Eine generelle Veränderung der Steuersysteme in der EU anzustreben, sei nicht sachgerecht. Ziel sollte es daher sein, Doppelbesteuerungen zu vermeiden. Vgl. Stürmer (1998), S. 213.

richtlinie" verabschiedet worden.[104] Hinsichtlich der Aufrechterhaltung erworbener Ansprüche bei einem Wechsel zu einem Arbeitgeber in einem anderen EU-Mitgliedstaat wird eine Gleichbehandlung mit inländischen Arbeitnehmern bei einem Arbeitgeberwechsel im Inland gefordert.[105] Der Arbeitnehmer kann nur so lange im bisherigen System der betrieblichen Altersversorgung verbleiben, wie er in der gesetzlichen Rentenversicherung des Ursprungslandes bleibt.[106] Auch und vor allem die tatsächliche Entwicklung der europaweiten Mobilität der Arbeitnehmer mache eine Europatauglichkeit der Versorgungssysteme der sog. zweiten Säule der Altersversorgung auf Sicht unumgänglich. Dies entspricht auch genau den in Kapitel IV des Grünbuchs der *EU-Kommision* zur betrieblichen Altersversorgung aufgestellten Forderungen[107], und der unlängst veröffentlichten Stellungnahme der Mitgliedstaaten[108].

Diese Forderung korrespondiert vor allem mit denen nach externer Finanzierung und nachgelagerter Besteuerung, welche – wie bereits

---

104 Vorschlag für eine Richtlinie des Rates zur Wahrung ergänzender Rentenansprüche von Arbeitnehmern und Selbständigen, die sich innerhalb der EU bewegen, Richtlinie des Rates vom 29. Juni 1998.

105 Die Gefahr einer Inländerdiskriminierung, welche sich anfangs in den Vorschlägen der Richtlinie abzeichnete, wird hiermit vermieden. In den ersten Vorschlägen war noch die Übertragbarkeit von Anwartschaften bei einem Wechsel ins Ausland vorgesehen. Dieses Vorgehen hätte denjenigen Arbeitnehmer, welcher seinen Arbeitgeber grenzüberschreitend gewechselt hätte, u. U. besser gestellt, als seinen im Inland den Arbeitgeber wechselnden Kollegen. Vgl. Stürmer (1998), S. 215. Allerdings sind die Auswirkungen der Freizügigkeitsrichtlinie für die Zusatzversorgung eher gering. Der Verbleib in der Zusatzversorgung ist bei einem Wechsel zu einem anderen Arbeitgeber in einem anderen EU-Staat lediglich sehr begrenzt möglich, nämlich im Fall einer Freistellung bis zu 12 Monaten durch den deutschen Arbeitgeber oder im Fall einer Beurlaubung. Vgl. Puskas (1999), S. 249.

106 Dieser Zeitraum beträgt ein Jahr. Vgl. Art. 14 Abs. 1 Buchst. a) VO (EWG) Nr. 1408/71, wobei dieser Zeitraum gem. Art. 14 Abs. 1 Buchst. b) VO (EWG) Nr. 1408/71 ggf. um weitere 12 Monate verlängert werden kann.

107 Vgl. EU-Kommission (1997), S. 18 f.

108 Vgl. EU-Kommission (1999), S. 1 ff.

dargestellt – auch Primärziele der Arbeitgeberseite darstellen. Nur eine voll kapitalfundierte externe Finanzierung von Versorgungsanwartschaften ermöglicht deren Übertragbarkeit auf einen anderen Versorgungsträger. Demgegenüber ist es bei einer innenfinanzierten Versorgungsanwartschaft – beispielsweise einer Direktzusage mittels Pensionsrückstellung – dem arbeitgebenden Versorgungsträger kaum zumutbar, das entsprechende Versorgungskapital auf einen Dritten zu übertragen.[109] Des weiteren kann das bei einem Wechsel des Versorgungsträgers bereits angesammelte Vorsorgekapital in Höhe seines Barwertes zum Einkauf in das Versorgungssystem des neuen Trägers verwendet werden.

Auch die Forderung nach einer nachgelagerten Besteuerung erfährt im Rahmen der Portabilität von Versorgungsanwartschaften wachsende Bedeutung. Fast alle anderen westlichen Industrienationen besteuern nachgelagert.[110] Sofern also ein deutscher Arbeitnehmer ins europäische Ausland wechseln würde, wären die Leistungen seines Arbeitgebers im Zeitpunkt der Bereitstellung vorgelagert besteuert worden und würden – unterstellt den Fall, die ausländische Steuerpflicht besteht noch im Zeitpunkt des Versorgungsfalles – bei ihrem tatsächlichen Zufluß erneut (nachgelagert) besteuert. Eine solche Regelung würde die Mobilität des Arbeitnehmers deutlich weniger attraktiv erscheinen lassen und somit gegen das europarechtliche Gebot der Freizügigkeit verstoßen.

In Hinblick auf das Gebot, europarechtliche Regelungen nicht durch nationale Gesetze zu unterlaufen, steht es im Interesse des Staates, Hemmnisse der Freizügigkeit abzubauen, also die Rahmenbedingungen für die Portabilität von Versorgungsanwartschaften zu schaffen. Im übrigen garantiert Art. 51 EGV[111] bereits jetzt für den

---

[109] Sofern der Arbeitgeber das Versorgungskapital nicht extern angelegt hat. Siehe hierzu im einzelnen S. 161 ff. dieser Arbeit.

[110] Vgl. Dritter Teil, Fn. 7 dieser Arbeit.

[111] I. V. m. VO 1408/71 und 574/72. Vgl. ausführlich Willms (1999), Artikel 51, Rdnr. 7 – 8.

Bereich der öffentlich-rechtlichen Sozialversicherung die Addition der in den einzelnen Staaten erworbenen Sozialversicherungszeiten. Die somit bestehende differenzierte Behandlung zwischen gesetzlicher und betrieblicher Altersversorgung zu beseitigen, erscheint wünschenswert. Die Verfolgung des gleichen Ziels hat sich allerdings bei den Betriebsrenten als wesentlich schwieriger erwiesen. Dies liegt vor allem an der Vielfalt der betrieblichen Altersversorgungssysteme, welche sich auf gesetzliche und freiwillige Systeme, ergänzende und ersetzende Systeme, kapital- und umlagefinanzierte Systeme, externe, kapitalgedeckte und interne, auf Rückstellungsbildung basierende Durchführungswege und Versorgungssysteme für Arbeitnehmer und Selbständige erstrecken.[112]

Da jedoch letztlich die Portabilität von Versorgungsanwartschaften und -ansprüchen lediglich vor dem Hintergrund der Anforderungen an externe Finanzierung und nachgelagerte Besteuerung Bedeutung erfährt, ohne im übrigen tatsächlich eigenes Gewicht zu haben, erscheint eine Aufnahme in den Anforderungskatalog nicht zwingend erforderlich.

V. Zusammenfassung

Nach dem soeben dargestellten Erwägungen ergibt sich somit folgender Kriterienkatalog zur Beurteilung zeitgemäßer betrieblicher Altersversorgungsträger:

- Finanzierung

  - Möglichkeit der externen Finanzierung; voll kapitalfundierte Finanzierung durch ein rechtlich und wirtschaftlich vom Arbeitgeberunternehmen selbständiges Versorgungsträgerunternehmen

---

112 Vgl. Andresen (1997), S. 128 ff.

  - Kapitalanlagefreiheit des Versorgungsträgers, d. h. Beschränkungen lediglich hinsichtlich des Kapitalrückflusses in das Arbeitgeberunternehmen

- Besteuerung

  - nachgelagerte Besteuerung beim Arbeitnehmer

  - volle steuerliche Anerkennung des Versorgungsaufwands als Betriebsausgabe beim Arbeitgeber

  - steuerneutrale Ansammlung des Versorgungskapitals im Versorgungsträger

- Dotierung

  - beitragsorientierte Leistungszusage

  - Zulässigkeit von Arbeitnehmerbeiträgen

- Versorgung

  - durchsetzbarer Rechtsanspruch des Arbeitnehmers auf Leistungen

  - Insolvenzschutz

Vierter Teil: Kritische Analyse der betrieblichen Altersversorgungsträger anhand der Kriterien zur Beurteilung eines zeitgemäßen betrieblichen Altersversorgungssystems

A. Direktzusage und betriebsunmittelbarer Pensionsfonds

I. Grundkonzeption Direktzusage und deren Weiterentwicklung zum betriebsunmittelbaren Pensionsfonds

1. Direktzusage

Die Direktzusage[113] stellt einen der herkömmlichen Durchführungswege der betrieblichen Altersversorgung in Deutschland dar. Im Gegensatz zu den anderen Durchführungswegen findet sie im Betriebsrentengesetz keine ausdrückliche Erwähnung, da sie als ursprünglicher Prototyp der betrieblichen Altersversorgung bei der Formulierung der Vorschriften des Betriebsrentengesetzes vom Gesetzgeber als selbstverständlich vorausgesetzt wurde. Dementsprechend groß ist ihre praktische Bedeutung auch heute noch.[114]

Im Rahmen der Direktzusage verspricht der Arbeitgeber seinen Arbeitnehmern und ihren Hinterbliebenen, für das Alter und für den Fall

---

113 Verschiedentlich auch als Versorgungszusage, innerbetriebliche Ruhegeldzusage oder Pensionszusage bezeichnet. Der Begriff der Pensionszusage ist gesetzlich nicht definiert. Er ist auch nicht auf eine Zusage im wörtlichen Sinn beschränkt. „Pensionszusage" ist vielmehr der Sammelbegriff für alle Tatbestände, die zu einer Verpflichtung des Arbeitgebers führen, an seine Arbeitnehmer oder dessen Hinterbliebenen Versorgungsleistungen aus eigenen Mitteln zu erbringen. In diesem Sinne wird der Begriff auch in § 6a EStG verwendet. Er ist durch den Sprachgebrauch der Praxis vorgegeben und wird auch in der gesetzlichen Begründung zur Änderung des § 6a EStG im Rahmen des Betriebsrentengesetz herangezogen.

114 Die Direktzusage ist die dominierende Gestaltungsform in der betrieblichen Altersversorgung. Das in Pensionsrückstellungen gebundene Kapital beläuft sich auf ca. 284,2 Mrd DM. Somit sind 58 % der in Deutschland für betriebliche Altersversorgung reservierten Finanzmittel in Pensionsrückstellungen gebunden. Vgl. S. 24 ff. dieser Arbeit.

des Todes oder der Invalidität eine Versorgungszusage aus betrieblichen Mitteln zu gewähren.[115] Die Zusage kann an alle Arbeitnehmer, an einzelne, aber auch an Gruppen von Arbeitnehmern (z. B. nur Führungskräfte) des Unternehmens gerichtet sein.[116] Begründet wird diese Zusage alternativ in Einzelverträgen, Gesamtzusagen, Betriebsvereinbarungen und Tarifverträgen.[117] Bei dieser Form der Zusage ist der Arbeitgeber Trägerunternehmen (Versprechender) und Versorgungsträger (Erfüllender) in Personalunion.[118]

Die Finanzierung von Direktzusagen erfolgt durch die Bildung zielgerichteter Pensionsrückstellungen bis zum Eintritt des Versorgungsfalles.[119] Das zur Deckung der Versorgungszusage erforderliche Kapital verbleibt demnach bis zur Auszahlung an den Versorgungsberechtigten im Unternehmen. Der dem Begünstigten eingeräumte Rechtsanspruch auf die Leistung besteht unmittelbar gegenüber dem Arbeitgeber. Daneben hat die Praxis Möglichkeiten entwickelt, die Versorgungsversprechen ganz oder teilweise über externe Versicherungsunternehmen abzusichern.[120]

2. Betriebsunmittelbarer Pensionsfonds

Die Weiterentwicklung der herkömmlichen Direktzusage, die von der *Gerke-Kommission* als „betriebsunmittelbarer Pensionsfonds" bezeichnet wird, unterscheidet sich von ihrem Ausgangsmodell ledig-

---

115 Vgl. die Begründung zu § 6a EStG, BT-Drucks. (7/1281), S. 37.

116 Vgl. S. 33 ff. dieser Arbeit.

117 Ansprüche auf eine betriebliche Altersversorgung können auch durch den verfassungsmäßig festgeschriebenen Grundsatz der Gleichbehandlung bzw. durch betriebliche Übung entstehen. Vgl. S. 37 ff. dieser Arbeit.

118 Bei allen übrigen Gestaltungsformen der betrieblichen Altersversorgung ist der Versorgungsträger eine vom Unternehmen getrennte, zumindest rechtlich selbständige Einrichtung.

119 Vgl. Richardi/Wlotzke (1992), S. 1735, Rdnr. 24.

120 Siehe zu den verschiedenen Möglichkeiten zur Absicherung von Risiken der betrieblichen Altersversorgung S. 181 ff. dieser Arbeit.

lich darin, daß hier die zur Erfüllung der Versorgungszusagen bereitzustellenden Mittel aus dem Trägerunternehmen ausgegliedert werden. Der Arbeitgeber verspricht dem Arbeitnehmer wie gehabt, bestimmte Versorgungsleistungen zu erbringen. Diese werden jedoch in den „betriebsunmittelbaren Pensionsfonds" ausgelagert, welcher als steuerbefreites, nicht rechtsfähiges Sondervermögen ausgestaltet ist. Dieses Fondsvermögen wird an die Anwärter verpfändet und ist folglich der Verfügungsmacht des Arbeitgebers zumindest teilweise entzogen. Der Vorschlag der *Gerke-Kommission* sieht weiterhin vor, für den „betriebsunmittelbaren Pensionsfonds" die Unverfallbarkeitsfristen auf drei Jahre zu verkürzen. Da die betriebliche Altersversorgung von den Arbeitgebern hauptsächlich personalpolitisch genutzt wird[121], widerspricht dieses Ziel diesem Aspekt. Andererseits bestehen für einen Abbau solcher Hindernisse bei allen Durchführungswegen Möglichkeiten. Sofern das Modell „betriebsunmittelbarer Pensionsfonds" im einzelnen Besonderheiten und/oder Abweichungen hinsichtlich der herkömmlichen Direktzusage aufweist, werden diese an den jeweiligen Kriterien erläutert.

II. Bewertung der Direktzusage und deren Weiterentwicklung zum betriebsunmittelbaren Pensionsfonds

1. Finanzierung

a) Externe Finanzierung

Grundsätzlich ist der herkömmlichen Direktzusage die interne Finanzierung geradezu systemimmanent. Gerade die Möglichkeit des Arbeitgebers, jederzeit uneingeschränkt auf die für die Erfüllung von Versorgungszusagen bereitzustellenden Mittel zurückgreifen zu können und diese im eigenen Unternehmen zu investieren, macht auf Arbeitgeberseite die hohe Attraktivität dieses Durchführungsweges der betrieblichen Altersversorgung aus. Bereits seit 30 Jahren hat

---

[121] Vgl. S. 24 ff. dieser Arbeit.

sich in der Praxis die Auslagerung der Finanzierung auf sogenannte Spezialfonds etabliert. Es handelt sich hierbei um einen besonderen Investmentfondstyp, welcher aufgrund seiner inzwischen erheblichen praktischen Bedeutung gesetzliche Erwähnung in § 1 Abs. 2 KAGG gefunden hat.

Bei der Weiterentwicklung der herkömmlichen Direktzusage zum „betriebsunmittelbaren Pensionsfonds" erfolgt die Finanzierung extern, eben über dieses Sondervermögen.
Inwieweit die Einführung eines „betriebsunmittelbaren Pensionsfonds" tatsächlich Neuerungen hinsichtlich des bereits beschrittenen Weges „Spezialfonds" mit sich bringt und ob insofern tatsächlich ein Bedürfnis nach ersterem besteht, soll im folgenden eingehend untersucht werden.

b) Kapitalanlagefreiheit

ba) Direktzusage

baa) Vorbemerkung

Die Zielvorstellung der Kapitalanlagefreiheit ist bei der herkömmlichen Direktzusage vorbildlich erfüllt. Die Verwendung des Versorgungskapitals unterliegt keinerlei Restriktionen. Das Kapital kann bestehendes langfristiges Fremdkapital ersetzen (Kapitalsubstitution) oder zur Durchführung von Sach- bzw. Finanzinvestitionen (Kapitalakkumulation) verwendet werden.
Da sich zwischen einzelnen Aktiv- und Passivpositionen einer Bilanz bzw. Investitionen und Fremdkapital kaum eine finale oder kausale Beziehung herleiten läßt, erschwert dies die externe Analyse. Bei den deutschen Unternehmen scheint sich daher zunehmend die Anlage des Versorgungskapitals innerhalb eines Finanzfonds durchzusetzen[122], welcher zum einen unternehmensintern eingerichtet

---

[122] Vgl. Steinmeyer (1995), S. 71; Wehlmann (1996), S. 1147; Wartenberg (1992), S. 157.

sein kann (Direktanlage bzw. asset-funding) oder häufig jedoch an einen Dritten ausgelagert wird (Spezialfonds). Ursache für diese Tendenz dürfte u. a. sein, daß in vielen Unternehmen die Zahl der Versorgungsempfänger in den letzten Jahren stark gestiegen und somit die einzelne Unternehmensleitung für die Frage der Finanzierung sensibilisiert wurde.[123] Doch auch die zunehmende Globalisierung und die hiermit einhergehende internationale Vergleichbarkeit von Jahresabschlüssen sorgen für eine Auslagerung der Pensionsverpflichtungen in der nach US-Bilanzierungsstandards aufgestellten Konzernbilanz.

bab) Spezialfonds

baba) Vorbemerkung

Die Spezialfonds[124], von der Investment-Branche als das ideale Instrument zur Bildung stiller Reserven und für ein flexibles Asset-Management[125] gepriesen, haben sich in den vergangenen Jahren geradezu boomartig entwickelt[126] und mit der Gründung einer eigenen Kapitalanlagegesellschaft durch die *Siemens AG*[127] eine neue

---

123 Vgl. Spengel/Schmidt (1997 a), S. 180.

124 Man unterscheidet zwischen Publikumsfonds und Spezialfonds. Anteile an Publikumsfonds werden öffentlich angeboten und können von jedermann, im Gegensatz zum Spezialfonds, erworben werden.

125 Vgl. Kandlbinder (1991), S. 137.

126 Die Zahl der Spezialfonds nahm von 488 im Jahr 1980 auf 2.124 im August 1993 zu. Das von ihnen verwaltete Vermögensvolumen stieg im gleichen Zeitraum von 14,3 Mrd. DM auf 212,4 Mrd. DM und übertrifft damit heute das Volumen der Publikumsfondsvermögen von 164,9 Mrd. DM deutlich.

127 In dem Spezialfonds der Siemens-Kapitalanlagegesellschaft legt der Konzern vor allem seine längerfristig verfügbare Liquidität an. Der Marktwert des insgesamt verfügbaren Vermögens belief sich 1994 auf 19 Mrd. DM. Der in reine Aktienfonds investierte Anteil betrug 14 %. Ein Anteil von 12 % des Vermögens wurde in gemischten Fonds angelegt. Über 74 % der Mittel wurden in reinen Rentenfonds angelegt. Die Rückstellungen von Siemens für Pensionen und ähnliche Verpflichtungen betrugen 1994 16,67 Mrd. DM verglichen mit 16 Mrd. DM in 1993. Vgl. DB Research (1995), S. 35.

Richtung eingeschlagen. Weiterhin haben die *Deutsche Bank AG* und die *Dresdner Bank AG* zur Bedeckung ihrer Verpflichtungen aus den Pensionsrückstellungen entsprechende Mittel in Milliardenhöhe in Spezialfonds eingebracht.[128] Durch die Einrichtung sogenannter „Contractual Trust Arrangements" kommt der Vermögensauslagerung via Spezialfonds – insbesondere wenn internationale Rechnungslegungsstandards eine Rolle spielen – eine immer größere Bedeutung zu. Börsennotierte Konzernmutterunternehmen haben über § 292a HGB in Deutschland die Möglichkeit, den Ausweis für Pensionsverpflichtungen zu vermeiden.[129] So hat die *Deutsche Shell AG* in 1997 Versorgungskapital in Spezialfonds ausgelagert.[130] Auch die Daimler-Chrysler AG will Versorgungskapital in einen eigenen

---

128 Die Deutsche Bank hat 1 Mrd. DM Pensionsrückstellungen in Fonds ausgelagert. Vgl. Börsenzeitung (05.03.1996). Die Dresdner Bank Gruppe hat 2,8 Mrd. DM aus ihren Pensionsrückstellungen in Spezialfonds ausgelagert. Vgl. FAZ (22.03.1996), S. 31.

129 In der Konzernbilanz und dem Einzelabschluß ergeben sich damit unterschiedliche Effekte. In der nach US-GAAP aufgestellten Konzernbilanz fallen die auf den Pensionsfonds übertragenen Mittel und die entsprechenden Pensionsrückstellungen heraus. Bei dem deutschen Einzelabschluß, der entscheidend für die Steuerbilanz ist, verändert sich hingegen nichts. Der Einzelabschluß spielt bei internationalen Investoren nur eine geringe Rolle. Vgl. im einzelnen Rößler/Doetsch (1999), S. 2498 ff.

130 Die Deutsche Shell AG hat für eine Auslagerung von Pensionsrückstellungen einen sog. „Betrieblichen Pensionsfonds" gegründet, der zur Kapitalanlage den Spezialfonds nutzt. Der „betriebliche Pensionsfonds" findet in Form einer Treuhand die Anerkennung als „fundet pension plan" nach US-amerikanischen Bilanzierungsregeln, ohne die deutsche handels- und steuerbilanzielle Behandlung der Versorgungsverpflichtung zu verändern. Vgl. hierzu ausführlich Stöhr (1998), S. 2233 f. Auch *Grabner* nutzt den Spezialfonds zur Entwicklung eines „betriebsinternen Pensionsfonds". Vgl. hierzu ausführlich Grabner (1999), S. 903 ff. In diesem Zusammenhang geben *Postert/Wolz* einen konzeptionellen Überblick über die Bilanzierung von Pensionsrückstellungen nach HGB und US-GAAP. Vgl. Postert/Wolz (1999), S. 2173 ff.

„Daimler-Chrysler Pension Trust e. V." in Höhe von 4 Mrd. € (7,82 Mrd. DM) auslagern.[131]

babb) Definiton

Das KAGG betrachtet einen Spezialfonds als Sonderfall des Investmentfonds. Ein Spezialfonds ist gem. § 1 Abs. 2 KAGG ein Sondervermögen, dessen Anteilscheine aufgrund schriftlicher Vereinbarungen mit der Kapitalanlagegesellschaft[132] jeweils von nicht mehr als zehn juristischen Personen als Anteilinhabern gehalten werden.[133] Dieses Sondervermögen beinhaltet das eingelegte Geld beziehungsweise die hiervon angeschafften Vermögensgegenstände und kann – getrennt von der übrigen Vermögensmasse – nach dem Grundsatz der Risikomischung in Wertpapiere, Beteiligungen und Grundstücke investiert werden. Als Anlagevolumen für einen Spezialfonds kommen Größenordnungen ab 20 Mio. DM in Betracht.[134] Der Anlagebetrag kann jedoch im Rahmen der betrieblichen Altersversorgung auch geringer sein, da sich im allgemeinen durch Zugänge von Mitarbeitern bzw. Erhöhungen schon bestehender Versorgungen weiterer Anlagebedarf zukünftig ergibt.[135] Als Zweckvermögen ist der Spezialfonds von der Körperschaftsteuer und Gewerbesteuer befreit. Die einbehaltenen Kapitalertragsteuern, Körperschaftsteuern und Zinsabschlagsteuern werden dem Fonds erstattet. Veräußerungsgewinne aus einem Spezialfonds können steuerfrei thesauriert werden und unterliegen erst bei Ausschüttung der Besteuerung (vgl. §§ 38 ff. KAGG).

babc) Vermögensanlage

Eine steigende Bedeutung kommt bereits heute dem Wertpapier-Sondervermögen zu. In diesem werden disponible Mittel – neben der Bildung von Pensionsrückstellungen – ausgegliedert und über Fonds

---

131 Vgl. Handelsblatt (15.12.1999), S. 13; dies. (27.12.1999), S. 9. Insgesamt sollen zukünftig 5,4 Mrd. € (9,97 Mrd. DM) in den Versorgungsfonds fließen. Die Unterstützungskasse, welche mit 2 Mrd. € (3,91 Mrd. DM) dotiert ist, soll neben diesem Fonds bestehen bleiben.

einer externen Anlage zugeführt. Im Vergleich zu den herkömmlichen externen Versorgungsträgern hat dies für die Unternehmen den entscheidenen Vorteil, daß das ausgelagerte Finanzvolumen in der Höhe variabler gestaltet und jederzeit liquidiert werden kann.[136]
Wertpapier-Sondervermögen dürfen[137] nur aus Wertpapieren, Aktien, Bezugsrechten, Schuldscheindarlehen, Bankguthaben und Einlagenzertifikaten, unverzinslichen Schatzanweisungen und Schatzwechseln, Anteilen an inländischen und vertriebsberechtigten ausländischen Wertpapier- und Geldmarktfonds sowie derivativen Finanzinstrumenten (z. B. Optionsrechte, Finanzterminkontrakte, Swaps) bestehen.
Durch § 8 Abs. 2a KAGG ist ausdrücklich festgelegt, daß ein Wertpapier-Sondervermögen mindestens 51 % seiner Vermögenswerte in Wertpapieren und vergleichbare Instrumente anzulegen hat. Anlagen in derivative Finanzinstrumente fallen nicht hierunter.

---

132 „Kapitalanlagegesellschaften sind Kreditinstitute, deren Geschäftsbereich darauf gerichtet ist, bei ihnen eingelegtes Geld in eigenem Namen für gemeinschaftliche Rechnung der Einleger (Anteilinhaber) nach dem Grundsatz der Risikomischung in den nach diesem Gesetz zugelassenen Vermögensgegenständen gesondert vom eigenen Vermögen in Form von Geldmarkt-, Wertpapier-, Beteiligungs-, Investmentfondsanteil-, Grundstücks-, Gemischten Wertpapier- und Grundstücks- oder Altersvorsorge- Sondervermögen anzulegen und über die hieraus sich ergebenden Rechte der Anteilinhaber Urkunden (Anteilscheine) auszustellen". § 1 Abs. 1 KAGG.

133 Die Obergrenze von zehn Anteilinhabern wurde festgelegt, um die spezialfondstypische Einflußnahme und Kontrollmöglichkeit der Anleger sicherzustellen. Die Anteilscheininhaber dürfen nur nicht natürliche Personen sein (andernfalls handelt es sich um einen Publikumsfonds, der z. B. größere Publizitätspflichten hat).

134 Vgl. Wehlmann (1996), S. 1147.

135 Ebenda, S. 1148.

136 Vgl. ABA (1996 b), S. 241.

137 Innerhalb bestimmter Grenzen und unter im einzelnen festgelegten Voraussetzungen.

Unter Beachtung eventuell bestehender Restriktionen[138] sind die Spezialfonds an den Anlagebedürfnissen des Anlegers auszurichten. Eine angemessene Diversifizierung und eine professionelle Vermögensverwaltung speziell für Großanleger läßt sich natürlich auch im Rahmen einer Direktanlage oder eines „betriebsunmittelbaren Pensionsfonds" umsetzen. Warum es für einzelne Großanleger trotzdem vorteilhaft sein kann, ihre Wertpapieranlage den eigentlich für den Schutz von Kleinsparern konzipierten Gesetz über Kapitalanlagegesellschaften-Regelungen freiwillig zu unterwerfen, soll im folgenden untersucht werden.

babd) Steuerliche Behandlung der Anteilinhaber-Ebene

babda) Transparenzprinzip

Das Wertpapier-Sondervermögen an sich ist gem. § 38 Abs. 1 KAGG von der Körperschaft- und Gewerbesteuer befreit.[139]
Die steuerliche Behandlung der Anteilscheininhaber basiert auf dem sogenannten Transparenzprinzip. Hierdurch soll der Anteilinhaber im Prinzip so behandelt werden, als hielte er die Wertpapiere direkt. Für ihn ergeben sich vor allem folgende steuerliche Konsequenzen:[140]
Von den Erträgen, welche der Spezialfonds erzielt, unterliegen nur die laufenden Einkünfte i. S. d. § 20 EStG (Dividenden, Zinsen) der periodengleichen Besteuerung beim Anteilinhaber (Zuflußfiktion).

---

138 Z. B. bei Pensionskassen und Versicherungsunternehmen.

139 Die steuerliche Behandlung für die von den Kapitalanlagegesellschaften verwalteten Sondervermögen findet sich im neunten Abschnitt (§§ 37 n – 50 d KAGG), wobei in § 38 (bis § 43) KAGG insbesondere die steuerliche Behandlung des Wertpapier-Sondervermögens festgelegt ist. Kapitalanlagegesellschaften, welche entweder in der Rechtsform der Aktiengesellschaft oder der Gesellschaft mit beschränkter Haftung betrieben werden dürfen (§ 1 Abs. 3 KAGG), unterliegen den gleichen steuerlichen Bestimmungen wie andere Kapitalgesellschaften.

140 Vgl. zu weiteren steuerlichen Konsequenzen ausführlich Scheurle (1998), S. 1104 ff. und Häuselmann (1992), S. 314.

Ausgeschüttete oder thesaurierte Erträge von Wertpapier-Sondervermögen sind beim Inhaber als Betriebseinnahmen zu erfassen.[141] Sofern der Gewinn durch Betriebsvermögensvergleich ermittelt wird, ist für den Zeitpunkt der Vereinnahmung nicht allein das Zuflußprinzip entscheidend. Hier ist zwischen thesaurierten und ausgeschütteten Erträgen zu unterscheiden.

Ein Anspruch auf Ausschüttungen von Erträgen aus Wertpapier-Sondervermögen für ein vorangegangenes und abgeschlossenes Geschäftsjahr ist bereits mit der Entstehung des Rechtsanspruchs auf Auszahlung zu aktivieren, d. h. nach entsprechender Beschlußfassung über die Ausschüttung zu dem in den Vertragsbedingungen oder von der Kapitalanlagegesellschaft festgesetzten Ausschüttungstag.[142] Die Aktivierung bestimmt sich primär nach den Vertragsbedingungen und sekundär nach den allgemeingültigen Normen des Zivilrechts. Der Anspruch auf Ausschüttung stellt ein selbständiges Wirtschaftsgut und nicht nur ein Gewinnbezugsrecht dar. Mit den Ausschüttungen sind auch die anrechenbare Körperschaftsteuer, die Kapitalertragsteuer und die ggf. ausländischen Quellensteuern zu erfassen.[143] Nach dem Grundsatz der Maßgeb-

---

141 Demgegenüber bleiben die auf der Ebene des Spezialfonds realisierten Veräußerungsgewinne trotz des Transparenzprinzips steuerfrei. Solange auf eine Ausschüttung aus dem Sondervermögen verzichtet wird, erscheinen diese weder in der Gewinn- und Verlustrechnung noch in der Bilanz des Anteilseigners. Vgl. § 39 Abs. 1 Satz 1 KAGG. Siehe auch Schaber (1994), S. 996.

142 Hierbei handelt es sich um die sogenannte „phasengleiche Aktivierung". Vgl. BFH (18.05.1994), S. 54. Im Streitfall sahen die Vertragsbedingungen zwischen Sondervermögen und Anteilinhaber unter anderem vor, daß die bis zum Stichtag vereinnahmten Dividenden und Zinsen ausgeschüttet werden. Der Anspruch ist vorerst zu schätzen, jedoch sind wertaufhellende Faktoren zu berücksichtigen. Der Streitfall bezog sich auf die Aktivierung durch eine Investmentgesellschaft für von ihr aufgelegte Sondervermögen. Die Übertragung der phasengleichen Aktivierung auf alle bilanzierenden Anteilinhaber wird jedoch auch angezweifelt. Vgl. Bölter/Linner/Otto (1996), S. 35. Siehe zur aktuellen Diskussion um die „phasengleiche Aktivierung" z. B. BFH (26.11.1998), S. 363 ff. und BStBl. II, 1999, S. 551 ff.

143 Vgl. Häuselmann (1992), S. 319.

lichkeit werden die Ausschüttungen entsprechend auch steuerlich erfaßt.

Thesaurierte Erträge aus Investmentanteilen gelten mit Ablauf des Geschäftsjahres, in dem sie vereinnahmt worden sind, als zugeflossen. Maßgebend ist das Geschäftsjahr des Sondervermögens. Soweit der steuerliche Gewinn durch Betriebsvermögensvergleich ermittelt wird, muß der Tatsache Rechnung getragen werden, daß durch die Zuflußfiktion Erträge aus dem Fonds versteuert werden, bei einer späteren Veräußerung, Rückgabe oder Entnahme der Anteile aus dem Betriebsvermögen einer weiteren Besteuerung unterliegen. Diese Doppelbesteuerung wird vermieden, wenn korrespondierend zur steuerlichen Vereinnahmung der thesaurierten Erträge ein aktiver Ausgleichsposten in der Steuerbilanz gebildet wird.[144] Der aktive Ausgleichsposten entspricht den als Beteiligungserträgen vereinnahmten thesaurierten Erträgen. Dieser ist mit dem Bilanzansatz der Investmentanteile verbunden. Sobald diese veräußert werden, ist der Ausgleichsposten erfolgswirksam auszubuchen. Folglich mindert er dann im Ergebnis einen durch thesaurierte Erträge entstandenen Veräußerungsgewinn. Gleichermaßen ist der Ausgleichsposten anteilig aufzulösen, wenn Erträge des Sondervermögens in früheren Jahren thesauriert wurden und in späteren Geschäftsjahren ausgeschüttet werden, da es sich um die Auskehrung von zu Substanz gewordenen, bereits versteuerten Erträgen handelt. Die als steuerfrei anzusetzenden Teile der Erträge als Differenz zwischen erhaltenen Ausschüttungen und zu versteuernden Beträgen sind vom aktiven Ausgleichsposten zu kürzen.[145]

Aus Gründen der Gleichbehandlung mit Direktanlegern ist seit 1994 der sog. Zwischengewinn aus der Rückgabe oder Veräußerung von Investmentanteilscheinen bzw. aus der Abtretung der Ansprüche aus

---

[144] Vgl. Uhrmann (1986), S. 156.

[145] Vgl. das Zahlenbeispiel bei Uhrmann (1986), S. 156.

diesen Anteilscheinen[146] steuerpflichtig (§ 39 Abs. 1 a KAGG).[147] Denn im Rückgabe- oder Veräußerungspreis für den Anteilschein enthalten ist u. a. das Entgelt für die von dem Sondervermögen seit der letzten Ausschüttung oder Thesaurierung vereinnahmten Kapitalerträge i. S. d. § 20 Abs. 1 Nr. 7 und Abs. 2[148] EStG und für die entsprechenden angewachsenen Ansprüche des Sondervermögens auf solche Erträge. Ein Direktanleger müßte im Veräußerungsfall solche Erträge nach § 20 Abs. 2 EStG ebenfalls versteuern.

Weitere Vorteile von Spezialfonds für steuerpflichtige und steuerbefreite Anteilseigner resultieren aus den damit verbundenen Bilanzierungs- und Bewertungsspielräumen.

babdb) Bilanzierung und Bewertung von Spezialfonds

Die Bilanzierung der Spezialfondsanteile in der Handels- und Steuerbilanz des Anlegers erfolgt gemäß den allgemeinen Vorschriften zur Bilanzierung und Bewertung von Wertpapieren.[149] Hieraus folgt, daß die Fondsanteile als solche und nicht die im Sondervermögen enthaltenen Wertpapiere bilanziert werden. Der handelsrechtliche Grundsatz der Einzelbewertung gem. § 252 Abs. 1 Nr. 3 HGB wird durch die Verwaltung von Wertpapieren im Rahmen eines Spezialfonds auf den Fondsanteil bezogen, welches zu folgender Behandlung führt.

Für den Erwerb von Investmentanteilen gilt das Anschaffungskostenprinzip der §§ 253 und 254 HGB. Bei Wertpapieren entsprechen die Anschaffungskosten dem Ausgabe- bzw. Kaufpreis zuzüglich Nebenkosten, wie z. B. Spesen und Gebühren.[150] Ein eventuell er-

---

146 Im folgenden wird nur noch von der Rückgabe bzw. Veräußerung gesprochen.

147 Vgl. zum folgenden Scheurle (1994), S. 9101 ff.

148 Ohne dessen Buchstabe b.

149 Vgl. Häuselmann (1992), S. 315 ff.

150 Ebenda, S. 316.

hobener Ausgabeaufschlag stellt einen rechtlich unselbständigen Teil des Ausgabepreises dar. Wenngleich er wirtschaftlich als mittelbarer Nebenkostenbestandteil interpretiert werden kann, stellt er im bilanzrechtlichen Sinne weder einen selbständigen Vermögensgegenstand noch Anschaffungsnebenkosten dar.[151]

Investmentanteile sind entweder dem Anlage- oder Umlaufvermögen zuzuordnen. Die Zuordnung hat eine materielle Bedeutung für die Bewertung in den nachfolgenden Geschäftsjahren. Eine Wertsteigerung im Sondervermögen erfordert keine Wertzuschreibung, sondern ist erst im Zeitpunkt der Veräußerung bzw. Rückgabe der Anteile bilanziell zu erfassen, da die Bewertung höchstens mit den Anschaffungskosten vorzunehmen ist.

Wertminderungen dagegen sind entsprechend der Zuordnung zum Anlage- oder Umlaufvermögen zum Ende eines Wirtschaftsjahres zu berücksichtigen:

Soweit sich die Anteile im Anlagevermögen befinden, können Abschreibungen auf den niedrigeren beizulegenden Wert vorgenommen werden. Eine Pflicht zur Abschreibung besteht, wenn die Wertminderung voraussichtlich von Dauer ist (§ 253 Abs. 2 Satz 3 HGB). Die Bestimmung des beizulegenden Wertes ist gesetzlich nicht geregelt. Da ein Börsenpreis für Spezialfonds auf Grund mangelnder Notierung nicht in Betracht kommt, sind grundsätzlich die Wiederbeschaffungskosten für die Bewertung maßgebend. Lediglich in Ausnahmefällen kann die Bewertung bei Vermögensgegenständen des Anlagevermögens zu niedrigeren Veräußerungswerten erfolgen. Steuerrechtliche Teilwertabschreibungen entsprechen den handelsrechtlichen außerplanmäßigen Abschreibungen.[152] Nach höchstrich-

---

151 Vgl. BFH (05.10.1972), S, 207.

152 Vgl. Häuselmann (1992), S. 318. Dabei stellt der Teilwert gemäß § 6 Abs. 1 Satz 3 EStG den Betrag dar, den ein Erwerber des ganzen Unternehmens im Rahmen des Gesamtkaufpreises für das einzelne Wirtschaftsgut ansetzen würde, wobei davon ausgegangen wird, daß der Erwerber den Betrieb fortführt. Die Wertuntergrenze des Teilwertes wird durch den Einzelveräußerungspreis bestimmt, und zwar in dem Moment, wenn entbehrliche Wirt-

terlicher Rechtsprechung[153] ist bei der Bewertung der Investmentanteile die Entbehrlichkeit der Anteile für das Unternehmen maßgeblich.[154] Soweit die Anteile entbehrlich, d. h. für den ungestörten Fortgang des Betriebes überflüssig sind, hat hier eine Bewertung zum Rücknahmepreis zu erfolgen.[155] Dieser Rücknahmepreis gibt nach Auffassung des BFH den wahren Wert wieder, da er dem Anteil am Sondervermögen entspricht.[156] Wertpapiere sind dann nicht entbehrlich, wenn sie beispielsweise der erforderlichen Kapitalausstattung des Unternehmens oder als Kreditbesicherung dienen oder zu dienen bestimmt sein können.[157] Eine Teilwertabschreibung ist in diesen Fällen ausgeschlossen. Dies gilt auch, wenn der Bewertungsstichtag zeitlich nahe am Anschaffungszeitpunkt liegt.[158]

Befinden sich die Anteile im Umlaufvermögen, findet das strenge Niederstwertprinzip des § 253 Abs. 3 HGB Anwendung. Die Bewertung richtet sich nach dem beizulegenden Wert. Soweit der Börsen- oder Marktpreis bzw. der beizulegende Wert am Abschlußstichtag

---

schaftsgüter bewertet werden, für die keine Wiederbeschaffungsabsicht des gedachten Betriebserwerbers angenommen werden kann.

153 vgl. BFH (14.02.1973), S. 452.

154 Vgl. zur Frage der Entbehrlichkeit Albrod/Friele (1975), S. 238 ff.

155 Vgl. BFH (05.10.1972), S. 489 f. A. A. sind dagegen Albrod/Friele (1975), S. 238 ff. Sie kommen zu dem Schluß, daß der BFH dem Teilwertbegriff des Einkommensteuergesetzes nicht gerecht wird. Der BFH geht zum einen nicht von einem fiktiven Erwerb, sondern von einer gedachten Veräußerung aus und zum anderen wird auf den Preis abgestellt, zu dem der Veräußerer bereit ist, die Anteile abzugeben und nicht auf den Preis, den ein Erwerber für die Anteile zu zahlen bereit ist. Unter anderem würde ein gedachter Erwerber in der Regel mehr als den Rücknahmepreis bezahlen. Diese Argumente führen nach Auffassung von *Albrod/Friele* dazu, daß der Teilwert nur durch den Ausgabepreis bestimmt werden kann. Vgl. auch Häuselmann (1992), S. 318.

156 Vgl. auch Seithel (1973), S. 169.

157 Vgl. BFH (14.02.1973), S. 452.

158 Vom BFH wurde eine Bestimmung der zeitlichen Nähe zum Anschaffungszeitpunkt nicht gegeben.

niedriger als der Buchwert ist, besteht die Verpflichtung zur Vornahme von Abschreibungen. Durch das Steuerentlastungsgesetz 1999/2000/2002[159] wurde das bisher geltende Wertbeibehaltungswahlrecht gem. § 280 Abs. 2 HGB aufgegeben und ein striktes Wertaufholungsgebot eingeführt.[160] Gemäß § 6 Abs. 1 Nr. 1 Satz 4 EStG sind Wirtschaftsgüter, die bereits am Schluß des vorangegangenen Wirtschaftsjahres zum Anlage- oder Umlaufvermögen des Steuerpflichtigen gehört haben, mit den fortgeführten Anschaffungskosten anzusetzen. Dies gilt jedoch nur, sofern der Steuerpflichtige nicht nachweist, daß ein niedrigerer Teilwert angesetzt werden kann. Sofern sich der Wert nach einer vorangegangenen Teilwertabschreibung erhöht, wird diese Betriebsvermögensmehrung nunmehr bis zum Erreichen der Bewertungsobergrenze steuerlich erfaßt. Die Bewertungsobergrenze bilden, wie schon vor dem Steuerentlastungsgesetz 1999/2000/2002, die (fortgeführten) Anschaffungskosten. Wertsteigerungen darüber hinaus finden gem. § 6 EStG und § 253 HGB keine Berücksichtigung in Form von Wertaufholungen.[161]
Grundsätzlich ist bei Wertpapieren des Umlaufvermögens der Wiederbeschaffungswert heranzuziehen. Dies gilt allerdings dann nicht, wenn eine alsbaldige Veräußerung ansteht. Für eine außerplanmäßige Abschreibung ist wiederum die Entbehrlichkeit Anknüpfungspunkt der Abschreibung. Bei Investmentanteilen im Umlaufvermögen ist davon auszugehen, daß sie betrieblich entbehrlich und daher mit dem Rücknahmepreis anzusetzen sind.[162]

---

159 Vom 24.03.1999, BGBl. I, S. 402 ff.

160 In § 280 Abs. 1 HGB ist ein grundsätzliches generelles Wertaufholungsgebot verankert. Von diesem Gebot konnte gem. § 280 Abs. 2 HGB abgesehen werden, sofern der niedrigere Wertansatz in der Steuerbilanz beibehalten wurde und dieser Wertansatz in der Handelsbilanz ausgeübt wurde,

161 Vgl. zu einer eventuellen Wertaufholung S. 217 ff., speziell Vierter Teil, Fn. 329 dieser Arbeit.

162 Vgl. Häuselmann (1992), S. 319.

Wenn Anteilscheine veräußert, zurückgegeben oder dem Betriebsvermögen entnommen werden, ist die Differenz zwischen Buchwert und Veräußerungserlös erfolgswirksam zu vereinnahmen. Hierbei kann sich sowohl ein Ertrag als auch ein aufwandswirksamer Verlust ergeben. Höhere Anteilswerte können zum Beispiel aus der Thesaurierung von Erträgen und realisierten Gewinnen sowie nicht realisierten Gewinnen von Sondervermögen resultieren. Niedrigere Anteilswerte ergeben sich zum Beispiel aus realisierten und nicht realisierten Verlusten des Sondervermögens. Steuerliche Konsequenzen finden beim Anteileigner lediglich in Höhe des Buchgewinnes oder -verlustes Berücksichtigung.

bac) Fazit

Im Vergleich zur Direktanlage in Wertpapieren ist der Einsatz von Spezialfonds sinnvoll, da dieser viele Transaktionen kostengünstiger durchführt als ein institutioneller Großkunde.[163] Gleichzeitig vermindert sich aufgrund der höheren Diversifizierung die Gefahr von Abschreibungen auf einzelne Wertpapiere. Weiterhin werden Kontrollaufgaben bei Zinszahlungen, Auslosungen und Tilgungen sowie die Verbuchung der einzelnen Zins- und Dividendenzahlungen von der Kapitalanlagegesellschaft übernommen. Sobald sich die Kapitalanlagegesellschaft diesen Verwaltungsaufwand erstatten läßt, hängt das Ausmaß dieser Effekte jedoch davon ab, ob es der Kapitalanlagegesellschaft gelingt, diese Verwaltungstätigkeit kostengünstiger durchzuführen als der Anleger, nicht selten ebenfalls ein professioneller Vermögensverwalter, wie z. B. Versicherungen. Sobald die Kapitalanlagegesellschaft einen eventuellen Rationalisierungsvorsprung weitergibt, entsteht daraus ein Vorteil für den Anleger. Abschließend bleibt zu sagen, daß die Zwischenschaltung eines Spezialfonds im Vergleich zur Direktanlage in bezug auf die Besteuerung

---

163 Dies gilt vor allem bei Bonifikationen, Depotgebühr und Effektenumsatzprovisionen. Vgl. Kandlbinder (1991), S. 140.

laufender Kapitalerträge eine Renditesteigerung in Höhe von 0,875 % zur Folge hat.[164]

bb) Betriebsunmittelbarer Pensionsfonds

Der „betriebsunmittelbare Pensionsfonds" kann das Versorgungskapital ohne jegliche Reglementierungen am Kapitalmarkt anlegen. Von den Befürwortern des Modells „betriebsunmittelbarer Pensionsfonds" wird angeführt, dieser Durchführungsweg sei ob der Minderung des Kapitalanlagerisikos gegenüber der herkömmlichen Direktzusage vorzugswürdig. Die Anlage der Deckungsmittel am Kapitalmarkt ermögliche eine risikomindernde Streuung und Mischung der Anlagen.[165] Eine Gegenansicht[166] argumentiert hingegen, die Erträge aus einem auf Aktienanlagen basierenden Versorgungswerk seien zu volatil, um Grundlage einer solchen Einrichtung zu sein.

Indes ist beiden Ansichten nicht zu folgen; eine Präferenz für die herkömmliche Direktzusage oder deren Weiterentwicklung ergibt sich unter dem Gesichtspunkt der Kapitalanlagefreiheit keineswegs. Der erstgenannten Ansicht ist entgegenzuhalten, daß sich das Agieren am Kapitalmarkt keineswegs aus dem Durchführungsweg des Versorgungsmodells ergibt. Warum intern gehaltene Pensionsrückstellungen nicht am Kapitalmarkt investiert werden sollten, ist nicht ersichtlich. Andererseits soll es dem Arbeitgeber nicht möglich sein, das Sondervermögen auf sich rückzuübertragen; selbst eine Darlehensvergabe soll nur eingeschränkt möglich sein.[167] Da das Sondervermögen zivilrechtlich Bestandteil des Unternehmensvermögens ist, ist fraglich, wie eine interne Umschichtung verhindert werden soll.

---

164 Vgl. Spengel/Schmidt (1997 a), S. 191.

165 Vgl. Gerke-Kommission (1998), S. 39.

166 Vgl. z. B. Förterer (1996), S. 19 m. w. N.

167 Lediglich bei Überdotierung soll eine Rückübertragung von Vermögen auf das Trägerunternehmen möglich sein. Eine Überdotierung liegt vor, wenn der Verkehrswert der Deckungsmittel den Anwartschaftsbarwert der Zusagen um mehr als 25 % übersteigt. Vgl. Gerke-Kommission (1998), S. 28.

Spätestens im Versorgungsfall muß der Arbeitgeber auf das Sondervermögen zurückgreifen können, da er für die Leistungen haftet.[168] Der zweitgenannten Ansicht ist entgegenzuhalten, daß überhaupt keine Anhaltspunkte ersichtlich sind, warum die Anlage in einem Unternehmen weniger volatil sein sollte als eine diversifizierte Anlage in mehrere Unternehmen. Die *Gerke-Kommission* geht davon aus, daß bei einem volatilen betrieblichen Umsatzprozeß die Zahlung der Betriebsrenten zu Liquiditätsabflüssen führen kann, denen Investitionsprogramme zum Opfer fallen und welche die Leistungskraft vieler Unternehmen belasten können.[169] Dies gilt jedoch auch für externe Finanzierungsformen, bei denen der Liquiditätsabfluß nicht erst durch Inanspruchnahme der Versorgungsleistung, sondern schon vor Inanspruchnahme durch Beitragszahlung bzw. Zuwendungen an externe Versorgungsträger erfolgt.[170] Dem Liquiditätsrisiko kann weiterhin bei Direktzusagen durch den Abschluß von Rückdeckungsversicherungen vorgebeugt werden.[171] Auch werden in der Praxis die Mittel zum Teil in Wertpapieren angelegt, wie eben dargestellt in Spezialfonds ausgelagert oder als Liquiditätsreserve gehalten, wodurch das Liquiditätsrisiko ebenfalls vermindert werden kann.[172] Volatile Umsatzprozesse werden oft bei Unternehmen im

---

168 Es stellt sich nun die Frage, wessen Interessen durch solch eine Regelung geschützt werden sollen. Da der Arbeitgeber des Schutzes „gegen sich selbst" nicht bedarf und die Versorgungsberechtigten einen Anspruch gegen den Arbeitgeber haben, verbleibt lediglich der *PSVaG*. Hier ist allerdings nur eine besondere Sicherung derjenigen Anwartschaften erforderlich, welche die Grenzen des § 7 Abs. 3 BetrAVG übersteigen. Soweit an einen solchen Schutz nicht gedacht wurde, bleibt als Motiv nur der Schutz der professionellen Kapitalanlagegesellschaften vor einen Kapitalabzug durch den Arbeitgeber. Vgl. Blomeyer (1998 a), S. 1740.

169 Vgl. Gerke-Kommission (1998), S. 16 f.

170 Vgl. Albach /Schmidt (1990), S. 248.

171 Vgl. ausführlich S. 181 ff. dieser Arbeit.

172 Vgl. Spengel/Schmidt (1997 a), S. 180.

Gründungsstadium beobachtet.[173] In solchen Fällen stellt sich die Frage, ob und in welcher Höhe eine betriebliche Altersversorgung abgeschlossen werden soll. *Schmitz*[174] rät in solchen Situationen, die Verpflichtung eher vorsichtig zu bemessen und mit der Zeit (erfolgsabhängige) Erhöhungen in die Betrachtung mit einzubeziehen.[175] Solche Überlegungen gelten aber nicht nur für die Direktzusage, sondern auch für eine extern durchgeführte Altersversorgung.

2. Besteuerung

a) Besteuerung des Versorgungsberechtigten

Während der Anwartschaftszeit erfolgt bei Durchführung per herkömmlicher Direktzusage keine steuerliche Be- oder Entlastung des Arbeitnehmers, da ihm keine Einnahmen zufließen, die seine wirtschaftliche Leistungsfähigkeit erhöhen. Die Besteuerung beim Arbeitnehmer setzt einen Zufluß von Einnahmen oder eines geldwerten Vorteils voraus. Erst nach Eintritt des Versorgungsfalles werden die Versorgungsleistungen gemäß § 19 Abs. 1 Satz 1 Nr. 2 EStG einkommensteuerpflichtig.[176] Bei diesen Einkünften aus nichtselbständiger Arbeit ist es unerheblich, ob es sich um laufende Bezüge (Renten) oder um einmalige Bezüge handelt.

Da die lebenslänglich laufenden Pensionsleistungen gem. § 2 Abs. 2 Nr. 2 LStDV als Arbeitslohn gelten, sind sie als solche in voller Höhe

---

173 Vgl. Schmitz (1996), S. 1549.

174 Ebenda, S. 1549.

175 Vgl. zu den verschiedenen Möglichkeiten der Leistungsplangestaltung S. 43 ff. dieser Arbeit.

176 Versorgungsleistungen, die auf Eigenbeiträgen des Arbeitnehmers beruhen, werden nicht nach § 19 EStG versteuert. Sofern sich ein Arbeitnehmer mit eigenem Vermögen aus versteuertem bzw. nicht steuerbar bezogenem Arbeitslohn in eine Versorgungsregelung seines Arbeitgebers einkauft, sind die hieraus resultierenden Versorgungsleistungen als Leibrente nach § 22 Nr. 1 EStG mit dem Ertragsanteil zu versteuern. Vgl. BFH (07.02.1990), S. 1901.

– d. h. nicht nur mit einem etwaigen Ertragsanteil – lohnsteuerpflichtig.[177]

Gemäß § 19 Abs. 2 EStG beträgt der Versorgungsfreibetrag 40 % der Versorgungsleistung[178], maximal 6000 DM je Veranlagungszeitraum. Bei einmaligen Versorgungsleistungen darf der Freibetrag nur einmal im Jahr des Zuflusses berücksichtigt werden. Bei Altersversorgungsleistungen kann der Berechtigte diesen Versorgungsfreibetrag erst mit dem 62. Lebensjahr beanspruchen (§ 19 Abs. 2 Nr. 2 EStG)[179], während ihn die Empfänger von Invaliden- und Hinterbliebenenleistungen unabhängig von ihrem Alter zum Zeitpunkt der Zahlungen geltend machen können.[180] Der Arbeitnehmerpauschbetrag in Höhe von 2000 DM gem. § 9a Nr. 1 EStG ist erst nach den um den Versorgungsfreibetrag gekürzten Versorgungsbezügen zu berücksichtigen.[181]

Erstmals für den Veranlagungszeitraum 1999 ist bei Einkünften für eine mehrjährige Tätigkeit eine Fünftelung dieser Einkünfte und die anschließende Verfünffachung der hierauf entfallenden Einkommensteuer vorgesehen.[182] Obwohl gem. § 34 Abs. 1 i. V. m. § 34

---

177 Der Pensionsberechtigte gilt während der Pensionszahlung noch als Arbeitnehmer; entsprechendes gilt bei Hinterbliebenenleistungen (Witwen-/Witwer- und Waisenrenten) für die bezugsberechtigten Hinterbliebenen. Vgl. § 1 Abs. 1 LStDV.

178 Hierzu zählen Alters-, Invaliditäts- und Hinterbliebenenversorgungsleistungen.

179 Sofern der Versorgungsberechtigte Schwerbehinderter ist, kann er den Versorgungsfreibetrag schon mit Vollendung des 60. Lebensjahres geltend machen. Vgl. § 19 Abs. 2 Nr. 2 EStG.

180 Vgl. Ahrend/Förster/Rößler (1999), 2. Teil, Rdnr. 447.

181 Obwohl im Alter regelmäßig – abgesehen von zu vernachlässigenden Positionen wie Kontoführungsgebühren – keine Werbungskosten mehr anfallen.

182 Danach beträgt die Einkommensteuer auf Einkünfte, die die Vergütung für eine mehrjährige Tätigkeit sind, das Fünffache des Unterschiedsbetrags zwischen der Einkommensteuer für das um diese Einkünfte verminderte zu versteuernde Einkommen (verbleibendes zu versteuerndes Einkommen)

Abs. 2 Nr. 4 EStG die Kapitalleistung für die Bemessung der Einkommensteuer (nach Abzug des Versorgungsfreibetrags) auf fünf Jahre verteilt werden kann[183] – in der Praxis als taugliches Mittel zur Minderung der Steuerprogression angewendet – führen Kapitalzahlungen zu erheblichen Steuerbelastungen. Grundsätzlich unterliegen die auf dem Gesetz beruhenden Hinterbliebenenbezüge nicht der Erbschaftsteuer.[184] Im Ergebnis bleibt festzuhalten, daß Rentenzusagen für den Versorgungsberechtigten vorteilhafter sind, da der Versorgungsfreibetrag jedes Jahr neu beansprucht werden kann.

Von der *Gerke-Kommission* wird für den „betriebsunmittelbaren Pensionsfonds" nachdrücklich eine nachgelagerte Besteuerung gefordert.[185] Auf der Ebene der begünstigten Arbeitnehmer ergäben sich keine einkommensteuerlichen Konsequenzen, da bei der herkömmlichen Direktzusage die nachgelagerte Besteuerung bereits realisiert ist.

---

und der Einkommensteuer für das verbleibende zu versteuernde Einkommen zzgl. eines Fünftels dieser Einkünfte. Vgl. § 34 EStG.

183 Eine Verteilung auf drei Jahre ist letztmals für den VZ 1998 anzuwenden. Vgl. § 52 Abs. 47 EStG.

184 Nach § 3 Abs. 1 Nr. 4 ErbStG gilt als erbschaftsteuerpflichtiger Erwerb von Todes wegen jeder Vermögensvorteil, der aufgrund eines vom Erblassers geschlossenen Vertrags bei dessen Tod von einem Dritten unmittelbar erworben wird. Im Gegensatz hierzu sind die auf Gesetz beruhenden Hinterbliebenenbezüge nicht erbschaftsteuerbar, da sie den Hinterbliebenen unmittelbar aus eigenem Recht zustehen. Vgl. hierzu Ahrend/Förster/Rößler (1999), 2. Teil, Rdnr. 465 – 466 b.

185 Vgl. Gerke-Kommission (1998), S. 3.

b) Besteuerung des Versorgungsträgers/Arbeitgebers

ba) Direktzusage

baa) Voraussetzungen für die Bildung einer Pensionsrückstellung

Eine Pensionsverpflichtung ist eine Verbindlichkeit, die dem Grunde und der Höhe nach ungewiß ist, da der Eintritt des Leistungsfalles und die Dauer der Leistungen vom Leben des Versorgungsberechtigten abhängen. Für Verpflichtungen aus unmittelbaren Versorgungszusagen besteht gem. § 249 Abs. 1 HGB eine Rückstellungspflicht.[186] In der Steuerbilanz besteht für Pensionsrückstellungen aufgrund des § 6a Abs. 1 EStG grundsätzlich ein Passivierungswahlrecht. Dieses steuerliche Passivierungswahlrecht besteht aber nur für Zusagen vor dem 1. Januar 1987 (sog. Altzusagen, Art. 28 EGHGB).[187] Der Arbeitgeber hat hier folglich die Möglichkeit, die Pensionsverpflichtungen erst nach Eintritt des Versorgungsfalles aus dem laufenden Ertrag zu erfüllen und sie damit erst im Jahr der Ausgabe als laufende Betriebsausgabe gewinnmindernd zu berücksichtigen[188] oder für noch nicht fällige Versorgungsleistungen eine Pensionsrückstellung in der Steuerbilanz zu bilden.[189]

---

186 Vgl. Clemm/Erle (1999), § 249 HGB, Rdnr. 1 – 2.

187 So die herrschende Meinung Ahrend/Förster/Rößler (1999), 2. Teil, Rdnr. 144; Blümich (1999), § 6a EStG, Rdnr. 266; Schmidt (1999), § 6a EStG, Rdnr. 3. A. A. Büchele (1999), S. 68. *Büchele* leitet aus dem Bekenntnis zur Entgeltlichkeit der Pensionsleistung (Übergang vom Fürsorgecharakter zum Entgeltcharakter) ab, daß es sich hierbei nicht um ein Wahlrecht, sondern lediglich um eine Bilanzierungshilfe handeln kann. Das Gesetz spricht nämlich an keiner Stelle ausdrücklich von einem Wahlrecht. *Moxter* [(1997), S. 195] hingegen unterscheidet zwischen expliziten und impliziten handelsrechtlichen Wahlrechten. Vgl. auch Schulze-Osterloh (1997), S. 1783. Das steuerliche Nachholverbot, das auf der Grundlage eines Bilanzierungswahlrechts normiert wurde, sei daher laut *Büchele* dringend reformbedürftig.

188 Das Wahlrecht kann in jedem Wirtschaftsjahr für jede einzelne Verpflichtung gegenüber einen Pensionsberechtigten neu ausgeübt werden. Eine Bindung an die einmal getroffene Wahl besteht nicht. Den Unternehmen soll es somit ermöglicht werden, ihre Pensionsrückstellungen an ihre Ertragslage anzu-

Für unmittelbare Neuzusagen besteht das Wahlrecht steuerlich nicht, denn hier ist die handelsrechtliche Passivierungspflicht aufgrund des Maßgeblichkeitsgrundsatzes (§ 5 Abs. 1 S. 2 EStG), welcher eine Bindung der Steuerbilanz an die Handelsbilanz vorschreibt, auch steuerlich verbindlich, sofern die Voraussetzungen des § 6a EStG erfüllt sind.[190] Steuerrechtlich ist aber die Rückstellung an eine Reihe von Voraussetzungen gebunden (§ 6a Abs. 1 Nr. 1 – 3 EStG). Demnach muß die Pensionszusage schriftlich[191] erteilt worden sein, dem Berechtigten einen einklagbaren Rechtsanspruch einräumen[192], und sie darf keine Vorbehalte[193] enthalten, die den Ar-

---

passen. Unterlassene Rückstellungen dürfen nicht beliebig nachgeholt werden. Vgl. Ahrend/Förster/Rößler (1999), 2. Teil, Rdnr. 302 – 303. Die periodengerechte Aufwandsabgrenzung, die Sicherung der künftigen Leistungen und die durch die Rückstellung gewonnenen Mittel für Investitionen und Liquiditätsverbesserungen sprechen gegen dieses sog. deckungslose Zahlungsverfahren. Vgl. Heubeck (1998 c), S. 68 f.

189 Steuerliche Zuführungen zu der Rückstellung dürfen gem. R 41 Abs. 20 EStR die handelsrechtlichen in einem Wirtschaftsjahr überschreiten, soweit in der Steuerbilanz keine höhere Rückstellung ausgewiesen wird als in der Handelsbilanz; die Bildung der Rückstellung in der Steuerbilanz ist an den Ausweis in der Handelsbilanz nur der Höhe nach, nicht jedoch für die jährliche Zuführung der Pensionsverpflichtung maßgebend. Vgl. Blümich (1999), § 6a EStG, Rdnr. 425.

190 Vgl. Pinkos (1991), S. 362.

191 Durch das Schriftformerfordernis soll neben der Beweissicherung für den Inhalt der Pensionszusage zugleich ein Ausschluß der Rückstellungsbildung für eine nur auf betrieblicher Übung oder dem Gleichbehandlungsgrundsatz beruhende Pensionsverpflichtung erreicht werden. Vgl. Begründung zu § 6a Abs. 1 Nr. 3 EStG, BT-Drucks. (7/1281), S. 38.

192 Der Rechtsanspruch auf die Pensionsleistungen ist nach R 41 Abs. 2 Satz 1 EStR regelmäßig gegeben, wenn der Pensionsanspruch auf Einzelvertrag, Gesamtzusage, Betriebsvereinbarung, Tarifvertrag oder Besoldungsordnung beruht. Wegen der Anspruchsgrundlagen im einzelnen vgl. S. 33 ff. dieser Arbeit. Bei einer Kollektivvereinbarung ist gem. R 41 Abs. 1 Satz 2 EStR keine besondere Verpflichtungserklärung erforderlich. Ob im Einzelfall ein Rechtsanspruch auf Pensionsleistungen besteht, ist nach R 41 Abs. 2 Satz 3 EStR „im Zweifel" nach arbeitsrechtlichen Grundsätzen zu beurteilen. Nach diesen Grundsätzen ist die arbeitsrechtliche Rechtsprechung angesprochen, da es für das Entstehen eines Pensionsanspruchs keine speziel-

beitgeber ermächtigen, nach freien Belieben die Zusage zu widerrufen.[194]

Eine Pensionsrückstellung darf vor Eintritt des Versorgungsfalles gem. § 6a Abs. 2 Nr. 1 Halbsatz 2 EStG frühestens für das Wirtschaftsjahr gebildet werden, bis zu dessen Mitte der Versorgungsberechtigte das 30. Lebensjahr vollendet hat.[195] Ist das Wirtschaftsjahr mit dem Kalenderjahr identisch, kann somit für Pensionsberechtigte, welche das 30. Lebensjahr erst nach dem 30.06. vollenden, mit der Rückstellungsbildung frühestens im darauffolgenden Jahr begonnen werden[196], so daß in der Zwischenzeit keine Steuerersparnis erfolgen kann.

Pensionsrückstellungen können unabhängig vom Bestehen einer Wartezeit[197] im Wirtschaftsjahr der Erteilung der Pensionszusage

---

len gesetzlichen Bestimmungen gibt (in § 1 BetrAVG ist lediglich die Unverfallbarkeit, nicht jedoch die Entstehung des Pensionsanspruchs geregelt).

193 Bei diesen sog. steuerschädlichen Vorbehalten ist die Bildung einer Pensionsrückstellung während der Anwartschaftszeit steuerlich ausgeschlossen. Vgl. R 41 Abs. 3 EStR. Gleiches gilt bei abgeschwächten Formulierungen. Siehe hierzu Ahrend/Förster/Rößler (1999), 2. Teil, Rdnr. 98 – 102.

194 Sofern sich die Verhältnisse und Annahmen, unter denen eine Pensionszusage erteilt worden ist, später so ändern, daß die unveränderte Aufrechterhaltung der Verpflichtung für das Unternehmen nicht mehr zumutbar ist, besteht die Möglichkeit, die Pensionszusage den veränderten Verhältnissen anzupassen oder ganz aufzuheben. Die nach Ansicht der Finanzverwaltung zulässigen Widerrufsvorbehalte sind in R 41 Abs. 4 EStR aufgeführt. Eine solche Anpassung bzw. Aufhebung der Pensionszusage ist auch ohne ausdrückliche Widerrufsvorbehalte in der Pensionszusage möglich unter Berufung auf den Wegfall der Geschäftsgrundlage. Vgl. hierzu ausführlich Blümich (1999), § 6a EStG, Rdnr. 155 – 224.

195 Eine Person vollendet ihr 30. Lebensjahr mit Ablauf des Tages, welcher der 30. Wiederkehr ihres Geburtstages vorangeht. Vgl. § 187 Abs. 2 Satz 2, § 188 Abs. 2 BGB. Nach der Gesetzesbegründung soll hierdurch die Wirkung der Fluktuation der Arbeitnehmer auf die Rückstellungsberechnung näherungsweise ausreichend Berücksichtigung gefunden haben.

196 Vgl. Schmidt (1999), § 6a EStG, Rdnr. 40.

197 Vgl. S. 41 ff. dieser Arbeit.

gebildet werden.[198] Soweit in Pensionszusagen Mindestdienstzeiten vorgesehen sind, liegt schon mit Beginn der Vorschaltzeit[199] eine rechtsverbindliche Pensionsverpflichtung vor[200], mit der Möglichkeit, diese steuermindernd zu berücksichtigen.

Eine Pensionsrückstellung nach Eintritt des Versorgungsfalles darf gem. § 6a Abs. 2 Nr. 2 EStG erstmals für das Wirtschaftsjahr gebildet werden, in dem der Versorgungsfall eintritt. Diese Vorschrift ist dann von Bedeutung, wenn vor Eintritt des Versorgungsfalles die Voraussetzungen für die Rückstellungsbildung nicht vorlagen. Dies ist z. B. der Fall, wenn die Pensionszusage erst mit Eintritt des Versorgungsfalles erteilt wurde oder die Rückstellung vor Eintritt des Versorgungsfalles mit einem steuerschädlichen Vorbehalt behaftet war.[201]

bab) Teilwert der Pensionsverpflichtung

Eine Pensionsrückstellung darf gem. § 6a Abs. 3 Satz 1 EStG höchstens mit dem Teilwert[202] der Pensionsverpflichtung angesetzt werden, bei dessen Berechnung ein Rechnungszinsfuß von 6 % und die anerkannten Regeln der Versicherungsmathematik[203] anzuwenden sind.

---

198 Vgl. Schmidt (1999), § 6a EStG, Rdnr. 53.

199 Eine Vorschaltzeit liegt vor, wenn in einer allgemeinen Pensionsordnung für ein Unternehmen vorgesehen ist, daß die Arbeitnehmer erst nach einer bestimmten Dienstzeit oder ab einem bestimmten Alter in die Versorgungsregelung aufgenommen werden.

200 Vgl. Ahrend/Förster/Rößler (1999), 2. Teil, Rdnr. 143.

201 Vgl. Blümich (1999), § 6a EStG, Rdnr. 233.

202 Der abstrakte Begriff des Teilwerts der Pensionsverpflichtung geht der allgemeinen Teilwertdefinition des § 6 Abs. 1 Nr. 1 Satz 3 EStG vor, damit er ohne Rücksicht auf die Wertvorstellungen des Erwerbers des Unternehmens zu jedem Bilanzstichtag objektiv errechenbar ist. Vgl. Ahrend/Förster/Rößler (1999), 2. Teil, Rdnr. 212.

203 Unter dieser Regel versteht man ein mit Hilfe des „Gesetzes der großen Zahl" entwickeltes Berechnungsverfahren, bei dem die nach dem Zeitpunkt der Fälligkeit ungewissen Leistungen unter Berücksichtigung der in Frage

Als Teilwert gilt vor Beendigung des Dienstverhältnisses des Arbeitnehmers gem. § 6a Abs. 3 Nr. 1 EStG der Barwert der künftigen Pensionsleistungen am Schluß des Wirtschaftsjahres, abzüglich des sich zu demselben Zeitpunkt ergebenden Barwerts betragsmäßig gleichbleibender Jahresbeträge. Nach Beendigung des Dienstverhältnisses des Pensionsberechtigten gilt (unter Aufrechterhaltung seiner Pensionsanwartschaft oder nach Eintritt des Versorgungsfalles) der Barwert der künftigen Pensionsleistungen am Schluß des Wirtschaftsjahres (§ 6a Abs. 3 Nr. 2 EStG) als Teilwert. Die gleichbleibenden Jahresbeträge sind vom Beginn des Wirtschaftsjahres, in dem das Dienstverhältnis begonnen hat, bis zu dem in der Pensionszusage vorgesehenen Zeitpunkt des Eintritts des Versorgungsfalles aufzubringen (§ 6a Abs. 3 Nr. 1 Satz 2 EStG).[204] Das Dienstverhältnis des Pensionsberechtigten kann erst ab dem 30. Lebensjahr berücksichtigt werden. Es liegt im Ermessen des Unternehmens, welchen Zeitpunkt es in der Pensionszusage als Eintritt des Versorgungsfalles bestimmt. In der Regel wird auf die Vollendung des 65. Lebensjahres des Pensionsberechtigten abgestellt.[205] Soweit vorauszusehen ist, daß ein Arbeitnehmer seine Tätigkeit über das vertraglich vereinbarte Pensionsalter hinaus fortsetzen wird, besteht gem. R 41 Abs. 12 Satz 2 EStR die Wahl, die Rückstellung bis zum vertraglichen Pensionsalter oder bis zum voraussichtlichen En-

---

kommenden Risiken (Sterblichkeit, Invalidität, Verheiratetenhäufigkeit, u.a.) mit ihren wahrscheinlichsten Werten ermittelt werden. Vgl. Blümich (1999), § 6a EStG, Rdnr. 300.

204 Die Gleichmäßigkeit bezieht sich nur auf die jährlich gleichbleibenden fiktiven Prämien. Es handelt sich hier jedoch um einen progressiven Anstieg der Rückstellung, da die angesammelten Rückstellungsbeträge laufend rechnerisch (6 %) verzinst werden und somit die Rückstellungsbeträge aufgrund der Zinseszinswirkung progressiv steigen. Vgl. Blümich (1999), § 6a EStG, Rdnr. 335 – 338.

205 Vgl. Ahrend/Förster/Rößler (1999), 2. Teil, Rdnr. 258. Das Wahlrecht zur Bildung der Pensionsrückstellungen bis zum frühestmöglichen Pensionierungsalter oder bis zu dem in der Pensionszusage vorgesehenen Endalter braucht nicht für alle Arbeitnehmer einheitlich ausgeübt zu werden (Grundsatz der Einzelbewertung).

de der Beschäftigung des Berechtigten zu bilden.[206] Dieses Wahlrecht muß jedoch gem. R 41 Abs. 12 Satz 7 EStR zum Beginn der Rückstellung getroffen werden, da eine spätere Nachholung von unterlassenen, aber zulässig gewesenen Zuführungen zur Rückstellung nicht möglich ist.

Ist in der Pensionszusage festgelegt, in welcher Höhe Versorgungsleistungen vorzeitig in Anspruch genommen werden können (§ 6 BetrAVG), kann der Teilwert auch auf diesen Zeitpunkt berechnet werden.[207] Die Rückstellungsbildung orientiert sich hier an dem Alter, bei dem ein frühestmöglicher Bezug von Leistungen aus der gesetzlichen Rentenversicherung möglich ist. Gemäß R 41 Abs. 12 Satz 3 EStR können Pensionsrückstellungen für Männer bis zur Vollendung des 63. Lebensjahres und für Frauen bis zur Vollendung des 60. Lebensjahres[208] gebildet werden, vorausgesetzt, daß in der Pensionszusage festgelegt ist, in welcher Höhe Versorgungsleistungen von diesem Zeitpunkt an gewährt werden (R 41 Abs. 12 Satz 4 EStR).[209] Das Wahlrecht ist im ersten Wirtschaftsjahr, in dem die Festlegung getroffen worden ist, in der Bilanz auszuüben (R 41 Abs. 12 Satz 8 EStR).

Bei der Berechnung von Pensionsrückstellungen verursacht § 6a Abs. 3 EStG allerdings mehrere Probleme.

---

206 Sofern die Rückstellungsbildung auf die voraussichtliche Beschäftigungsdauer des Arbeitnehmers abstellt, so ergeben sich niedrigere jährliche Zuführungen zur Pensionsrückstellung als bei einer Rückstellungsbildung bis zu einem vertraglichen Pensionsalter.

207 Wie sich die Rückstellungen in Abhängigkeit von unterschiedlichen Eintrittsaltern und Endaltern entwickeln, ist bei Ahrend/Förster/Rößler (1999), 2. Teil, Rdnr. 260 dargestellt.

208 Vgl. S. 73 ff. dieser Arbeit.

209 Die Auswirkungen unterschiedlicher rechnungsmäßiger Endalter auf die Höhe der Pensionsrückstellung mit und ohne Abschlag auf die vorgezogene Altersrente sind am Beispiel der Festrente und Steigerungsrente dargestellt bei Ahrend/Förster/Rößler (1999), 2. Teil, Rdnr. 269.

Für die Berechnung des Teilwerts der Pensionsverpflichtung sind die Verhältnisse am Bilanzstichtag maßgebend (§ 6a Abs. 3 Nr. 1 EStG und R 41 Abs. 19 ff. EStR). Das gilt insbesondere für die künftigen Pensionsleistungen. Sie sind bei der Berechnung des Teilwerts der Pensionsverpflichtung in der Höhe zu berücksichtigen, in der sie am jeweiligen Bilanzstichtag feststehen. So sind Erhöhungen des Pensionsanspruchs, die nach dem Bilanzstichtag eintreten, in die Berechnung des Teilwerts zum Bilanzstichtag einzubeziehen, soweit ihre Höhe und der Zeitpunkt ihres Eintritts am Bilanzstichtag festliegen.[210] Das steuerliche Stichtagsprinzip erlaubt nicht, daß bei gehaltsabhängigen Zusagen Gehaltstrends mit einbezogen werden.[211] Weiterhin ist die Einrechnung von ungewissen Rentenanpassungstrends in Deutschland steuerlich nicht zulässig. Unterbliebene Zuführungen zu den Pensionsrückstellungen dürfen erst bei Ausscheiden aus dem Dienstverhältnis unter Aufrechterhaltung der Pensionsanwartschaft oder bei Eintritt des Versorgungsfalles nachgeholt werden.[212]

Der Studie der *DB Research* ist im Grundsatz zuzustimmen, daß aus betriebswirtschaftlicher Sicht der aufgrund der Nichtzulässigkeit von Trendannahmen und aufgrund des steuerlichen Nachholverbotes der in den Rückstellungswerten zum Ausdruck kommende Verpflich-

---

210 Beispielsweise die planmäßige Steigerung des Pensionsanspruchs nach einem bestimmten Leistungsplan in Abhängigkeit von der Dienstzeit und dem Alter des pensionsberechtigten Arbeitnehmers.

211 Das Verbot der Einrechnung eines Lohntrends in die Pensionsrückstellung vor der jeweiligen Realisierung darf auch nicht dadurch umgangen werden, daß von vornherein ein fester Pensionsbetrag in einer Höhe zugesagt wird, die bei Anhalten der gegenwärtigen Lohnsteigerungen bis zum Eintritt des Versorgungsfalles real werden würde. Dieses Vorgehen wird im Schrifttum auch als „Nürnberger Verfahren" bezeichnet. Vgl. z. B. Blümich (1999), § 6a EStG, Rdnr. 363. Anders in § 253 Abs. 1 Satz 2 HGB und bei den International Accounting Standards (IAS), vgl. Stellungnahme des Hauptfachausschusses des Instituts der Wirtschaftsprüfer, in HFA (2/1988), Abschnitt 4, S. 404.

212 Vgl. zur Nichtpassivierung von sog. Altverpflichtungen Art. 28 Abs. 1 EGHGB i. V. m. §§ 5 Abs. 1 und § 6a EStG. Zum sog. steuerlichen Nachholverbot vgl. § 6a Abs. 4 insb. Satz 4 EStG.

tungsumfang zu gering ausgewiesen wird[213], woraus für Direktzusagen ein „... nicht zu unterschätzendes Liquiditätsrisiko..."[214] resultiere. Es sind hier jedoch zwei Punkte zu beachten: Zum einen besteht zwischen unmittelbaren Versorgungszusagen und der Unterbewertung des Versorgungsumfangs keine Kausalität, denn der zu geringe bilanzielle Schuldausweis resultiert aus den steuerlichen Berechnungsgrundlagen (Stichtagsprinzip), welche entsprechend zu modifizieren wären.[215] Weiter entstehen auch bei mittelbaren Versorgungszusagen aus vergleichbaren Gründen Unterbewertungen, wie bei der eingeschränkten Möglichkeit zur Anwartschaftsfinanzierung bei Unterstützungskassen[216] und der Anpassungsüberprüfungsverpflichtung nach § 16 BetrAVG bei Pensionskassen[217] deutlich zu erkennen ist.

Je nach Versorgungssystem konkretisiert sich das Problem in unterschiedlichem Maße. Das Problem der Unterbewertung zeigt sich insbesondere bei leistungsorientierten, d. h. gehaltsabhängigen Zusagen. Bei Festbetragssystemen spielen Gehaltstrends keine Rolle[218], gleiches gilt bei der Zusage von Kapital- anstelle von Rentenleistungen.[219]

Die erfolgten Erhöhungen des Rechnungszinses haben das Problem noch verschärft[220], da keine langfristige ausreichende Berücksichti-

---

213 Vgl. das Berechnungsbeispiel bei Spengel/Schmidt (1997 a), S. 170.

214 DB Research (1995), S. 9.

215 Vgl. Schmitz (1996), S. 1548 f.

216 Vgl. S. 268 ff. dieser Arbeit.

217 Sofern nicht alle auf den Rentenbestand entfallenden Überschußanteile zur Erhöhung der laufenden Leistungen verwendet werden. Vgl. § 16 Abs. 3 Nr. 2 BetrAVG n. F.

218 Es sei denn, es besteht eine arbeitsvertragliche Verpflichtung zur Anpassung der Festbeträge.

219 Vgl. Schmitz (1996), S. 1548.

220 Die versicherungsmathematische Berechnung der Pensionsrückstellungen erfolgte zunächst auf der Grundlage eines Rechnungszinses von 3,5 %. Um

gung des Gehaltstrends im Rechnungszins erfolgt. Ebenfalls anzumerken ist, daß eine einmalige Rückstellungs-zuführung aufgrund der schon erbrachten Arbeitsleistung so lange steuerlich nicht möglich ist, wie das Arbeitsverhältnis des Versorgungsempfängers (formal) weiterbesteht, da nach § 6a EStG die Bildung der Rückstellung grundsätzlich über die gesamte Zeit des Bestehens des Dienstverhältnisses zu erfolgen hat.[221] *Schmitz*[222] fordert daher zu Recht eine den Verhältnissen besser angepasste steuerliche Bewertung von § 6a Abs. 3 EStG an § 253 Abs. 1 Satz 2 HGB.

Ein weiteres Problem, welches in der Studie der *DB Research* nicht betrachtet wird, ist das der vorzeitigen Versorgungsfälle. Eine höhere Gefährdung folgt hier bei kleineren Unternehmen mit wenigen und inhomogenen Versorgungsverpflichtungen, wenn für die Versorgungsfälle Invalidisierung[223] und Tod zugesagt wurden.[224] Der Grund liegt in der Berechnung des Teilwertes gem. § 6a EStG. Dieser be-

---

das Volumen der Pensionsrückstellungen zu vermindern, wurde der Rechnungszins durch das Steueränderungsgesetz 1960 (BGBl. I 1960, S. 616 ff.) auf 5,5 % erhöht. Eine Zinssatzänderung und damit weitere Abschmelzung des Rückstellungsvolumens ergaben sich durch das 2. Haushaltsstrukturgesetz (22.12.1981, BGBl. I 1981, S. 1523 ff.), dessen Artikel 26 den in § 6a Abs. 3 EStG festgelegten Zinssatz von 5,5 % auf 6 % erhöht. Die unterschiedlichen Entwicklungen der Barwerte und der Rückstellungen (Teilwert) bei verschiedenen Rechnungszinssätzen sind dargestellt bei Ahrend/Förster/Rößler (1999), 2. Teil, Rdnr. 180 – 188.

221 Vgl. die formal rechtliche Unterscheidung im § 6a Abs. 3 Satz 2 EStG Nr. 1: „vor Beendigung des Dienstverhältnisses", Nr. 2: „nach Beendigung des Dienstverhältnisses". § 253 Abs. 1 Satz 2 HGB stellt in wirtschaftlicher Betrachtungsweise darauf ab, ob noch eine Gegenleistung zu erwarten ist oder nicht. Vgl. Schmitz (1996), Fn. 29.

222 Vgl. Schmitz (1996), S. 1549.

223 D. h. Invaliditätsleistungen bzw. Witwen-/Witwer- und/oder Waisenversorgungsleistungen. Das gleiche Problem kann je nach Regelung in der Versorgungszusage zur Leistungshöhe für diesen Versorgungsfall außerdem bei vorzeitiger Altersversorgung (aufgrund von § 6 BetrAVG) auftreten.

224 Vgl. Schmitz (1996), S. 1549.

läuft sich bei Versorgungsberechtigten, deren Dienstverhältnis noch fortbesteht (sog. Aktive) nicht auf den versicherungsmathematischen Barwert der Pensionsanwartschaft (sog. Anwartschaftsbarwert[225]), sondern auf die Differenz zwischen dem Anwartschaftsbarwert und dem versicherungsmathematischen Barwert fiktiver künftiger Prämien.[226] Sobald der Versorgungsfall vor dem planmäßigen Alter[227] eintritt, ist eine Auffüllung der Rückstellung auf den vollen versicherungsmathematischen Barwert der sofort beginnenden Leistungen (den sog. Leistungsbarwert)[228] erforderlich.

In diesem Falle kann es sich aufgrund der möglichen Höhe der erforderlichen Rückstellungszuführungen um existenzbedrohende Risiken für ein mittelständisches Unternehmen handeln.[229] Als grundlegende Rückdeckungskonzepte können einerseits die Rückdeckung mit Hilfe von Wertpapieren bzw. Fonds[230] und die klassische Rückdeckungsversicherung unterschieden werden.[231] Hierzu bieten sich verschiedene Maßnahmen zur Risikobegrenzung an. Diese können

---

225 Vgl. zur Berechnung Becker (1999), S. 159 ff.

226 Diese fiktiven künftigen Prämien werden als Äquivalent für die noch ausstehenden künftigen Arbeitsleistungen als Gegenleistung für die Versorgung in Ansatz gebracht. Vgl. § 6a Abs. 3 Satz 2 Nr. 1 EStG.

227 Gemeint ist das bei der Teilwertberechnung zugrunde gelegte Versorgungsalter.

228 Vgl. § 6a Abs. 3 Satz 2 Nr. 2 EStG (und die Drittelungsmöglichkeit nach Abs. 4 Satz 3).

229 Die Auffüllung ist zwar aufwandswirksam, aber nicht liquiditätswirksam. Die Gefährdung bezieht sich hier auf eine bilanzielle Überschuldung.

230 Zur Rückdeckung mit Hilfe von Wertpapieren-Sondervermögen vgl. S. 161 ff. dieser Arbeit.

231 Sofern eine Insolvenzsicherung über den *PSVaG* nicht möglich ist (der Versorgungsberechtigte unterliegt nicht § 17 BetrAVG), bietet sich als Ausweg eine Rückdeckungsversicherung an, welche an den Versorgungsberechtigten verpfändet wird. Die Änderungen durch die InsO werden in diesem Zusammenhang dargestellt bei Langohr-Plato/Teslau (1999), S. 400 ff. Vgl. auch Blomeyer (1999), S. 293 ff.

je nach wirtschaftlicher Zielsetzung des Unternehmens sehr differenziert ausgestaltet sein. Diese Maßnahmen[232] reichen von

- (teilweiser bis vollständiger) Rückdeckung des Risikos über
- partielle Rückdeckung mit Kapitalansammlung (mit verschiedenen Möglichkeiten) über
- vollständige wertäquivalente Rückdeckung mit Kapitalansammlung bis zur
- völlig kongruenten Rückdeckung der Versorgungsverpflichtung.[233]

Durch die Wahl einer geeigneten Rückdeckungsversicherung besteht die Möglichkeit, jegliche ökonomischen Aspekte in bezug auf Risikoneigung, Liquiditätsvorsorge und Auswirkungen auf den Gewinn aufeinander abzustimmen.[234] Der Liquiditätsvorsorge für spätere Versorgungszahlungen steht jedoch während der Anwartschaftsphase ein Prämienabfluß gegenüber, der sich jedoch durch Wahl einer nicht völlig kongruenten Rückdeckung begrenzen läßt.[235] *Schmitz*[236] hält es zu Recht für erstaunlich, daß die Studie der *DB Research* nichts zu dieser Problematik und der sich anbietenden Lö-

---

232 Allgemein üblich sind im Grunde nur die Begriffe Risikorückdeckung, partielle und kongruente Rückdeckung. Zur näheren Definition vgl. Schmitz (1996), Fn. 36.

233 Vgl. Schmitz (1996), S. 1549. Zur Abgrenzung Rückdeckungsversicherung/Direktversicherung vgl. Ahrend/Förster/Rößler (1999), 2. Teil, Rdnr. 364 – 370, zur Bilanzierung vgl. Rdnr. 374 – 381.

234 Vgl. zur betriebswirtschaftlichen Beurteilung Ahrend/Förster/Rößler (1999), 8. Teil, Rdnr. 8.

235 Ansprüche aus Rückdeckungsversicherungen sind zu aktivieren.

236 Vgl. Schmitz (1996), S. 1549.

sung aussagt, zumal die (verpfändete[237]) Rückdeckungsversicherung zu den von der Studie als Zwischenschritt empfohlenen Maßnahmen des asset-funding gehört.

bac) Zuführung und Auflösung der Pensionsrückstellung

Aus der Teilwertkonzeption ergibt sich, daß die Pensionsrückstellung jährlich zu erhöhen ist. Die Höchstgrenze ist gem. § 6a Abs. 4 Satz 1 EStG auf den Differenzbetrag zwischen dem Teilwert der Pensionsverpflichtung am Schluß des laufenden Wirtschaftsjahres und am Schluß des vorangegangenen Wirtschaftsjahres beschränkt. Das Unternehmen kann in jedem Wirtschaftsjahr neu entscheiden, ob und wie hoch die jährliche Zuführung ausfallen soll, mit der Folge, daß eine unterlassene Zuführung grundsätzlich nicht in einem späteren Jahr nachgeholt werden darf (sog. Nachholverbot). Dieses Nachholverbot wird jedoch durchbrochen, wenn der Versorgungsberechtigte mit unverfallbarer Anwartschaft aus dem Unternehmen ausscheidet, das Pensionsalter erreicht oder der vorzeitige Versorgungsfall eintritt.[238] In diesen Situationen können Rückstellungen auf den Barwert der künftigen Leistung aufgefüllt, d. h. voll gebildet werden (§ 6a Abs. 4 Satz 5 EStG).

Das Nachholverbot erfährt eine weitere Beschränkung durch die gleichmäßige Verteilung des Zuführungsbetrages auf das laufende und die beiden folgenden Wirtschaftsjahre in Situationen, in denen

---

237 Bei kleinen und mittleren GmbH´s werden fast alle Rückdeckungsversicherungen verpfändet, weil die Altersversorgungen beherrschender Gesellschafter- Geschäftsführer nicht der gesetzlichen Insolvenzsicherung unterliegen. Vgl. Punkt 2. 2. 1. des Merkblatts 300/M1 vom *PSVaG*.

238 Vgl. Schmidt (1999), § 6a EStG, Rdnr. 61; Blümich (1999), § 6a EStG, Rdnr. 443 – 446; Ahrend/Förster/Rößler (1999), 2. Teil, Rdnr. 302 – 303. *Büchele* [(1999), S. 68} ist der Meinung, daß § 6a Abs. 4 EStG mit dem gewandelten richterlichen Rechtsverständnis (Übergang vom Fürsorgecharakter zum Entgeltcharakter der Pensionsleistung) nicht mehr übereinstimmt. Das Nachholverbot erstrecke sich laut *Büchele* lediglich auf die unterlassene Rückstellung für eine Pensionsanwartschaft.

ein außergewöhnlicher Aufwand entsteht.[239] Die Verteilung ist möglich in dem Wirtschaftsjahr, in dem frühestens mit der Rückstellungsbildung begonnen werden darf (§ 6a Abs. 4 Satz 3 EStG), der Berechtigte unter Aufrechterhaltung seiner Anwartschaft ausscheidet oder sich der Barwert der Pensionsverpflichtung zwischen zwei Wirtschaftsjahrstichtagen um mehr als 25 % erhöht[240] bzw. der Versorgungsfall eintritt (§ 6a Abs. 4 Satz 5 EStG).

Die gestiegene Lebenserwartung, die gesunkene Invaliditätshäufigkeit und die Veränderungen der Hinterbliebenenversorgung erforderten eine Neuauflage der Richttafeln 1983.[241] Der Steuergesetzgeber sah sich veranlaßt, auf die neuen Richttafeln mit einer Änderung von § 6a EStG zu reagieren. Die Erhöhung der Pensionsrückstellung kann auch hier auf drei Wirtschaftsjahre gleichmäßig verteilt werden. Die Rückstellung muß erstmals in dem Wirtschaftsjahr zugeführt werden, das nach dem 31.12.1998 endet (§ 52 Abs. 7 a EStG n. F.).[242] Sinn und Zweck dieses steuerrechtlichen Bewer-

---

239 Ein außergewöhnlicher Aufwand entsteht z. B., wenn die Pensionszusage erst nach Vollendung des 30. Lebensjahres des Pensionsberechtigten bzw. nach dem Beginn des Dienstverhältnisses erteilt wird. Vgl. Blümich (1999), § 6a, Rdnr. 426.

240 Die dreijährige Verteilung soll nur bei einer außerordentlichen Erhöhung des Pensionsanspruchs möglich sein. Die Auswirkungen der Dreijahresverteilung aufgrund von Leistungserhöhungen ist dargestellt bei Ahrend/Förster/Rößler (1999), 2. Teil, Rdnr. 297 – 298.

241 Diese speziellen Rechnungsgrundlagen enthalten biometrische Grundwahrscheinlichkeiten, die man zur Erfassung des Risikos und der Fälligkeiten benötigt, wenn man eine betriebliche Versorgungszusage oder eine ähnliche Verpflichtung sachgerecht bewerten möchte. Der Übergang auf die Richttafeln 1998 in der Praxis ist z. B. dargestellt bei Engbroks (1999 b), 156 ff. Die Anwendung der neuen Tafeln führt hierbei durchschnittlich zu Erhöhungen der Teilwerte bei den Anwärtern von 4 – 6 % und bei den Rentnern von 7 – 11 %. Vgl. Beye (1999), S. 146. Weiterführend Langohr-Plato (1999 b), S. 19 ff.; Haferstock/Kerstein (1999), S. 44 ff.

242 In der Handelsbilanz sind diese neuen Erkenntnisse erstmalig für den Bilanzstichtag 31.12.1998 geboten (§ 252 Abs. 1 Nr. 3 HGB). Die neuen statistischen Werte zur Sterblichkeit, Invalidisierung und Familienstatistik fanden bisher im Jahresabschluß zum 31.12.1998 bei ungefähr 80 % der Unternehmen Anwendung. Die übrigen Unternehmen haben bereits in den

tungswahlrechts ist es, aufgrund der Verteilung den Jahresgewinn nicht durch eine hohe Einmalzuführung stark zu mindern bzw. den Jahresverlust nicht zusätzlich stark zu erhöhen.

Nach Eintritt des Versorgungsfalles ist die Pensionsrückstellung nach der sog. versicherungsmathematischen Methode aufzulösen. Dies ergibt sich aus dem Grundsatz des § 6a Abs. 3 Satz 1 EStG. Hier wird festgelegt, daß die Rückstellung höchstens mit dem Teilwert anzusetzen ist, denn bei einer Kürzung der Verpflichtung ist der Rückstellungsbetrag immer auf den Teilwert der restlichen Verpflichtung zu reduzieren.[243] Die volle Auflösung der Rückstellung erfolgt, wenn die Pensionsverpflichtung weggefallen ist (z. B. durch Tod ohne Anfall einer Hinterbliebenenrente), aufgrund der Verfallbarkeit der Anwartschaft und bei Widerruf der Pensionszusage.[244] Eine partielle Auflösung erfolgt in dem Moment, in dem der Pensionsanspruch herabgesetzt wird oder der Versorgungsfall eingetreten ist und die Rente zur Auszahlung kommt.[245]

Die Auszahlung der Rente geschieht in der Weise, daß in jedem Jahr der Unterschiedsbetrag zwischen dem versicherungsmathematischen Barwert der künftigen Pensionsleistungen am Schluß des Wirtschaftsjahres und am Schluß des vorangegangenen Wirtschaftsjahres den Gewinn erhöht (R 41 Abs. 23 Satz 1 EStR). Die versicherungsmathematische Auflösungsmethode berücksichtigt das Alter des Pensionsberechtigten und somit seine statistische Lebenserwartung, d. h. die Rentenbezugsdauer. Durch diese Berücksichtigung mindert sich der Barwert der Pensionsverpflichtungen von Jahr

Vorjahren andere biometrische Rechnungsgrundlagen, die verschiedentlich auf der Grundlage spezieller Untersuchungen basieren, angewendet. Vgl. hierzu Bode/Gohdes/Thurnes (1999), S. 1715.

243 Es handelt sich hierbei um ein Auflösungsgebot, soweit eine Pensionsrückstellung den Teilwert der Pensionsrückstellung übersteigt. Vgl. Ahrend/Förster/Rößler (1999), 2. Teil, Rdnr. 304.

244 Vgl. Blümich (1999), § 6a EStG, Rdnr. 465.

245 Vgl. Schmidt (1999), § 6a EStG, Rdnr. 66.

zu Jahr. Die laufenden Pensionszahlungen nach Eintritt des Versorgungfalles sind als Betriebsausgaben abzusetzen.
Eine Auflösung der Pensionsrückstellung ohne Wegfall (bzw. Minderung) der Versorgungsverpflichtung ist generell nicht zulässig.[246]

bad) Gewerbesteuerliche Auswirkungen

Die Gewerbesteuer bemißt sich gem. § 6 GewStG nach dem Gewerbeertrag.[247] Gewerbeertrag ist der nach den Vorschriften des Einkommensteuergesetzes oder des Körperschaftsteuergesetzes zu ermittelnde Gewinn aus dem Gewerbebetrieb, der bei der Ermittlung des Einkommens für den dem Erhebungszeitraum (§14 GewStG) entsprechenden Veranlagungszeitraum zu berücksichtigen ist, vermehrt und vermindert um die in den §§ 8 und 9 GewStG bezeichneten Beträge (§ 7 GewStG). Für die Ermittlung des Gewerbeertrages kommen die Bestimmungen im Sinne des § 8 GewStG über die Hinzurechnungen nicht in Betracht, da die Pensionsverpflichtungen weder Dauerschulden, noch Zinsleistungen[248] und i. S. v. § 8 Nr. 2 GewStG keine Renten[249] bzw. dauernde Lasten[250] sind. Somit mindert die Pensionsrückstellung den steuerpflichtigen Gewerbeertrag und damit die Gewerbesteuer.

bb) Betriebsunmittelbarer Pensionsfonds

Zuwendungen an einen „betriebsunmittelbaren Pensionsfonds" sollen im Rahmen des § 4d EStG als Betriebsausgaben beim Trä-

---

246 Vgl. Ahrend/Förster/Rößler (1999), 2. Teil, Rdnr. 313.

247 Ab EZ 1998, bis zu diesem Zeitpunkt erfolgte durch den bewertungsrechtlichen Abzug der Pensionsverpflichtung gem. § 104 BewG eine Verminderung des Gewerbekapitals. Die Abzugsfähigkeit der Pensionsrückstellungen im Rahmen der Einheitsbewertung des Betriebsvermögens, beeinflusste sowohl die Vermögen- als auch die Gewerbekapitalsteuer.

248 Vgl. BFH (04.12.1962), S. 93.

249 Vgl. BAG (10.03.1972), S. 1486.

250 Vgl. Ahrend/Förster/Rößler (1999), 2. Teil, Rdnr. 384.

gerunternehmen abzugsfähig sein. Die *Gerke-Kommission* schlägt eine Erhöhung der Zuwendungsmöglichkeiten für Anwartschaften auf Leistungen des „betriebsunmittelbaren Pensionsfonds“ vor.[251] Diese Erhöhung des zulässigen Vermögens für Leistungsanwartschaften sollte sich am versicherungsmathematischen Barwert der arbeitsrechtlich unverfallbaren Leistungsanwartschaft orientieren.[252] Somit wird bei einem Wechsel auf einen neuen Versorgungsträger im Fall nicht passivierter Altzusagen nach Art. 28 EGHGB zusätzlicher Aufwand generiert.[253] Die Übertragung von Pensionsrückstellungen auf „betriebsunmittelbare Pensionsfonds“ kann wegen des steuerlichen Gebots der Bilanzierung zu Anschaffungskosten bzw. zum Teilwert zu einer Auflösung stiller Reserven führen. Den Unternehmen soll die Möglichkeit eingeräumt werden, Vermögen zu Buchwerten bis zur Höhe der gebildeten Pensionsrückstellungen steuerneutral übertragen zu können. Die Realisierung der stillen Reserven soll dann später im „betriebsunmittelbaren Pensionsfonds“ erfolgen. Durch die realisierten stillen Reserven erhöht sich das Vermögen der „betriebsunmittelbaren Pensionsfonds“ und ermäßigt somit die erforderlichen Zuwendungen des zusagenden Unternehmens. Im Jahr der Übertragung führt die Realisierung der stillen Reserven im Unternehmen

---

251 Die geltenden pauschalen Zuwendungsgrenzen des § 4d EStG gestatten in der Regel nur eine unzureichende Finanzierung der in Aussicht gestellten Leistungen; es wird hier nur etwa die Hälfte des Teilwerts gemäß § 6a EStG des steuerlich zulässigen Vermögens der Unterstützungskasse für Leistungsanwärter erreicht.

252 Vgl. Gerke-Kommission (1998), S. 27. Im Gegensatz zum Teilwertverfahren bietet solch eine Behandlung die Möglichkeit, „betriebsunmittelbare Pensionsfonds“ auch für beitragsorientierte Leistungszusagen verursachungsgerecht zu dotieren.

253 Bei einer Übertragung von Pensionsrückstellungen auf „betriebsunmittelbare Pensionsfonds“ muß auch das Versorgungskapital übertragen werden, das sich auf Direktzusagen bezieht, welches im Rahmen des Passivierungswahlrechts für Altzusagen nicht gebildet wurde. Bei einer Nicht-Passivierung von Altzusagen ergibt sich eine Angabepflicht im Anhang hinsichtlich des sog. Fehlbetrages. Vgl. Peemöller/Geiger/Fiedler (1999), S. 811.

selbst zu einem höheren steuerlichen Ergebnis und folglich zu höheren Steuereinnahmen für den Staat. Da nur der Buchwert steuerneutral übertragen werden darf, entsteht kurzfristig ein hoher steuerpflichtiger Ertrag, da das Vermögen zu Marktwerten dem „betriebsunmittelbaren Pensionsfonds" übertragen wird. Im Vergleich zu einer Realisierung der stillen Reserven im „betriebsunmittelbaren Pensionsfonds" kommt es zu einem zeitlichen Unterschied von Steuereinnahmen bzw. Steuerausfällen: Im Unternehmen entstehen bei Realisierung ein „ad-hoc"-Ertrag[254] und gleichzeitig Betriebsausgaben in Form von Zuwendungen bis zur Höhe des Anwartschaftsbarwerts. Bei der Realisierung im „betriebsunmittelbaren Pensionsfonds" entsteht zwar kein Ertrag, es werden allerdings die zukünftigen Zuwendungen geschmälert.[255]

Die fiskalischen Auswirkungen bei „betriebsunmittelbaren Pensionsfonds" sind stark von dem Übertragungsverhalten der Unternehmen, die Direktzusagen gewähren, abhängig. Entscheidend für die Auswirkungen ist die Höhe des Anwartschaftsbarwerts der arbeitsrechtlich unverfallbaren Leistungen im Vergleich zum steuerlichen Teilwert nach § 6a EStG. Ein vom *BMF* in Auftrag gegebenes unveröffentlichtes Gutachten hat innerhalb eines repräsentativen Bestands nachgewiesen, daß bei einer typischen Zusage der Anwartschaftsbarwert ca. 91,7 % des Teilwerts ausmacht.[256] Sofern die Unternehmen bereit sind, den ertragswirksamen Teil der Auflösung der Pensionsrückstellungen nach dem Teilwert und die damit verbundene Steuerbelastung hinzunehmen und zu tragen, könnte die Übertra-

---

254 Da der Grund für die Rückstellung im Unternehmen entfallen ist, der Teilwert jedoch über dem Anwartschaftsbarwert liegt, kommt es in den Unternehmen zu einer ertragswirksamen Auflösung der verbleibenden Rückstellung (Differenzbetrag). Diese Erträge führen im Jahr der Übertragung zu Steuereinnahmen.

255 Vgl. BMF (1998 b), S. 9.

256 Unter der Prämisse, daß die Unverfallbarkeitsfrist auf drei Jahre und gleichzeitig das Finanzierungsbeginnalter auf 26 Jahre herabgesetzt wird. Vgl. BMF (1998 b), S. 11.

gung von Pensionsrückstellungen auf „betriebsunmittelbare Pensionsfonds" zu Steuereinnahmen in Höhe von 943 Mio. DM führen. Dies würde zu einer sehr starken steuerlichen Belastung im Jahr der Übertragung für die Unternehmen führen. Folglich würden nur solche Unternehmen übertragen und ertragswirksam Pensionsrückstellungen in Höhe des Differenzbetrags zum Anwartschaftsbarwert auflösen, denen es finanziell schlecht geht oder deren Pensionsrückstellungen aufgrund einer anders gelagerten Zusage oder eines abweichenden Bestands unterhalb des Anwartschaftsbarwerts der unverfallbaren Leistungen liegen. Dieses Szenario würde allerdings dazu führen, daß die zu erwartenden Steuereinnahmen nicht entstehen, weil mit Erträgen aus der Rückstellungsauflösung etwaige Verluste kompensiert werden. Es könnten sogar Steuerausfälle entstehen. Somit ist der genannte Betrag von „... 943 Mio. DM nur als Hinweis auf mögliche positive fiskalische Auswirkungen zu sehen, jedoch nicht in eine realitätsnahe Kalkulation einzubeziehen".[257]

Das Vermögen des „betriebsunmittelbaren Pensionsfonds", welches in der Regel über eine hundertprozentige Beteiligung dem Trägerunternehmen zugerechnet werden müßte, soll als selbständiges Sondervermögen behandelt werden und folglich steuerlich privilegiert, d. h. steuerbefreit sein. Die Behandlung von Überdotierungen soll entsprechend den Regelungen der §§ 5 und 6 KStG erfolgen. Das Anrechnungsguthaben bei Dividendenausschüttungen und die einbehaltene Kapitalertragsteuer sollen erstattet werden.

Der offensichtliche Unterschied zur konventionellen Direktzusage ist zunächst rein bilanzieller Herkunft: Durch die Übertragung der Versorgungsmittel auf das Sondervermögen würde eine Verkürzung der Bilanz des Trägerunternehmens eintreten (Bilanzschutzfunktion).[258]

---

257 BMF (1998 b), S. 12.

258 Vgl. Gerke-Kommission (1998), S. 26.

Das Versorgungskapital von Trägerunternehmen steuerneutral und ohne Auflösung einer Lohnsteuerpflicht auf einen „betriebsunmittelbaren Pensionsfonds“ zu übertragen, ist sinnvoll, um es den Unternehmen zu ermöglichen, ihre Bilanzen aus einer eventuellen „Schieflage" zu befreien. Solch eine steuerunschädliche Übertragung von Pensionsrückstellungen auf den neuartigen „betriebsunmittelbaren Pensionsfonds“ dürfte allerdings schwierig zu begründen sein, da aufgedeckte stille Reserven steuerfrei gestellt werden müßten, wie es die *Gerke-Kommission* fordert. Daß die stillen Reserven im Zusammenhang mit der Bildung von Pensionsrückstellungen entstanden sind, rechtfertigt nicht die Anwendung einer – geforderten – speziellen Steuerbefreiung. Die Schlußfolgerung wäre sonst, daß auch anderweitig aufgedeckte stille Reserven – z. B. bei der Veräußerung von Finanzvermögen – steuerneutral bleiben müßten, wenn sie in externe Versorgungsträger ausgelagert werden müßten. Darüber hinaus würden die Unternehmen steuerlich diskriminiert, die ihre Dotierungen aus dem Barvermögen vornehmen würden.[259]

Indes erscheint die Realisierbarkeit dieser Zielsetzung auf dem vorgeschlagenen Weg äußerst fraglich. Der „betriebsunmittelbare Pensionsfonds“ ist als nicht rechtsfähiges Sondervermögen konzipiert. Somit kann dem „betriebsunmittelbaren Pensionsfonds“ nach allgemeinen zivilrechtlichen Grundsätzen auch kein eigenes Vermögen zugeordnet werden. Hieraus folgt aber, daß das „Sondervermögen“ weiterhin dem Trägerunternehmen zugerechnet wird und zwar nicht verselbständigt, sondern als zivilrechtlich nicht abgrenzbarer Bestandteil des Gesamtvermögens.[260] Eine buchungstechnische Isolation dieses „Sondervermögens“ führt grundsätzlich nicht zu den gewünschten bilanziellen Konsequenzen.[261] Darüber hinaus ist hin-

---

259 Vgl. Otremba (1998), S. 253.

260 Vgl. Blomeyer (1998 a), S. 1739.

261 Ebenda, S. 1739.

sichtlich der Versorgungszusagen derjenige bilanzierungspflichtig, der diese abgibt, was eine isolierte Ausgliederung von Pensionsrückstellungen auf ein nicht rechtsfähiges Gebilde von vornherein ausscheiden läßt, da ein solches nicht Träger der Versorgungsverpflichtung sein kann.[262]
Unter diesem Gesichtspunkt erscheint der „betriebsunmittelbare Pensionsfonds" kaum geeignet, Vertrauen in die zukünftige Belebung der betrieblichen Altersversorgung in Deutschland zu erwecken.

3. Dotierung

a) Gestaltung der Versorgungszusage

Für den Durchführungsweg der betrieblichen Altersversorgung mittels der Direktzusage wurde der Ruf nach der Zulässigkeit „reiner" Beitragszusagen erhoben. Wie bereits vorstehend eingehend dargestellt[263], läßt sich diese Versorgungszusagenausgestaltung jedoch nicht mit dem unter sozialpolitischen Gesichtspunkten verfolgten Zweck der betrieblichen Altersversorgung vereinbaren.
Hieraus darf jedoch keinesfalls der Umkehrschluß gezogen werden, daß die reine Leistungszusage als Königsweg der Direktzusage anzusehen wäre. Die teilweise vertretene Auffassung, Direktzusagen würden lediglich reine Leistungszusagen ermöglichen, ist unzutreffend. Insbesondere muß hier ein Zusammenhang mit der Pensionsrückstellung verneint werden.[264] Vielmehr ist als Gestalt der Versorgungszusage auch bei der Durchführung mittels der Direktzusage die seit 01.01.1999 ins Betriebsrentengesetz aufgenommene beitragsorientierte Leistungszusage zu präferieren. So hat auch die Praxis bereits seit geraumer Zeit brauchbare Lösungen für eine Bei-

---

262 Vgl. Hanau/Arteaga (1999 b), S. 551.

263 Vgl. S. 50 ff. dieser Arbeit.

264 Vgl. Nürk (1996), S. 2188; ähnlich Wehlmann (1996), S. 1147.

tragsorientierung der Versorgungszusagen geschaffen[265], welche dem Arbeitgeber letztlich eine Möglichkeit zur Limitierung seiner Versorgungsaufwandsverpflichtung an die Hand geben.
Für die Weiterentwicklung „betriebsunmittelbarer Pensionsfonds" ergeben sich insoweit keine Neuerungen.

b) Zulässigkeit von Arbeitnehmerbeiträgen

Die Möglichkeit der Finanzierung einer betrieblichen Altersversorgung durch den Arbeitnehmer selbst hat sich bisher hauptsächlich in Form der betrieblichen Direktversicherung durchgesetzt. Durch einen koordinierten Erlaß der Finanzministerien der Länder[266] wurde schon 1995 festgestellt, daß eine durch Gehaltsverzicht des Arbeitnehmers finanzierte Pensionszusage unter bestimmten Voraussetzungen keinen lohnsteuerlichen Zufluß beim Arbeitnehmer darstellt.[267] Hierbei greifen viele der zur Zeit gestalteten Modelle auf ein asset-funding in Form von Rückdeckungsversicherungen zurück.[268] Selbst die ergebnisorientierte Ausgestaltung der Versorgungszusage ist grundsätzlich auf diesem Wege herstellbar.[269] Die Zulässigkeit von Arbeitnehmerbeiträgen ist daher für die herkömmliche Direktzusage bereits – und nicht erst durch die Neueinführung des § 1 Abs. 5 BetrAVG – seit längerem realisiert.

---

265 Vgl. z. B. Ahrend/Förster/Rößler (1995), S. 3 ff., die die beitragsorientierte Direktzusage mit leistungsorientierten Pensionszusagen bzw. mit extern finanzierten Beitragsplänen vergleichen. Siehe auch Ophoff/Walkiewiewicz (1996), S. 2242; Roland (1996), S. 220.

266 Vgl. z. B. FinMin NRW, Erlaß vom (15.05.1995), S. 1150 f.

267 Die steuerlichen Auswirkungen einer Deferred Compensation aus Arbeitnehmer- und Arbeitgebersicht sind dargestellt bei Grawert/Knoll (1998), S. 1692.

268 Vgl. Schmitz (1996), S. 1551. Die betriebswirtschaftlichen Auswirkungen einer Rückdeckung, sowohl für den Arbeitnehmer als auch für den Arbeitgeber, untersucht Bredebusch (1996), S. 49 ff.

269 Vgl. Schmitz (1996), S. 1548, Fn. 29.

Hinsichtlich der Weiterentwicklung „betriebsunmittelbarer Pensionsfonds“ ergeben sich insoweit keine Besonderheiten.

4. Versorgung

a) Rechtsansprüche des Versorgungsberechtigten

Vorrangige Zielvorstellung für die zukünftige Gestaltung der betrieblichen Altersversorgung ist auf Arbeitnehmerseite die Gewährung von Rechtsansprüchen gegen den Versorgungsträger. Bei der herkömmlichen Direktzusage wird dem Arbeitnehmer ein solcher unmittelbar gegen das Arbeitgeberunternehmen eingeräumt.[270]

Das von der *Gerke-Kommission* entwickelte Modell „betriebsunmittelbarer Pensionsfonds“ sieht einen solchen Rechtsanspruch nicht vor. Begründet wird dies damit, daß die externe Finanzierung von Direktzusagen i. S. d. § 6a EStG ermöglicht werden solle und das Fehlen eines Rechtsanspruchs hierfür als Voraussetzung angesehen werde.[271] Im Ergebnis wird hierdurch eine nachgelagerte Besteuerung der Versorgungszusagen ermöglicht. Diese Konstruktion begegnet jedoch erheblichen Bedenken. Zum einen findet sich in § 6a EStG keinerlei Ansatzpunkt, der diese Auffassung erklären könnte. Im Gegenteil verlangt § 6a EStG explizit die Gewährung eines Rechtsanspruchs. Zum anderen widerspricht die Versagung eines Rechtsanspruchs der sozialpolitischen Zielsetzung der betrieblichen Altersversorgung, da insoweit der Arbeitnehmer schutzlos gestellt würde.

Die – offensichtlich in diesem Punkt nicht durchdachte – Weiterentwicklung „betriebsunmittelbarer Pensionsfonds“ erfüllt somit keineswegs die Anforderung an eine zukunftsfähige betriebliche Altersversorgung.

---

270 Vgl. z. B. Schoden (1994), S. 42, Rdnr. 27.

271 Vgl. Gerke-Kommission (1998), S. 51.

b) Insolvenzschutz

Im Rahmen der herkömmlichen Direktzusage ist der Arbeitnehmer gegen eine Insolvenz des Arbeitgebers durch den betriebsrentenrechtlichen Insolvenzschutz der §§ 7 ff. BetrAVG geschützt, was bedeutet, daß das Arbeitgeberunternehmen zwangsweise beitragspflichtiges Mitglied im *PSVaG* ist.[272]

Bei der Weiterentwicklung zum „betriebsunmittelbaren Pensionsfonds" darf konsequenterweise nichts anderes gelten. Da der „betriebsunmittelbare Pensionsfonds" ein nicht rechtlich verselbständigtes Sondervermögen darstellt, bleibt es auch bei diesem Durchführungsweg bei einer alleinigen Haftung des Arbeitgeberunternehmens im Insolvenzfall. So sieht auch der Entwurf der *Gerke-Kommission* für den „betriebsunmittelbaren Pensionsfonds" eine Insolvenzsicherung nach den §§ 7 ff. BetrAVG vor.[273] Nach der Konzeption des „betriebsunmittelbaren Pensionsfonds" durch die *Gerke-Kommission* ist das Fondsvermögen an die Begünstigten verpfändbar.[274] Dies würde aber die Einhaltung der bürgerlich-rechtlichen Pfandrechtsvorschriften voraussetzen (§§ 1205, 1113 ff. BGB), d. h. Übergabe bzw. Brief- oder Buchbestellung. Diese Voraussetzung ist schwerlich realisierbar.[275] Abgesehen davon, daß der hierdurch wohl

---

272 Der *PSVaG* seinerseits kann diese Verpflichtungen mit befreiender Wirkung auf eine Pensionskasse oder ein Unternehmen der Lebensversicherung übertragen. Vgl. hierzu näher S. 76 ff. dieser Arbeit.

273 Vgl. Gerke-Kommission (1998), S. 28.

274 Wie vorstehend dargestellt, ist dieses mangels zivilrechtlicher Abgrenzung vom Gesamtvermögen des Trägerunternehmens nicht als solches, sondern in Höhe seines konkreten Betrages verpfändbar.

275 Das Fondsvermögen soll grundsätzlich an die Begünstigten verpfändet sein. Aus dem Bericht ist allerdings nicht ersichtlich, ob der Arbeitgeber zur Verpfändung gesetzlich verpflichtet werden soll oder ob ein gesetzliches Pfandrecht (Unternehmerpfandrecht gem. § 647 BGB) vorgesehen ist. Für das Unternehmerpfandrecht spricht laut *Blomeyer*, daß nur auf diesem Weg die Versorgungsberechtigten flächendeckend abgesichert werden. Weiterhin ist in Hinblick auf § 1204 BGB der Gegenstand des Pfandrechts klärungsbedürftig. So kommen nur die einzelnen Vermögensgegenstände, wie die beweglichen Sachen (einschließlich Inhaberpapiere) und die Rechte des Son-

bezweckte Schutz des Versorgungsberechtigten im Insolvenzfall des Trägers durch den Insolvenzschutz des Betriebsrentengesetzes einfacher und wirksamer gewährleistet ist, kann die gutgemeinte Regelung das Ziel so nicht erreichen.

Im übrigen würde sich bei tatsächlicher Verpfändung des Fondsvermögens an die Versorgungsberechtigten der betriebsrentenrechtliche Insolvenzschutz verringern, da der Insolvenzschutz gem. § 7 Abs. 4 Satz 1 BetrAVG um den Wert der Pfandrechte bereinigt eingreifen würde. Durch die im Insolvenzfall eingeschränkte Haftung des *PSVaG* dürfte den Arbeitgebern generell nicht der volle Mitgliedsbeitrag gem. § 10 BetrAVG abverlangt werden. Solch ein Entschluß wäre allerdings zu kurzsichtig.

Da sich die Höhe der (gestaffelten) Beiträge nach dem Deckungsgrad der Verpflichtungen durch die im „betriebsunmittelbaren Pensionsfonds" angesammelten (und verpfändeten) Versorgungswerte richtet[276], und diese bei Anlagen in Aktien und Rentenpapieren erheblichen Schwankungen unterliegen, erscheint das Verfahren weder für den *PSVaG* noch für die Arbeitgeber praktikabel.[277] An vollen Mitgliedsbeiträgen führt kein Weg vorbei.

Nach alledem ist die Konzeption des „betriebsunmittelbaren Pensionsfonds" insoweit nicht mit der Zielvorstellung „Insolvenzschutz" eines zeitgemäßen betrieblichen Altersversorgungsträgers vereinbar.

---

dervermögens (i. S. v. § 1273 Abs. 1 BGB) in Betracht. Die Konsequenz aus dieser Betrachtungsweise wäre allerdings, daß die verpfändeten beweglichen Sachen den Versorgungsberechtigten übergeben und die Rechte ihnen übertragen werden (§ 1205 Abs. 1 Satz 1 BGB bzw. § 647 BGB). Darüber hinaus müßten für unbewegliche Wirtschaftsgüter die Vorschriften über die Bestellung von Grundpfandrechten eingehalten werden (§§ 1113 ff. und 1191 ff. BGB). Dies alles spricht gegen eine Verpfändung des Fondsvermögens. Vgl. Blomeyer (1998 a), S. 1740.

276 Vgl. Gerke-Kommission (1998), S. 27.

277 Vgl. Blomeyer (1998 a), S. 1740.

III. Zusammenfassende Beurteilung

Die herkömmliche Direktzusage erfüllt lediglich im Wege der Durchführung per Spezialfonds, ebenso wie die Weiterentwicklung zum Modell „betriebsunmittelbarer Pensionsfonds" die finanzierungstechnischen Zielsetzungen an eine zukunftsträchtige Durchführung der betrieblichen Altersversorgung.

Die Pensionsrückstellungen stehen allerdings nicht als kostenloses Kapital zur Verfügung; die Mittel müssen zumindest einen rechnerischen Zins in Höhe von 6 % erwirtschaften. Die mögliche externe Finanzierung kann für die Unternehmen eine Kostenminderung bedeuten, sofern die Rendite der externen Anlage über der internen liegt. Eine Entscheidung kann allerdings nur im Einzelfall getroffen werden. Um eine Fortsetzung des Unternehmens allerdings zu rechtfertigen, sollte der erwirtschaftete Ertrag längerfristig über die am Kapitalmarkt erzielbaren Erträge hinausgehen. Daher ist für den Unternehmer die externe Anlage keine echte unternehmerische Alternative. Eine die Rückstellungsbildung begleitende Anlage in externe Finanzierungsformen, wie z. B. Spezialfonds, kann in verschiedenen Fällen betriebswirtschaftlich durchaus sinnvoll sein. Beispiele hierfür sind ein mit der Alterung der Versorgungsempfänger zunehmender Liquiditätsbedarf, fehlende Investitionsmöglichkeiten sowie Unternehmensumstrukturierungen und Schließungen. Doch auch die zunehmende Internationalisierung und die hiermit einhergehende Bilanzierung gemäß SFAS und IAS sind Ursache von einer – freiwilligen – Auslagerung des Versorgungskapitals. Es ist somit nicht zutreffend – wie die *Gerke-Kommission* behauptet -, daß Direktzusagen „... ausschließlich eine Innenfinanzierung über Pensionsrückstellungen ..." erlauben und eine „... langfristige Anlage im Kapitalmarkt unterbunden..."[278] wird.

Bei einer zwangsweisen Auslagerung der Pensionsrückstellungen in einen „betriebsunmittelbaren Pensionsfonds" dürfte wohl keine Sen-

---

278 Gerke-Kommission (1998), S. 39.

kung, sondern eine Erhöhung der – um die Anlagebeträge bereinigten – Kosten der betrieblichen Altersversorgung eintreten. Sobald Pensionsrückstellungen durch „betriebsunmittelbare Pensionsfonds" ersetzt werden sollen, müßte dies zumindest ohne Nachteil für die Unternehmen und deren betriebliche Altersversorgung erfolgen. Hiervon kann aus betriebswirtschaftlicher Sicht nicht ausgegangen werden. Das liegt nicht nur an langfristigen Liquiditäts- und Kostenvorteilen der Pensionsrückstellung, sondern auch am Rendite-Argument.

Sofern der „betriebsunmittelbare Pensionsfonds" als Alternative zu künftigen Rückstellungserhöhungen in Betracht gezogen wird, stellt sich natürlich die Frage, inwieweit dieser Verbesserungen im Vergleich zum Spezialfonds bietet, denn, wie gezeigt, können die zur Erfüllung der Versorgungszusagen bereitzustellenden Mittel schon heute aus dem Trägerunternehmen in Spezialfonds ausgelagert werden. Als Spezialfonds bieten sich Unternehmen mit ausreichendem Kapitalumfang an, welche die mit Pensionsrückstellungen verbundenen Finanzierungseffekte nicht für den eigenen Produktionsprozeß oder die Realisierung anderer Investitionen benötigen. Entsprechendes gilt für Unternehmen, die aus grundsätzlichen Erwägungen einer Ausgliederung dieser und/oder anderer Mittel als Alternative zur direkten Wertpapieranlage bevorzugen.

Der von der *Gerke-Kommission* vorgeschlagene „betriebsunmittelbare Pensionsfonds" bietet demgegenüber keine Neuerungen. Bei beiden Fonds handelt es sich um ein steuerbefreites, nichtrechtsfähiges Sondervermögen, welches keinen Anlagebeschränkungen unterliegt. Der einzig erkennbare Unterschied ist, daß der Arbeitgeber beim „betriebsunmittelbaren Pensionsfonds" im Zugriff auf das Sondervermögen beschränkt sein soll. Diese Gestaltung ist allerdings kaum zu realisieren, da das Sondervermögen zivilrechtlich Bestandteil des Unternehmensvermögens ist. Weiterhin läßt sich die Forderung nach einer angemessenen Diversifizierung des Versorgungskapitals schon durch die externe Finanzierung mit Hilfe des Spezialfonds erreichen, der Einführung eines „betriebsunmittelbaren Pensionsfonds" bedarf es hierfür nicht. Ein Eingreifen in die freiwilligen Investitionsmittel von außen wäre somit rechtlich nicht nur bedenklich, sondern würde der betrieblichen Altersversorgung darüber hinaus wohl eher schaden. Auch eine Kapitalmarktförderung ließe sich durch eine zwanghafte Auslagerung des Versorgungskapitals nicht erreichen. Von der Empfehlung des *wissenschaftlichen Beirats beim Bundeswirtschaftsministeriums* „... die steuerliche Abzugsfähigkeit der Zuführungen zu Pensionsrückstellungen aufzuheben und durch eine einheitliche Abzugsfähigkeit betrieblicher Pensionsprämienzahlungen an spezialisierte Finanzintermediäre, wie Pensionsfonds .. zu ersetzen"[279] ist somit abzuraten.

Bei einer betrieblichen Altersversorgung über eine Direktzusage erfolgt erst im Versorgungsfall die Besteuerung der Versorgungszahlungen beim Begünstigten. Dabei werden die Versorgungsleistungen beim Rentenempfänger mit dessen persönlichem Einkommensteuertarif belastet. Der effektiv zu zahlende Einkommensteuertarif liegt im Rentenalter i. d. R. deutlich unter dem Durchschnittssteuersatz während der Erwerbstätigkeit. Durch diese niedrigere Einstufung im progressiven Einkommensteuertarifbereich zum Zeitpunkt der Steuerpflicht begründet sich der wesentliche Vorteil der nachgelagerten Besteuerung. Versorgungsleistungen aus dem „betriebsunmittelbaren Pensionsfonds" sollen ebenfalls nachgelagert besteuert werden. Insofern ist dieses Kriterium bei beiden Versorgungsträgern erfüllt.

Im Rahmen des Durchführungsweges der Direktzusage ist der Arbeitgeber nicht nur zur Finanzierung des Versorgungsaufwands verpflichtet, sondern gleichzeitig auch Versorgungsträger. Die steuerli-

---

279 Wissenschaftlicher Beirat (1997), S. 21.

che Betrachtung hinsichtlich dieser Zielvorstellung erfolgt somit gemeinsam.
Abgesehen von der Bindung der Arbeitnehmer an das Unternehmen und der damit einhergehenden Verringerung der Fluktuationsrate sind es in erster Linie die hier beschriebenen steuerlichen Möglichkeiten, die den Unternehmer veranlassen, eine betriebliche Altersversorgung in Form der Direktzusage einzuführen. Hier ist der Finanzierungseffekt am größten, da bereits während der Anwartschaftsphase Rückstellungen gebildet werden. Die in den Anforderungskatalog aufgenommene Forderung der vollständigen Ausfinanzierung der Versorgungsleistungen (vollständige periodengerechte Gewinnermittlung) ist bei den Pensionsrückstellungen jedoch nicht möglich, da gem. § 6a Abs. 2 Nr. 1 EStG ein Rückstellungsverbot für Anwartschaften vor dem 30. Lebensjahr besteht. Auch ist zu kritisieren, daß die steuerliche Abzugsfähigkeit der Pensionsrückstellungen zu niedrig ausfällt, d. h. daß das steuerlich zulässige Bewertungsverfahren das Verpflichtungsvolumen niedriger ausweist als die wahren Verpflichtungen. Dieses Problem zeigt sich speziell bei leistungsorientierten Zusagen und läßt sich durch Zusagen wie dem Festbetragssystem vermeiden. Die von der *DB Research* behauptete Gefahr der vorzeitigen Versorgungsfälle besteht, läßt sich jedoch – bei nicht ausreichendem Risikoausgleich innerhalb des Unternehmens – durch Rückdeckungsversicherungen ausschließen.
Durch die Bildung einer Pensionsrückstellung ergibt sich somit der Vorteil, spätere Pensionsleistungen schon vor ihrer Zahlung steuermindernd auf das Einkommen wirken zu lassen.

Der Durchführungsweg „betriebsunmittelbarer Pensionsfonds" erfüllt zwar die steuertechnische Zielvorstellung im Sinne einer vollen steuerlichen Anerkennung des Versorgungsaufwands und der steuerneutralen Ansammlung des Versorgungskapitals. Diesem kann allerdings kein eigenes Vermögen zugeordnet werden. Somit kann die gewünschte „Bilanzschutzfunktion" durch eine Übertragung des Versorgungskapitals in den „betriebsunmittelbaren Pensionsfonds“ so nicht eintreten. Steuerunschädlich Pensionsrückstellungen auf andere Versorgungsträger zu übertragen, dürfte insoweit stets schwierig sein, als kaum begründbar ist, weshalb gerade hier aufgedeckte stille Reserven steuerfrei gestellt werden sollten. Andernfalls könnte gefordert werden, auch anderweitig aufgedeckte stille Reserven (z. B. bei der Veräußerung von Finanzvermögen) steuerneutral zu stellen, soweit diese mit der Deckung von Versorgungskapital in Verbindung gebracht werden könnten. Unternehmen, welche ihre Dotierungen aus dem Barvermögen vornehmen würden, würden steuerlich diskriminiert. Eine steuerneutrale Überführung des Versorgungskapitals ist somit nicht möglich.

Der Ruf nach Versorgungszusagen, welche auf Arbeitgeberseite dem Bedürfnis nach Kalkulationssicherheit Rechnung tragen, führte zur Forderung nach der Beitragszusage für den Durchführungsweg Direktzusage und „betriebsunmittelbarer Pensionsfonds“. Diese läßt sich jedoch nicht mit dem sozialpolitischen Zweck des Betriebsrentengesetzes vereinbaren. Die Behauptung, daß Direktzusagen auch vor der Novellierung des Betriebsrentengesetzes lediglich Leistungszusagen zuließen, wurde entkräftet. Auch durch die beitragsorientierte Leistungszusage läßt sich eine Limitierung des Verpflichtungsaufwands herstellen. Arbeitnehmerbeiträge im Sinne des Anforderungskatalogs an eine zukünftige betriebliche Altersversorgung sind bei beiden Durchführungswegen zulässig. Insofern sind die Kriterien der Dotierung bei beiden Versorgungsträgern erfüllt und auch realisierbar.

Dem Versorgungsberechtigten steht ein direkt gegen den Versorgungsträger, d. h. im Falle der Direktzusage gegen den Arbeitgeber, gerichteter Rechtsanspruch auf Leistungen aus der betrieblichen Altersverorgung zu. Die Weiterentwicklung dieses Durchführungsweges zum „betriebsunmittelbaren Pensionsfonds“ läßt einen

Rechtsanspruch auf das Versorgungskapital nicht zu, damit durch diese Konstruktion eine nachgelagerte Besteuerung herbeigeführt werden kann.[280] Dem Versorgungsempfänger wird keine Rechtssicherheit eingeräumt, daher ist der „betriebsunmittelbare Pensionsfonds" unter diesem Gesichtspunkt abzulehnen.

Der Versorgungsempfänger genießt im Rahmen der Direktzusage den Insolvenzschutz des Betriebsrentengesetzes. Im Falle der Insolvenz des Arbeitgebers übernimmt der *PSVaG* die Absicherung des Arbeitnehmers bzw. seiner Hinterbliebenen. Solch eine Insolvenzsicherung ist auch bei dem „betriebsunmittelbaren Pensionsfonds" vorgesehen. Da es sich hierbei um ein nicht rechtlich verselbständigtes Sondervermögen handelt, ist der Zugriff des Arbeitgebers und der Gläubiger nicht endgültig ausgeschlossen. Dies soll durch die Einräumung von Sicherungsrechten erreicht werden, die den Versorgungsberechtigten zugesagt werden. Sofern hier als Sicherungsinstrument ein Pfandrecht bestellt wird, ist das Vermögen hinreichend verhaftet und vor dem Zugriff Dritter bzw. des Arbeitgebers geschützt. Der Pfandgläubiger hat im Insolvenzfall einen Anspruch auf abgesonderte Befriedigung (§§ 165 ff. InsO). Um dies zu erreichen, ergibt sich allerdings die Schwierigkeit der individuellen Zuordnung des Versorgungskapitals zu den einzelnen Versorgungsberechtigten. Diese Zuordnung des Sicherungsguts muß gleichzeitig flexibel auf Verpflichtungs- und Vermögensänderungen, welche aufgrund der Investition in volatile Kapitalanlagen starken Schwankungen unterliegen, reagieren können. Insofern erscheint diese Konstruktion recht problematisch. Weiterhin würde der *PSVaG* im Insolvenzfall nur um die Pfandrechte bereinigt haften; eine geringere Haftung würde wiederum geringere Mitgliedsbeiträge nach sich ziehen. Der Zielvorstellung „Insolvenzschutz" wird der „betriebsunmit-

---

280 Vgl. S. 131 ff. dieser Arbeit.

telbare Pensionsfonds" in seiner jetzigen Ausgestaltung nicht gerecht.

Da die betriebliche Altersversorgung grundsätzlich Kosten verursacht, ist es aus finanzwirtschaftlicher Sicht für das Unternehmen zwingend, die Finanzierung zu erleichtern. Hier erweist sich die Bildung von Pensionsrückstellungen gegenüber dem externen Aufbau eines „betriebsunmittelbaren Pensionsfonds" aus den genannten Gründen als vorteilhafter. Daß die Bildung von Pensionsrückstellungen generell mit besonderen Liquiditätsrisiken bzw. Effizienzproblemen verbunden ist, läßt sich nicht belegen. Weiterhin ergab die Untersuchung, daß „betriebsunmittelbare Pensionsfonds" arbeits- und steuerrechtlich als Direktzusagen zu behandeln sind. Die bilanzielle Aussonderung ist zivil-, arbeits- und steuerrechtlich ohne Belang. Mehr Flexibilität in der Finanzierung von Versorgungsleistungen kann der Arbeitgeber bei Bedarf durch den Einsatz von Spezialfonds im Sinne des Kapitalanlagegesetzes erreichen. Bei sorgfältiger Gestaltung der Versorgungspläne unter Berücksichtigung aller aus der Sicht der Unternehmen denkbaren Risiken und unter Einbeziehung geeigneter Maßnahmen der betrieblichen Eigenbeteiligung der Arbeitnehmer kann die betriebliche Altersversorgung in Form der Direktzusage zum attraktiven Versorgungssystem sowohl für den Arbeitgeber als auch für den Arbeitnehmer eingesetzt werden. Letztlich bietet sich auf Grundlage der dargestellten Ergebnisse der „betriebsunmittelbare Pensionsfonds" als zukunftsträchtiger Versorgungsträger nicht an.

B. Pensionskasse und Euro-Pensionskasse

I. Grundkonzeption Pensionskasse und deren Weiterentwicklung zur Euro-Pensionskasse

1. Pensionskasse

Die Pensionskasse i. S. d. § 1 Abs. 3 BetrAVG stellt einen der vier[281] herkömmlichen Wege zur Durchführung der betrieblichen Altersversorgung dar.[282]

Eine Pensionskasse ist eine rechtlich selbständige Versorgungseinrichtung, die in der Regel in der Rechtsform eines Versicherungsvereins auf Gegenseitigkeit geführt wird.[283] Träger der Pensionskasse sind ein oder mehrere Unternehmen.[284] Demnach kann man die

---

281 Die Direktversicherung als einer der vier Durchführungswege wird im Rahmen dieser Untersuchung nicht betrachtet. Von der Direktversicherung unterscheiden sich die Pensionskassenleistungen durch den Träger der Leistungen und müßten folglich Untersuchungsgegenstand sein. Während eine Direktversicherung bei einem Versicherungsunternehmen, das gewerbsmäßig das Versicherungsgeschäft betreibt, abgeschlossen wird, somit also die Versorgung der Arbeitnehmer durch den Arbeitgeber nur einen Tätigkeitsbereich unter vielen darstellt, ist die Tätigkeit der Pensionskasse beschränkt auf die Versorgung der Arbeitnehmer eines oder mehrerer Trägerunternehmen. Da die Pensionskasse grundsätzlich ein Versicherungsunternehmen darstellt, erübrigt sich eine weitere Subsumierung der Direktversicherung unter den Anforderungskatalog.

282 Während die Anzahl der Pensionskassen zwischen 1953 in Höhe von 204 (vgl. GB BAV (1952/53), S. 44) und 1969 in Höhe von 201 (vgl. GB BAV (1969), S. 58) nahezu konstant blieb, ist seitdem ein stetiger Rückgang dieser Gestaltungsform festzustellen. Die Anzahl der Pensionskassen verringerte sich bis 1975 auf 186 (vgl. GB BAV (1975), S. 43), 1982 auf 167 (vgl. GB BAV (1982), S. 59) und betrug 1996 nur noch 139 (vgl. GB BAV (1996), Tabelle 250.). Der Mitgliederbestand der Pensionskassen hat sich allerdings in der Zeit von 1953 bis 1970 nahezu verfünffacht und 1996 mehr als 3,4 Mio. erreicht.

283 Die auch mögliche Rechtsform der Aktiengesellschaft soll wegen ihrer allzu geringen praktischen Bedeutung hier keine weitergehende Beachtung finden. Vgl. hierzu z. B. Ahrend/Förster/Rößler (1999), 5. Teil, Rdnr. 10.

284 Vgl. Schoden (1994), S. 49.

Pensionskassen in Einzel-[285], Konzern[286]- und Gruppenkassen[287] unterteilen.[288] Die Finanzierung der Versorgungszusagen der Pensionskassen erfolgt über Zuwendungen des Arbeitgebers während der Anwartschaftszeit des in Zukunft Leistungsberechtigten und über Erträge des am Kapitalmarkt angelegten Vermögens der Pensionskasse.[289] Daneben sind Beitragszahlungen der Arbeitnehmer zulässig und in geringem Umfang üblich.[290] Die Pensionskasse steht nur Arbeitnehmern der Trägerunternehmen offen. Diese Arbeitnehmer werden Mitglieder der Pensionskasse und erwerben mit der Mitgliedschaft[291] einen direkt gegen die Pensionskasse gerichteten Rechtsanspruch auf die jeweilige Versorgungsleistung.[292] Die Pensionskasse betreibt demnach Versicherungsgeschäfte im Sinne des Versi-

---

285 Vgl. Bode/Bode/Dickfeld/Dresp/Emmert (1998), Rdnr. 21.

286 Ebenda, Rdnr. 22.

287 Ebenda, Rdnr. 23. Gruppenkassen existieren vor allem für Arbeitnehmer bestimmter Wirtschaftszweige. Vgl. Uebelhack (1998 a), S. 46. Diese bieten sich für kleine und mittelgroße Betriebe an, da bei diesen – neben den hohen Gründungskosten für Pensionskassen – häufig die Anzahl der Beschäftigten zu gering ist, um dort in einer auf den Betrieb beschränkten Versorgungseinrichtung einen versicherungsmathematisch erforderlichen Risikoausgleich zu gewährleisten.

288 Neben den zuvor erwähnten Arten der Pensionskassen zählen noch die Tarifvertragskassen und Rückdeckungskassen. Vgl. hierzu Bode/Bode/Dickfeld/ Dresp/Emmert (1998), Rdnr. 24 f.

289 Die Finanzierung durch Trägerzuwendungen erfolgt aufgrund satzungsmäßiger Verpflichtungen, Anordnungen der Versicherungsaufsichtsbehörde oder zur Abdeckung von Fehlbeträgen der Pensionskasse. Vgl. § 4c EStG. Zur Finanzierung der Kassenleistungen vgl. insbesondere Bode/Bode/Dickfeld/ Dresp/Emmert (1998), Rdnr. 651 – 799.

290 Vgl. Bischoff (1993), S. 6. Dies gilt auch nach Beendigung des Arbeitsverhältnisses. Vgl. Hanau/Arteaga (1999 b), S. 94, Rz. 80.

291 Vgl. zu dem Mitgliedschaftsverhältnis z. B. Bode/Bode/Dickfeld/Dresp/ Emmert (1998), Rdnr.260 – 310.

292 Vgl. Richardi/Wlotzke (1992), S. 1738, Rdnr. 42. Die verschiedenen Leistungen der Pensionskasse sind ausführlich dargestellt bei Bode/Bode/Dickfeld/ Dresp/Emmert (1998), Rdnr. 311 – 397.

cherungsaufsichtsgesetzes und unterliegt somit den Vorschriften und der Aufsicht des Bundesaufsichtsamtes für das Versicherungswesen.[293] Sofern sie gemessen an den Anforderungen der §§ 1 ff. KStDV eine soziale Einrichtung darstellt, ist sie weder körperschaft- noch gewerbesteuerpflichtig.

2. Euro-Pensionskasse

Die Versicherungswirtschaft propagiert – ausgehend von einer Initiative der Allianz-Lebensversicherungs AG – als zukunftsträchtiges Modell der betrieblichen Altersversorgung eine sogenannte „Euro-Pensionskasse".[294] Hinter dem Begriff verbirgt sich eine Weiterentwicklung der herkömmlichen Pensionskasse i. S. d. § 1 Abs. 3 BetrAVG durch gesetzliche Änderungen und Anpassungen an unternehmerische Zielvorstellungen, welche dem Rückzug der deutschen Unternehmer aus der betrieblichen Altersversorgung entgegenwirken könne.[295] Die Neueinführung eines nach angelsächsischem Vorbild kreierten „pension-fund" würde durch die Weiterentwicklung der herkömmlichen Pensionskasse zu einer „Euro-Pensionskasse" überflüssig machen. Besonderes Gewicht kommt in diesem Zusammenhang der Europatauglichkeit dieses Modells zu, welche sich darin verdeutlicht, daß hier die Portabilität von Versorgungsanwartschaften auf andere Versorgungsträger in besonderem Maße gewährleistet sein soll.[296]

Des weiteren spräche auch für den Ausbau eines der vorhandenen Durchführungswege, daß die ohnehin weit verbreitete Unsicherheit hinsichtlich der betrieblichen Altersversorgung nicht durch einen

---

293 Vgl. Bischoff (1993), S. 9.

294 Vgl. Allianz (1996), S. 32 f.; Rupprecht (1996), S.1106; Neuhaus (1997), S. 1056 ff.; Stegmann (1997), S. 43 ff.; GDV (1998); Wiegers (1999), S. 15 ff.

295 Vgl. Stegmann (1997), S. 62.

296 Vgl. Rupprecht (1996), Neuhaus (1997), S. 1056 ff.; Stegmann (1997), S. 43 ff.; Allianz (1996), S. 32 f.; Wiegers (1999), S. 15 ff.

weiteren, fünften Durchführungsweg erhöht wird. Innerhalb des Modells „Euro-Pensionskasse" wird die herkömmliche Pensionskasse, insbesondere hinsichtlich der Zielvorstellungen Kapitalanlagefreiheit und Besteuerung, modifiziert. Eine detaillierte Darstellung der Weiterentwicklung erfolgt bei den jeweiligen Anforderungskriterien.

II. Bewertung der Pensionskasse und deren Weiterentwicklung zur Euro-Pensionskasse

1. Finanzierung

a) Externe Finanzierung

Die Forderung nach einer konsequenten Auslagerung der Finanzierung der Versorgungsleistungen aufgrund der durch die Loslösung vom Unternehmensschicksal erhöhten Sicherheit für die Arbeitnehmer ist bei der herkömmlichen Pensionskasse i. S. d. § 1 Abs. 3 BetrAVG bereits realisiert. Diese ist eine rechtlich selbständige Versorgungseinrichtung und zwar in aller Regel in Form eines Versicherungsvereins auf Gegenseitigkeit (VVaG). Ein solches konsequentes „outside-funding" müsse auch bei der weiterentwickelten „Euro-Pensionskasse" durch eine rechtlich selbständige Versorgungseinrichtung verwirklicht werden, wobei sich bei der Einrichtung Möglichkeiten einer sinnvollen Allianz aus Kreditwirtschaft und Assekuranz ergeben würden, da beide ihre jeweiligen Sachkenntnisse hinsichtlich etwaiger Finanzierungsmöglichkeiten und -risiken einfließen lassen sollten.[297] Diese Forderung wird von der Versicherungswirtschaft erhoben. Die versicherungsmathematische Grundlage der Finanzierung müsse ein unabhängiger Aktuar gewährleisten.[298]

---

297 Vgl. Neuhaus (1997), S. 1056.

298 Vgl. Neuhaus (1997), S. 1056. Der verantwortliche Aktuar hat vor allem sicherzustellen, daß bei der Prämien- und Deckungsrückstellungsberechnung die vorgeschriebenen aktuariellen Grundsätze berücksichtigt werden und das die Finanzlage des Unternehmens die dauernde Erfüllbarkeit der einge-

Die Versorgungsverpflichtungen sollen des weiteren in vollem Umfang durch die Kapitalmittel dieser selbständigen Versorgungseinrichtung gedeckt werden. Zum einen soll dieses System – im Gegensatz zur öffentlich-rechtlichen Umlagefinanzierung von Vorsorgeaufwendungen – das einzig praktikable bei der Durchführung einer betrieblichen Altersversorgung sein. Zum anderen bestehe sowohl auf Arbeitgeber- wie auch auf Arbeitnehmerseite ein erhebliches Bedürfnis, die Versorgungsverpflichtungen als vom Schicksal des Trägerunternehmens unabhängig sichergestellt zu sehen. Da aufgrund demographischer Entwicklungen Rentenlaufzeiten immer mehr anwachsen werden, während sich insbesondere in konjunkturschwachen Zeiten ein immer stärkeres Mißverhältnis zwischen aktiven Betriebsangehörigen und sog. „Betriebsrentnern" ergebe, würde laut *Rupprecht*[299] die betriebsinterne Altersversorgungsfinanzierung immense Ausfallrisiken im Leistungsfall bergen. Außerdem ermögliche lediglich die externe Finanzierung die Übertragbarkeit von Versorgungsansprüchen beim Wechsel des Arbeitnehmers zu einem anderen Arbeitgeber[300], was insbesondere in Hinblick auf die Europatauglichkeit des Modells Gewicht habe. Insofern ergibt sich hier kein Neuregelungs- oder Anpassungsbedarf.

b) Kapitalanlagefreiheit

ba) Pensionskasse

Da die herkömmliche Pensionskasse i. S. d. § 1 Abs. 3 BetrAVG Versicherungsgeschäfte gemäß dem Versicherungsaufsichtsgesetz betreibt, unterliegt sie den Bestimmungen eben dieses Gesetzes, deren Einhaltung von dem Bundesaufsichtsamt für das Versiche-

---

gangenen Verpflichtungen gewährleistet. Weiterführend Prölls (1996), § 11 a, Rdnr. 1 – 26.

299 Vgl. Rupprecht (1996), S. 1106.

300 Ebenda, S. 1106; Stegmann (1997), S. 55.

rungswesen überwacht wird.[301] Die Kapitalanlageentscheidungen der herkömmlichen Pensionskasse werden von den versicherungsaufsichtsrechtlichen Bestimmungen determiniert. Die Anlage des Vermögens der Pensionskasse erfolgt nach den strengen Vorschriften der §§ 54 – 54d des Versicherungsaufsichtsgesetzes. Hiernach werden die Kreditvergaben der Pensionskasse bei ihren Trägerunternehmen den Kreditvergaben gleichwertiger Schuldner unter den selben Verhältnissen gleichgestellt, mit der Folge, daß die Möglichkeit des Trägerunternehmens, bei ihrer Pensionskasse Fremdkapital aufzunehmen, stark eingeschränkt wird.[302] Durch diese Restriktion mindert sich das Vermögen und die Liquidität des Trägerunternehmens auf Dauer.[303]

Somit sind die zur Erfüllung der Ansprüche aus den Versorgungszusagen erforderlichen Mittel in Form entsprechender Vermögenswerte in einem sogenannten Deckungsstock bereit zu halten (§ 66 VAG).[304] Hierdurch soll die jederzeitige Erfüllbarkeit der Versorgungszusagen gewährleistet werden. Der Deckungsstock ist gesondert vom übrigen Vermögen zu verwalten (§ 66 Abs. 5 VAG) und der Aufsicht eines Treuhänders (§ 70 VAG)[305] zu unterstellen. Hinsichtlich der Anlage des Deckungsstockvermögens am Kapitalmarkt sind die Kapitalanlagegrundsätze Anlagesicherheit, Rentabilität, Liquidität sowie die Mischung und Streuung für Versicherer zwingend zu beachten. Im einzelnen:[306]

---

301 Zur Versicherungsaufsicht vgl. Bode/Bode/Dickfeld/Dresp/Emmert (1998), Rdnr. 800 – 849.

302 Vgl. Höfer (1984), S. 143.

303 Vgl. Ahrend/Förster/Rößler (1999), 5. Teil, Rdnr. 7.

304 Vgl. weiterführend zum Deckungsstock Bode/Bode/Dickfeld/Dresp/Emmert (1998), Rdnr. 398 – 409.

305 Hierzu insbesondere Bode/Bode/Dickfeld/Dresp/Emmert (1998), Rdnr. 410 – 423.

306 Vgl. Ahrend/Förster/Rößler (1999), 5. Teil, Rdnr. 70 – 75; Kalbaum/Mees (1988), S. 333. Neben den Beschränkungen aufsichtsrechtlicher Art unter-

Bei der Anlageentscheidung müssen gegenwärtige und erkennbare Risiken soweit wie möglich ausgeschlossen werden (Anlagesicherheit). Das Sicherheitserfordernis erstreckt sich auch auf die einzelne Anlage und hat aus der Sicht der Aufsichtsbehörde gegenüber dem konkurrierenden Rentabilitätsgrundsatz Priorität.[307] Somit soll im Ergebnis die fristgerechte und im Sinne einer nominellen Werterhaltung vollständige Realisierung der Anlage gewährleistet werden.

Das Versorgungskapital ist unter Berücksichtigung des Sicherheits- und Liquiditätsziels nicht zu geringeren als marktüblichen Konditionen anzulegen (Rentabilität).[308] Hier muß mindestens der Rechnungszins erwirtschaftet werden, welcher der Prämienkalkulation zugrundeliegt.

Aufgrund des Grundsatzes der jederzeitigen Liquidität soll der Gesamtbestand der Vermögensanlagen jeder Zeit so zusammengesetzt sein, daß ein betriebsnotwendiger Betrag an liquiden und liquidisierbaren Anlagen mobilisierbar ist (Liquidität).

Die Mischung (Verteilung der Anlagen auf verschiedene Anlagearten) und Streuung (Verteilung auf verschiedene Schuldner) soll die trotz aller Sorgfalt nicht auszuschließenden Risiken begrenzen. Mit der Vermeidung einer einseitigen Anlagepolitik sollen Risiken in bezug auf die Gesamtheit vermieden werden. Dem Grundsatz der Anlagenmischung wird im allgemeinen Rechnung getragen, sofern keine einzelne Anlage vorherrscht. Speziell darf eine Anlagenhäufung bei einem einzigen Schuldner nicht auftreten. Begrenzungen von Darlehen haben den Zweck, die Ansprüche der Versicherten an die Kasse auch unabhängig vom Schicksal des Trägerunternehmens

---

liegt die Pensionskasse auch den Beschränkungen, die ihr durch körperschaftsteuerliche Vorschriften auferlegt werden (§ 5 Abs. 1 Nr. 3 und § 6 KStG). Die jeweiligen Anlagevorschriften sind detailliert dargestellt bei Bode/Bode/Dickfeld/Dresp/Emmert (1998), Rdnr. 424 – 532.

307 Vgl. Teetz (1984), S. 163.

308 Ebenda, S. 161.

sicherzustellen.[309] Aus diesem Grund sind die Darlehen an das Trägerunternehmen, dessen Arbeitnehmer bei der jeweiligen Kasse versichert sind, gem. § 54 Abs. 2 c VAG bei der Aufsichtsbehörde anzeigepflichtig. Ein Verstoß gegen den Grundsatz der Mischung und Streuung liegt für das Bundesaufsichtsamt für das Versicherungswesen vor, wenn mehr als 10 % des Kapitals bei einem Emittenten angelegt werden, weniger als drei Anlagearten existieren bzw. eine Anlageart mehr als 50 % des Gesamtvermögens ausmacht. Der Anteil von Aktienfonds und Beteiligungspapieren darf 30 % des Deckungskapitals und der Wert der Genußrechte und Aktien 10 % des Grundkapitals eines einzelnen Emittenten[310] nicht übersteigen (§ 54a Abs. 2 Nr. 5 VAG).[311]

Die Vorschriften für Auslandsanlagen sind besonders einschneidend. Hier wird zwischen der Währungskongruenz (§ 54a Abs. 3 VAG), die das Volumen, welches in der Währung der Versicherungserfüllung angelegt werden muß, und der Belegenheit (§ 54a Abs. 6 VAG), die die Anlagemöglichkeiten außerhalb der EU regelt, unterschieden.

In ausländische Werte (Aktien und Genußrechte) von Gesellschaften mit Sitz in einem Staat außerhalb der EU dürfen maximal 20 % der zulässigen Aktienquote i. H. v. 30 % investiert werden, d. h. der Anteil von Auslandsaktien ist gem. § 54a Abs. 2 Nr. 5 VAG auf 6 % begrenzt.[312] Das (Währungs-) Kongruenzprinzip besagt, daß sich die Währung von Anlagegegenständen und die Währung der Reserven, die sie bedecken, entsprechen müssen. Zweck der Vorschrift besteht

---

309 Vgl. Ergänzung zu Rundschreiben R 2/75 TZ 12.33, VerBAV 1989, S. 358.

310 Da aus Sicht des Versorgungsverpflichteten die möglichen Renditevorteile einer solchen Investition in keinem angemessenen Verhältnis zu den Informations- und Überwachungskosten stehen, gilt diese Beschränkung als nachhaltiges Hindernis in bezug auf die Bereitstellung der Versorgungsmittel an mittelständische Unternehmen. Vgl. Gerke (1995), S. 66 f.

311 Gem. § 54a Abs. 5 VAG kann die Aufsichtsbehörde eine höhere Quote gestatten.

312 Vgl. Prölss (1996), § 54a, Rdnr. 21.

darin, mögliche Gefährdungen der Erfüllbarkeit der Verpflichtungen weitestgehend auszuschließen, die sich bei nicht kongruenter Anlage aus einer gegenläufigen Entwicklung von Anlage- und Verpflichtungswährung ergeben können.[313] Hierbei gilt eine Deckungsquote von 80 %.[314] Erst mit der offiziellen Einführung des Euro hat sich diese währungskongruente Anlagepflicht von den ehemaligen nationalen Währungen auf das Euro-Gebiet erweitert. Dies bedeutet eine signifikante Erweiterung des zugrundeliegenden Anlage- und Investitionsspektrums, da es ab dem 01.01.1999 keine (Währungs-) Anlagerestriktionen mehr innerhalb der EU gibt. Durch die Einführung des Euro entstand der zweitgrößte Währungsblock sowie der zweitgrößte Aktienmarkt der Welt, jeweils nach den USA. Doch trotz dieser Erweiterung durch die europäische Währungsunion machen die dargestellten Kapitalanlagerestriktionen mehr als offensichtlich, daß die herkömmliche Pensionskasse i. S. d. § 1 Abs. 3 BetrAVG die finanzierungstechnische Zielvorstellung an eine zukunftsträchtige Durchführung der betrieblichen Altersversorgung nicht erfüllt.

bb) Euro-Pensionskasse

Nach Vorstellung der Befürworter der „Euro-Pensionskasse" ist auch diese als Versicherungsverein auf Gegenseitigkeit ausgestaltet und unterliegt somit den Kapitalanlagevorschriften für Versicherer. Insoweit wird zur Attraktivitätssteigerung der betrieblichen Altersversorgung für das Modell „Euro-Pensionskasse" zunächst eine Entschärfung dieser Vorschriften gefordert. So fordert der *Gesamtverband der deutschen Versicherungswirtschaft e. V.* in seinem Positionspapier zur „Euro-Pensionskasse"[315] § 54a VAG (und korrespondierend § 66 VAG) dahingehend zu ändern, daß die Anlagegrenze von 30

---

313 Ebenda, Rdnr. 74.

314 Vgl. DB Research (1995), S. 25.

315 Vgl. GDV (1998).

auf 50 % erhöht werde.[316] Zudem solle das Engagement an gemischten Fonds nicht mehr per se bei der Berechnung der Aktienquote Berücksichtigung finden.[317] Ob diese Änderungen – unbeachtet ihrer tatsächlichen Realisierbarkeit – überhaupt den erwünschten Nutzen bringen können, erscheint indes fraglich. Die Konsequenzen, welche sich durch die aufsichtsrechtlichen Bestimmungen auf die Gewichtung von Beteiligungspapieren bei der Vermögensanlage von Pensionskassen ergeben, lassen sich nur schwer beurteilen. Es lassen sich allerdings gewisse Anhaltspunkte anhand der tatsächlichen Verwendung der Deckungsmittel der Versicherungsunternehmen ableiten, über die das Bundesaufsichtsamt für das Versicherungswesen berichtet. Bis zum Ende des dritten Quartals 1995 ergaben sich in bezug auf die unmittelbar[318] und mittelbar über Investmentanteile[319] gehaltenen Aktien folgende Gewichtung an den Kapitalanlagen von Pensionskassen:[320] So entspricht der Anteil der direkt gehaltenen Aktien lediglich 2,60 % und der über Investmentanteile gehaltenen Aktien nur 6,10 %. Die gesetzlichen Möglichkeiten zur Anlage in Aktien, Aktienfonds und andere Beteiligungspapiere wurden somit nicht ausgeschöpft. Die vom Versicherungsaufsichtsgesetz vorgegebenen Anlagebeschränkungen stehen deshalb einer stärkeren Bereitstellung von Risikokapital durch Pensionskassen in diese Substanzwerte nur gering entgegen. In einer Untersuchung der *Deutschen Bank Research*[321] wurden die 40 größten Pensionskas-

---

316 Vgl. GDV (1998), S. 29. Vgl. zu den Änderungsvorschlägen auch *Wiegers* [(1999), S. 15 ff.], der in diesem Zusammenhang Ansatzpunkte für Streßtests aufgrund der erhöhten Aktienquote aufzeigt.

317 Vgl. GDV (1998), S. 33.

318 Einschließlich Beteiligungen sowie Anteilen an verbundenen Unternehmen.

319 Im allgemeinen veranschlagt man einen pauschalen Aktienquotienten in Höhe von 30 % der in Investmentzertifikaten gebundenen Mittel. Vgl. Balz (1994), S. 202; Kalbaum/Mees (1988), S. 339.

320 Vgl. BAV (1996), S. 42 f.

321 Vgl. DB Research (1995), S. 23 f.

sen nach ihrer jeweiligen Anlagepolitik befragt. Danach betragen die unmittelbaren und über Investmentanteile mittelbar gehaltenen Aktien[322] weniger als 12 % des Vermögens der Pensionskassen. Die Untersuchung weist ferner darauf hin, daß der tatsächliche Wert wegen der Beschränkung auf 40 Pensionskassen systematisch überschätzt wurde. Weiterhin wurde eine starke Streuung des Anlageverhaltens festgestellt. Bemerkenswert ist, daß lediglich zwei der untersuchten Pensionskassen ohne Sondergenehmigung den maximalen Anteil der gesetzlich festgelegten Aktienquote von 30 % übertrafen, die Mehrheit jedoch teilweise deutlich unter 10 % lag.[323] Die aufsichtsrechtlichen Bestimmungen gegen eine höhere Gewichtung von Aktien bei der Vermögensanlage standen also nur bei zwei Pensionskassen im Wege. Neueste Erhebungen zeigen allerdings, daß der Aktienanteil deutlich seit 1995 gestiegen ist. Dieser liegt jetzt bei ca. 15 %. So konnten mehrere Pensionskassen im Jahr 1998 erstmals Ausschüttungen aus den Aktienfonds nicht mehr reinvestieren, da die Pensionskassen dann ihre zulässige Aktienquote von 30 % bzw. 35 % des Deckungsstockvermögens und des übrigen gebundenen Vermögens überschritten hätten. Solch eine hohe Aktienquote trifft sicherlich nicht für die Mehrzahl der Pensionskassen zu. Aller-

---

322 Dieser wurde als gewogener Durchschnitt der gesamten Kapitalanlagen berechnet.

323 Die in der Studie der *DB Research* ausführlich dargestellte mögliche Gefahr einer „Über-Mitbestimmung" durch Aktienanlagen von Pensionskassen [vgl. DB Research (1995), S. 32 ff.] erscheint übertrieben. Die betriebliche Mitbestimmung wird hier dergestalt verwirklicht, daß in die Kassenorgane Vertreter der begünstigten Arbeitnehmer gewählt werden. Die Studie schlägt vor, diese gesetzlich auf die „Mehrung des Vermögens der Pensionskasse und damit der Versicherten [vgl. DB Research (1995), S. 33] zu verpflichten. Laut *Schmitz* [vgl. Schmitz (1996), S. 1552] haben diese hauptsächlich ein Interesse an einer umfangreichen und gesicherten Altersversorgung. Die Gefahr sachfremder Interessenwahrnehmung über die Unternehmensmitbestimmung bei Unternehmen, deren Aktien die Pensionskasse hält, ist somit kaum relevant. In der Studie scheinen sich eher die Vorbehalte zu spiegeln, die ausländische Kapitalanleger im ganzen der deutschen Mitbestimmung entgegenbringen. Vgl. Schmitz (1996), S. 1552.

dings haben mehrere große Pensionskassen, die wesentlich mehr als 50 % des Deckungskapitals aller Pensionskassen repräsentieren, die zulässige Aktienquote bereits in Anspruch genommen.

Die Anlagevorschriften sind jedoch nicht nur verantwortlich für die mangelnde Ausnutzung der Investition in Aktien. Die Beschränkungen sind vielmehr auf die zur Zeit geltenden handels- und steuerrechtlichen Rechnungslegungsvorschriften sowie der Besteuerung von Dividenden zurückzuführen.

Beginnend mit den Rechnungslegungsvorschriften erfolgt die Bewertung der im Umlaufvermögen ausgewiesenen Wertpapiere grundsätzlich zu den Anschaffungskosten (inklusive der Nebenkosten wie Maklergebühr, Provision, Courtage).[324]

Das strenge Niederstwertprinzip erfordert, sofern die Wertpapiere dem Umlaufvermögen zugeordnet sind, zwingend den Ansatz des Börsenkurses, sofern dieser am Bilanzstichtag unter den Anschaffungskosten liegt (§ 253 Abs. 3 Satz 1 und 2 HGB).[325] Bei einer nur vorübergehenden Wertminderung besteht für Wertpapiere, welche dem Finanzanlagevermögen zugeordnet sind, ein Abwertungswahlrecht. Bei einer dauerhaften Wertminderung muß zwingend abgeschrieben werden.

Im § 280 Abs. 1 HGB ist ein generelles Wertaufholungsgebot verankert. Von diesem Gebot konnte gem. § 280 Abs. 2 HGB abgesehen werden, wenn der niedrigere Wertansatz in der Steuerbilanz beibehalten wurde und dieser Wertansatz in Übereinstimmung mit der Handelsbilanz ausgeübt wurde.[326] Durch das Steuerentlastungsgesetz 1999/2000/2002[327] wurde jedoch § 6 Abs. 1 EStG dergestalt

---

324 Vgl. Coenenberg (1993), S. 134.

325 Ob es sich hierbei um eine vorübergehende oder dauernde Wertminderung handelt, ist unerheblich.

326 Aus dem Wertaufholungsgebot wurde ein faktisches Wertbeibehaltungswahlrecht.

327 Vom 24.03.1999, BGBl. I, S. 402 ff.

geändert, daß ein niedrigerer Teilwert sowohl bei Wirtschaftsgütern des Anlagevermögens als auch bei Wirtschaftsgütern des Umlaufvermögens nur dann angesetzt werden darf, wenn es sich um eine dauerhafte Wertminderung handelt.[328] Im Zusammenhang mit der Neuregelung der Teilwertabschreibung wird das bisher geltende Wertbeibehaltungswahlrecht aufgegeben und ein striktes Wertaufholungsgebot eingeführt. Gemäß § 6 Abs. 1 Nr. 1 Satz 4 EStG sind Wirtschaftsgüter, die bereits am Schluß des vorangegangenen Wirtschaftsjahres zum Anlage- oder Umlaufvermögen des Steuerpflichtigen gehört haben, mit den (fortgeführten) Anschaffungskosten anzusetzen, es sei denn, der Steuerpflichtige weist nach, daß ein niedrigerer Teilwert angesetzt werden kann. Sofern sich der Wert eines Wirtschaftsgutes nach einer vorangegangenen Teilwertabschreibung wieder erhöht, so wird diese Betriebsvermögensmehrung nunmehr bis zum Erreichen der Bewertungsobergrenze steuerlich erfaßt.[329]

Auch durch Verabschiedung des Steuerentlastungsgesetzes 1999/2000/2002 ist die Bewertungsobergrenze unverändert. Sowohl in der Steuerbilanz als auch in der Handelsbilanz bilden die (fortgeführten) Anschaffungskosten die Wertobergrenze, so daß Wertsteigerungen darüber hinaus gem. § 6 EStG und § 253 HGB keine Berücksichtigung in Form von Wertaufholungen[330] finden.

Kursverluste der nächsten Zukunft (im allgemeinen ein Zeitraum bis zu 2 Jahren) dürfen gem. § 253 Abs. 3 Satz 3 HGB antizipiert wer-

---

328 Der niedrigere Teilwert muß vom Steuerpflichtigen zu jedem Bilanzstichtag nachgewiesen werden.

329 Vgl. zur Thematik Teilwertabschreibung und Wertaufholung z. B. Diederich (1999), S. 583 ff.; Groh (1999), S. 978 ff.; Herzig/Rieck (1999), S. 305 ff.; Herzig/Rieck/Gehring (1999), S. 575 ff.; Kemper/Beyschlag (1999), S. 537 ff.; Küting (1999), S. 1 ff.; Schön (1997), S. 1333 ff.; Weber-Grellet (1999), S. 2659 ff.

330 Unter Wertaufholungen versteht das Bilanzrecht buchtechnische Erhöhungen des Wertansatzes (von mengenmäßig unveränderten) Vermögensgegenständen zur Korrektur von in früheren Perioden vorgenommenen außerplanmäßigen Abschreibungen. Vgl. Herzig/Rieck (1999), S. 306.

den. Sofern solche antizipierten Kursverluste tatsächlich nicht eintreten, greift in der Handelsbilanz das Wertaufholungsgebot gem. § 280 Abs. 1 HGB. Das Realisationsprinzip regelt hingegen die zeitliche Erfassung von Kursgewinnen. Hiernach ist auf den Zeitpunkt des Verkaufs der Wertpapiere abzustellen, weshalb latente Kursgewinne nicht ausgewiesen und auch nicht mit Wertverlusten anderer Anlagen saldiert werden können. Aus diesem Grund können kurzfristige Verluste bilanzwirksam werden, was häufig negative Konsequenzen auf die Beurteilung des Erfolgs der Vermögensanlage nach sich zieht und ein stärkeres Engagement in Aktien begrenzen kann.[331] Die dargestellten Rechnungslegungsvorschriften gelten jedoch auch für bilanzierende Unternehmen, so daß hier keine Benachteiligung von Pensionskassen zu sehen ist.

Die Besteuerung der Dividenden ist ein weiterer Grund[332] für die mangelnde Investition in Aktien. Gemäß § 51 KStG sind Pensionskassen vom körperschaftsteuerlichen Anrechnungsverfahren ausgeschlossen. Hieraus resultiert eine Definitivbelastung von empfangenen Dividenden mit Körperschaftsteuer in Höhe der Ausschüttungsbelastung von 30 %. Hinzu kommt gem. § 44c Abs. 2 Nr. 2 EStG eine Kapitalertragsteuer in Höhe von 8,75 %[333].

Andererseits lastet auf Zinserträgen keine Körperschaftsteuer und es wird auch keine Kapitalertragsteuer einbehalten (§ 44a Abs. 4 EStG). Die Konsequenzen dieser steuerlichen Regelungen in Abhängigkeit des Anlageverhaltens von Pensionskassen untersuchten *Spengel/Schmidt*[334] und kamen zu dem Ergebnis, daß steuerbefreite Versorgungskassen bei der Vergabe von Fremdkapital eine erheblich höhere Nettorendite (10 %) erzielen, als bei der Vergabe von Eigenkapital (6,125 %). Um ein stärkeres Engagement von Versor-

---

331 Vgl. DB Research (1995), S. 27.

332 Vgl. S. 228 ff. dieser Arbeit.

333 12,5 % von 70 %.

334 Vgl. Spengel/Schmidt (1997 a), S. 185 f.

gungskassen am Markt für Eigenkapital zu erreichen, sollte die steuersystembedingte Diskriminierung von Dividenden gegenüber Zinserträgen beseitigt werden.

2. Besteuerung

a) Besteuerung des Versorgungsberechtigten

aa) Pensionskasse

Gemäß § 40b Abs. 1 und 2 EStG hat der Arbeitgeber Zuwendungen an eine Pensionskasse bis zu 3.408 DM pauschal mit 20 % Lohnsteuer zu versteuern.[335] Hat der Arbeitgeber mehrere Arbeitnehmer gemeinsam in einer Pensionskasse versichert, so können für einzelne Arbeitnehmer bis zu 4.200 DM jährlich pauschal besteuert werden, wenn der Durchschnittsbetrag je Versicherten 3.408 DM nicht übersteigt. Alllerdings werden gem. § 40b Abs. 2 Satz 2 EStG Arbeitnehmer mit Beiträgen von mehr als 4.200 DM nicht in die Durchschnittsbildung einbezogen, so daß für diese Personen nur

---

[335] Das Finanzgericht Rheinland Pfalz hat jedoch vor kurzem in seinem Urteil vom 19.08.1999 (4 K 3459/97, Rev. eingelegt, Az. d. BFH VI R 154/99) entschieden, daß Kapitalzuführungen des Arbeitgebers an eine Pensionskasse zur Herstellung der Solvabilität nicht lohnsteuerpflichtig sind. Hier handelt es sich nur um die Zuführung von Eigenkapitalbestandteilen wie Grundkapital, Kapitalrücklagen, Gewinnrücklagen, während der durch die Beiträge der Versicherten finanzierte und durch Bildung von Deckungsrückstellungen und des Deckungsstocks gesicherte Bereich die vertraglichen Ansprüche der Versicherten unmittelbar betrifft. Für die darüber hinausgehende angemessene Kapitalausstattung haben nur die Arbeitgeber, nicht aber die Arbeitnehmer zu sorgen. Kapitalzuführungen aus Gründen der Solvabilität sind nach Meinung des Gerichtes also keine lohnsteuerpflichtigen Leistungen des Arbeitgebers, da sie keinen Einfluß auf die Versorgungsleistungen haben. Das gilt auch, obwohl erst durch diese Ausstattung mit Eigenkapital die Pensionskasse funktionstüchtig auch im Interesse der Arbeitnehmer wird. Es fehlt hier der unmittelbare Zusammenhang mit der Vermögenssphäre der Arbeitnehmer. Entgegen der Auffassung der Finanzverwaltung (BMF-Schreiben vom 26.02.1996, IV B 2-S 2144 b 2/96) können also Kapitalzuführungen des Trägerunternehmens an die Pensionskasse zur Bildung der Solvabilitätsspanne lohnsteuerpflichtig nicht so behandelt werden, als ob sie der Arbeitnehmer geleistet und der Arbeitgeber einen entsprechend höheren Arbeitslohn gezahlt hätte.

eine Pauschalbesteuerung bis 3.408 DM in Betracht kommt und der darüber hinausgehende Prämienteil der normalen Lohnbesteuerung unterliegt.[336]

Voraussetzung für die Pauschalbesteuerung ist, daß die Versicherung nicht auf den Erlebensfall eines früheren als des 60. Lebensjahres abgeschlossen worden ist und eine vorzeitige Kündigung des Versicherungsvertrags sowie die Abtretung oder Beleihung eines unwiderruflichen Bezugsrechts durch den Arbeitnehmer ausgeschlossen sind (R 129 Abs. 6 LStR). Die Pauschalbesteuerung der Zuwendungen an Pensionskassen ist bei Kapitalversicherungen mit einer Vertragsdauer von weniger als fünf Jahren nicht möglich (R 129 Abs. 3a LStR), es sei denn, es handelt sich um Gruppenversicherungen. Weiterhin entfällt die Möglichkeit der Pauschalbesteuerung bei Rentenversicherungen mit Kapitalwahlrecht, bei denen das Wahlrecht nach Vertragsabschluß innerhalb von fünf Jahren wirksam werden kann (R 129 Abs. 3a Satz 5 LStR). Das Pauschalierungsverfahren ist nur aus dem ersten Dienstverhältnis möglich, um zu verhindern, daß Arbeitnehmer die gesetzlichen Höchstbeträge bei mehreren Dienstverhältnissen berücksichtigen können.[337]

Mit Wirkung vom 01.04.1999 hat der Gesetzgeber trotz massiver Vorbehalte aus der Wirtschaft und von Seiten der *aba*[338] eine Änderung von § 40 Abs. 3 Satz 2 EStG dahingehend beschlossen, daß eine Abwälzung der pauschalen Lohnsteuer auf den Arbeitnehmer

---

336 Werden für mehrere Arbeitnehmer sowohl Beiträge zu Direktversicherungen, als auch Zuwendungen an Pensionskassen gewährt, so ist es für die Pauschalierung erforderlich, daß die Beiträge und Zuwendungen zusammengerechnet werden, damit pro Arbeitnehmer im Durchschnitt nicht mehr als 3.408 DM im Jahr pauschal mit 20 % besteuert werden. Vgl. Ahrend/Förster/Rößler (1999), 4. Teil, Rdnr. 117.

337 Vgl. Ahrend/Förster/Rößler (1999), 4. Teil, Rdnr. 109. Weiterhin ist die Pauschalierung nur bei Arbeitnehmern möglich und nicht auch für den erweiterten Personenkreis des § 17 BetrAVG. Vgl. Gauggel (1990), S. 1888.

338 Vgl. hierzu die Eingabe der *aba* an den Finanzausschuß sowie den Ausschuß für Arbeit und Sozialordnung des Deutschen Bundestages vom 24.02.1999, S. 69.

nicht mehr zulässig ist.[339] Das bedeutet in der Praxis, daß in den Fällen, in den die pauschale Lohnsteuer von dem Arbeitnehmern getragen wird, diese nunmehr nicht mehr den Barlohn und folglich die individuelle Lohnsteuer mindert, sondern aus versteuertem Einkommen finanziert werden muß.[340] Zusätzlich zur pauschalen Lohnsteuer fällt dann noch die individuelle Lohnsteuer nach der Lohnsteuertabelle an.[341]

Gemäß § 22 Nr. 1 a EStG ist die aus einem Rentenversicherungsvertrag fließende Rente als Leibrente zu versteuern.[342] Hiernach gehören zu den sonstigen Einkünften die wiederkehrenden Bezüge,

---

339 Vgl. BT-Drucks. (14/23).

340 Die rechtliche Wirkung einer Lohnsteuerpauschalierung nach § 40 Abs. 3 Satz 2 EStG, wonach der Arbeitgeber Schuldner der pauschalen Lohnsteuer ist, ist durch das Steuerentlastungsgesetz 1999/2000/2002 ab 1.04.1999 (§ 52 Abs. 53 EStG) in einem angefügten Halbsatz um zwei weitere rechtliche Wirkungen ergänzt worden: „... auf den Arbeitnehmer abgewälzte pauschale Lohnsteuer gilt als zugeflossener Arbeitslohn und mindert nicht die Bemessungsgrundlage". Die Höhe der Bemessungsgrundlage im Fall der Pauschalierung nach § 40b EStG wird unabhängig davon bestimmt, ob der Arbeitgeber die Lohnsteuer als Schuldner endgültig trägt oder ob er sie abwälzt. Vgl. zur Problematik der Lohnsteuerpauschalierung bei Teilzeitbeschäftigten Giloy (1999 a), S. 273 ff.

341 Siehe den Vorteilhaftigkeitsvergleich bei Langohr-Plato (1999 a), S. 266.

342 Das *BAV* vertrat in der Vergangenheit die Ansicht, daß Pensionskassen keine Kapitalleistungen vorsehen dürfen, weil eine Kapitalversicherung mit dem Wesen der Pensionskasse nicht vereinbar sei. Vgl. GB BAV (1983), S. 57. Diese restriktive Haltung hat das *BAV* neuerdings z. T. gelockert. Die Kapitalleistungen sollen den zuvor gewährten Rentenleistungen weitestgehend entsprechen, d. h., einkommensabhängig und im Falle ihrer Verrentung das voraussichtliche Einkommen nicht übersteigen. Darüber hinaus müssen weiterhin alle drei Leistungsarten wie die Alters-, Invaliditäts- und Hinterbliebenenversorgung vorgesehen sein. Vgl. VerBAV (1998), S. 15. Diese Rechtsauffassung steht nicht im Einklang mit dem Betriebsrentengesetz. Das Gesetz definiert in § 1 Abs. 1 S. 1 den Begriff der betrieblichen Altersversorgung sehr weit und erfaßt [nach Hanau/Arteaga (1999 b), S. 531, Rz. 35 – 36] deshalb sowohl einmalige als auch laufende Leistungen und läßt es genügen, wenn lediglich nur eine der drei Leistungsarten zugesagt wird.

d. h. die Erträge aus dem Rentenrecht.[343] Der Ertragsanteil ergibt sich aus der in § 22 EStG aufgeführten Tabelle. Gemäß § 9a Satz 1 Nr. 3 EStG kann von dem Ertragsanteil ein Pauschbetrag in Höhe von 200 DM abgezogen werden, sofern keine höheren Werbungskosten nachgewiesen werden. Erfüllen die Rentenzahlungen der Leistungen aus der Pensionskasse nicht die Voraussetzungen des § 10 Abs. 1 Nr. 2 b EStG, sind diese ebenfalls nach § 22 EStG zu versteuern. Sofern Arbeitnehmerbeiträge vorgesehen sind, werden diese vom bereits versteuerten Nettoeinkommen des Arbeitnehmers erbracht.[344] Sie können nicht lohnsteuermindernd berücksichtigt werden, es sei denn, in der Satzung der Pensionskasse ist bereits eine Arbeitnehmerbeteiligung mit Gehaltsvereinbarung festgelegt. In diesem Fall findet die pauschale Besteuerung gem. § 40b EStG i. V. m. R 129 Abs. 2 LStR Anwendung, wobei im Rahmen der Gehaltsverwendungsvereinbarung der Arbeitnehmer keine Leistungsverpflichtung gegenüber der Pensionskasse innehat.[345]

Aufwendungen des Arbeitgebers zur Zukunftssicherung der bei ihm beschäftigten Arbeitnehmer stellen für diese gem. § 2 Abs. 1 i. V. m. Abs. 2 Nr. 3 LStDV Arbeitslohn dar. Da diese Aufwendungen in § 3 EStG keine Erwähnung finden, sind Leistungen des Arbeitgebers an eine Pensionskasse steuerpflichtiges Entgelt des Arbeitnehmers i. S. d. § 2 Abs. 1 Nr. 4 EStG. Sie werden also – obwohl tatsächlich dem Arbeitnehmer noch nicht zugeflossen – seinem Einkommen zugerechnet und somit lohnsteuererhöhend berücksichtigt. Die herkömmliche Pensionskasse i. S. d. § 1 Abs. 3 BetrAVG wird also vor-

---

343 Vgl. Ahrend/Förster/Rößler (1999), 4. Teil, Rdnr. 88.

344 Da die Steuerfreibeträge im allgemeinen durch andere Aufwendungen ausgeschöpft sind, können die Versorgungsaufwendungen regelmäßig nicht als Sonderausgaben berücksichtigt werden.

345 Die Leistungsverpflichtung besteht dann nur noch als Arrangement zwischen Arbeitgeber und Arbeitnehmer und findet keine lohnsteuerliche Berücksichtigung mehr. Vgl. BFH (29.04.1991), S. 647.

gelagert besteuert und erfüllt daher nicht die steuertechnische Zielvorstellung des Anforderungskatalogs.

ab) Euro-Pensionskasse

Von der Versicherungswirtschaft wird für das Modell „Euro-Pensionskasse" nachdrücklich eine nachgelagerte Besteuerung gefordert, wie sie der Praxis der anderen westlichen Industrienationen bei deren Besteuerung der jeweiligen betrieblichen Altersversorgung entspricht.[346] Die Besteuerung soll erst im Leistungsfall beim Arbeitnehmer eintreten, d. h. erst wenn ihm die Versorgungsleistungen tatsächlich zufließen. Das Prinzip der nachgelagerten Besteuerung hat den Vorteil, daß die ansonsten bereits in der Anwartschaftsphase fällige Steuer bis zur Fälligkeit der Leistung zur Kapitalbildung verfügbar ist. Die somit erzielte Zinseszinswirkung würde die korrespondierende Steuerpflicht der Betriebsrente ausgleichen, insbesondere da der Steuersatz des Rentners in aller Regel niedriger ist, als der des Rentenanwärters.[347] Der Übergang zu einer nachgelagerten Besteuerung würde außerdem die bisher zu vermissende Steuersystematik hinsichtlich der betrieblichen Altersversorgung herstellen und zu einer Vereinheitlichung und Vereinfachung der steuerlichen Regelungen in Deutschland beitragen.[348] Ganz nebenbei stellt die nachgelagerte Besteuerung nicht nur einen Anreiz zur Investition in spätere Versorgungsbezüge hinsichtlich eventueller Arbeitnehmerbeiträge dar, sondern kommt jedenfalls in mittelbarer Form den Kapitalmärkten als Zufluß zugute.[349] Auch der aus fiskalischer Sicht zu beklagende Steuerausfall[350] ist nur auf den ersten Blick ein Hemm-

---

346 Vgl. Baum (1997), S. 1057; Stegmann (1997), S. 57.

347 Vgl. Rupprecht (1996), S. 1105.

348 Vgl. Stegmann (1997), S. 57.

349 Ebenda, S. 57.

350 Für das Betrachtungsjahr 1990 wurden aus der Besteuerung der Beiträge an Pensionskassen nach § 40b EStG 470 Mio. DM (von insgesamt 2,7 Mrd. DM) Steuereinnahmen erzielt. Sofern die nachgelagerte Besteuerung ein-

nisgrund für einen Übergang zur nachgelagerten Besteuerung: wegen des relativ günstigen Ansatzes für den Ertragsanteil und der Versorgungsfreibeträge ergebe sich bei vorgelagerter, pauschaler Steuerpflicht eine günstigere Nachsteuerrendite des gesamten Versorgungsvorganges als bei einer nachgelagerten Vollbesteuerung der Rente.[351]

b) Besteuerung des Versorgungsträgers

Die Pensionskasse unterliegt als Versicherungsverein auf Gegenseitigkeit nach § 1 KStG grundsätzlich der Körperschaftsteuer. Unter bestimmten Voraussetzungen ist sie jedoch aufgrund ihrer sozialen Funktion von der Körperschaftsteuer befreit. Die Voraussetzungen für die Steuerfreiheit werden in § 5 Abs. 1 Nr. 3 und § 6 KStG geregelt. Weitere Vorschriften zur Steuerfreiheit enthalten die §§ 1 und 2 KStDV, welche insbesondere die Anforderungen an eine soziale Einrichtung konkretisieren.

§ 5 Abs. 1 Nr. 3 a KStG will für die Pensionskassen[352] sicherstellen, daß die Befreiung von der Körperschaftsteuer nur dann gewährt wird, wenn es sich bei den Leistungen um betriebsbezogene Versorgungen handelt.[353] Zur Erfüllung der zweiten Voraussetzung für die Steuerfreiheit muß sichergestellt sein, daß der Betrieb der Pensionskasse nach dem Geschäftsplan[354] und nach der Art und Höhe der

---

geführt wird, würde eine faktische Steuerstundung dieser Steuerzahlungen eintreten, welche jedoch nicht zu gravierenden Steuerverlusten führen würde und demnach vertretbar wäre. Vgl. BMF (1998 a), S. 22. Laut *Rupprecht* [(1996), S. 1106] beträgt das vorgelagerte pauschale Lohnsteueraufkommen auf Direktversicherungs- und Pensionskassenbeiträge jährlich 2 Mrd. DM.

351 Vgl. Rupprecht (1996), S. 1106.

352 Ebenso für die Unterstützungskassen. Vgl. S. 264 ff. dieser Arbeit.

353 Vgl. zum Begriff der Zugehörigkeit z. B. Ahrend/Förster/Rößler (1999), 5. Teil, Rdnr. 266.

354 Vgl. zum Geschäftsplan Bode/Bode/Dickfeld/Dresp/Emmert (1998), Rdnr. 173 – 259.

Leistungen eine soziale Einrichtung darstellt. Die einzelnen Anforderungen an eine soziale Einrichtung sind in §§ 1 und 2 KStDV näher beschrieben:

- Die Eigentümer bzw. die Gesellschafter der Trägerunternehmen und ihre Angehörigen (§ 15 AO) dürfen nicht die Mehrzahl der Leistungsempfänger bilden.[355]

- Die jeweils erreichten Rechtsansprüche der Leistungsempfänger dürfen die in § 2 KStDV aufgeführten Höchstgrenzen nicht übersteigen.[356]

- Bei Auflösung der Kasse darf das Vermögen nur den Leistungsempfängern oder deren Angehörigen i. S. d. § 15 AO zugute kommen oder für ausschließlich (§ 56 AO) gemeinnützige (§ 52 AO) oder mildtätige (§ 53 AO) Zwecke verwendet werden.[357]

Als dritte Voraussetzung für die Steuerfreiheit der Pensionskasse verlangt § 5 Abs. 1 Nr. 3 c KStG, daß die ausschließliche und unmittelbare Verwendung des Vermögens und der Einkünfte der Kasse nach der Satzung und der tatsächlichen Geschäftsführung für die Zwecke der Kasse dauernd gesichert ist.[358]

---

355 Weiterführend Ahrend/Förster/Rößler (1999), 3. Teil, Rdnr. 276.

356 Weiterführend Ahrend/Förster/Rößler (1999), 3. Teil, Rdnr. 277 ff.

357 Die Anforderungen an die Vermögensverwendung bei Auflösung der Kasse gelten nur für das nicht überdotierte Vermögen, da § 1 Nr. 2 KStDV die Vermögensverwendung nur vorbehaltlich des § 6 KStG fordert und jener das überdotierte Vermögen von der Vermögensbindung ausnimmt. Vgl. Ahrend/Förster/Rößler (1999), 3. Teil, Rdnr. 284 ff.

358 Die Vermögensbindung bezieht sich lediglich auf das nicht überdotierte Vermögen. Da das überdotierte Vermögen nicht steuerbefreit ist, wäre es nicht zweckmäßig, das überdotierte Vermögen denselben Beschränkungen zu unterwerfen, wie das steuerbefreite Vermögen. Somit braucht das überdotierte Vermögen nicht zweckgebunden zu sein, es kann beliebig verwendet werden. Vgl. Dötsch/Eversberg/Jost/Witt (1999), § 5, Rdnr. 11 ff.

Unter der Voraussetzung der Steuerfreiheit entfällt bei Gewinnausschüttungen einer Kapitalgesellschaft an die Kasse gem. § 51 KStG die Körperschaftsteueranrechnung.[359] Da die ausschüttende Kapitalgesellschaft ihre Ausschüttungsbelastung gem. § 27 KStG herstellen muß und der zur Ausschüttung gelangende Gewinn mit derzeit 30 % Körperschaftsteuer belastet wird, bleibt die Gewinnausschüttung mit diesem Steuersatz belastet.

Gemäß § 5 Abs. 2 KStG gilt die Befreiung von der Körperschaftsteuer nicht hinsichtlich der Einkünfte, die dem Steuerabzug unterliegen. Gemäß § 43 Abs. 1 Nr. 1 EStG unterliegen Dividendeneinnahmen, d. h. Einkünfte aus Anteilen an einer Kapitalgesellschaft, dem Kapitalertragsteuerabzug. Da gemäß § 50 Abs. 2 Nr. 1 KStG die beschränkte Steuerpflicht durch die einbehaltene Kapitalertragsteuer abgegolten wird, scheidet die an sich gem. § 2 Nr. 2 KStG eintretende beschränkte Steuerpflicht aus. Bei der steuerbefreiten Pensionskasse wird wie bei der Unterstützungskasse die einbehaltene Kapitalertragsteuer zur Hälfte erstattet (§ 44c Abs. 2 Nr. 2 EStG). Der Steuerabzug (Zinsabschlag) bei Kapitalerträgen i. S. d. § 43 Abs. 1 Satz 1 Nr. 4, 7 und 8 sowie Satz 2 EStG ist gem. § 44a Abs. 1 EStG für die steuerbefreite Pensionskasse nicht vorzunehmen.[360]
Die Befreiung von der Körperschaftsteuer wirkt sich mittelbar auch für die Gewerbesteuer aus (§ 3 Nr. 9 GewStG).

Die Pensionskasse wird in vollem Umfang steuerpflichtig, wenn sie gegen eine der Voraussetzungen des § 5 Abs. 1 Nr. 3 a bis c KStG

---

359 Gleiches gilt für die steuerbefreite Unterstützungskasse. Vgl. S. 264 ff. dieser Arbeit.

360 Sofern es sich bei den Einkünften der Pensionskasse um Ausschüttungen aus indirektem Aktienbesitz über Anteilscheine an Kapitalanlagegesellschaften handelt, sind diese letztlich kapitalertragsteuerfrei, da der Kapitalanlagegesellschaft die Kapitalertragsteuer gem. § 38 KAGG vom Finanzamt erstattet wird und die Ausschüttungen ohne Kapitalertragsteuerabzug erfolgen (§ 39 KAGG).

(Beschränkung des Kreises der Leistungsempfänger der Pensionskasse, Beschränkung der Höhe der Leistungen, soziale Einrichtung, Sicherung des Kassenvermögens für die Zwecke der Kasse) verstößt.[361] Die Kasse wird lediglich partiell steuerpflichtig, wenn ihr Vermögen die in § 5 Abs. 1 Nr. 3 d KStG bestimmte Höchstgrenze übersteigt. Die partielle Steuerpflicht erstreckt sich nur auf das die Höchstgrenze übersteigende Kassenvermögen und die hierauf entfallenden Einkünfte (§ 6 Abs. 1 KStG).[362]
Die partielle oder volle Steuerpflicht einer Pensionskasse gilt – wie die Steuerbefreiung – für die Körperschaftsteuer und die Gewerbesteuer. Der Steuersatz beträgt 40 %, sofern die Pensionskasse in der Rechtsform des VVaG betrieben werden (§ 23 Abs. 1 und 2 KStG).[363] Der Eintritt der vollen Steuerpflicht erscheint allerdings wegen der besonderen Versicherungsaufsicht eher unwahrscheinlich.

Sowohl die herkömmliche Pensionskasse i. S. d. § 1 Abs. 3 BetrAVG, als auch das auf ihren Grundlagen weiterentwickelte Modell „Euro-Pensionskasse“, stellen als Versicherungsvereine auf Gegenseitigkeit, die zur finanziellen Alterssicherung dienen, soziale Einrichtungen i. S. d. § 5 und 6 KStG dar. Demnach sind sie hinsichtlich des von ihnen gehaltenen Deckungsstockvermögens grundsätzlich von Steuerpflichten befreit. Auch sind die aus der Kapitalanlage dieses Vermögens erwirtschafteten Erträge in der Regel nicht steuerpflichtig.[364] Wie gezeigt sind Pensionskassen vom körperschaftsteuerlichen Anrechnungsverfahren ausgeschlossen und für die empfan-

---

361 Vgl. Thümmler (1990), S. 6.

362 Um eine partielle Steuerpflicht zu vermeiden, bieten sich grundsätzlich eine Leistungserhöhung, eine Auszahlung an das Trägerunternehmen oder eine Herabsetzung zukünftiger Zuwendungen beziehungsweise eine Verrechnung mit laufenden Zuwendungen an. Vgl. § 6 Abs. 2 KStG.

363 Vgl. zur vollen bzw. partiellen Steuerpflicht weiterführend Ahrend/Förster/Rößler (1999), 5. Teil, Rdnr. 121 – 194..

364 Vgl. Ahrend/Förster/Rößler (1999), 5. Teil, Rdnr. 7.

genen Dividenden einbehaltene Kapitalertragsteuer wird nur zur Hälfte erstattet. Die daraus resultierende Definitivbelastung von Dividenden diskriminiert die Aktienanlage gegenüber alternativen Anlageformen. Insofern ist die Zielvorstellung des Kriterienkatalogs nicht vollständig erfüllt.

c) Besteuerung des Arbeitgebers

Die Zuwendungen des Arbeitgeberunternehmens an die Pensionskasse sind steuerlich abzugsfähig, sofern die Zuwendungen betrieblich veranlaßt sind.

Geregelt wird diese Abzugsfähigkeit der Zuwendungen in § 4c EStG.[365] Unerheblich für diese Einstufung als abzugsfähige Betriebsausgaben ist, ob die Zuwendungen kontinuierlich oder einmalig erbracht werden.[366]

Gemäß § 4c Abs. 1 EStG sind allerdings nur jene Zuwendungen als Betriebsausgaben abzugsfähig, die zur tatsächlichen Finanzierung der Leistungen der Pensionskassen nötig sind, d. h. entweder satzungsmäßig vereinbart[367], von der Versicherungsaufsichtsbehörde angeordnet sind[368] oder der Abdeckung von Fehlbeträgen[369] von der Pensionskasse dienen.

---

365 Vgl. auch die erläuternden Hinweise in R 27 EStR.

366 Die Zuwendungen müssen lediglich das versicherungstechnische Deckungskapital bei der Pensionskasse zu jedem Bilanzstichtag sicherstellen. In welcher Weise die Zuwendungen im einzelnen erbracht werden, bleibt dem Trägerunternehmen der Pensionskasse überlassen. Vgl. R 27 Abs. 2 Satz 2 EStR.

367 Die Satzung einer Pensionskasse bestimmt in der Regel, von wem und in welcher Höhe die Mittel zur Finanzierung der Leistungsverpflichtungen aufzubringen sind. Vgl. zu den Einzelheiten Ahrend/Förster/Rößler (1999), 5. Teil, Rdnr 19.

368 Die Versicherungsaufsichtsbehörde hat zur Wahrung der Belange der Versicherten den Geschäftsbetrieb der Pensionskasse, die Befolgung der gesetzlichen Vorschriften und die Einhaltung ihres Geschäftsplans zu überwachen. Zur Sicherung der dauernden Erfüllbarkeit der Leistungsverpflichtungen der Pensionskasse kann sie Anordnungen treffen. Vgl. §§ 81 ff. VAG.

Innerhalb dieser in § 4c EStG festgelegten Grenzen erfahren die Zuwendungen des Arbeitgeberunternehmens ertragsteuermindernde Berücksichtigung in der Steuerbilanz des Wirtschaftsjahres, in dem sie erbracht werden.

Zuwendungen, die am Bilanzstichtag dem Grunde und der Höhe nach feststehen, aber erst im folgenden Wirtschaftsjahr erbracht werden, sind in der Schlußbilanz gem. R 27 Abs. 5 Satz 1 EStR als Passivposten auszuweisen.[370] Hinzu kommt die Möglichkeit, daß für nach dem Bilanzstichtag erbrachte Zuwendungen, die ohne Verpflichtungen des Trägerunternehmens geleistet werden und gem. § 4c Abs. 1 EStG der Deckung von Fehlbeträgen dienen, eine ertragsteuermindernde Rückstellung zu bilden ist.[371] Grundlage hierfür sind die gleichen Voraussetzungen und die analoge Anwendung des § 4d Abs. 2 EStG.

Die nach § 4c EStG bei der Gewinnermittlung abzugsfähigen Zuwendungen des Trägerunternehmens an eine Pensionskasse mindern auch seinen Gewerbeertrag.[372]

---

369 Ein Fehlbetrag liegt bei einer Pensionskasse dann vor, wenn das Vermögen der Kasse an einem Bilanzstichtag niedriger ist, als das nach dem Geschäftsplan erforderliche versicherungsmäßige Deckungskapital. Vgl. Blümich (1999), § 4c EStG, Rdnr. 56. Für die Feststellung, ob und in welcher Höhe ein Fehlbetrag vorliegt, ist gem. R 27 Abs. 3 Satz 2 EStR das Vermögen der Kasse nach den handelsrechtlichen Grundsätzen ordnungsmäßiger Buchführung unter Berücksichtigung des Geschäftsplans anzusetzen.

370 Hierbei kann es sich um eine Bestimmung in der Satzung oder im Geschäftsplan der Kasse oder um eine Anordnung der Aufsichtsbehörde handeln.

371 Vgl. R 27 Abs. 5 Satz 2 EStR. Mit dieser Billigkeitsregelung kann das Trägerunternehmen der Pensionskasse eine Zuwendung zur Abdeckung eines Fehlbetrages noch nach Ablauf eines Wirtschaftsjahres geben und steuerlich zu Lasten des Gewinnes dieses Wirtschaftsjahres verrechnen. Hierdurch wird den Unternehmen die Möglichkeit erleichtert, die Zuwendungen zur Abdeckung von Fehlbeträgen an die Gewinnlage anzupassen.

372 Ein von der Pensionskasse dem Trägerunternehmen gegebenes Darlehen ist unter den gleichen Voraussetzungen, wie bei einem anderen Darlehen, als Dauerschuld anzusehen (i. d. R. bei einer Laufzeit des Darlehens von mehr als einem Jahr). Die Zinszahlungen des Trägerunternehmens für die-

Für das auf der Grundlage der herkömmlichen Pensionskasse entwickelte Modell „Euro-Pensionskasse" ergibt sich insoweit nichts anderes. Demnach ist die Zielvorstellung „Besteuerung des Arbeitgebers" an eine zukünftige Gestaltung der betrieblichen Altersversorgung erfüllt.

3. Dotierung

a) Gestaltung der Versorgungszusage

Bei der herkömmlichen Pensionskasse i. S. d. § 1 Abs. 3 BetrAVG ist die Versorgungszusage als „klassische" Leistungszusage ausgestaltet. Die mit dieser Versorgungszusage verbundenen Kostenrisiken und die Anpassungspflicht gem. § 16 BetrAVG wurden auch i. R. d. Pensionskasse häufig kritisiert und als eines der wesentlichen Attraktivitätshemmnisse ausgemacht.[373] Insofern erfüllte die Pensionskasse hier bisher nicht die Anforderungen an ein zukünftiges betriebliches Altersversorgungsmodell. Durch die Novellierung des Betriebsrentengesetzes besteht nun die Möglichkeit der Einführung kalkulierbarer beitragsorientierter Leistungszusagen. Auch kann jetzt die Anpassungsprüfungspflicht entfallen, sofern ab Rentenbeginn sämtliche auf den Rentenbestand entfallende Überschußanteile zur Erhöhung der laufenden Leistungen verwendet werden (§ 16 Abs. 3 Nr. 2 BetrAVG).[374]

Die Weiterentwicklung „Euro-Pensionskasse" soll nach der Vorstellung ihrer Befürworter über reine Beitragszusagen gedeckt wer-

---

ses Darlehen an die Pensionskasse sind, soweit sie bei der Gewinnermittlung als Betriebsausgabe abgezogen worden sind, bei der Ermittlung des Gewerbeertrages gem. § 8 Nr. 1 GewStG mit 50 % dem Gewinn wieder hinzuzurechnen.

373 Vgl. Rupprecht (1996), S. 1106; Stegmann/Buttler (1997), S. 1277.

374 Voraussetzung ist hier allerdings, daß zur Berechnung der garantierten Leistung der nach § 65 Abs. 1 Nr. 1 Buchst. a VAG festgesetzte Höchstzinssatz zur Berechnung der Deckungsrückstellung nicht überschritten wird. Vgl. § 16 Abs. 3 Nr. 2 BetrAVG.

den.[375] Wie bereits ausführlich dargelegt, ist diese Ausgestaltung der Versorgungszusage jedoch mit dem sozialpolitischen Zweck des Betriebsrentenrechts in Deutschland nicht vereinbar.[376] Insofern ist die Zielvorstellung hinsichtlich einer zukünftigen betrieblichen Altersversorgung nicht erfüllt. Demnach müßte auch das Modell „Euro-Pensionskasse" über die beitragsorientierte Leistungszusage i. S. d. § 1 Abs. 6 BetrAVG Deckung finden.

b) Zulässigkeit von Arbeitnehmerbeiträgen

Arbeitnehmerbeiträge sind bei der herkömmlichen Pensionskasse bereits möglich und üblich.[377] Eine freiwillige Höherversicherung der Arbeitnehmer ist allerdings nur aus dem versteuerten Einkommen des Arbeitnehmers finanzierbar.[378] Weiterhin wurde durch das Steuerentlastungsgesetz 1999/2000/2002 die Vorteilhaftigkeit der Entgeltumwandlung verringert und damit die Möglichkeiten der Arbeitnehmer zum Aufbau einer zusätzlichen Altersversorgung deutlich verschlechtert. Die beschlossene Absenkung des Eingangsteuersatzes im Jahr 2002 auf 19,9 % des zu versteuernden Einkommens bei unveränderter Beibehaltung des Pauschalsteuersatzes des § 40b EStG von 20 % verringert abermals den Anreiz für die betriebliche Altersversorgung. Neuregelungs- oder Anpassungsbedarf im Sinne des eingangs aufgestellten Anforderungskatalogs an eine zukünftige betriebliche Altersversorgung ergibt sich für die Arbeitnehmerbeteiligung speziell für die „Euro-Pensionskasse" nicht.

---

375 Vgl. Rupprecht (1996), S. 1106; Stegmann/Buttler (1997), S. 1277.

376 Vgl. S. 50 ff. dieser Arbeit.

377 Vgl. Werner/Hagen (1993), S. 114. Vgl. speziell zur Gehaltsumwandlung Hanau/Arteaga (1999 b), S. 521, Rz. 1 – 34.

378 Andererseits kommen die Kapitalerträge dem Versicherten voll zugute, wobei nur der sog. Ertragsanteil bei Leistungsbezug besteuert wird.

4. Versorgung

a) Rechtsansprüche des Versorgungsberechtigten

Nach der Legaldefinition in § 1 Abs. 3 BetrAVG ist die Pensionskasse eine eigene, rechtsfähige Versorgungseinrichtung, welche die betriebliche Altersversorgung durchführt und dem Arbeitnehmer einen Rechtsanspruch auf die Leistungen einräumt. Weiterentwicklungsbedarf ergäbe sich für die „Euro-Pensionskasse" insoweit nicht.

b) Insolvenzschutz

Die Pensionskasse betreibt Versicherungsgeschäfte im Sinne des Versicherungsaufsichtsgesetzes und unterliegt somit den Vorschriften des Bundesaufsichtsamtes für das Versicherungswesen. Besondere Auflagen des Gesetzgebers für die Erhaltung des wirtschaftlichen Werts der Versorgungsansprüche bedurfte es deshalb nicht. Ein Insolvenzschutz durch den *PSVaG* erübrigt sich. Insoweit ist die Zielvorstellung dieses Kriteriums auch bei der „Euro-Pensionskasse" erfüllt.

III. Zusammenfassende Beurteilung

Die Pensionskasse ist eine rechtlich selbständige Versorgungseinrichtung, die von einem oder mehreren Unternehmen als Trägereinrichtung für Zwecke der betrieblichen Altersversorgung genutzt wird. Insoweit ist ihr die Möglichkeit der externen Finanzierung geradezu systemimmanent. In Hinblick auf die Zielvorstellung Kapitalanlagefreiheit sind weder die herkömmliche Pensionskasse i. S. d. § 1 Abs. 3 BetrAVG, noch das Modell der „Euro-Pensionskasse" tauglich bzw. geeignet, die durch diese Zielvorstellung angestrebte Entwicklung zu realisieren. Nach den vorstehend beschriebenen Ursachen wird deutlich, daß die Argumentation, versicherungsaufsichtsrechtliche Kapitalanlagebeschränkungen würden den Pensionskassen den Zugang zum Aktienmarkt erschweren und daher einer bestmöglichen Performance der Kapitalanlage entgegenwirken, einer Überprüfung anhand der in der Praxis gewonnenen Daten und Erkenntnisse nicht standhält. Die durch § 54a VAG vorgegebene Höchstgrenze von 30 % wird in der Praxis im Einzelfall nur selten und in der Gesamtheit bei weitem nicht ausgenutzt. So entsprach der Anteil an direkt und über Investmentanteile gehaltenen Aktien lediglich zwischen 8,7 % und 15 %. Die Ursache hierfür liegt in den Rechnungslegungsvorschriften sowie in der steuersystembedingten Diskriminierung von Dividenden gegenüber Zinserträgen. Das Argument der Enge des nationalen Marktes ist spätestens ab dem 01.01.1999 mit der Währungsunion der EU obsolet geworden. Die von den Befürwortern der „Euro-Pensionskasse“ geforderte Entschärfung der Kapitalanlagevorschriften des VAG ist demnach kein taugliches Mittel, der rückläufigen Entwicklung der betrieblichen Altersversorgung entgegenzuwirken. Hinsichtlich der Forderung einer höheren Aktienquote nähern sich die ersten Pensionskassen der durch das VAG vorgesehenen 30 % Grenze, eine Erhöhung auf 50 % würde die Balance zwischen Sicherheit und Rentabilität sicherlich ein Stück zugunsten der Rentabilität verschieben.

In steuertechnischer Hinsicht erfüllt jedenfalls das weiterentwickelte Modell „Euro-Pensionskasse“ die Erfordernisse des aufgestellten Kriterienkatalogs hinsichtlich der Besteuerung des Versorgungsempfängers. Die herkömmliche Pensionskasse erfüllt aufgrund der vorgelagerten Besteuerung des Arbeitnehmers diese nicht. Das bisherige Nebeneinander von vorgelagerter und nachgelagerter Besteuerung verschiedener Altersversorgungsträger sollte in eine transparente und konsistente Vorgehensweise umgewandelt werden. Gleichzeitig wäre die internationale Kompatibilität der Altersversorgungssysteme gewährleistet. Sofern eine Übertragung von Versorgungskapital aus Pensionskassen auf nachgelagert besteuerte Versorgungsträger geplant ist, kann dies dazu führen, daß die im Rahmen der vorgelagerten Besteuerung bereits gezahlte Lohnsteuer durch die Unternehmen zurückgefordert wird, welches erhebliche Steuermindereinnahmen zur Folge hätte. Aufgrund der zu erwartenen massiven Steuermindereinnahmen wäre eine Stichtagslösung sinnvoll. Nicht nachvollziehbar ist, daß der Gesetzgeber im Rahmen des Steuerentlastungsgesetzes 1999/2000/2002 aus fiskalpolitischen Erwägungen verfügt hat, daß bei Entgeltumwandlungszusagen zugunsten von Beiträgen an eine Pensionskasse die Pauschalsteuer dem steuerpflichtigen Einkommen des Arbeitnehmers zugerechnet wird. Dies stellt eine erhebliche Verschlechterung der betrieblichen Altersversorgung dar und widerspricht der Ankündigung der Bundesregierung, die betriebliche Altersversorgung fördern zu wollen. Der Pauschalsteuersatz sollte auf ein erträgliches Maß herabgesenkt und die Pauschalierungsobergrenze sowohl im Einzelfall wie auch im Durchschnitt entsprechend der eingetretenen Lohnsteigerungen angehoben und künftig automatisch fortgeschrieben werden.[379]

Damit eine steuerneutrale Ansammlung des Versorgungskapitals bei allen Versorgungsträgern grundsätzlich gewährleistet ist, wären Pensionskassen in das körperschaftsteuerliche Anrechungsverfahren einzubeziehen. Weiterhin wäre die auf Dividenden einbehaltene Kapitalertragsteuer vollständig und nicht wie derzeit nur zur Hälfte zu erstatten. Die Versagung des Anrechnungsanspruchs sowie die Einbehaltung einer hälftigen Kapitalertragsteuer auf Dividenden erscheint aus wirtschaftlicher Sicht nicht gerechtfertigt.

Aufgrund der versicherungsmathematischen Kalkulation ist die zugesagte Leistung mit der Beitragszahlung durch den Arbeitgeber ausfinanziert. Sofern sämtliche, ab Rentenbeginn auf den Rentenbestand entfallende Überschußanteile zur Erhöhung der laufenden Leistungen verwendet werden, erfolgt keine Anpassungsprüfungspflicht gem. § 16 Abs. 3 Nr. 2 BetrAVG. Arbeitnehmerbeiträge sind bei beiden Durchführungswegen der betrieblichen Altersversorgung

---

379 Vgl. Barz (1997), S. 238.

vorgesehen und erfüllen damit die dotierungstechnischen Voraussetzungen an einen zukunftsfähigen Versorgungsträger.

In Hinblick auf die Zielvorstellung der Versorgung erfüllt die Pensionskasse sowie deren Weiterentwicklung die an sie gestellte Anforderung des Rechtsanpruchs und des Insolvenzschutzes in vollem Umfang.

Die herkömmliche Pensionskasse i. S. d. § 1 Abs. 3 BetrAVG erfüllt nur vereinzelt die Anforderungen, die an die zukünftige Gestaltung der betrieblichen Altersversorgung gestellt werden. Hierzu gehören die arbeits-, insolvenz- und aufsichtsrechtlichen Anforderungen an einen zukunftsorientierten Durchführungsweg. Andererseits bleibt sie im Rahmen der vorrangigen Anforderungen Kapitalanlagefreiheit und Besteuerung des Versorgungsberechtigten weitgehend hinter den zu erwartenden Anforderungen zurück. Der zur Steigerung der Attraktivität dieses Modells entwickelte Vorschlag „Euro-Pensionskasse" erfordert einen immensen gesetzlichen Änderungsaufwand. Insbesondere die Forderung der Entschärfung der versicherungsaufsichtsrechtlichen Kapitalanlagevorschriften läßt sich schwer realisieren. Letztlich läßt sich feststellen, daß beide Modelle für eine Belebung der Aktivität im Rahmen der betrieblichen Altersversorgung eher ungeeignet sind.

C. Unterstützungskasse und deren Weiterentwicklungen

I. Grundkonzeption Unterstützungskasse und deren Weiterentwicklungen

1. Unterstützungskasse (§ 1 Abs. 4 BetrAVG)

Die herkömmliche Unterstützungskasse i. S. d. § 1 Abs. 4 BetrAVG ist eine rechtlich selbständige Versorgungseinrichtung[380], welche vom Arbeitgeberunternehmen mit der Organisation und Durchführung der betrieblichen Altersversorgung beauftragt und finanziert wird. Träger der Unterstützungskasse sind entweder ein Einzelunternehmen (Einzelkasse) oder mehrere Unternehmen (Konzern- oder Gruppenkasse).[381] Die Unterstützungskasse tritt meist in der Rechtsform eines eingetragenen Vereins auf, größere Kassen auch als GmbH und selten als Stiftung.[382] Die Unterstützungskasse finanziert sich ausschließlich durch Zuwendungen der Trägergesellschaften und durch die hieraus resultierenden Erträge ihres Kassenvermögens.[383] Zuwendungen durch Arbeitnehmer der Trägergesellschaften sind nicht zulässig (§ 3 Nr. 1 KStDV). Hinsichtlich der Anlage des zur Deckung der Versorgungszusagen bereitgestellten Kapitals unterliegt die Unterstützungskasse keinerlei Restriktionen oder aufsichtsrechtlichen Bestimmungen. Insbesondere unterliegt sie nicht der Aufsicht des Bundesaufsichtsamtes für das Versicherungswesen, da die Unterstützungskasse keine Versicherungsge-

---

380 Die eigene Rechtspersönlichkeit der Unterstützungskasse bedingt, daß ihr Vermögen rechtlich und wirtschaftlich aus dem Vermögen des Trägerunternehmens ausgegliedert sein muß und daß sie Träger der Versorgungsleistungen ist.

381 Vgl. Richardi/Wlotzke (1992), S. 1739, Rdnr. 47. Die Gruppenunterstützungskasse bietet sich für kleine und mittelgroße Betriebe an, da diese i. d. R. über keine ausreichende Anzahl der Beschäftigten verfügen um einen Risikoausgleich zu gewährleisten.

382 Vgl. Werner/Hagen (1993), S. 119.

383 Vgl. Schwarzbauer (1993), S. 91.

schäfte i. S. d. § 1 VAG tätigt. Dies ergibt sich daraus, daß den versorgungsempfangenden Arbeitnehmern kein Rechtsanspruch auf die Leistung im Versorgungsfall eingeräumt wird.[384]

Als soziale Einrichtungen sind Unterstützungskassen von der Körperschaft- und Gewerbesteuer befreit, sofern sie bestimmte Voraussetzungen erfüllen.[385] Dies gilt jedoch nur solange, wie das Vermögen der Unterstützungskasse einen bestimmten Höchstbetrag nicht überschreitet. Diese Höchstgrenze ist so bemessen, daß eine steuerlich begünstigte volle Ausfinanzierung der Versorgungsverpflichtungen über eine Unterstützungskasse nicht möglich ist. Aus diesem Grund hat die Versicherungswirtschaft die sog. rückgedeckte Unterstützungskasse entwickelt.

a) Rückgedeckte Unterstützungskasse

Eine mit den Pensionsrückstellungen vergleichbare Finanzierung ist mit steuerlicher Anerkennung regelmäßig nur für laufende Leistungen, nicht aber für Anwartschaften möglich. Etwas anderes gilt jedoch für den Fall, daß eine Unterstützungskasse für ihre Leistungen eine Rückdeckungsversicherung eingeht. Die Rückdeckungsversicherung kann als Kapital-, Risiko- oder Rentenversicherung abgeschlossen werden.[386] Man unterscheidet hinsichtlich der Versicherungsleistungen zwischen dem vollen Umfang der Versicherungsleistung (kongruente Rückdeckung) und einer Versicherungsleistung, welche nur einzelne Teile der Kassenleistung (z. B. Hinterbliebenenleistung) abdeckt (partielle Rückdeckung). Die Rückdeckungsversicherung soll sicherstellen, daß die Kasse ihre Leistungen

---

384 Dieser fehlende Rechtsanspruch ist jedoch für die Arbeitnehmer nahezu belanglos, da das BAG in ständiger Rechtsprechung für den Fall der Vermögenslosigkeit der Unterstützungskasse eine Durchgriffshaftung auf den Arbeitgeber zulässt. Vgl. BAG (17.05.1973), S. 1308; BAG (28.04.1977), S. 1202; BAG (10.11.1977), S. 762.

385 Vgl. hierzu ausführlich S. 263 ff. dieser Arbeit.

386 Vgl. Ahrend/Förster/Rößler, (1999), 3. Teil, Rdnr. 313.

unabhängig von ihrem Vermögen und dessen Liquidität erbringen kann. Sie ist somit letztlich eine Art vorgeschaltete Insolvenzsicherung.

Der Abschluß einer Rückdeckungsversicherung aus eigenen Mitteln der Kasse bietet verschiedene Vorteile. Das Trägerunternehmen leistet dann gem. § 4d Abs. 1 Nr. 1 Satz 1 Buchst. c Satz 2 EStG die gleichbleibenden oder steigenden Beiträge an die Unterstützungskasse, die allerdings auf die übrigen Zuwendungmöglichkeiten anzurechnen sind.[387] Die Dotierung der Unterstützungskasse ist nur für Leistungsanwärter möglich, die das 30. Lebensjahr vollendet haben. Bei rückgedeckten Unterstützungskassen können zusätzlich für jüngere Arbeitnehmer steuerlich wirksame Zuwendungen zur Abdeckung der Risiken Invalidität und Tod (Hinterbliebenenversorgung) erfolgen.[388] Die Voraussetzung für die Abzugsfähigkeit ist jedoch, daß die Versicherung ausschließlich für Risikoleistungen (Invalidität oder Hinterbliebenenversorgung), die vor dem 30. Lebensjahr eintreten, abgeschlossen wird bzw. die Leistungsanwartschaft zu dem Zeitpunkt bereits unverfallbar ist.[389] Diese Beiträge kann das Trägerunternehmen als Betriebsausgaben steuerlich geltend machen, unter der Voraussetzung, daß die von der Kasse zu gewährenden Leistungen insgesamt nicht höher sind, als die Ansprüche aus der Versicherung.[390] Die Rückdeckungsversicherung kann jedoch nicht beliehen oder abgetreten werden, da die Leistungsbereitschaft durch die Rückdeckung stets gewährleistet sein muß.[391] Ein

---

387 Einmalprämien sind nur zuwendungsfähig, wenn die Versicherung bei oder nach Eintritt des Versorgungsfalles abgeschlossen wird. Vgl. Sarrazin (1992), S. 461.

388 Vgl. Meier (1993), S. 147.

389 Vgl. Förster (1992 a), S. 130.

390 Vgl. Sarrazin (1992), S. 461.

391 Vgl. Sarrazin (1992), S. 461 f. Nach § 4d EStG führt die Beleihung einer Rückdeckungsversicherung zum Verlust des Betriebsausgabencharakters für die Prämie.

weiterer Grund für das Verbot der Abtretung und Beleihung ist, daß die Unterstützungskasse in solch einem Fall über eine erhebliche Ausdehnung des Vermögens verfügen würde und dieses dem Trägerunternehmen darlehensweise überlassen könnte.[392] Im Ergebnis kann für eine Unterstützungskasse aufgrund der Rückdeckungsversicherung[393] eine volle Anwartschaftsfinanzierung erreicht werden, da das Deckungskapital für die Versorgungsleistungen, welches der Kasse normalerweise erst bei Beginn der Leistungen zugewendet werden kann, schon während der Anwartschaftszeit des Leistungsberechtigten durch die Versicherung gebildet werden kann.

b) Kongruent rückgedeckte Liquidations-Unterstützungskasse

Die durch § 4 Abs. 3 und 4 BetrAVG n. F. neu geschaffene Möglichkeit zur Übertragung von Versorgungsverpflichtungen aus unmittelbaren und mittelbaren Versorgungszusagen in Form der Unterstützungskasse ist bei näherer Betrachtung eine Unterstützungskasse eigener Art. Der Unterschied zur oben dargestellten rückgedeckten Unterstützungskasse besteht darin, daß diese keine im Auftrag des Arbeitgebers zugesagte Versorgungsleistung erbringt, da sie aus eigener Verpflichtung tätig wird[394] und zwar erst im Fall der erfolgten Liquidation des Trägerunternehmens. Insofern handelt es sich auch hier um eine Art vorgeschaltete Insolvenzsicherung.

Sowohl die rückgedeckte als auch die kongruent-rückgedeckten Liquidations-Unterstützungskassen stellen lediglich in finanzierungstechnischer Hinsicht Sonderformen der herkömmlichen Unterstützungskasse dar, ohne sich jedoch in sonst relevanter Weise von die-

---

392 Vgl. Wartenberg (1992), S. 150.

393 Vgl. weiterführend zur Rückdeckungsversicherung Ahrend/Förster/Rößler (1999), 3. Teil, Rdnr. 148 – 156.

394 Vgl. Doetsch/Förster/Rühmann (1998), S. 260 f.

ser zu unterscheiden. Aus diesem Grund werden erste im folgenden nicht explizit genannt, auch wenn sich sämtliche Ausführungen zur herkömmlichen Unterstützungskasse i. S. d. § 1 Abs. 4 BetrAVG sinngemäß auch auf die rückgedeckte und kongruent-rückgedeckte Liquidations-Unterstützungskasse beziehen.

2. Weiterentwicklungen

a) Vorbemerkung

Die herkömmliche Unterstützungskasse wird in der Literatur bereits seit einiger Zeit als ausbaufähiges Modell einer zukünftigen Gestaltungsform der betrieblichen Altersversorgung in Deutschland angesehen. So wurden konkrete Modelle konzipiert, welche als „Pensionsfonds-Unterstützungskasse" und „Betriebsrentenfonds" bezeichnet wurden. Wohl auf diesen Überlegungen basierend hat letztlich die *aba* ihr Modell eines sog. „Pensionsfonds" entwickelt und vorgestellt. Fast zeitgleich wurde der im Auftrag des „Forums Finanzplatz beim Bundesministerium der Finanzen" von der *Gerke-Kommission* entwickelte „betriebsmittelbare Pensionsfonds" vorgestellt.

b) Pensionsfonds-Unterstützungskasse

Insbesondere von *Kolvenbach* wurde das Modell der „Pensionsfonds-Unterstützungskasse" propagiert.[395] Diese soll nach dessen Vorstellung jedoch nicht die bestehenden Durchführungswege der betrieblichen Altersversorgung ergänzen, sondern unter Änderung bestehender, das Betriebsrentengesetz flankierender gesetzlicher Bestimmungen die herkömmliche Unterstützungskasse ersetzen.

Die „Pensionsfonds-Unterstützungskasse" weicht von ihrem Ausgangsmodell im wesentlichen dadurch ab, daß sie durch „reine Beitragszusagen" gekennzeichnet ist, Arbeitnehmerbeiträge zulässig sind und den Arbeitnehmern ein Rechtsanspruch auf Versorgungs-

---

395 Vgl. Kolvenbach (1997 a), 290 ff.; ders. (1997 b), S. 210 ff.; Baum (1997), S. 25 ff.

leistungen eingeräumt wird.[396] Weiterhin soll die hinsichtlich ihrer Kapitalanlagefreiheit unbeschränkte „Pensionsfonds-Unterstützungskasse“ der ständigen Kontrolle durch einen unabhängigen Aktuar nach angelsächsischem Vorbild unterliegen.

c) Betriebsrentenfonds

Auf weitgehend gleichen Überlegungen, wie *Kolvenbach* sie anstellt, basiert auch ein weiteres, in der Literatur von *Bode* und *Grabner* angeregtes Modell zur Belebung und zukünftigen Durchführung der betrieblichen Altersversorgung in Deutschland, der sog. „Betriebsrentenfonds".[397]

Ausgehend vom seitens der Geldinstitute erhobenen Ruf nach Einführung eines Pensionsfonds angelsächsischer Prägung ist der „Betriebsrentenfonds“ die Weiterentwicklung der herkömmlichen Unterstützungskasse, wobei die Bemühungen dahingehen, die Merkmale des angelsächsischen Pensionsfonds mit einem Minimum an gesetzlichen Änderungen in die bestehende Systematik zu integrieren, ohne dabei sozialpolitische Gesichtspunkte der betrieblichen Altersversorgung wesentlich zu reduzieren.[398] Abweichend von *Kolvenbachs* „Pensionsfonds-Unterstützungskasse“ soll der „Betriebsrentenfonds“ jedoch durchaus einen fünften Durchführungsweg, d. h. eine alternative Ergänzung zu den bisherigen Modellen der betrieblichen Altersversorgung, darstellen.[399] Zunächst wird für den „Betriebsrentenfonds“ gefordert, daß dieser als rechtlich selbständiges, separates Sondervermögen ausgestaltet wird. Leistungsträger der betrieblichen Altersversorgung soll eine als „Betriebsrentenfonds" firmierende Unterstützungskasse – aus verwaltungstechnischen Gründen in der Rechtsform einer GmbH – sein.

---

396 Vgl. Kolvenbach (1997 a), S. 290 ff; ders. (1997 b), S. 210 ff.

397 Vgl. Bode/Grabner (1997 a), S. 928 ff.

398 Ebenda, S. 932.

399 Ebenda, S. 935.

Die Finanzierung der Versorgungsleistungen soll im „Betriebsrentenfonds“ voll kapitalgedeckt sein, d. h. sich ausschließlich aus eingezahlten Beiträgen und den mit diesen erwirtschafteten Vermögenserträgen ergeben.[400] Die versicherungsmathematische Finanzierungsgrundlage und -kontrolle soll einem unabhängigen Aktuar nach dem Vorbild des hierfür im angelsächsischen „pension-fund“ zuständigen „appointed actuary“ obliegen. In Hinblick auf den sich voll aus Vermögenserträgen finanzierenden „Betriebsrentenfonds“ wird aus Gründen der Renditesteigerung eine Abkehr von festverzinslichen Papieren zu Dividendenpapieren verlangt. Lediglich die Möglichkeit des Rückflusses der Beitragszahlungen in Darlehensform an das Trägerunternehmen wird wegen der Selbstverantwortung des unabhängigen Versorgungsunternehmens und wohl unter sozialpolitischen Gesichtspunkten als der restriktiven Beschränkung zugänglich erachtet. *Bode/Grabner* gehen bei ihrem Modell jedoch von der beitragsorientierten Leistungszusage aus. Auch im Rahmen des „Betriebsrentenfonds“ wird den Arbeitnehmern ein Rechtsanspruch auf die Versorgungsleistungen eingeräumt.

d) Betriebsmittelbarer Pensionsfonds

Die *Gerke-Kommission* hat in ihrem im Juli 1998 veröffentlichten Bericht „Betriebliche Pensionsfonds“ ein weiteres, als „betriebsmittelbarer Pensionsfonds“ tituliertes Modell zur Durchführung der betrieblichen Altersversorgung vorgestellt.

Der „betriebsmittelbare Pensionsfonds“ soll – analog zur herkömmlichen Unterstützungskasse – eine rechtsfähige Versorgungseinrichtung in der Rechtsform eines eingetragenen Vereins, einer GmbH oder einer Stiftung darstellen. Die Finanzierung soll durch ein oder mehrere Arbeitgeberunternehmen mittels beitragsorientierter Leis-

---

[400] Ebenda, S. 932.

tungszusagen erfolgen; ein Rechtsanspruch auf Versorgungsleistungen wird den Arbeitnehmern nicht gewährt.[401]
Der einzig erkennbare Unterschied des „betriebsmittelbaren Pensionsfonds" zur herkömmlichen Unterstützungskasse liegt darin, daß erster nach Konzeption der *Gerke-Kommission* sich verpflichtet, „... die ihm anvertrauten Mittel vereinbarungsgemäß für die Erbringung der durch die Pensionszusage des Arbeitgebers in Aussicht gestellten Leistungen zu verwenden"[402]. Die Erfüllung dieser Verpflichtung soll unter ständiger aktuarieller Kontrolle stehen.[403] Diese Unterscheidungen lassen sich jedoch schon jetzt ohne gesetzliche Änderungen für die herkömmliche Unterstützungskasse realisieren.[404] Ein Ansatz zur Weiterentwicklung aus steuerlicher Sicht besteht in einer Erhöhung der Zuwendungsmöglichkeiten für Anwartschaften auf Leistungen von „betriebsmittelbaren Pensionsfonds". Diese Erhöhung des zulässigen Vermögens für Leistungsanwartschaften sollte sich am versicherungsmathematischen Barwert der arbeitsrechtlich unverfallbaren Leistungsanwartschaft orientieren.[405] Laut *Otremba*[406] wäre dann allerdings erforderlich, die bestehende Unterscheidung zwischen rückgedeckten und nicht rückgedeckten Unterstützungskassen aufzugeben. Die Zuwendung zur Unterstützungskasse müßte sich an den am Bilanzstichtag bestehenden unverfallbaren Anwartschaften der Versorgungsberechtigten bzw. an den diesen zugesagten Beiträgen orientieren.

---

401 Vgl. Gerke-Kommission (1998), S. 27.

402 Gerke-Kommission (1998), S. 31.

403 Ebenda, S. 27.

404 Vgl. Blomeyer (1998 a), S. 1741.

405 Vgl. Gerke-Kommission (1998), S. 27. Im Gegensatz zum Teilwertverfahren bietet solch eine Behandlung die Möglichkeit, „betriebsunmittelbare Pensionsfonds" auch für – wie vorgesehen – beitragsorientierte Leistungszusagen verursachungsgerecht zu dotieren.

406 Vgl. Otremba (1998), S. 253.

Letztlich kann somit gesagt werden, daß der von der *Gerke-Kommission* entwickelte „betriebsmittelbare Pensionsfonds" tatsächlich gar keine Weiterentwicklung der herkömmlichen Unterstützungskasse darstellt. Er entspricht vielmehr bis auf geringfügige Änderungen – die jedoch keine Gesetzesänderungen erfordern – der bekannten Form. Eine weitere gesonderte Darstellung des Modells erübrigt sich daher.[407]

e) Pensionsfonds der *aba*

Im Juni 1998 hat die *aba* in ihrem Positionspapier „Modell Zweite Säule" das von ihr propagierte Konzept eines zukunftsweisenden Durchführungsweges der betrieblichen Altersversorgung in Deutschland unter dem Namen „Pensionsfonds" vorgestellt.[408]

Der Inhalt des Papiers korrigiert jedoch den Eindruck, den man angesichts des Modellnamens haben könnte. Es geht nämlich bei dem Modell der *aba* nicht um die Einführung eines Pensionsfonds angelsächsischer Prägung in das deutsche System; vielmehr handelt es sich hierbei lediglich um eine Umwandlung der herkömmlichen Unterstützungskasse in einen Versorgungsträger, der in seiner Konzeption dem Vergleich mit ausländischen Pensionsfonds gewachsen sein soll.[409] Aufgrund der bestehenden gesetzlichen Regelungen würde sich das Modell der Unterstützungskasse i. S. d. § 1 Abs. 4 BetrAVG unter geringfügigen betriebsrentenrechtlichen Änderungen als ausbaufähiges Modell anbieten.[410]

Der Vorschlag der *aba* umfaßt zunächst eine Änderung der Bezeichnung des Modells des § 1 Abs. 4 BetrAVG von „Unterstützungskasse" in „Pensionsfonds". Weiterhin sieht er vor, reine Beitragszusagen

---

407 Sämtliche folgenden Ausführungen zur herkömmlichen Unterstützungskasse beziehen sich somit sinngemäß auch auf den „betriebsmittelbaren Pensionsfonds" der *Gerke-Kommission*.

408 Vgl. aba (1998 a).

409 Vgl. Uebelhack (1998 b), S. 133.

410 Ebenda, S. 133.

durch Änderung des Betriebsrentengesetzes zu legalisieren und die flankierenden steuerrechtlichen Vorteile zu ermöglichen. Ein Rechtsanspruch soll auch bei dem neuen „Pensionsfonds“ nicht gewährt werden.

Soweit die Vorschläge von *Kolvenbach*, *Bode/Grabner* und der *aba* weitere Abweichungen von den bisherigen Regelungen der herkömmlichen Unterstützungskasse aufweisen, werden diese an den einzelnen Kriterien erläutert.

II. Bewertung der Unterstützungskasse und deren Weiterentwicklungen

1. Finanzierung

a) Externe Finanzierung

Die Forderung nach einer konsequenten Auslagerung der Finanzierung der Versorgungsleistungen auf eine rechtlich selbständige Versorgungseinrichtung ist für die Unterstützungskasse realisiert. Durch diese Loslösung vom Unternehmensschicksal wird eine erhöhte Sicherheit für die Arbeitnehmer bereits schon jetzt realisiert. Analog hierzu sind auch die Gestaltungsvorschläge von *Kolvenbach*, *Bode/Grabner* und der *aba*. Insofern ergibt sich hinsichtlich der weiterentwickelten Modelle kein Neuregelungsbedarf.
Problematisch ist lediglich die Gestaltung der Ansammlung des Versorgungskapitals. *Kolvenbach* schlägt in Anlehnung an den britischen „pension-fund" eine aktuarielle Anwartschaftsfinanzierung vor, bei der der Aktuar gleich seinem britischen Pendant „actuary" die versicherungsmathematische Basis für die Finanzierung legt und diese kontrolliert.[411] Diesem Aktuar sollen auch die treuhänderischen Entscheidungen, insbesondere bzgl. der Kapitalanlage, die beim britischen „pension-fund" von den sogenannten „trustees" wahrge-

---

411 Vgl. Kolvenbach (1997 a), S. 291.

nommen werden, übertragen werden.[412] Schwierig gestaltet sich diese Durchführung in Hinblick auf die Mitbestimmungsrechte der Belegschaft gem. § 87 Abs. 1 Nr. 4, 8 und 10 BetrVG. Um dieser Norm gerecht zu werden, müßte wohl an eine paritätische Zusammensetzung des aktuariellen, treuhänderischen Gremiums gedacht werden.[413] Allerdings ergibt das britische Vorbild des als „Trust" ausgestalteten „pension-fund" einen unmittelbaren Haftungsanspruch der Arbeitnehmer gegen die „trustees". Ein solcher existiert für die Unterstützungskasse nicht und würde wohl auch die Beteiligung der Arbeitnehmer an der Entscheidungsfindung des Aktuars ausschließen. Andererseits sollte insbesondere in Hinblick auf die ebenfalls geforderte Zulässigkeit von Arbeitnehmerbeiträgen eine fest definierte Teilhabemöglichkeit der Belegschaft eingeräumt werden.[414] *Bode/Grabner* regen an, die Mitbestimmung gem. § 87 Abs. 1 Nr. 8 BetrVG, die auch für den „Betriebsrentenfonds" gelte, im wesentlichen auf den Bereich der Gestaltung der Beitragsentrichtung zu begrenzen und die Fragen der Vermögensanlage hiervon auszuklammern.[415] In Anbetracht des Wortlauts der Norm erscheint hier eine tarifvertragliche Einigung ausreichend.

Die satzungsmäßigen Regelungen hinsichtlich aktuarieller Kontrolle und treuhänderischer Überwachung könnten in Anlehnung an die einschlägigen versicherungsaufsichtsrechtlichen Vorschriften (§§ 11a, 70 VAG) ausgestaltet werden, ohne daß sich hieraus gravierende Gesetzesänderungen ergeben.

---

412 Vgl. Kolvenbach (1997 b), S. 213.

413 Ebenda, S. 212.

414 Andernfalls würde sich das Beteiligungsinteresse der Arbeitnehmer wohl in Grenzen halten und die „Pensionsfonds-Unterstützungskasse" zwar für den Arbeitgeber interessante Möglichkeiten bieten, aufgrund ihrer mangelnden Akzeptanz aber hinter ihrem sozialpolitischen Zweck zurückbleiben.

415 Vgl. Bode/Grabner (1997 a), S. 935.

Die voll kapitalgedeckte Ausfinanzierung der Versorgungsleistung allerdings ist bei der herkömmlichen Unterstützungskasse nicht realisiert. Die Voraussetzungen für die Körperschaft- und Gewerbesteuerbefreiung der herkömmlichen Unterstützungskasse machen eine solche unmöglich.[416] Zum einen reichen die in § 4d EStG vorgesehenen Finanzierungsmöglichkeiten – nämlich Reservepolsterbildung oder Rückdeckungsversicherung – hierfür kaum aus. Zum anderen sind an die Körperschaft- und Gewerbesteuerfreiheit der Unterstützungskasse Höchstgrenzen bzgl. des Kassenvermögens geknüpft, die so bemessen sind, daß eine volle Ausfinanzierung der Versorgungsleistungen praktisch nicht möglich ist. Tatsächlich erreicht das steuerfreie Kassenvermögen in der Praxis lediglich ein Fünftel der kapitalisierten Versorgungsverbindlichkeiten.[417] Somit ergibt sich unter diesem Aspekt dringender Änderungsbedarf hinsichtlich § 4d EStG, § 5 KStG und der einschlägigen Vorschriften aus dem Gewerbesteuergesetz.[418]

Das Modell der *aba* sieht diese Änderungen auch explizit vor.

b) Kapitalanlagefreiheit

ba) Vorbemerkung

Bei mittelbaren Versorgungszusagen mittels der herkömmlichen Unterstützungskasse unterliegen die von der Kasse verwalteten Mittel keinen gesetzlichen oder aufsichtsrechtlichen Anlagevorschriften. Unterstützungskassen sind von der Versicherungsaufsicht freigestellt, was unter anderem die Freiheit in der Anlage ihres Kassenvermögens zur Folge hat. Diese Freistellung der Unterstützungskassen von der Versicherungsaufsicht wird mit der Nichtgewährung eines Rechtsanspruchs auf die Versorgungsleistungen begründet

---

[416] Vgl. S. 263 ff. dieser Arbeit.

[417] Vgl. Rupprecht (1996), S. 1104.

[418] Vgl. S. 263 ff. dieser Arbeit.

(§ 1 Abs. 3 Nr. 1 VAG)[419]. Zu beachten sind demnach hinsichtlich der Verwendung der Versorgungsmittel lediglich die nachstehend dargestellten Grundsätze.

bb) Unterstützungskasse (§ 1 Abs. 4 BetrAVG)

bba) Vermögensanlage

Die Anlage des Versorgungskapitals einer Unterstützungskasse muß sich im Rahmen einer bloßen Vermögensverwaltung halten; hierbei muß gewährleistet sein, daß das Liquiditätsbedürfnis der Kasse zur Erbringung der Versorgungsleistungen nicht beeinträchtigt wird. Gemäß Abschnitt 6 Abs. 9 KStR darf die mit der Vermögensanlage verbundene Tätigkeit ihrer Art und ihrem Umfang nach nicht zu einem neuen Zweck werden und nicht zu einer gewerblichen Tätigkeit führen, da die Unterstützungskasse ansonsten ihre Steuerfreiheit verlieren würde.[420]

Zur Bindung des Vermögens einer Unterstützungskasse für die Kassenzwecke gehört die sichere Anlage des Kassenvermögens. Dies erfordert allerdings keine besondere Absicherung der Vermögensanlage oder eine Anlage lediglich in nach der Verkehrsauffassung

---

419 Angesichts eines mittlerweile faktischem bestehenden Rechtsanspruchs der Arbeitnehmer wird dieser Unterschied zur Pensionskasse beziehungsweise der Direktversicherung häufig diskutiert. Vgl. S. 130 ff. dieser Arbeit.

420 Die Art der Vermögensanlage muß in der Satzung der Unterstützungskasse nicht vorgeschrieben sein. Vgl. Ahrend/Förster/Rößler (1999), 3. Teil, Rdnr. 300. Da bei der Bemessung der steuerlich abzugsfähigen Zuwendungen des Trägerunternehmens an die Kasse und des zulässigen Kassenvermögens in § 4d EStG ein mindestens 5,5 %iger Vermögensertrag einkalkuliert wird, muß die Kasse das Vermögen in der Regel ertragsbringend anlegen, um die Versorgungsleistungen erbringen zu können. Eine steuerrechtliche Verpflichtung, eine höchstmögliche Rendite anzustreben bzw. das Versorgungskapital ertragsbringend anzulegen, besteht nicht. Die Kasse kann ihre Versorgungsmittel auch in nicht ertragsbringenden Vermögenswerten anlegen (z. B. Gold oder unbebaute Grundstücke), soweit sie sich von diesen Vermögenswerten Wertsteigerungen oder eine höhere Sicherheit erhofft und diese leicht durch Verkauf bzw. Beleihung liquidisierbar sind. Vgl. jedoch die Einschränkung von zinslosen oder niedrig verzinslichen Darlehen an das Trägerunternehmen auf S. 257 ff. dieser Arbeit.

besonders sicheren Vermögenswerten, wie z. B. in Immobilien oder anderen dinglich gesicherten Werten.[421] Weiterhin brauchen keine besonderen Vorkehrungen dagegen getroffen zu werden, daß die Vermögensanlage im Wert sinkt oder verlorengeht. Die Steuerfreiheit der Kasse wird hiervon nicht beeinflusst.[422]

Die Finanzverwaltung hat lediglich zu überprüfen, ob die Verwendung der Versorgungsmittel für die Kassenzwecke gesichert ist, nicht ob diese Mittel sicher angelegt bzw. gegen Verlust abgesichert sind (§ 5 Abs. 1 Nr. 3 Buchst. c KStG). Die Sicherheit der Vermögensanlage wird allein von den Leistungsberechtigten oder ihren Vertretern, die gem. § 3 Nr. 2 KStDV an der Verwaltung sämtlicher Beträge beratend mitwirken, überwacht.

bbb) Vermögensverwaltung – Abgrenzung zur gewerblichen Betätigung

Gemäß § 14 AO liegt eine Vermögensverwaltung in der Regel vor, wenn Kapitalvermögen genutzt wird, in dem dieses z. B. verzinslich angelegt oder unbewegliches Vermögen vermietet oder verpachtet wird. Ebenfalls zur Vermögensverwaltung gehört die Umschichtung durch Veräußerung und Neuerwerb von Vermögenswerten, sofern die Umschichtung keinen gewerblichen Einschlag hat.[423] Soweit der Erwerb und die Veräußerung der Vermögenswerte ausschließlich der Anfang oder das Ende einer in erster Linie auf Fruchtziehung gerichteten Tätigkeit sind, ist diese Bedingung im allgemeinen erfüllt. Soweit die Gewinnerzielungsabsicht nicht entscheidend in den Vordergrund tritt, kann eine nachhaltige Vermögensumschichtung noch in dem Bereich der Vermögensverwaltung liegen.[424]

---

421 Vgl. Ahrend/Förster/Rößler (1999), 3. Teil, Rdnr. 302.

422 Ebenda, Rdnr. 302.

423 Die Absicht, Gewinn zu erzielen, ist nicht erforderlich. Vgl. § 14 AO.

424 Vgl. BFH (29.03.1973), S. 661.

Die Grenze der gewerblichen Tätigkeit zur Vermögensverwaltung kann nicht allgemein definiert werden und kann im Zweifel nur nach den Umständen des Einzelfalles entschieden werden. Anhaltspunkte bei der Grenzziehung liefert die Vermögensanlage in Wertpapieren und Grundbesitz.

bbc) Vermögensanlage in Wertpapieren

Eine Unterstützungskasse darf das Versorgungskapital unbegrenzt in Wertpapieren jeder Art anlegen. Die Umschichtung des Bestands sowie die Ausnutzung von Kursschwankungen zur Erzielung von Kursgewinnen gehören bei Wertpapieren grundsätzlich zum Bereich der Vermögensverwaltung.[425] Selbst ein fortgesetzter An- und Verkauf von Wertpapieren, auch wenn er mit Spekulationsabsicht geschieht, bleibt Vermögensverwaltung und beeinträchtigt nicht die Steuerfreiheit der Unterstützungskasse, soweit dies in der Art vollzogen wird, wie es bei Privatpersonen üblich ist.[426] Eine gewerbliche Betätigung oder eine andere Zwecksetzung wird jedoch unterstellt, wenn eine Unterstützungskasse Aktien des Trägerunternehmens in beachtlichem Umfang an- und verkauft, um den Kurs der Aktien zu stützen.[427] Solch ein Verhalten führt zum Fortfall der Steuerfreiheit der Unterstützungskasse.

bbd) Vermögensanlage in Grundbesitz

Das Versorgungskapital einer Kasse darf auch in Grundbesitz angelegt werden. Zur Vermögensverwaltung gehört auch die Vermietung und Verpachtung unbeweglichen Vermögens, selbst wenn die vermieteten Objekte einen größeren Umfang haben. Eine gewerbli-

---

425 Dies gilt selbst bei einem umfangreichen Wertpapierbestand. Vgl. Ahrend/Förster/Rößler (1999), 3. Teil, Rdnr. 304.

426 Charakteristisch ist z. B. die Erteilung von An- und Verkaufsaufträgen an eine Bank. Vgl. BFH (11.07.1968), S. 775.

427 Vgl. BFH (29.01.1969), S. 269.

che Tätigkeit wird jedoch unterstellt, wenn „besondere Umstände" hinzu kommen, die für die normale Vermietung nicht typisch sind.[428] Weiterhin darf eine Unterstützungskasse auch als Bauherr auftreten, indem sie unbebaute Grundstücke erwirbt, diese mit Geschäfts- und Wohnhäusern bebaut und anschließend vermietet.[429] Hier muß allerdings beachtet werden, daß diese Tätigkeit für die Kasse kein neuer Zweck wird und sie nicht zu einem Wohnungsunternehmen wird.[430] Zur Vermögensverwaltung gehört auch die Veräußerung bebauter Grundstücke, welche längere Zeit durch Vermietung genutzt worden sind. Ausschlaggebend ist hier allerdings, daß sich die bei dem Verkauf entfaltete Tätigkeit allein auf die erforderlichen Maßnahmen für die Veräußerung der Grundstücke beschränkt.[431] Dies trifft auch auf die Aufteilung eines Gebäudes in Eigentumswohnungen mit anschließendem Verkauf zu.[432] Die Abgrenzung zwischen Vermögensverwaltung und gewerblicher Tätigkeit bei dem Bau und Verkauf von Eigentumswohnungen kann sich jedoch als schwierig herausstellen. Auch hier kommt es im wesentlichen auf die Umstände des Einzelfalles an, speziell auf die Zahl der errichteten Gebäude und den Zeitraum zwischen An- und Verkauf.[433] Eine gewerbliche Betätigung führt zur Steuerpflicht der Unterstützungskasse.

---

428 Z. B. rascher Wechsel der Mieter, umfangreiche Nebenleistungen des Vermieters für den Mieter, wie z. B. Bewachung und Reinigung der vermieteten Räume durch den Vermieter. Vgl. BFH (21.12.1976), S. 244.

429 Auch eine Vermietung an das Trägerunternehmen ist möglich. Vgl. Ahrend/Förster/Rößler (1999), 3. Teil, Rdnr. 306.

430 Vgl. Ahrend/Förster/Rößler (1999), 3. Teil, Rdnr. 306.

431 Vgl. BFH (17.01.1973), S. 260.

432 Vgl. BFH (08.08.1979), S. 106.

433 Eine Vermögensverwaltung ist anzunehmen, wenn innerhalb von acht Jahren nicht mehr als sechs Objekte nach jeweils mindestens zehnjähriger Vermietungsdauer veräußert werden. Vgl. Erlaß FinMin Bayern, (15.10.1976), S. 458.

bbe) Beteiligung an Gesellschaften

Gemäß § 15 Abs. 1 Nr. 2 EStG wird die Beteiligung an einer gewerblichen Personengesellschaft steuerrechtlich als gewerbliche Betätigung behandelt. Diese Einstufung gilt grundsätzlich auch für die Beteiligung an einer Kommanditgesellschaft als Kommanditist. Der Umfang der Beteiligung ist hier unerheblich. Eine Unterstützungskasse, welche sich als Kommanditist an einer Kommanditgesellschaft beteiligt, wird durch diese Beteiligung gewerblich tätig und somit steuerpflichtig.[434] Soweit sich die Gesellschaft nur mit der Verwaltung ihres eigenen Vermögens beschäftigt und lediglich kraft Rechtsform als Gewerbebetrieb gilt, behält die Kasse ihre Steuerfreiheit.[435] Weiterhin gilt die stille Beteiligung an einer Personengesellschaft noch als Vermögensanlage und somit bleibt der Kasse die Steuerfreiheit erhalten.[436] Soweit bei Beendigung der Gesellschaft die Kasse Anspruch auf Beteiligung am Zuwachs des Gesellschaftsvermögens unter Einschluß der stillen Reserven und des Geschäftswertes besteht, wird die stille Beteiligung bzw. eine Unterbeteiligung als Mitunternehmerschaft angesehen.[437]

Eine nicht-gewerbliche Vermögensanlage liegt regelmäßig bei der Beteiligung an einer Kapitalgesellschaft vor. Selbst wenn eine wesentliche Beteiligung im Sinne von § 17 EStG vorliegt, wird die Steuerbefreiung einer Kasse nicht berührt.[438] Abgrenzungsprobleme können sich allerdings dann ergeben, wenn an der Kapitalgesellschaft eine mehrheitliche Beteiligung besteht und die Unterstützungskasse dadurch einen beherrschenden Einfluß auf die Geschäftsführung ausüben kann. Zur Bestimmung der mehrheitlichen Beteiligung wird auch eine Beteiligung des Trägerunternehmens bzw. wenn dessen

---

[434] Vgl. BFH (17.10.1979), S. 225.

[435] Vgl. FG Baden-Württemberg (14. 07.1983), S. 189.

[436] Vgl. Stuhrmann (1980), S. 880.

[437] Vgl. BFH (25.06.1981), S. 59.

[438] Vgl. OFD Münster (29.09.1982), S. 685.

beherrschender Gesellschafter eine Beteiligung hält, herangezogen.[439]

bbf) Darlehen an das Trägerunternehmen

Gemäß Abschnitt 6 Abs. 10 Satz 3 KStR kann eine Unterstützungskasse ihr Versorgungskapital dem Trägerunternehmen als Darlehen überlassen. Dies ist die einfachste und häufigste Form der Vermögensanlage der Unterstützungskasse.[440] Eine besondere Absicherung für das Darlehen einer Kasse an das Trägerunternehmen braucht nicht zu erfolgen. Einzige Voraussetzung ist, daß das Darlehen, welches in der Laufzeit kurz- oder langfristig ausgestaltet sein kann, durch die wirtschaftliche Leistungsfähigkeit des Trägerunternehmens abgesichert ist. Sobald diese Voraussetzung nicht mehr gegeben ist, muß das Darlehen in angemessener Frist aus dem Trägerunternehmen ausgesondert und in anderer Weise angelegt werden (Abschn. 6 Abs. 10 Satz 9 KStR). Hierdurch soll sicher gestellt werden, daß das angelegte Versorgungskapital der Kasse nicht verloren geht. Andererseits werden durch die Zurückforderung des Darlehens der Unterstützungskasse die Schwierigkeiten noch erheblich verstärkt, was zum Zusammenbruch des Unternehmens beitragen kann. Dies kann nicht Sinn der Forderung sein und somit wird es im allgemeinen geboten sein, die Rückforderung des Darlehens über einen längeren Zeitraum zu verteilen.[441] Der Ausfall des Darlehens durch Konkurs des Trägerunternehmens beeinträchtigt die Steuerfreiheit der Kasse nicht.[442]

---

439 Vgl. Ahrend/Förster/Rößler (1999), 3. Teil, Rdnr. 308.

440 Hierbei handelt es sich lediglich um einen reinen Buchungsvorgang. Das Trägerunternehmen bucht nur eine Darlehensschuld gegenüber der Kasse, diese wiederum bucht eine entsprechende Darlehensforderung an das Trägerunternehmen. Vgl. Ahrend/Förster/Rößler (1999), 3. Teil, Rdnr. 309.

441 Die Rückforderung muß nicht sofort, sondern in „angemessener Frist" erfolgen. Vgl. Abschn. 10 Satz 9 KStR.

442 Vgl. Ahrend/Förster/Rößler (1999), 3. Teil, Rdnr. 302.

Das Darlehen der Unterstützungskasse an das Trägerunternehmen muß angemessen verzinst werden (Abschn. 6 Abs. 10 Satz 5 und 6 KStR), wobei dieser Zinssatz weder unter- noch überschritten werden darf.[443] Weiterhin erhöhen hohe Zinsen das tatsächliche Vermögen der Unterstützungskasse, ohne daß gleichzeitig das zulässige Kassenvermögen anwächst, so daß für die normalen Zuwendungen des Trägerunternehmens weniger Raum bleibt, wenn das zulässige Kassenvermögen nicht überschritten und die Unterstützungskasse damit nicht partiell steuerpflichtig werden soll.[444]

Zur Zeit ist noch nicht entschieden, welcher Zinssatz für das Darlehen als angemessen anzusehen ist und welche Unter- bzw. Obergrenze in Betracht kommt. Eine allgemeine Regelung läßt sich hierfür auch nicht aufstellen.[445] Hier kommt es nach Auffassung des BFH[446] u. a. darauf an, ob das Darlehen an die Kasse lang-, mittel- oder kurzfristig ausgestaltet ist, ob dieses von vornherein in gleichbleibender Höhe vereinbart ist, in welcher Höhe die Kasse zur Erbringung ihrer Leistungen kurzfristig liquide Mittel zur Verfügung haben muß und welches Kapital längerfristig bei dem Trägerunternehmen verbleiben kann.[447]

---

443 Im ersten Fall liegt in dem niedrigen Zinssatz eine Vorteilsgewährung der Kasse an das Trägerunternehmen, welches zum Verlust der Steuerfreiheit führt. Dies gilt natürlich umso mehr, wenn das Darlehen unverzinslich ausgestaltet ist. Soweit der angemessene Zinssatz überschritten wird, gilt der die Angemessenheit übersteigende Zinsbetrag als Zuwendung des Trägerunternehmens an die Kasse im Sinne von § 4d EStG. In diesem Fall hat eine Anrechnung auf die sonst nach § 4d EStG steuerlich abzugsfähigen Zuwendungen des Trägerunternehmens zu erfolgen. Vgl. BFH (27.01.1977), S. 442.

444 Vgl. Ahrend/Förster/Rößler (1999), 3. Teil, Rdnr. 193.

445 Vgl. Höfer/Abt (1982), § 5 Abs. 1 Nr. 3 KStG, Rdnr. 39; A. A. Blomeyer/Otto (1998), StR G, Rdnr. 24.

446 Vgl. (30.01.1980), S. 1040.

447 Üblicherweise werden Gelder, die kurzfristig angelegt werden, nur niedrig verzinst; längerfristig angelegtes Kapital erzielt höhere Renditen, wobei die jeweilige Kapitalmarktsituation eine wesentliche Rolle spielt. Weiterhin kann auch die Übernahme von Verwaltungstätigkeiten der Unterstützungskasse

Einen Zinssatz i. H. v. 4 % hat das FG Düsseldorf für zu niedrig erachtet.[448] Der BFH hat dies im Ergebnis nicht bestätigt. Ein angemessener Zinssatz läßt sich nur anhand des Einzelfalles bestimmen, ein Zinssatz i. H. v. 4 % kann jedoch nicht als ein grundsätzlich angemessener Zinssatz angesehen werden.[449] Ein Zinssatz von 1 % über dem Basiszins[450] der Deutschen Bundesbank wird im allgemeinen als angemessen anzusehen sein. Da die Unterstützungskasse von den Zuwendungen und folglich dem Wohlergehen des Trägerunternehmens abhängig ist, erscheint solch ein Zinssatz auch wirtschaftlich sinnvoll. Das Schrifttum fordert schon lange als angemessene Untergrenze die oben genannten gesetzlichen Zinssätze i. H. v. 4 und 5 %.[451]

Neben dem bisher dargestellten Fall der Barzuwendung können auch sächliche Mittel, wie z. B. Immobilien, zugewandt werden. Weiterhin besteht die Möglichkeit, Darlehensforderungen zuzuwenden. Die Kasse tritt dann in die Rechtsposition des Zedenten ein, was die Übernahme der vereinbarten Zinsbindung beinhaltet. Die Unterstützungskasse ist mit Auslauf der Zinsbindung verpflichtet, auf eine angemessene Verzinsung zu achten.[452]

bc) Pensionsfonds-Unterstützungskasse

Die Kapitalanlagefreiheit der herkömmlichen Unterstützungskasse ergibt sich daraus, daß diese nicht gem. § 1 VAG der Aufsicht des Bundesaufsichtsamtes des Versicherungswesens unterliegt. Die herkömmliche Unterstützungskasse gewährt Versorgungszusagen

---

durch das Trägerunternehmen Einfluß auf die Höhe des Zinssatzes nehmen. Vgl. Ahrend/Förster/Rößler (1999), 3. Teil, Rdnr. 311.

448 (30.01.1980), S. 1040.

449 Vgl. BFH (30.05.1990), S. 1000.

450 Ehemals Diskontsatz.

451 Vgl. z. B. Heißmann (1966), S. 191 m. w. N.

452 Vgl. Ahrend/Förster/Rößler (1999), 3. Teil, Rdnr. 311.

ohne Rechtsanspruch, welches nicht zu einer Aufsichtspflicht des Unternehmens i. S. d. § 1 VAG führt, da sie vom Arbeitgeber als organischer Teil des Dienstvertrages finanziert werden.[453] Bei der Durchführung der betrieblichen Altersversorgung im Wege einer aktuariell finanzierten „Pensionsfonds-Unterstützungskasse" würde diese aber aufsichtspflichtige Versicherungsgeschäfte i. S. d. § 1 VAG tätigen und somit den Anlagevorschriften des VAG unterliegen. Die Zielvorstellung Kapitalanlagefreiheit ließe sich für die „Pensionsfonds-Unterstützungskasse" nur durch eine Änderung des VAG verwirklichen. Eine Anlagerestriktion wird von *Kolvenbach* lediglich dahingehend zugelassen, daß der Rückfluß von Beitragszahlungen der Arbeitgeber in Form von Darlehen an das Trägerunternehmen stark eingeschränkt würde. Wegen des Ausschlusses einer Nachschußpflicht des Arbeitgebers und der hieraus resultierenden Notwendigkeit der Anlagestreuung, erlangt dieser Gesichtspunkt derartiges Gewicht, daß man seine Regelung nicht der betrieblichen Autonomie in Form von Satzungsverpflichtungen überlassen kann, sondern vielmehr eindeutige gesetzliche Regelungen, etwa in einem neugefaßten § 54a VAG, treffen müßte. Jedenfalls wären unabhängig von dem letztlich beschrittenen Weg gesetzliche Änderungen bzw. Neuregelungen in nicht unerheblichem Umfang erforderlich.

bd) Betriebsrentenfonds

Da bei der Durchführung der betrieblichen Altersversorgung im Wege des „Betriebsrentenfonds" diese den Arbeitnehmern einen Rechtsanspruch in Form eines bedingten Leistungsanspruchs gewähren würde, würde ihre Geschäftstätigkeit unter § 1 VAG zu subsumieren sein und somit eine versicherungsrechtliche Aufsicht nach sich ziehen. Dies zu vermeiden sollte nach *Bode/Grabner*[454] durch

---

[453] Prölss (1996), § 1, Rdnr. 13.

[454] Vgl. Bode/Grabner (1997 a), S. 935.

eine entsprechende betriebsrentenrechtliche Klarstellung im Betriebsrentengesetz, erreicht werden.

be) Pensionsfonds der *aba*

Kapitalanlagerestriktionen ergeben sich für den *aba*-„Pensionsfonds" nur in gleichem – und praktisch unbedeutendem – Umfang wie für die herkömmliche Unterstützungskasse. Wie diese räumt auch das weiterentwickelte Modell der *aba* den versorgungsberechtigten Arbeitnehmern keinen Rechtsanspruch auf Versorgungsleistungen ein und unterliegt daher nicht der Aufsicht des Bundesaufsichtsamtes für das Versicherungswesen. Hinsichtlich der zulässigen Anlagen kann daher auf die obigen Darstellungen zur herkömmlichen Unterstützungskasse verwiesen werden.[455]

2. Besteuerung

a) Besteuerung des Versorgungsberechtigten

Die Zuwendungen des Trägerunternehmens an eine Unterstützungskasse stellen für den leistungsberechtigten Arbeitnehmer keinen Arbeitslohn dar.[456] Erst zum Zeitpunkt des Zuflusses der Leistungen aus der Kasse gelten diese als Arbeitslohn und unterliegen dann der Lohnsteuer. Das gilt auch dann, wenn die Unterstützungskasse eine Rückdeckungsversicherung für die bestehenden Leistungen abgeschlossen hat. Im übrigen kann für die Besteuerung der lebenslänglich laufenden Leistungen und für Kapitalleistungen mit Versorgungscharakter auf die Besteuerung der Pensionsleistungen aus einer Direktzusage verwiesen werden.[457]

Nicht lebenslänglich laufende Leistungen aus Unterstützungskassen (z. B. Unterstützungen im Krankheitsfall) bleiben bis zu 1000 DM im Kalenderjahr steuerfrei. Leistungen, die 1000 DM übersteigen, gelten

---

455 Vgl. S. 251 ff. dieser Arbeit.

456 Vgl. Baer (1994), S. 39.

457 Vgl. S. 175 ff. dieser Arbeit.

als steuerpflichtiger Arbeitslohn, es sei denn, diese Leistungen werden aufgrund eines besonderen Notfalls gewährt. In diesem Fall sind gem. R 11 Abs. 2 LStR die Einkommensverhältnisse und der Familienstand des Arbeitnehmers zu berücksichtigen.

Die Zielvorstellung der nachgelagerten Besteuerung ist bei der herkömmlichen Unterstützungskasse verwirklicht. Der Verwirklichung für eine „Pensionsfonds-Unterstützungskasse" stehen Bedenken nicht entgegen. Anpassungs- und/oder Neuregelungsbedarf ergibt sich somit für die „Pensionsfonds-Unterstützungskasse" in Hinblick auf die nachgelagerte Besteuerung nicht.

Der „Betriebsrentenfonds" wäre allerdings ein rechtlich selbständiger Versorgungsträger, der einen Rechtsanspruch auf Leistung einräumt und daher auch der Pensionskasse i. S. d. § 1 Abs. 3 BetrAVG ähnelt. Insbesondere wegen der Gestaltung im Wege der beitragsorientierten Leistungszusage wird der Entgeltcharakter der Arbeitgeberbeitragszahlungen deutlich. Diese Beiträge dann aber nicht als Arbeitslohn im Sinne des Einkommensteuergesetzes anzusehen, erscheint inkonsequent. Eher wird bei der Durchführung der betrieblichen Altersversorgung im Wege des „Betriebsrentenfonds" der Arbeitgeberbeitrag dem steuerpflichtigen Arbeitslohn des Arbeitnehmers gem. § 2 Abs. 2 Nr. 3 LStDV zuzurechnen sein. Insofern ergibt sich hier gesetzlicher Neuregelungsbedarf dahingehend, daß eine nachgelagerte Besteuerung des „Betriebsrentenfonds" in § 2 LStDV festgestellt wird.

Hinsichtlich des von der *aba* vorgeschlagenen „Pensionsfonds" Modells ergeben sich wegen der analogen Regelung zur herkömmlichen Unterstützungskasse keinerlei Abweichungen zu dieser und somit kein Änderungs- oder Neuregelungsbedarf.

b) Besteuerung des Versorgungsträgers

Die Unterstützungskasse ist aufgrund ihrer Rechtsform als eingetragener Verein, GmbH oder Stiftung eine Körperschaft, die nach § 1 KStG grundsätzlich der Körperschaftsteuer unterliegt. Unter bestimmten Voraussetzungen ist sie wegen ihrer sozialen Funktion als Instrument der betrieblichen Altersversorgung von der Körperschaftsteuer befreit (§ 5 Abs. 1 Nr. 3 KStG und §§ 1 bis 3 KStDV).

Für die Steuerbefreiung der Unterstützungskasse müssen im einzelnen die folgenden Voraussetzungen gegeben sein:

Als erste Voraussetzung für die Steuerfreiheit wird die sog. Betriebsbezogenheit angesprochen. Leistungsempfänger der Unterstützungskasse dürfen nur Personen sein, die in einer Beziehung zu dem Träger der Kasse stehen oder gestanden haben oder Hinterbliebene solcher Personen sind (§ 5 Abs. 1 Nr. 3 Buchst. a KStG).[458]

Die zweite Voraussetzung für die Steuerbefreiung einer Unterstützungskasse ist, daß das Unternehmen der Kasse nach ihrem Geschäftsplan und nach der Art ihrer Leistungen eine soziale Einrichtung ist (§ 5 Abs. 1 Nr. 3 Buchst. b KStG). Die Sicherstellung des sozialen Charakters bei Unterstützungskassen kann durch die Satzung oder durch einen Leistungsplan vorgenommen werden. Eine Unterstützungskasse ist eine soziale Einrichtung, wenn folgende Voraussetzungen erfüllt sind:

- Arbeitnehmer und arbeitnehmerähnliche Personen müssen unter den Leistungsempfängern der Anzahl nach überwiegen. Eigentümer bzw. Gesellschafter (einschließlich ihrer Angehörigen) dürfen nicht die Mehrzahl der Leistungsempfänger bilden (§ 1 Nr. 1 KStDV).[459]

- Sofern die Leistungen der Unterstützungskasse – laufende Leistungen und Sterbegeld – bestimmte Höchstgrenzen[460] ü-

---

458 Hierzu zählen Zugehörige oder frühere Zugehörige einzelner oder mehrerer wirtschaftlicher Geschäftsbetriebe, Zugehörige oder frühere Zugehörige von Wohlfahrtsverbänden, Arbeitnehmer sonstiger Körperschaften, Personenvereinigungen und Vermögensmassen im Sinne der §§ 1 und 2 KStG.

459 Vgl. hierzu ausführlich Förster (1998 b), Rdnr. 67 – 70.

460 Die Höchstbeträge für die laufenden Leistungen und das Sterbegeld sind die gleichen wie die Höchstbeträge für die entsprechenden Leistungen der Pensionskasse. Vgl. im einzelnen § 2 KStDV.

bersteigen, gelten die Kassen nicht mehr als soziale Einrichtung im Sinne des § 5 Abs. 1 Nr. 3 Buchst. b KStG und werden voll steuerpflichtig (§ 3 Nr. 3 i. V. m. § 2 KStDV).

- Unterstützungskassen gelten weiterhin nicht mehr als soziale Einrichtungen und verlieren ihre Steuerfreiheit, wenn sie Leistungen von Fall zu Fall erbringen, die sich nicht nur auf Umstände der Not oder Arbeitslosigkeit beschränken.[461]

Als dritte und wichtigste Voraussetzung – neben der Beschränkung des Kreises der Leistungsempfänger und dem Charakter der Kasse als einer sozialen Einrichtung – für die Steuerfreiheit einer Unterstützungskasse zählt die Bindung des Vermögens einer Unterstützungskasse für die Kassenzwecke. Das Vermögen und die Einkünfte einer Unterstützungskasse dürfen nur für die Zwecke der Kasse verwendet werden. Die Vermögensbindung muß nach der Satzung[462] und der tatsächlichen Geschäftsführung[463] der Kasse dauernd gesichert sein (§ 5 Abs. 1 Nr. 3 Buchst. c KStG). Wird diese Voraussetzung verletzt, wird die Kasse in vollem Umfang steuerpflichtig.[464]

Nach dem für die Besteuerung der Kapitalgesellschaften geltenden körperschaftsteuerlichen Anrechnungsverfahren wird die von einer Kapitalgesellschaft auf ihren ausgeschütteten Gewinn zu entrichtende Körperschaftsteuer auf die Einkommensteuer oder Körperschaftsteuer ihrer Gesellschafter angerechnet (§ 36 Abs. 2 Nr. 3

---

461 In solchen Fällen sind die wirtschaftlichen Verhältnisse des Leistungsempfängers zu prüfen. Hierbei sind speziell die Einkommens- und Vermögensverhältnisse des Leistungsempfängers zu berücksichtigen. Vgl. hierzu ausführlich Ahrend/Förster/Rößler, Band 2, 3. Teil, Rdnr. 281 – 283.

462 Ebenda, Rdnr. 297.

463 Ebenda, Rdnr. 298.

464 Die Zweckbindung des Vermögens soll verhindern, daß das Vermögen der Kasse anderen Zwecken als den Kassenzwecken zugute kommt. Vgl. BT-Drucks. (7/1281), S. 43.

EStG). Durch dieses Verfahren wird gewährleistet, daß der ausgeschüttete Gewinn dann nicht mehr mit Körperschaftsteuer belastet ist.[465] Die Körperschaftsteueranrechnung ist allerdings ausgeschlossen, wenn der Gesellschafter steuerbefreit ist (§ 51 KStG). Sofern die Unterstützungskasse Anteile an einer Kapitalgesellschaft besitzt und hierauf eine Gewinnausschüttung erhält, kann ihr die Körperschaftsteuer in Höhe von 30 % (§ 27 Abs. 1 KStG) nicht gutgeschrieben werden. Diese Dividendeneinnahmen unterliegen nach § 43 Abs. 1 Nr. 1 EStG dem Kapitalertragsteuerabzug und lösen damit für die Unterstützungskasse die beschränkte Steuerpflicht aus (§ 2 Nr. 2 KStG). Da diese beschränkte Steuerpflicht durch die von den Dividendeneinnahmen einbehaltene Kapitalertragsteuer von 25 % der Einnahmen abgegolten wird (§ 50 Abs. 2 Nr. 1 KStG), führt dies für die Kasse zu keinem Steueranfall. Die einbehaltene Kapitalertragsteuer wird einer steuerbefreiten Unterstützungskasse zur Hälfte erstattet (§ 44c Abs. 2 Nr. 2 EStG).

Die Unterstützungskasse an sich ist von der Körperschaftsteuer befreit, wenn die für die Steuerfreistellung genannten Voraussetzungen alle bis zum Ende eines Veranlagungszeitraums erfüllt sind (Abschn. 6 Abs. 2 KStR). Die Befreiung gilt entsprechend für die Gewerbesteuer (§ 3 Nr. 9 GewStG).

Sofern eine Unterstützungskasse die für die Steuerbefreiung gesetzten Bedingungen nicht mehr erfüllt wird sie steuerpflichtig. Es genügt hierbei lediglich die Verletzung nur einer Bedingung.

Eine Unterstützungskasse wird in vollem Umfang steuerpflichtig, wenn sie gegen eine der oben genannten Bedingungen des § 5 Abs. 1 Nr. 3 Buchst. a bis c KStG verstößt.[466] Eine partielle Steuerpflicht

---

465 Zur Herstellung der Körperschaftsteuerbelastung von 30 % für den ausgeschütteten Gewinn einer Kapitalgesellschaft muß insbesondere der allgemeine Körperschaftsteuersatz von 40 % auf 30 % vermindert werden. Die Minderung der Körperschaftsteuer bleibt auch dann bestehen, wenn die Gewinnausschüttung an eine steuerbefreite Unterstützungskasse erfolgt.

466 Vgl. zu den Auswirkungen der vollen Steuerpflicht Förster (1998 b), Rdnr. 96 – 98.

wird ausgelöst, wenn das Vermögen der Unterstützungskasse die in § 5 Abs. 1 Nr. 3 Buchst. e KStG bestimmte Höchstgrenze übersteigt. Die teilweise Steuerpflicht erstreckt sich auf das die Höchstgrenze übersteigende Kassenvermögen und die hierauf entfallenden Einkünfte (§ 6 Abs. 5 KStG).[467] Die volle bzw. teilweise Steuerpflicht einer Unterstützungskasse gilt in gleicher Weise für die Körperschaft- und die Gewerbesteuer.

c) Besteuerung des Arbeitgebers

Nur die Zuwendungen[468] der Trägerunternehmen an die Unterstützungskasse sind im Rahmen des § 4d EStG als Betriebsausgabe abzugsfähig.

Gemäß § 4d EStG (i. V. m. R 27a EStR) richtet sich die Höhe der jährlich zulässigen Zuwendungen nach der Höhe der Kassenleistungen. Für diese Höhe der abzugsfähigen Betriebsausgaben unterscheidet der § 4d EStG zwischen

- Kassen mit lebenslänglich laufenden Leistungen (§ 4d Abs. 1 Nr. 1 EStG) und
- Kassen mit nicht lebenslänglich laufenden Leistungen (§ 4d Abs. 1 Nr. 2 EStG).

Bei den Unterstützungskassen mit lebenslänglichen Leistungen unterscheidet man weiterhin zwischen den Zuwendungen für die Rentner und Zuwendungen für Anwärter.

Die Zuwendungen für jeden Anwärter, der das 30. Lebensjahr vollendet hat, sind auf jährlich 25 % des Durchschnittsbetrages der von den Leistungsanwärtern nach den Verhältnissen am Schluß des

---

467 Vgl. hierzu detailliert Ahrend/Förster/Rößler, Band 2, 3. Teil, Rdnr. 333 – 362.

468 Der Begriff der Zuwendungen ist im Gesetz nicht näher definiert. Abstrakt läßt sich der Begriff umschreiben, wenn das Trägerunternehmen Vermögenswerte auf die Kasse überträgt, durch die sie einseitig bereichert wird.

Wirtschaftsjahres[469] im letzten Zeitpunkt der Anwartschaft erreichbaren Versorgungsleistung begrenzt (6 % für Invaliden- bzw. Hinterbliebenenleistungen, § 4d Abs. 1 Nr. 1 Buchst. b EStG). Alternativ hierzu sieht das Gesetz vor, daß als Leistungsanwärter nur diejenigen Anwärter berücksichtigt werden können, die im Wirtschaftsjahr das 50. Lebensjahr vollendet haben (§ 4d Abs. 1 Nr. 1 Buchst. b Satz 4 EStG). Damit ist die Höhe der möglichen Zuwendungen zum Reservepolster unmittelbar abhängig von den künftigen Kassenleistungen. Die Zuführung zum Reservepolster ermöglicht es den Kassen, bei Eintritt des Versorgungsfalles unverzüglich Leistungen zu gewähren, selbst wenn das Trägerunternehmen das Deckungskapital noch nicht gezahlt hat.[470] Eine ausreichende Anwartschaftsfinanzierung durch die steuerliche Restriktion ist bei den Unterstützungskassen nicht möglich.[471]

Erst bei Eintritt des Versorgungsfalles ist die Ausfinanzierung der Verpflichtung möglich (Kapitaldeckungsverfahren).[472] In diesem Zeitpunkt sind die Zuwendungen für Rentner in Höhe des Deckungskapitals für die lebenslänglich laufenden Leistungen nach einer Vervielfachertabelle (Anlage 1 zum § 4d EStG) abzugsfähig.[473] Diese Tabelle enthält nach dem Alter der Leistungsempfänger abgestufte Vervielfacher, welche auf die Jahresbeträge der Leistungen an-

---

469 Gemeint ist das Wirtschaftsjahr des Trägerunternehmens.

470 Das Reservepolster dient in erster Linie der Erhaltung der Leistungsfähigkeit der Kasse bei nicht rechtzeitiger Zuwendung des Deckungskapitals. Vgl. zum Reservepolster Förster (1998 b), Rdnr. 179 – 183.

471 Vgl. zum Zeitpunkt der Zuwendung des Deckungskapitals Ahrend/Förster/Rößler (1999), 3. Teil, Rdnr. 80 – 99. Das Motiv für die Abzugsbeschränkung liegt darin, daß sich die Zuwendungen nach altem Recht nicht nach der Höhe der Kassenleistungen, sondern nach der Lohn- und Gehaltssumme des Trägerunternehmens gerichtet haben. Da die Leistungen der Kasse sich nicht den Lohn- und Gehaltstrends angepaßt haben, führte dies zu einer Überdotierung des Kassenvermögens.

472 Vgl. Meier (1993), S. 145.

473 Vgl. Förster (1992 a), S. 128.

zuwenden sind. Ermittelt wird das Deckungskapital der lebenslänglichen Leistungen durch Multiplikation des Jahresbetrages der Leistungen mit dem nach dem Alter des Leistungsberechtigten in Betracht kommenden Vervielfacher der Tabelle.

Diese Zuwendungen zum Deckungskapital und zum Reservepolster werden jedoch durch das sog. zulässige Kassenvermögen begrenzt (§ 4d Abs. 1 Nr. 1 Satz 4 EStG).[474] Das zulässige Kassenvermögen ist die Summe des Deckungskapitals für alle lebenslänglich laufenden Leistungen und dem Achtfachen der für jeden Leistungsanwärter zulässigen jährlichen Zuwendungen.[475] Die Zuwendungen dürfen den Steuerbilanzgewinn des Trägerunternehmens nur in dem Fall mindern, in dem das tatsächliche Kassenvermögen nicht überschritten wird (§ 4d Abs. 1 Satz 1 Nr. 1 Satz 4 bzw. Nr. 2 Satz 2 EStG).

Zu den nicht lebenslänglich laufenden Leistungen einer Unterstützungskasse zählen in erster Linie einmalige oder widerkehrende Leistungen bei Eintritt eines der versicherten biometrischen Risiken. Die Zuwendungen an Kassen für nicht lebenslänglich laufende Leistungen sind durch § 4d Abs. 1 Nr. 2 EStG begrenzt. Hiernach können jährlich nur pauschal 0,2 % der Lohn- und Gehaltssumme des vorangegangenen Wirtschaftsjahres des Trägerunternehmens (bis zu insgesamt 1 % dieser Summe) zugewendet werden. Es ist jedoch mindestens der Betrag als Zuwendung abzugsfähig, den die Unterstützungskasse für die nicht lebenslänglich laufenden Leistungen in einem Wirtschaftsjahr gezahlt hat, vorausgesetzt, daß diese Leistungen nicht durch Zuwendungen in den vorangegangenen fünf

---

474 Vgl. Henke/Klingebiel (1992), S. 445.

475 Die Begrenzung des Reservepolsters auf das Achtfache ergibt sich daraus, daß bei regelmäßiger Zuwendung der möglichen Jahreszuwendungen nach acht Jahren der zulässige Höchstbetrag erreicht würde. Vgl. zum zulässigen Kassenvermögen Ahrend/Förster/Rößler (1999), 3. Teil, Rdnr. 162 – 183 (lebenslänglich laufende Leistungen) und Rdnr. 212 – 213 (nicht lebenslänglich laufende Leistungen).

Jahren abzüglich der von der Kasse im gleichen Zeitraum erbrachten Leistungen gedeckt sind.[476]

Sofern die Unterstützungskasse sowohl lebenslänglich als auch nicht lebenslänglich laufende Leistungen gewährt – sog. gemischte Unterstützungskasse – gelten die Zuwendungsmöglichkeiten für lebenslänglich laufende und nicht lebenslänglich laufende Leistungen nebeneinander, d. h. die Zuwendungsmöglichkeiten für die einzelnen Leistungen summieren sich (§ 4d Abs. 1 Satz 10 EStG).[477]

Für das Unternehmen besteht die Möglichkeit, das Deckungskapital mit Beginn der Rentenzahlung (oder auch später) in einem oder mehreren Beträgen in voller Höhe zu leisten (kein Nachholverbot).[478]

Gemäß R 27a Abs. 3 Nr. 1 EStR muß die Zuwendung zum Deckungskapital für die lebenslänglich laufenden Leistungen jedoch zu Lebzeiten des Leistungsempfängers erfolgen; eine Zuführung nach dem Tod ist nicht zulässig.[479]

Weiter besteht für das Trägerunternehmen keine Zuwendungspflicht, d. h. es kann frei entscheiden, ob es überhaupt Zuwendungen leistet. Durch dieses Wahlrecht (R 27a Abs. 3 Satz 1 EStR) kann das Unternehmen seine Zuwendungen weitgehend an seine Ertragslage anpassen.

Die soeben beschriebenen Zuwendungen sind grundsätzlich nur im Jahr der Ausgabe steuerlich geltend zu machen. Abzugsfähig sind außerdem die zu zahlenden Insolvenzsicherungsbeiträge der Trägerunternehmen an den *PSVaG*. Ebenso abzugsfähig sind die Zinszahlungen für von den Unterstützungskassen an die Trägerunter-

---

476 Vgl. Ahrend/Förster/Rößler (1999), 3. Teil, Rdnr. 53.

477 Vgl. das Berechnungsbeispiel der abzugsfähigen Zuwendungen an eine Unterstützungskasse bei Ahrend/Förster/Rößler (1999), 3. Teil, Rdnr. 218 – 222.

478 Vgl. Blümich (1999), § 4d, Rdnr. 72.

479 Das Deckungskapital für den überlebenden Ehegatten ist in dem Zeitraum möglich, in dem dieser Leistungen empfängt. Vgl. R 27a Abs. 3 Nr. 2 EStR.

nehmen gewährte Darlehen, solange sie ihrer Höhe nach verkehrsüblich sind.
Der Systematik der Zuwendung entspricht es, daß bei Unterstützungskassen, die sowohl lebenslänglich als auch nicht lebenslänglich laufende Leistungen gewähren, sich Zuwendungen und zulässige Kassenvermögen addieren.

Die nach § 4d EStG bei der Gewinnermittlung abzugsfähigen Zuwendungen des Trägerunternehmens an die Unterstützungskasse mindern auch hier den Gewerbeertrag.

Die Zuwendungen des Trägerunternehmens führen zu ähnlichen betriebswirtschaftlichen Finanzierungseffekten wie bei der Pensionsrückstellung. Diese Zuwendungen sowie evtl. anfallende Zinszahlungen für ein Darlehen der Unterstützungskasse sind abzugsfähige Betriebsausgaben und mindern somit den Gewinn und folglich die Ertragsteuerbelastung. Da aber bei den Unterstützungskassenzusagen nur eine eingeschränkte Anwartschaftsfinanzierung möglich ist[480], die im Durchschnitt 50 % bis 60 % gegenüber der Pensionsrückstellungsfinanzierung ausmacht, ergibt sich im Vergleich zu dieser insgesamt nur eine geringere Ertragsteuerstundung.[481] Des weiteren wird die Ertragsteuerminderung hier dadurch beeinträchtigt, daß die an die Unterstützungskasse gezahlten Darlehenszinsen i. d. R. Dauerschuldcharakter haben und somit dem Steuerbilanzgewinn des Unternehmens bei der Ermittlung des Gewerbeertrags zur Hälfte wieder hinzuzurechnen sind, was zu höheren Gewerbeertragsteuern

---

480 Unter Berücksichtigung des repräsentativen Bestands und der typischen Zusage beträgt das nach dem derzeit geltenden § 4d EStG zulässige Kassenvermögen lediglich 90,03 % des in Hinblick auf eine Anwartschaftsbarwertfinanzierung möglichen Kassenvermögens. Eine vollständige Dotierung kann lediglich durch Abschluß einer Rückdeckungsversicherung auf das Leben der Versorgungsberechtigten erreicht werden.

481 Vgl. Ahrend/Förster/Rößler (1999), 3. Teil, Rdnr. 10.

führt. Die Kapitalausstattung des Unternehmens wird durch diese höhere Gewerbeertragsteuer weiter beeinträchtigt.

3. Dotierung

a) Gestaltung der Versorgungszusage

Die herkömmliche Leistungszusage ist das bei der Unterstützungskasse i. S. d. § 1 Abs. 4 BetrAVG derzeit praktizierte Zusagemodell; es ist der herkömmlichen Unterstützungskasse geradezu systemimmanent. Der Übergang zu der nunmehr im Betriebsrentengesetz erwähnten beitragsorientierten Leistungszusage bildet jedoch keine rechtlichen oder tatsächlichen Hürden. Insofern ergeben sich hinsichtlich der Weiterentwicklungen „Betriebsrentenfonds" und „Pensionsfonds" der *aba* keinerlei gesetzliche Neuregelungs- oder Anpassungsbedürfnisse. Allerdings bietet die *aba* in ihrem Modell „Pensionsfonds" eine Neuerung: die Möglichkeit des Beitragsprimats in Verbindung mit der Festschreibung einer Mindestleistung.[482] Diese besteht in der Nominalsumme der zugesagten Beiträge, vermindert um Anteile, die für einen eventuell zusätzlich installierten Risikoschutz verwendet werden (Nettobeiträge). Sofern Leistungszusagen vom Arbeitgeber gegeben werden, trägt dieser das Risiko der Leistungserfüllung, wenn notwendige Renditen verfehlt und Finanzierungslücken entstehen. Bei Beitragszusagen trägt der Arbeitnehmer das Risiko. Durch die Fallgestalltung des Beitragsprimats mit Mindestleistung hat der Arbeitgeber Finanzierungslücken zu schließen, soweit sich die Anlage nicht ausreichend positiv verzinst. Andererseits hat der Arbeitnehmer keine weiteren Nachforderungen mehr, wenn die Rendite zwar positiv, jedoch sehr gering ausgefallen ist. Bei dieser Konstruktion des Versorgungsversprechens tragen sowohl Arbeitgeber als auch Arbeitnehmer das Investmentrisiko. Ein Vorteil im Vergleich zur beitragsorientierten Leistungszusage läßt sich mit dieser Konstruktion wohl nicht erreichen.

---

[482] Vgl. ABA (1998 a), S. 27 ff.

Hinsichtlich der „Pensionsfonds-Unterstützungskasse“ gilt dies jedoch nicht. Ein zukünftiger Durchführungsweg der betrieblichen Altersversorgung müßte nach *Kolvenbach* durch „reine" Beitragszusagen gekennzeichnet sein, um erstens das Anlagerisiko für den Arbeitgeber zu limitieren und zweitens neue Haftungsrisiken des Arbeitgebers zu vermeiden. Nur bei der „reinen" Beitragszusage liegt ein überschaubares Risiko für den Arbeitgeber vor, da er eben nur zur Zahlung vorher festgelegter Beiträge verpflichtet wäre; eine weitergehende Auffüllungs- bzw. Nachschußpflicht und das damit verbundene Haftungsrisiko würde somit nicht bestehen.[483] Dies sei auch in Hinblick darauf, daß der Arbeitnehmer somit das Anlagerisiko trägt, nicht unangemessen, da auch jegliche Anlagechancen einzig dem Arbeitnehmer zugute kommt.[484] Dies läßt sich mit dem sozialpolitischen Zweck des Betriebsrentengesetzes nicht vereinbaren.[485]

b) Zulässigkeit von Arbeitnehmerbeiträgen

Eine Unterstützungskasse darf lediglich von dem Trägerunternehmen finanziert werden, d. h. die Leistungsempfänger dürfen weder zu laufenden Beiträgen noch zu sonstigen Zuschüssen an die Kasse herangezogen werden (§ 3 Nr. 1 KStDV). Eine Beitragspflicht würde der Unterstützungskasse ihren sozialen Charakter nehmen und zur Steuerpflicht führen.[486]

Arbeitnehmerbeiträge sind also bei der herkömmlichen Unterstützungskasse nicht zulässig. Laut *Kolvenbach* besteht jedoch auf Arbeitnehmerseite ein erhebliches Bedürfnis an der Zulässigkeit von Arbeitnehmerbeiträgen zur betrieblichen Altersversorgung, wie die

---

483 Vgl. Kolvenbach (1997 b), S. 211.

484 Vgl. Baum (1997), S. 25; Kolvenbach (1997 b), S. 211.

485 Vgl. S. 50 ff. dieser Arbeit.

486 Die Steuerfreiheit der Unterstützungskasse wird durch freiwillige Zuwendungen nicht berührt. Vgl. Ahrend/Förster/Rößler, Band 2, 3. Teil, Rdnr. 289.

Verbreitung von Direktversicherung und Pensionskasse zeige.[487] Im übrigen sei die Gleichbehandlung von Arbeitgeber- und Arbeitnehmerbeiträgen auch in Hinblick auf andere Gestaltungsmöglichkeiten der betrieblichen Altersversorgung geboten.[488] Auch *Bode/Grabner* gehen bei ihrem Modell von der Zulässigkeit von Arbeitnehmerbeiträgen aus.[489] Die *aba* sieht in ihrem Modell keine Zulässigkeit von Arbeitnehmerbeiträgen vor, sondern nutzt die nunmehr zulässige Gehaltsumwandlung i. S. d. § 1 Abs. 5 BetrAVG.[490]

4. Versorgung

a) Rechtsansprüche des Versorgungsberechtigten

Charakteristisch für die herkömmliche Unterstützungskasse ist, daß sie den Leistungsempfängern keinen Rechtsanspruch auf die Leistung einräumt (§ 1 Abs. 4 BetrAVG). Dieses Merkmal ist Voraussetzung für die Aufsichtsfreiheit der Unterstützungskasse, die Körperschaftsteuerbefreiung und die Steuerfreiheit der Zuwendungen beim Arbeitnehmer.

Diese Behandlung gilt jedoch auch für eine zukünftige „Pensionsfonds-Unterstützungskasse". Diese würde ganz unzweifelhaft Versicherungsgeschäfte im Sinne des Versicherungsaufsichtsgesetzes betreiben und somit gem. § 1 VAG unter die Aufsicht des Bundesaufsichtsamtes für das Versicherungswesen fallen. Nun ist für die herkömmliche Unterstützungskasse die Gewähr eines Rechtsan-

---

487 Vgl. Kolvenbach (1997 a), S. 291.

488 Ebenda, S. 291.

489 Vgl. Bode/Grabner (1997 a), S. 934.

490 Die Finanzverwaltung hat mit dem BdF-Schreiben vom 23. Juni 1998 (S. 232) zum Gehaltsverzicht den Weg zugunsten einer betrieblichen Altersversorgung über eine steuerbefreite – sowohl rückgedeckt, als auch kongruent rückgedeckten – Unterstützungskasse für eine Arbeitnehmerbeteiligung geebnet. Allerdings muß bei solch einer „Deferred-Compensation" mittels einer Unterstützungskasse, sehr genau darauf geachtet werden, Fallstricke zu vermeiden, die die steuer- und sozialversicherungsrechtlichen Vorteile gefährden könnten. Vgl. hierzu Jaeger (1999), S. 1430.

spruches aufgrund der Rechtsprechung des BAG[491] nicht erforderlich, da hier ein Quasi-Rechtsanspruch in Form der Durchgriffshaftung auf das Trägerunternehmen gewährt wird. Bei der rechtlich verselbständigten, aktuariell finanzierten „Pensionsfonds-Unterstützungskasse" wäre dieser Weg nicht zu beschreiten. Insofern müßte die „Pensionsfonds-Unterstützungskasse" sehr wohl einen direkten Rechtsanspruch einräumen. Da das jedoch zu einer nicht mit der Zielvorstellung „Kapitalanlagefreiheit" vereinbarten Aufsichtspflicht gem. § 1 VAG führen würde, müßte § 1 VAG insofern geändert werden, als auch die „Pensionsfonds-Unterstützungskasse" aufsichtsfrei wäre. Des weiteren setzt das Körperschaftsteuerrecht in den §§ 5 und 6 KStG das Fehlen eines Rechtsanspruchs für die Körperschaftsteuerbefreiung der Unterstützungskasse voraus. Eine Änderung dieser Vorschriften dahingehend, daß auch die „Pensionsfonds-Unterstützungskasse" körperschaftsteuerbefreit wäre, ist somit unumgänglich für eine sinnvolle Verwirklichung dieses Durchführungsweges.

Zielvorstellung für den „Betriebsrentenfonds" ist die Einführung eines gesetzlich verankerten Rechtsanspruchs der Arbeitnehmer gegen das Versorgungsunternehmen. Da der „Betriebsrentenfonds" aufgrund des Ausschlusses einer Nachschußpflicht der Arbeitgeber selbst vollumfänglicher Leistungsträger ist und des weiteren unter aktuarieller und treuhänderischer Aufsicht stehen soll, sei dies nur sachgerecht, den Versorgungsempfängern einen Rechtsanspruch einzuräumen. Ein solcher ist allerdings auf die sich nach obigen Ausführungen ergebende versicherungsmathematisch mögliche Mindestleistung zu beschränken. Somit ergebe sich ein Rechtsanspruch eigener Art (sui generis) in Form eines bedingten Leistungsanspruchs.[492]

---

491 Vgl. BAG (17.05.1973), S. 1308; (28.04.1977), S. 1202; (10.11.1977), S. 762.

492 Vgl. Bode/Grabner (1997 a), S. 933.

Hinsichtlich des von der *aba* präferierten Modells „Pensionsfonds", welches den Arbeitnehmern in Übereinstimmung mit seinem Ausgangsmodell keinen Rechtsanspruch auf Versorgungsleistungen einräumt, bleibt zu sagen, daß der auch hier eingeräumte „Quasi-Rechtsanspruch" im Wege der von der Rechtsprechung entwickelten Grundsätze zur Durchgriffshaftung auf das Trägerunternehmen als ausreichend angesehen werden kann.

b) Insolvenzschutz

Die herkömmliche Unterstützungskasse genießt ebenso wie das Modell der *aba* den Insolvenzschutz des Betriebsrentenrechts nach den §§ 7 – 15 BetrAVG.

Bei der Durchführung im Wege einer „Pensionsfonds-Unterstützungskasse", welche einen direkten Rechtsanspruch gewährt, müßte der Leistungsempfänger gegen eine Insolvenz der „Pensionsfonds-Unterstützungskasse" gesichert werden. Der beim britischen „pension-fund" vorgesehene Haftungsanspruch gegen die „trustees" wird bei einer Transformation auf das deutsche System der betrieblichen Altersversorgung trotz des Fehlens von Haftungsbeschränkungen hierfür nicht ausreichend sein. Ebensowenig reichen die Insolvenzvorschriften des Betriebsrentengesetzes (§§ 7 – 15 BetrAVG) hierfür aus, da diese stets von unmittelbaren Versorgungszusagen (im Gegensatz zur „Pensionsfonds-Unterstützungskasse") bzw. dem Ausbleiben von Zahlungen des Trägerunternehmens ausgehen. Daher müßte im Betriebsrentengesetz eine wirksame Neuregelung dahingehend getroffen werden, daß auch die aktuariell finanzierte „Pensionsfonds-Unterstützungskasse" der Insolvenzsicherung durch einen Insolvenzsicherungsträger unterliegt.

Für den „Betriebsrentenfonds" sollen die dargestellten Merkmale, namentlich das versicherungsmathematisch gebotene Vorsichtsprinzip, die aktuarielle Überprüfung, die Bildung von Verlustrücklagen und Einhaltung des Gesetzes über Kapitalanlagegesellschaften durch den Treuhänder Insolvenzschutz genug sein.[493] Die Anwendung der Schutzvorschriften des Betriebsrentengesetzes gilt es zu vermeiden. Im Einzelfall sollen bei eventuellen Verlusten der Vermögensanlage die bestehenden Leistungsanwartschaften temporär gekürzt werden.[494]

III. Zusammenfassende Beurteilung

Die Unterstützungskasse und ihre Weiterentwicklungen erfüllen die Forderungen der externen Finanzierung, d. h. die Ansammlung des Versorgungskapitals in einem selbständigen Versorgungsträger. Das weitere Ziel der „Kapitalanlagefreiheit" wird von der herkömmlichen Unterstützungskasse i. S. d. § 1 Abs. 4 BetrAVG und dem von der *aba* entwickelten Pensionsfonds in vorbildlicher Weise erfüllt. Demgegenüber ist das Kriterium der Kapitalanlagefreiheit bei der „Pensionsfonds-Unterstützungskasse" und dem „Betriebsrentenfonds" nicht in hinreichender Weise zu verwirklichen, da diese aufsichtspflichtige Versicherungsgeschäfte im Sinne des § 1 VAG tätigen und somit den restriktiven Anlagevorschriften des Versicherungsaufsichtsgesetzes unterliegen würden. Dies würde umfangreiche Änderungen der Anlegerschutzvorschriften des Versicherungsaufsichtsgesetzes erfordern, welche aus Schutzwürdigkeitsgesichtspunkten nicht zu realisieren sind.

Beim Versorgungsberechtigten stellen die Zuwendungen des Trägerunternehmens an die Unterstützungskasse und die weiterentwickelten Modelle „Pensionsfonds-Unterstützungskasse" und der *aba*-„Pensionsfonds", im Gegensatz zum „Betriebsrentenfonds", keinen Arbeitslohn dar. Erst die Leistungen der Kasse an den Arbeitnehmer gelten als steuerpflichtiger Arbeitslohn. Lebenslänglich laufende

---

[493] Ebenda, S. 934.

[494] Ebenda, S. 934.

Leistungen der Unterstützungskasse haben Arbeitslohncharakter und unterliegen dem Lohnsteuerabzug. Insofern ist für die herkömmliche Unterstützungskasse i. S. d. § 1 Abs. 4 BetrAVG, die „Pensionsfonds-Unterstützungskasse" und den *aba* „Pensionsfonds" die Zielvorstellung der nachgelagerten Besteuerung erfüllt.

Im Fall der Durchführung mittels der Unterstützungskasse ist eine vollständige, steuerlich berücksichtigte Ansammlung des Versorgungskapitals in der Anwartschaftsphase nicht möglich. Dies wäre möglich durch eine Anpassung des § 4d EStG. Hierfür ist erforderlich, die bestehende Unterscheidung zwischen rückgedeckten und nicht rückgedeckten Unterstützungskassen aufzugeben. Die betriebsausgabenwirksame Zuwendung zur Kasse müßte sich grundsätzlich an dem am Bilanzstichtag bestehenden unverfallbaren Anwartschaften der Berechtigten bzw. an den Beiträgen orientieren, die diesen zugesagt wurden. Gemäß § 4d EStG können Einmalbeiträge an Unterstützungskassen, mit denen Anwartschaften finanziert werden sollen, vom Trägerunternehmen nicht als Betriebsausgaben geltend gemacht werden. Um eine flexiblere Dotierung zu ermöglichen, sollte eine steuerliche Flankierung ermöglicht werden. Allerdings müßte – um Mißbrauch zu vermeiden – der Arbeitnehmer eine sofortige unverfallbare Anwartschaft oder einen sofort fälligen Versorgungsanspruch erhalten. Der Anspruch aus der Rückdeckungsversicherung zur Sicherung des Versorgungsanspruchs sollte an den Versorgungsberechtigten verpfändet werden.

Damit eine steuerneutrale Ansammlung des Versorgungskapitals bei allen Durchführungswegen der betrieblichen Altersversorgung grundsätzlich gewährleistet ist, müßten Unterstützungskassen in das körperschaftsteuerliche Anrechnungsverfahren einbezogen werden. Weiterhin sollte die auf Dividenden einbehaltene Kapitalertragsteuer vollständig und nicht wie derzeit zur Hälfte erstattet werden. Die Versagung des Anrechnungsanspruchs sowie die Einbehaltung einer hälftigen Kapitalertragsteuer auf Dividenden erscheint aus wirtschaftlicher und juristischer Sicht nicht gerechtfertigt.

In dotierungstechnischer Hinsicht erfüllt die herkömmliche Unterstützungskasse nicht die Anforderungen, welche an eine zukünftige Attraktivitätssteigerung der betrieblichen Altersversorgung gestellt werden, da Arbeitnehmerbeiträge nicht zulässig sind. Eine nach betriebswirtschaftlichen Grundsätzen erforderliche Finanzierung zukünftig anfallender Versorgungsleistungen ist somit nicht möglich. Zutreffend kritisieren *Kolvenbach* und *Bode/Grabner* diese Unzulässigkeit und fordern daher konsequenterweise für ihre Modelle die Gleichbehandlung von Arbeitgeber- und Arbeitnehmerbeiträgen, ohne jedoch eine praktikable Lösung zu den dadurch entstehenden steuertechnischen Problemstellungen anzubieten. Ein Kompromiß wird demgegenüber von der *aba* angeboten, welche die Unzulässigkeit von Arbeitnehmerbeiträgen zwar bestätigt, diese Beiträge jedoch gewissermaßen durch die Hintertür im Wege der Gehaltsumwandlung wieder einführt.

Die gesetzliche Regelung, die einen Rechtsanspruch auf die Leistungen einer Unterstützungskasse ausschließt, ist unverständlich. Die ständige Rechtsprechung von BAG[495] zeigt, daß Unterstützungskassen Rechtsansprüche gewähren. Eine Berichtigung des § 1 Abs. 3 Nr. 1 VAG erscheint angebracht, da früher der Ausschluß des Rechtsanspruchs lediglich als Begründung für die Nicht-Einbeziehung der Kassen in die Versicherungsaufsicht diente. Dieser Ausschluß von der Versicherungsaufsicht sollte darauf gestützt werden, daß Unterstützungskassen von vornherein überhaupt keine Versicherungsgeschäfte im aufsichtsrechtlichen Sinne betreiben.[496] Der den Unterstützungskassen aufgrund Gesetzes innewohnende

---

495 Vgl. BAG (05.06.1984), S. 2416; BAG (17.04.1985), S. 228.

496 Vgl. Hanau/Arteaga (1999 a), S. 902.

Ausschluß des Rechtsanspruchs auf ihre Leistungen ist durch die arbeitsrechtliche Rechtsprechung ausgehebelt worden. Die Leistungen der Unterstützungskasse werden somit unmittelbar den Versorgungsträgern gleichgestellt, die von vornherein einen Rechtsanspruch gewähren. Zu fordern wäre, daß das Steuerrecht der arbeitsrechtlichen Entwicklung folgt und eine ausreichende Finanzierung der Leistungsanwartschaften zuläßt. Die früher vom Gesetzgeber gehegte Befürchtung, daß die Unterstützungskassen zum Finanzierungsinstrument ihrer Trägerunternehmen werden, ist durch § 4d EStG weitgehend gegenstandslos geworden, da hier Maßnahmen vorherrschen, die einer Überdotierung der Unterstützungskasse vorbeugen und ein eventuelles Finanzierungsvolumen stark einschränken.[497]

Der „Pensionsfonds" der *aba* erfüllt fast alle an eine zukunftsfähige betriebliche Altersversorgung gestellten Forderungen. Für eine Umgestaltung der heutigen Unterstützungskasse genügt es im wesentlichen, die steuerlichen Finanzierungsmöglichkeiten für Leistungszusagen zu verbessern. Die Rechtsverhältnisse zwischen Unterstützungskasse, Arbeitgeber und Arbeitnehmer sowie die Regelungen zum Insolvenzschutz und die Freiheit der Kapitalanlage können bei einem Ausbau zum „Pensionsfonds" grundsätzlich beibehalten werden. Insgesamt läßt sich feststellen, daß bei einer Umsetzung der notwendigen Reformen, die für einen Ausbau der Unterstützungskasse zu einem „Pensionsfonds" wie ihn die *aba* vorschlägt, notwendig sind, ein Instrument geschaffen wird, mit dem den Unternehmen ein flexibles, kalkulierbares und risikoarmes Gestaltungsinstrument für die betriebliche Altersversorgung geboten würde.

---

497 Koppelung der steuerlich zulässigen Zuwendungen an die tatsächlichen Kassenleistungen, Begrenzung der Zuwendungen durch das zulässige Kassenvermögen, Ausschluß des Ersatzes der Kassenleistungen durch das Trägerunternehmen.

D. Anlageorientierter Pensionsfonds

I. Grundkonzeption anlageorientierter Pensionsfonds

Die *Gerke-Kommission* empfiehlt die Einrichtung eines weiteren, neuen Durchführungsweges für die betriebliche Altersversorgung, den sog. „anlageorientierten Pensionsfonds".[498] Dieser soll die betriebliche Altersversorgung mehrerer Unternehmen durchführen.[499] Dieser Durchführungsweg sieht zwei Versorgungsträger vor: den „anlageorientierten Pensionsfonds" und den Arbeitgeber. Die *Gerke-Kommission* geht in ihrer Grundkonzeption davon aus, daß es sich um ein rein beitragsbezogenes System der betrieblichen Altersversorgung handelt. Um den Versorgungsverpflichtungen nachzukommen, verpflichtet sich der Arbeitgeber, Beiträge für den Arbeitnehmer an den „anlageorientierten Pensionsfonds" abzuführen, damit diese zielorientiert auf den Zeitpunkt des Versorgungsfalles investiert werden.

Der „anlageorientierte Pensionsfonds" soll als selbständige Versorgungseinrichtung in der Rechtsform einer GmbH oder eines eingetragenen Vereins geführt werden. Die Aufgabe des „anlageorientierten Pensionsfonds" liegt hinsichtlich der übertragenen Mittel in der zweckgebundenen Verwaltung. Die Anlageentscheidung der Geschäftsführung beschränkt sich auf anlagepolitische und strategische Themen, wie z. B. die Auswahl der Vermögensverwalter bzw. der Versicherer.

Im Versorgungsfall ist der „anlageorientierte Pensionsfonds" gegenüber den Berechtigten verpflichtet, das Versorgungskapital (Beiträge und Erträge) auszuzahlen. Das biometrische Risiko übernimmt der „anlageorientierte Pensionsfonds" nicht. Dieses wird vom Arbeitgeber getragen, der das Risiko seinerseits einem Versicherungsunternehmen übertragen kann. Im Einvernehmen mit den Berechtigten

---

[498] Vgl. zum folgenden Gerke-Kommission (1998), S. 33 ff.

[499] Erkennbar aus Abbildung 4, Gerke-Kommission (1998), S. 35.

soll der Risikoschutz aus den zugesagten Beiträgen des Arbeitgebers entnommen werden. Die *Gerke-Kommission* hält eine Mindestsicherung, z. B. in den Fällen der Invalidität oder des Todes für ausreichend. Über eine Aufteilung der Beiträge zur Absicherung biometrischer Risiken und der Anlage des Kapitals entscheiden Arbeitgeber und Arbeitnehmer gemeinsam. Der Arbeitgeber soll für den Fall des Verlustes des eingezahlten Versorgungskapitals die Verpflichtung übernehmen, dem Arbeitnehmer im Versorgungsfall die Leistungen in Höhe der Differenz zu erbringen, welche zwischen den anlagebezogenen Sollbeiträgen und dem vorhandenen Versorgungskapital entstehen kann. Diese Differenz kann durch Kursverluste entstehen und ist – der *Gerke-Kommission* zufolge – auch absicherbar.

Der Arbeitgeber soll die laufenden Beiträge sogleich steuerlich als Betriebsausgabe geltend machen können, der Versorgungsberechtigte hingegen soll nachgelagert besteuert werden. Um diese steuerliche Behandlung zu erreichen, ist vorgesehen, weder dem Arbeitgeber noch dem Arbeitnehmer in der Zeit zwischen der Einzahlung der Beiträge und der Auszahlung der Leistungen Verfügungsmacht über das angesammelte Versorgungskapital einzuräumen. Folglich erhalten die Arbeitnehmer erst im Versorgungsfall einen Rechtsanspruch auf die Leistungen des „anlageorientierten Pensionsfonds" und des Arbeitgebers.

Der „anlageorientierten Pensionsfonds" sollte – da keine Gewinnerzielungsabsicht vorliegt – nicht steuerpflichtig sein. Die *Gerke-Kommission* stellt die Überlegung an, ob der „anlageorientierte Pensionsfonds" ein ausdrückliches Wahlrecht zur Anrechnung von Körperschaft- und Kapitalertragsteuern erhalten soll und im Wege einer speziellen Gewinnermittlungsvorschrift eine faktische Steuerfreiheit erreicht wird.[500]

---

500 Dieser bezieht sich auf 4.4.2.2., S. 30. Vgl. Gerke-Kommission (1998), S. 36.

II. Bewertung des anlageorientierten Pensionsfonds

1. Finanzierung

a) Externe Finanzierung

Die Zielvorstellung externe Finanzierung ist für den „anlageorientierten Pensionsfonds" jedenfalls insoweit realisiert, als die zur Deckung der bei Eintritt des Versorgungsfalles durch Erreichen der Altersgrenze fälligen Leistungen erforderlichen Mittel durch den „anlageorientierten Pensionsfonds" – also extern – finanziert werden. Allerdings trägt nach der Konzeption der *Gerke-Kommission* der Arbeitgeber sämtliche biometrischen Risiken. Konsequenterweise müssen also die für dieses Versorgungsrisiko erforderlichen Deckungsmittel vom Arbeitgeber bereitgestellt werden, im Ergebnis also innenfinanziert sein.

Nun sieht der Vorschlag der *Gerke-Kommission* vor, diese Versorgungsrisiken auf Versicherungsunternehmen auszulagern, wobei die Prämien hierfür – nach Absprache zwischen Arbeitgeber und Arbeitnehmer – von den Arbeitgeberbeiträgen an den „anlageorientierten Pensionsfonds" einzubehalten sind. Diese Konzeption stellt jedoch keine betriebliche Altersversorgung im Sinne des Betriebsrentenrechts dar. Nach der Legaldefinition in § 1 BetrAVG stellen Versorgungszusagen anläßlich eines Arbeitsverhältnisses dann – und nur dann – eine betriebliche Altersversorgung dar, wenn diese biometrische Risiken abdecken. Insofern ist eine Versorgungszusage, die biometrische Risiken nicht beinhaltet, keine betriebliche Altersversorgung im Sinne des Betriebsrentengesetzes.[501] Die Wahlmöglichkeit, diese Risiken unabhängig von der eigentlichen Versorgungszusage zu versichern – wobei der Arbeitnehmer diese faktisch durch Verzicht auf Arbeitgeberbeiträge zur Erlebensfallzusage selbst bezahlt – steht dieser Ansicht nicht entgegen, da eine solche Möglich-

501 A. A. anscheinend Hanau/Arteaga (1997), S. 3.

keit unabhängig vom Bestand eines betrieblichen Altersversorgungssystems immer besteht.

b) Kapitalanlagefreiheit

Die Anlage des Versorgungskapitals des „anlageorientierten Pensionsfonds" soll grundsätzlich durch den Arbeitgeber und Arbeitnehmer geregelt werden. Detaillierte Regelungen hierzu fehlen im Vorschlag der *Gerke-Kommission*. Der „anlageorientierte Pensionsfonds" soll offenbar durch Kapitalanlagegesellschaften verwaltet werden. Hierfür soll ein Gremium eingesetzt werden, welches die Anlagegrundsätze vorgibt und die Einhaltung überwacht.[502] Abschließend soll die Rechnungslegung des Fonds durch einen Wirtschaftsprüfer kontrolliert werden. Versicherungsgeschäfte tätigt der „anlageorientierte Pensionsfonds" nicht, so daß eine Versicherungsaufsicht nicht in Betracht kommt.

Durch die Überwachungsvorschriften soll zunächst der Arbeitgeber geschützt werden, der eventuell die negative Differenz zwischen dem angesammelten Versorgungskapital und den eingezahlten Beiträgen zu entrichten hat. Neu im Sinne der traditionellen betrieblichen Altersversorgung ist, daß die eingezahlten Nominalbeiträge abzüglich der zur Abdeckung biometrischer Risiken aufgewendeten Mittel vom Arbeitgeber als Leistung garantiert werden sollen.[503] Der Arbeitgeber trägt somit grundsätzlich das Verlustrisiko für das angesammelte Kapital und haftet in Höhe der Differenz zwischen den eingezahlten Beiträgen abzüglich der Mittel zur Abdeckung biometrischer Risiken und dem bei Eintritt des Versorgungsfalles vorhandenen Wert.[504] Für diese „zeitpunktbezogene Nominalwertgarantie" be-

---

502 Vgl. Gerke-Kommission (1998), S. 38.

503 Vgl. Gerke-Kommission (1998), S. 37.

504 Im Vergleich hierzu bürdet das Dritte Finanzmarktförderungsgesetz das Anlage- und Ertragsrisiko normalerweise dem Berechtigten auf (§ 37 m Abs. 1 Satz 2 KAGG).

steht laut *Gerke-Kommission*[505] die Möglichkeit, sich rückzuversichern. Über solch eine Anlagenverlustversicherung[506] gibt es im Bericht allerdings keine Hinweise. Folglich muß das Anlage- und Ertragsrisiko – entgegen den Grundsätzen des Betriebsrentenrechts – vom Versorgungsempfänger selbst getragen werden.
Die Verwaltungs- und Überwachungsvorschriften dienen schließlich der Minimierung des Ertragsrisikos der Arbeitnehmer.[507] Inwieweit der Arbeitgeber hinsichtlich des für die Realisierung der von ihm übernommenen biometrischen Risiken bereitzustellenden Kapitals einer Anlagebeschränkung unterfällt, wird aus dem Konzept nicht deutlich. Sofern diese auf einen Versicherer ausgelagert werden – was im betriebsrentenrechtlichen Rahmen unzulässig ist – würde jedenfalls dieses Deckungskapital der Versicherungsaufsicht unterliegen.

2. Besteuerung

a) Besteuerung des Versorgungsberechtigten

Das von der *Gerke-Kommission* entwickelte Modell des „anlageorientierten Pensionsfonds" sieht auf Arbeitnehmerseite eine nachgelagerte Besteuerung vor. Die zeitliche Verschiebung der Besteuerung der jeweiligen Durchführungswege ist dadurch gerechtfertigt, daß der Arbeitgeber während der Anwartschaftszeit die Verfügungsmacht über das eingesetzte Kapital besitzt und grundsätzlich die Auszahlung der vereinbarten Versorgungsleistungen schuldet. Hierbei handelt es sich um betagte oder bedingte Verbindlichkeiten.[508] Der Arbeitnehmer hat somit während der Anwartschaftsphase keinerlei Verfügungsmacht über das Versorgungskapital und kann auch nicht

---

505 Vgl. Gerke-Kommission (1998), S. 37.

506 Vgl. Blomeyer (1998 a), S. 1744.

507 Ebenda, S. 1746.

508 Ebenda, S. 1747.

in allen Situationen mit Versorgungsleistungen rechnen, wie dies z. B. der Fall ist, wenn er vor Eintritt des Versorgungsfalles ohne Hinterbliebene verstirbt.[509]

Der entscheidende Unterschied zwischen den ebenfalls nachgelagert besteuerten Versorgungszahlungen der Unterstützungskasse und dem „anlageorientierten Pensionsfonds" ist, daß der Großteil der Versorgungslast bei dem „anlageorientierten Pensionsfonds" liegt. Auf diese Leistungen besitzt der Versorgungsberechtigte einen Rechtsanspruch gegen den „anlageorientierten Pensionsfonds" und nur in Ausnahmefällen gegen den Arbeitgeber. Der Arbeitgeber hat im Gegensatz zur Unterstützungskassenzusage keine Verfügungsmacht über das Versorgungskapital und folglich muß diese steuerliche Konzeption des „anlageorientierten Pensionsfonds" scheitern.[510]

b) Besteuerung des Versorgungsträgers

Da durch den „anlageorientierten Pensionsfonds" keine Gewinnerzielungsabsicht verfolgt wird, sollte dieser nicht steuerpflichtig sein. Die *Gerke-Kommission* schlägt vor, dem „anlageorientierten Pensionsfonds" zur Anrechnung von Körperschaft- und Kapitalertragsteuer ein ausdrückliches Wahlrecht über eine Steuerpflicht einzuräumen,

---

509 Ebenda, S. 1747.

510 *Blomeyer* [(1998 a), S. 1747] sieht hier eher eine Parallele zur Direktversicherung, wenn das Bezugsrecht während der Anwartschaftsphase widerruflich ausgestattet ist. Der Versorgungsberechtigte besitzt eine Anwartschaft in Form eines Bezugsrechts und hat einen Anspruch auf Leistung im Versorgungsfall. Vor Eintritt des Versorgungsfalles kann er über das Bezugsrecht nicht verfügen. Das Versicherungsunternehmen nimmt eine Verzinsung des Deckungskapitals vor und versucht, höhere Erträge zu erwirtschaften und als Überschußanteile auszuweisen. Unter dem Gesichtspunkt des Art. 3 Abs. 1 GG verbietet sich aufgrund der dargestellten Übereinstimmungen eine Gleichstellung des „anlageorientierten Pensionsfonds" mit der Unterstützungskassen-Versorgung. Da die Tatbestände im wesentlichen gleich sind, müßte auch bei der Direktversicherung eine nachgelagerte Besteuerung erfolgen oder beide Formen der vorgelagerten Besteuerung beim Arbeitnehmer unterliegen. Vgl. auch die ähnlichen Vorschläge der DB Research (1998 a), S. 4 und der ABA (1998 a), S. 29 und 32.

um somit im Wege einer speziellen Gewinnermittlungsvorschrift eine faktische Steuerfreiheit zu erreichen.

Dieser Vorschlag erscheint schwer realisierbar. Solch eine doppelte Steuerbefreiung würde „anlageorientierte Pensionsfonds" gegenüber Ausländern und Stiftungen steuerlich bevorzugen. *Otremba* schlägt vor, die Körperschaft- und Kapitalertragsteuererstattungen über ein Modell zu sichern, welches die „anlageortientierten Pensionsfonds" zwar steuerpflichtig belassen würde, aber gleichzeitig das Entstehen bilanzieller Gewinne und folglich eine tatsächliche Steuerzahllast ausschlösse.[511] Er räumt allerdings zu Recht ein, daß auch hier auftretende Fragen der Vergleichbarkeit und Gleichbehandlung – z. B. mit Pensionskassen – verfassungsrechtlich zu prüfen wären.

Sollte jedoch daran gedacht werden, neuartige „anlageorientierte Pensionsfonds" steuerfrei zu stellen, muß hier der soziale Charakter gewahrt sein. Das ist allerdings im Speziellen nur dann der Fall, wenn die Leistungen für jeden einzelnen Versorgungsberechtigten der Höhe nach beschränkt sind.[512] Eine Steuerbefreiung für den „anlageorientierten Pensionsfonds" müßte somit nach den bisher formulierten Vorschlägen versagt werden.

c) Besteuerung des Arbeitgebers

Die Aufwendungen des Arbeitgebers für spätere Versorgungsleistungen sollen voll als Betriebsausgabe abziehbar sein. In Verbindung mit der Beitragszusage soll der Arbeitgeber mit Zahlung des Betrages von jeglichen Verpflichtungen freigestellt werden.

3. Dotierung

a) Gestaltung der Versorgungszusage

Der Modellvorschlag des „anlageorientierten Pensionsfonds" folgt der Konstruktion der Beitragszusage. Wie bereits dargestellt, ist die-

---

511 Vgl. Otremba (1998), S. 253.

512 Ebenda, S. 253.

se Durchführung mittels „reiner" Beitragszusagen jedoch bei bestehender Rechtslage nicht im betriebsrentenrechtlichen Rahmen zu verwirklichen.[513] Insoweit müßte auch hier auf die beitragsorientierte Leistungszusage zurückgegriffen werden. Diese erscheint jedoch mit dem vorgeschlagenen Modell unter zwei Gesichtspunkten nicht vereinbar. Zum einen schuldet der Arbeitgeber dem Versorgungsberechtigten die Differenz zwischen den geleisteten Beiträgen und den tatsächlich vorhandenen Mitteln (Anlageverlusthaftung). Zum anderen übernimmt der Arbeitgeber ein biometrisches Risiko, welches er allerdings mit einem fest definierten Beitragsanteil versichern lassen kann und selbst tragen muß.[514] Soweit eine Spezialvorschrift die Anwendbarkeit des § 16 BetrAVG nicht ausschließt, ist der Arbeitgeber auch zur Anpassung laufender Leistungen verpflichtet.

Im Zusammenhang mit der Gestaltung der Versorgungszusage ergeben sich beim „anlageorientierten Pensionsfonds" weitere Probleme. Dem „anlageorientierten Pensionsfonds" obliegt lediglich die Verwaltung der angesammelten Beiträge und deren Auszahlung im Versorgungsfall. Versicherungsgeschäfte soll der „anlageorientierte Pensionsfonds" nicht übernehmen. Aus diesem Grund wurden diese Risiken konsequent auf den Arbeitgeber übertragen, der sie versichern kann bzw. soll.[515] Hier ergeben sich allerdings einige Zweifelsfragen, da nähere Angaben zu diesen Risiken – speziell über ihren Umfang – fehlen.
Der Arbeitnehmer bzw. dessen Hinterbliebene erwerben im Todesfall oder bei Arbeitsunfähigkeit einen Anspruch auf Auszahlung entsprechend des für biometrische Risiken getroffenen Absicherungsniveaus gegen den „anlageorientierten Pensionsfonds". Im Todesfall

---

513 Vgl. S. 50 ff. dieser Arbeit.

514 Vgl. Gerke-Kommission (1998), S. 35 f.

515 Ebenda, S. 37.

erhalten die Hinterbliebenen darüber hinaus das angesammelte Kapital einschließlich der erwirtschafteten Erträge ausgezahlt.[516]
Soweit der Arbeitnehmer vor dem Versorgungsfall stirbt und die Hinterbliebenenversicherung nicht greift, stellt sich die Frage, ob das angesammelte Kapital – einschließlich der Erträge – in den Nachlaß des Arbeitnehmers fällt, das Kapital dem Arbeitgeber zurückzuzahlen ist oder ob es im „anlageorientierten Pensionsfonds" verbleibt und somit allen Versorgungsberechtigten zugute kommt.[517] In beiden Fällen dient es dem Risikoausgleich. Diese Betrachtung hat allerdings weitreichende Folgen, denn soweit die Mittel in den Nachlaß des Arbeitnehmers fallen, ist dies ein Indiz dafür, daß die Anwartschaft grundsätzlich seinem Vermögen zuzurechnen ist, wodurch die vorgesehene nachgelagerte Besteuerung problematisch wird. Außerdem würde bei solch einer Betrachtung nach Meinung des BFH keine betriebliche Altersversorgung vorliegen[518].
Weiterhin verlangt die Legaldefinition der betrieblichen Altersversorgung in § 1 Abs. 1 Satz 1 BetrAVG nicht schlechthin die Übernahme des Invaliditätsrisikos durch den Arbeitgeber. Der Modellvorschlag sieht allerdings die Übernahme dieses Risikos vor, wobei hier lediglich von einer Mindestabsicherung[519] gesprochen wird. Solch ein Zwang zum Abschluß würde sicherlich Einfluß auf die anderen Durchführungswege haben und den Verbreitungsgrad der betrieblichen Altersversorgung nicht unbedingt erhöhen.
Die Problematik ergibt sich hier allerdings hauptsächlich aus der Höhe der Versorgungsleistung. Diese orientiert sich in der Regel an der

---

516 Ebenda, S. 36.

517 Bei der Durchführung mit Hilfe der Direktzusage und der Unterstützungskasse erhält der Arbeitgeber in diesem Fall das Kapital; bei versicherungsförmiger Durchführung bleibt das Geld bei der Versicherung. Vgl. Blomeyer (1998 a), S. 1743.

518 Vgl. S. 130 ff. dieser Arbeit.

519 Vgl. Gerke-Kommission (1998), S. 35.

zugesagten und genau definierten Versorgungszusage, scheitert in diesem Modell allerdings an der Konstruktion der Beitragszusage. Denkbar wäre zwar eine Orientierung an den bis zum vorgesehenen Eintritt in den Ruhestand anfallenden Soll-Beiträgen des Arbeitgebers abzüglich der Risikoanteile. Soweit der Arbeitgeber allerdings nur einmalige oder befristete Beitragszusagen gegeben hat, ergibt dies keinen Sinn. Ob weiterhin die Erträge in die fiktive Versorgungsleistung einzubeziehen sind, bleibt ebenfalls fraglich.[520] Vorstellbar wäre ferner der Abschluß einer Risikolebensversicherung über einen absoluten oder steigenden Festbetrag. Wegen des hier fehlenden Bezugs zur Beitrags- und Versorgungsleistung ist dies grundsätzlich problematisch. Da im Invaliditätsfall das Versorgungskapital ohnehin ausgezahlt wird, stellt dieses dann entweder eine ungewollte Zusatzleistung dar oder wäre mit der Versicherungssumme zu verrechnen.[521] Dann stellt sich allerdings die Frage, wer die Differenz erhalten soll.

Vergleichbare Probleme ergeben sich für die Zeit vor dem Ruhestandsbeginn, wenn das Hinterbliebenenversorgungs-Risiko[522] vom Arbeitgeber versichert werden soll. Soweit der primär Versorgungsberechtigte sein Versorgungskapital erhalten hat – d. h. wenn die Hinterbliebenenversorgung erst nach Beginn des Ruhestandes relevant wird -, ist die Höhe des dem Hinterbliebenen zustehenden Versorgungskapitals unbestimmt.[523] Auch hier kann auf die bereits oben behandelte Problematik der Höhe einer Invaliditätsabsicherung verwiesen werden.

---

520 Vgl. Blomeyer (1998 a), S. 1744.

521 Ebenda, S. 1744.

522 Todesfallrisiko des primär Versorgungsberechtigten verbunden mit dem Erlebens- und Langlebigkeitsrisiko der Hinterbliebenen.

523 Vgl. Blomeyer (1998 a), S. 1744.

Weiterhin betrachtet das Modell nicht die Anpassungsprüfungspflicht nach § 16 BetrAVG, da eine Verrentung des Kapitals nach Eintritt des Versorgungsfalles nicht vorgesehen ist.

b) Zulässigkeit von Arbeitnehmerbeiträgen

Die Zulässigkeit von Arbeitnehmerbeiträgen wird in dem Vorschlag der *Gerke-Kommission* weder bejaht noch verneint. Gründe, die gegen die Zulässigkeit sprechen, sind jedoch nicht ersichtlich. Im Gegenteil: Sofern das Modell vorsieht, daß die zur Deckung der biometrischen Risiken erforderlichen Mittel von den Arbeitgeberbeiträgen erbracht werden, muß es konsequenterweise dem Arbeitnehmer freistehen, diese selbst zu erbringen.

4. Versorgung

a) Rechtsansprüche des Versorgungsberechtigten

Um sicherzustellen, daß der Arbeitnehmer im Versorgungsfall eine entsprechende (Versorgungs-)Leistung gemäß einem Versorgungsplan erhält, wird diesem ein Rechtsanspruch gegen den Pensionsfonds eingeräumt.[524] Diesen Rechtsanspruch auf die Leistungen soll der Arbeitnehmer somit erst im Versorgungsfall – in Analogie zur Unterstützungskasse – erwerben.[525] Der Leistungsanspruch des Arbeitnehmers gegen den „anlageorientierten Pensionsfonds" ist allerdings widersprüchlich konstruiert. So heißt es zunächst, daß „... Arbeitnehmer .. analog zu den Regelungen der Unterstützungskasse keinen Rechtsanspruch gegen den anlageorientierten Pensionsfonds erwerben"[526] sollen. An anderer Stelle wird davon gesprochen, daß

---

524 Vgl. Gerke-Kommission (1998), S. 36.

525 Dies steht im Gegensatz zu der Konstruktion des durch das Dritte Finanzmarktförderungsgesetz im Jahre 1997 eingeführten Altersvorsorge-Sondervermögen. Hier besteht die Verpflichtung, das Kapital bereits nach Kündigung durch den Berechtigten (§ 37 m Abs. 1 KAGG) auszuzahlen. Vgl. S. 297 ff. dieser Arbeit.

526 Gerke-Kommission (1998), S. 36.

„Arbeitnehmer bzw. deren Angehörige ... erst einen Rechtsanspruch gegen den anlageorientierten Pensionsfonds (erwerben – Einfügung d. V.) ... nach Eintritt des Versorgungsfalles."[527]

Es handelt sich hier um einen bedingten Rechtsanspruch[528], den der Versorgungsberechtigte gegen den „anlageorientierten Pensionsfonds" erst durch Eintritt des Versorgungsfalles geltend machen kann. Bis zum Eintritt des Versorgungsfalles besteht jedoch eine Anwartschaft mit den rechtlichen Folgen der §§ 1 und 2 BetrAVG.[529] Den Rechtsanspruch erwirbt er allerdings mit Zusage des Arbeitgebers.

Eine Analogie zur Unterstützungskasse ist hier nicht zu rechtfertigen. Wie oben dargestellt, steht dem Versorgungsberechtigten weder vor noch nach dem Versorgungsfall ein Rechtsanspruch gegen die Unterstützungskasse zu. Der Arbeitnehmer hat allerdings für den Fall, daß die Unterstützungskasse keine Leistungen erbringen kann, einen Rechtsanspruch gegen den Arbeitgeber.[530] Würde man diese Konstruktion auf den „anlageorientierten Pensionsfonds" übertragen, müßte man auf den Rechtsanspruch gegen den „anlageorientierten Pensionsfonds" verzichten und folglich den Arbeitgeber in die Pflicht nehmen. Da dies so nicht gewollt sein kann, muß es bei der dargestellten Rechtskonstruktion bleiben.[531]

---

527 Ebenda, S. 36.

528 Vgl. Blomeyer/Otto (1997), Einl., Rdnr. 155.

529 Diese Anwartschaft ist qualitativ gleichartig mit der Anwartschaft auf Leistungen des Arbeitgebers bei Direkt- und Unterstützungskassenzusagen. Auch bei der Direktversicherung und der Pensionskassenversorgung (ausgestattet mit unwiderruflichem Bezugsrecht) kann der Versorgungsberechtigte während der Anwartschaftszeit nicht über das Bezugsrecht verfügen. Vgl. z. B. § 2 Abs. 2 Satz 4 – 6 BetrAVG.

530 Vgl. BAG (17.05.1973), S. 1308; (28.04.1977), S. 1202; (10.11.1977), S. 762.

531 Vgl. Blomeyer (1998 a), S. 1745.

b) Insolvenzschutz

Der Insolvenzschutz kommt dann in Betracht, wenn der Arbeitgeber infolge seiner eigenen Insolvenz seinen Verpflichtungen gegenüber seinen Arbeitgebern bzw. Versorgungsberechtigten nicht mehr nachkommen kann. Der Modellvorschlag sieht vor, daß der *PSVaG* im Insolvenzfall die „Mindestansprüche"[532] der Arbeitnehmer abdeckt. Hier unterscheidet man zwischen Beitrags- und Leistungsverpflichtung des Arbeitgebers.

Der Modellvorschlag gibt keine klare Antwort, ob der *PSVaG* haftet, wenn der Arbeitgeber infolge seiner Insolvenz der Beitragsverpflichtung gegenüber dem Arbeitnehmer nicht nachkommt. Nach Meinung des BAG[533] haftet der *PSVaG* auf der Grundlage des § 7 Abs. 2 BetrAVG nicht. Sofern der Insolvenzschutz hier eingeschlossen werden soll, müßte die Vorschrift entsprechend geändert werden.[534]

Soweit der Versorgungsfall bereits eingetreten und das Kapital ausgezahlt ist, kann der Insolvenzschutz nicht greifen. Bei einer Verrentung des Kapitals kann der Schutz nur greifen, wenn der Arbeitgeber die Versorgungsleistungen aus eigenen Vermögen zu zahlen hätte. Da dies nicht vorgesehen ist, kann der Insolvenzschutz gem. § 7 BetrAVG – mangels Notwendigkeit – entfallen.[535]

Da der Arbeitgeber in der Anwartschaftsphase (§ 7 Abs. 2 BetrAVG) nicht über das Versorgungskapital verfügen kann, ist ein Insolvenzschutz nicht erforderlich. Eine Insolvenzsicherung würde allerdings in

---

532 So auch der Vorschlag der ABA (1998 a), S. 36.

533 Vgl. BAG (17.11.1992), S. 986.

534 Dies war auch ursprünglich für die Novellierung im Jahr 1997 geplant gewesen, dann aber nicht Gesetz geworden. Vgl. § 1 Abs. 2 Satz 3 i. V. m. § 7 Abs. 2 Satz 1 des Entwurfs eines Rentenreformgesetzes, BT-Drucks. (13/8011), S. 195. Solch eine Gesetzesänderung müßte dann auch für die Direktversicherung und Pensionskasse gelten. Vgl. Blomeyer (1998 a), S. 1745.

535 Vgl. Blomeyer (1998 a), S. 1746.

Höhe der Haftung des Arbeitgebers für die Mindestabsicherung[536] – soweit keine Rückdeckungsversicherung abgeschlossen wurde – in Betracht kommen. Gleiches gilt für die Haftung des Arbeitgebers für biometrische Risiken, welche gleichfalls versichert werden sollten. Soweit der Arbeitgeber versichert ist, entfällt der Bedarf für den Insolvenzschutz in der Anwartschaftsphase.[537]
Der Arbeitgeber ist zur Erbringung der „Mindestleistung" verpflichtet, deshalb würde sich ein Insolvenzschutz des „anlageorientierten Pensionsfonds" anbieten. Da dieser den strengen Aufsichts- und Überwachungsvorschriften des VAG, KWG oder des KAGG[538] unterliegen soll, erübrigt sich jedoch ein solcher Schutz.[539]

III. Zusammenfassende Beurteilung

Die Anlage des Versorgungskapitals des „anlageorientierten Pensionsfonds" soll extern erfolgen. Der Wille der Gerke-Kommission dem „anlageorientierten Pensionsfonds" Versicherungscharakter zu verleihen, ist zwar durchaus vorhanden, läßt sich allerdings nicht wie vorgeschlagen realisieren. Die Ursache liegt darin, daß dem „anlageorientierten Pensionsfonds" keine biometrischen Risiken aufgebürdet werden und dieser gleichzeitig durch eine Beitragszusage finanziert werden soll. Unklar in diesem Zusammenhang ist, ob dem Arbeitnehmer gegen den Arbeitgeber ein Anspruch auf Abschluß einer Risikolebens- und Invaliditätsversicherung per Gesetz eingeräumt werden soll. Das Versorgungskapital soll insoweit durch Kapitalanlagegesellschaften verwaltet werden; eine auf verschiedene Anlagen beschränkende Höchstgrenze ist nicht vorgesehen. Anzumerken wäre schließlich noch der oben beschriebene Fall, in dem das angesammelte Kapital hinter der Summe der vom Arbeitgeber

---

536 Vgl. Gerke-Kommission (1998), S. 37.

537 Vgl. Blomeyer (1998 a), S. 1746.

538 Vgl. Gerke-Kommission (1998), S. 38.

539 Vgl. Blomeyer (1998 a), S. 1746.

einzuzahlenden Beiträge zurückbleibt. Auch hier würde sich ein Rechtsanspruch gegen den Arbeitgeber begründen. Insofern sind die finanzierungstechnischen Kriterien so nicht erfüllbar.

Damit die gewünschte nachgelagerte Besteuerung des „anlageorientierten Pensionsfonds" ermöglicht wird, muß sichergestellt werden, daß die Arbeitnehmer während der Dotierungsphase keinen unmittelbaren Rechtsanspruch gegen den Fonds haben. Nur dann ist nach der Rechtslage und Rechtsprechung ein Zufluß und damit eine Lohnsteuerpflicht nicht gegeben. In dem dargestellten Konzept ist eine solche Konstruktion nicht realisierbar.

Dem Arbeitgeber soll ermöglicht werden, den Versorgungsaufwand voll als steuerlichen Aufwand geltend machen zu können. Der Arbeitgeber ist verpflichtet, die versprochenen Beiträge an den „anlageorientierten Pensionsfonds" zu entrichten. Der Versorgungsberechtigte ist somit befugt, diese Beiträge bei Nichterfüllung einzuklagen. Der Arbeitnehmer hat hier Anspruch auf Schadenersatz bei Schuldnerverzug und muß Verjährungsfristen sowie tarifliche Ausschlußfristen beachten.[540] Es liegt beim Arbeitnehmer, daß das Versorgungskapital im Versorgungsfall tatsächlich zur Verfügung steht.

Um neuartige Versorgungsträger steuerfrei zu stellen, muß der soziale Charakter des Versorgungsträgers gewahrt sein. Dies ist u. a. dann der Fall, wenn die Leistungen des Versorgungsempfängers der Höhe nach beschränkt sind. Eine Steuerbefreiung des „anlageorientierten Pensionsfonds" ließe sich somit nicht erreichen. Unproblematisch ist die Steuerbefreiung der Versorgungsträger. Schwieriger zeigt sich der Wunsch, trotz der Steuerbefreiung die volle Vergütung der Körperschaftsteuervorbelastung bei Dividendenbezug und die

---

540 Ebenda, S. 1745.

volle Erstattung der Kapitalertragsteuer sicherzustellen. Eine solche doppelte Steuerbefreiung wäre neuartig im System der bestehenden Regelungen und würde sicherlich als Präzedenzfall gegenüber Steuerausländern und Stiftungen sorgen. Dies ließe sich wohl aus Gleichbehandlungsaspekten nicht rechtfertigen.

Abschließend läßt sich feststellen, daß der Versuch, dem Pensionsfonds einerseits keine biometrischen Risiken aufzubürden, andererseits keine Leistungs- sondern eine Beitragszusage zugrunde zu legen, das vorgeschlagene Modell untauglich macht.[541] Arbeitnehmerbeiträge sind zur Zeit bei diesem Versorgungsträger nicht vorgesehen. Insofern sind die dotierungstechnischen Vorstellungen an eine zukünftige betriebliche Altersversorgung in dieser Form nicht realisierbar.

Der Rechtsanspruch ist in dem vorgestellten Modell widersprüchlich konstruiert. So handelt es sich zur Zeit um einen bedingten Rechtsanspruch des Versorgungsempfängers gegen den „anlageorientierten Pensionsfonds", welcher mit Eintritt des Versorgungsfalles geltend gemacht werden kann. Ein Insolvenzschutz würde sich lediglich aufgrund der strengen Vorschriften des VAG, KWG bzw. KAGG, in Höhe der Haftung des Arbeitgebers für die Mindestabsicherung anbieten. Da der Arbeitgeber in der Anwartschaftsphase an sich kein Zugriff auf das Versorgungskapital hat, erübrigt sich insoweit der Insolvenzschutz. Die versorgungstechnischen Zielsetzungen sind somit weitgehend erfüllt.

In diesem Modellvorschlag kommen die Wünsche der beteiligten Interessengruppen, speziell der Arbeitgeber, besonders deutlich zum Ausdruck. Hier wurde versucht, die bekannten steuerlichen Begüns-

---

541 Erreichbar wäre das Ziel, wenn man wie die *aba* den Weg der klassischen Unterstützungskasse gewählt hätte.

tigungen der betrieblichen Altersversorgung zu kombinieren mit einer am Ertrag orientierten hohen Attraktivität dieser neuen Durchführungsform. Weiterhin wurde der Wunsch der deutschen Unternehmen berücksichtigt, die bisherige Leistungsverpflichtung auf eine Beitragsverpflichtung umzustellen. Das solch ein „Rosinenmodell"[542] zu rechtlichen Widersprüchen führt, ist die Folge des Versuchs, zahlreiche Vorteile für die Unternehmen in einem Modell zu vereinen. Probleme ergeben sich bei der mit diesem Modell verbundenen Tragung von biometrischen Risiken durch den Arbeitgeber, den Rechtsanspruch des Versorgungsberechtigten gegen den Pensionsfonds, den Insolvenzschutz und letztlich die steuerliche Behandlung. Die Lösung der aufgeworfenen Fragen ist Voraussetzung für die Aufnahme in die verschiedenen Gesetze (BetrAVG, VAG, KWG, KAGG, EStG, KStG). Insgesamt paßt das vorgesehene Modell nicht in die Systematik der betrieblichen Altersversorgung.

---

[542] Ebenda, S. 1741.

E. Altersvorsorge-Sondervermögen

I. Grundkonzeption Altersvorsorge-Sondervermögen

Auf Initiative des *Bundesverbandes Deutscher Investmentgesellschaften e. V. (BVI)* wurde 1998 durch die Aufnahme der §§ 37 h – 37 m in das Kapitalanlagegesetz (KAGG) der Weg für einen neuen Durchführungsweg der betrieblichen Altersversorgung geebnet. Es handelt sich bei diesem entsprechend der Überschrift der gesetzlichen Neuregelung um das sogenannte Altersvorsorge-Sondervermögen.[543]

Der Regelungsgehalt der §§ 37 h – 37 m KAGG ist hinsichtlich der Ausgestaltung als Durchführungsweg der betrieblichen Altersversorgung recht dürftig. Tatsächlich lassen lediglich die §§ 37 h und 37 m überhaupt einen Bezug zur Altersvorsorge erkennen, während die §§ 37 i – 37 l KAGG nur Vorschriften zur Kapitalanlage darstellen. Die Grundkonzeption des Altersvorsorge-Sondervermögens als betrieblicher Altersversorgungsträger läßt sich somit weitgehend nur erahnen.

Der Durchführungsweg „Altersvorsorge-Sondervermögen" soll als betrieblicher Altersversorgungsträger derart ausgestaltet sein, daß der Arbeitgeber Finanzierungsbeiträge an eine rechtlich und wirtschaftlich selbständige Kapitalanlagegesellschaft abführt.[544] Diese ist zwingend als thesaurierender Fonds ausgestaltet und bedarf zur Aufnahme ihrer Geschäfte der Erlaubnis durch das Bundesauf-

---

543 Ursprünglich plädierte der *BVI* für die Bezeichnung „Pensions-Sondervermögen". Die Versicherungswirtschaft wandte dagegen ein, daß der Name bei den Anlegern falsche Erwartungen hinsichtlich der Sicherheit des Kapitals assoziiere. Die Bundesregierung akzeptierte zunächst diese Bezeichnung, der Bundesrat lehnte sie hingegen aus Gründen des Verbraucherschutzes ab und plädierte für den nun im Gesetz verankerten Namen. Vgl. zum folgenden Blomeyer (1997 a), S. 1397 ff.; ders. (1997 b), S. 1955 ff.; Hanau/Arteaga (1997), S. 13; Laux (1997), S. 163 ff.; ders. (1998), S. 1 ff.

544 Vgl. Laux (1997), S. 165 f.

sichtsamts für das Kreditwesen. Die Geschäftsleitung – und somit die Anlageentscheidungen – dürfen nur von Personen ausgeführt werden, die zuvor ihre fachliche Befähigung und persönliche Integrität unter Beweis gestellt haben. Auch die diesbezügliche Kontrolle unterliegt dem Bundesaufsichtsamt für das Kreditwesen.
Aus dem vom Arbeitgeberunternehmen mittels reiner Beitragszusage zur Verfügung gestellten Deckungskapital wird von der Kapitalanlagegesellschaft ein Sondervermögen gebildet, welches zur Verwahrung einem Kreditinstitut im Sinne des Kreditwesengesetzes übergeben werden muß. Hinsichtlich der Anlage des Kapitals unterliegt die Kapitalanlagegesellschaft den Vorschriften des Kapitalanlagegesetzes, welche aus Anlageschutzgründen eine breite Streuung vorschreiben.
Auskunft über die steuerliche Behandlung des Altersvorsorge-Sondervermögens erteilen die Vorschriften des Kapitalanlagegesetzes nicht. Allerdings ergeben die Entwürfe und Positionspapiere, die zu der derzeitigen umgesetzten Gesetzesinitiative geführt haben, Aufschluß dahingehend, daß an eine vollständig nachgelagerte Besteuerung unter Berücksichtigung der für Kapitallebensversicherungen geltenden zwölfjährigen Spekulationsfrist gedacht wird.[545] Im Ergebnis führt dies dazu, daß die Beitragszahlungen des Arbeitgebers für diesen als Betriebsausgaben steuerlich abzugsfähig sind, während die dem Arbeitnehmer schließlich zufließenden Leistungen als nachträglicher Arbeitslohn steuerpflichtig werden.[546]

II. Bewertung des Altersvorsorge-Sondervermögens

Abgesehen davon, daß das Altersvorsorge-Sondervermögen mittels reiner Beitragszusagen des Arbeitgebers durchgeführt wird und so-

---

545 Vgl. Hanau/Arteaga (1997), S. 13.

546 Kapitalanlagegesellschaften, die Altersvorsorge-Sondervermögen auflegen, sind verpflichtet, Altersvorsorge-Sparpläne anzubieten. Hierbei handelt es sich um Einzahlpläne mit einer Laufzeit von mindestens 18 Jahren oder mit einer Laufzeit mindestens bis zur Vollendung des 60. Lebensjahres des Anlegers. Vgl. § 37 m Abs. 1 KAGG.

mit den sozialpolitischen Zweck der betrieblichen Altersversorgung verfehlt, erfüllt dieses Modell ganz wesentliche Voraussetzungen, die an eine zukünftige Gestaltung der betrieblichen Altersversorgung geknüpft sind, nicht. Zwar sind externe Finanzierung und steuerliche Behandlung sowohl bei Arbeitgebern wie auch Arbeitnehmern im Sinne des Anforderungskataloges realisiert. Jedoch fehlt es an der Kapitalanlagefreiheit. Das Kapitalanlagegesetz nennt restriktive Mischungsanforderungen.[547] Auch sind weder die Zulässigkeit von Arbeitnehmerbeiträgen noch der Insolvenzschutz geklärt. Im Ergebnis läßt sich daher sagen, daß das Altersvorsorge-Sondervermögen keine betriebliche Altersversorgung darstellt, sondern vielmehr einen speziellen Investmentfonds, der als Publikumsfonds, aber auch als Spezialfonds aufgelegt werden kann.[548] Dies wird weiterhin dadurch deutlich, daß das Altersvorsorge-Sondervermögen lediglich reine Sparvorgänge auslöst, ohne jedoch biometrische Risiken des Versorgungsberechtigten abzudecken. Der sich unter diesem Gesichtspunkt ergebende Verstoß gegen § 1 BetrAVG macht deutlich, daß es sich bei dem vom *BVI* propagierten Modell nicht um eine betriebliche Altersversorgung im Sinne des Betriebsrentengesetzes handelt.[549]

---

547 Grundstücke, Anteile an Grundstücksgesellschaften und Anteile an Grundstücks-Sondervermögen bis zu 30 % des Wertes des Sondervermögens; stille Beteiligungen bis zu 10 %; Bankguthaben, Geldmarktpapiere, Anteile an Geldmarkt-Sondervermögen und ausländischen Investmentanteilen bis zu 49 %; Aktien und stille Beteiligungen bis zu 75 %; Vermögensgegenstände auf Fremdwährung bis zu 30 %; Geschäfte mit Finanzinstrumenten nur zur Absicherung.

548 Altersvorsorge-Sondervermögen kombinieren die Anlageformen Aktien, Grundstücke und stille Beteiligungen in einem Sondervermögen, was nach dem Gesetz über Kapitalanlagegesellschaften vor Inkrafttreten des Dritten Finanzmarktförderungsgesetzes nicht zulässig war. Seitdem dürfen auch gemischte Wertpapier- und Grundstücks-Sondervermögen aufgelegt werden. Vgl. Abschnitt 7 KAGG. Die Möglichkeit der Diversifizierung bot sich den Arbeitgebern bisher schon durch den Einsatz von Spezialfonds. Vgl. S. 161 ff. dieser Arbeit.

549 Vgl. Hanau/Arteaga (1999 b), S. 534; Heubeck (1996), S. 17.

Sofern die Altersvorsorge-Sondervermögen in der jetzigen Ausgestaltung als betriebliche Altersversorgung zugelassen werden würde, würde durch den Verzicht auf Risikoabsicherungselemente dem Begriff „betriebliche Altersversorgung“ ein völlig neuer Inhalt verliehen werden. Es wäre nicht nachvollziehbar, wenn derartige Investmentfonds steuerlich wie eine betriebliche Altersversorgung behandelt würden. Durch die Abwesenheit jeglicher Übernahme biometrischer Risiken würde der sozialpolitische Zweck für die steuerliche Begünstigung vollständig verfehlt. Das Altersvorsorge-Sondervermögen ist als betrieblicher Versorgungsträger abzulehen.

F. Betriebs-Pensionsfonds

I. Grundkonzeption Betriebs-Pensionsfonds

Der *Bundesverband deutscher Banken* (BdB) hat im Mai 1999 seine Vorstellungen über einen zusätzlichen betrieblichen Altersversorgungsträger der Öffentlichkeit vorgestellt.[550] Der *BdB* schlägt zwei unterschiedliche Varianten einer betrieblichen Altersversorgung in Anlehnung an das Altersvorsorge-Sondervermögen vor: den sog. „leistungsbezogenen Betriebs-Pensionsfonds" und den sog. „beitragsbezogenen Betriebs-Pensionsfonds".[551]

Die Finanzierung beider Varianten des „Betriebs-Pensionsfonds" erfolgt über den Arbeitgeber. Dieser entrichtet Beiträge an eine Kapitalanlagegesellschaft, welche mit dem Versorgungskapital ein Sondervermögen im Sinne des KAGG bildet. Das Sondervermögen kann von Kapitalanlagegesellschaften für die Zusagen eines oder mehrerer Arbeitgeber gebildet werden. In einem Grundvertrag[552] zwischen der Kapitalanlagegesellschaft und dem Arbeitgeber kann die Art der Vermögenswerte und deren Diversifizierung innerhalb des Sondervermögens festgelegt werden. Die Anlagemöglichkeiten sollen über

---

550 Vgl. BdB (1999). Vgl. zur ursprünglichen Fassung ders. (1997 a), ders. (1997 b).

551 Vgl. zum folgenden BdB (1999), S. 23 ff.; Weber (1998), S. 339 ff.

552 Der Grundvertrag soll Angaben enthalten über: Anlageziele des „Betriebs-Pensionsfonds" und die Voraussetzungen für deren Änderung; die Bedingungen für einen Wechsel zwischen „Betriebs-Pensionsfonds"; die Behandlung der Anteile eines Arbeitnehmers bei Wechsel des Arbeitgebers, Invalidität und Tod; die Höhe der Einzahlungen des Arbeitgebers bei „beitragsbezogenen Betriebs-Pensionsfonds"; das Verfahren zur Berechnung der Einlagen bei „leistungsbezogenen Betriebs-Pensionsfonds"; an Dritte zu zahlende Vergütungen oder die Maßstäbe für deren Berechnung; abzuschließende Versicherungen bei „leistungsbezogenen Betriebs-Pensionsfonds"; das Recht eines Arbeitgebers, das Sondervermögen auf eine andere Kapitalanlagegesellschaft zu übertragen oder eine andere Depotbank zu wählen; die Bedingungen für die Auswahl des Treuhänders und des Aktuars. Vgl. § 37 p Abs. 2 KAGG v. F.

die des Altersvorsorge-Sondervermögens hinausgehen.[553] Die Höhe der Beiträge richtet sich danach, ob es sich um beitrags- oder leistungsbezogene Zusagen handelt. Im Fall der Beitragszusage soll die Zuführung voll als Betriebsausgabe abzugsfähig sein; im Fall der Leistungszusage greift die Abzugsfähigkeit nur insoweit, als die Beträge gem. § 6a EStG als Zuführung zu Pensionsrückstellungen gewertet werden können. Darüber hinausgehende Zuführungen sind steuerlich nicht abzugsfähig. Eine Arbeitnehmerbeteiligung an der Finanzierung der betrieblichen Altersversorgung ist nicht vorgesehen. Dem Arbeitgeber soll kein Verfügungsrecht über das ausgelagerte Sondervermögen eingeräumt werden.[554] Aus diesem Grund soll ein Treuhänder die Gläubigerrechte wahrnehmen und jederzeit zur Überprüfung der Erfüllung der Ansprüche der Arbeitnehmer verpflichtet und berechtigt sein.[555] Der begünstigte Arbeitnehmer kann seine Ansprüche, die er in Form von Anteilscheinen erhält, während der Anwartschaftszeit nicht geltend machen. Der *BdB* fordert die faktische Steuerfreiheit für den „Betriebs-Pensionsfonds". Veräußerungsgewinne und thesaurierte Vermögenserträge sollen steuerfrei akkumuliert werden können. Gleichzeitig soll die Körperschaft- und Kapitalertragsteuer erstattet werden. Es soll den Arbeitgebern gestattet werden, bisher angesammeltes Versorgungskapital steuerneutral auf „Betriebs-Pensionsfonds" übertragen zu können. Die Vermögensgegenstände sollen dann zum Zeitwert erfaßt werden und die stillen Reserven ohne Steuerbelastung aufgelöst werden. Die Ver-

---

553 Allerdings unterliegt das Fondsvermögen auch zwei Anlageobergrenzen: Maximal 30 % des Wertes eines „Betriebs-Pensionsfonds" dürfen in Grundstücke und Anteile an Grundstücks-Sondervermögen investiert werden und maximal 10 % des Wertes dürfen in stillen Beteiligungen gebunden sein. Vgl. § 37 n Abs. 4 und 5 KAGG v. F.

554 Gleichzeitig soll eine Verpfändung oder Übertragung des Sondervermögens ausgeschlossen sein.

555 Aufgrund der Bedeutung dieser Aufgaben sollen als Treuhänder nur Kreditinstitute, Versicherungsgesellschaften oder Finanzdienstleistungsunternehmen zugelassen werden.

sorgungszahlungen des „Betriebs-Pensionsfonds" sind als Einmal-, Raten- oder Rentenzahlungen möglich und sollen nachgelagert besteuert werden.[556]

Der Gesetzentwurf für die Zulassung von „Betriebs-Pensionsfonds" sieht zwei Varianten vor: den leistungsbezogenen und den beitragsbezogenen „Betriebs-Pensionsfonds". Der „leistungsbezogene Betriebs-Pensionsfonds" basiert auf der klassischen Leistungszusage im Sinne des Betriebsrentengesetzes, bei der dem Arbeitnehmer eine im voraus zugesagte Leistung für den Versorgungsfall versprochen wird. Hierfür entrichtet der Arbeitgeber Beiträge an die Kapitalanlagegesellschaft, welche sich einerseits in ihrer Höhe an der versprochenen Zusage, andererseits an der Performance des Sondervermögens orientiert. Vermögenserträge und Wertsteigerungen des Sondervermögens gehen voll in das angesammelte Versorgungskapital ein. Da der Arbeitgeber in vollem Maße für die Leistungserfüllung haften soll, könnten sich – bei entsprechend höherer Performance als prognostiziert – die Beiträge vermindern et vice versa. Beim „beitragsbezogenen Betriebs-Pensionsfonds" postuliert der *BdB* die reine Beitragszusage, d. h. der Arbeitgeber stellt lediglich einen festen Beitrag für die Altersversorgung zur Verfügung. Wertsteigerungen und Vermögenserträge aus der Anlage des Versorgungskapitals sollen lediglich dem Arbeitnehmer zugute kommen und nicht der Reduzierung von Beiträgen des Arbeitgebers dienen. Dem Arbeitnehmer soll ein Wahlrecht zugestanden werden, aus verschiedenen Sondervermögen je nach Risikoneigung auswählen zu können.[557] Bei dem „beitragsbezogenen Betriebs-Pensionsfonds" ist

---

556 Diese Möglichkeit soll für den Begünstigten zur Zeit eine Kapitalertragsteuerpflicht i. H. v. 25 % auslösen, wohingegen vorgeschlagen wird, bei Zahlungen in zwei oder drei Tranchen den halben Steuersatz nach § 34 EStG anzuwenden. In der vorgeschlagenen Fassung ist § 34 letztmals für VZ 1998 anzuwenden. Vgl. § 52 Abs. 47 Satz 1 EStG.

557 Um den individuellen Verhältnissen der Arbeitnehmer entsprechen zu können, sollte ein Wechsel innerhalb der Risikoklassen jederzeit möglich sein.

eine Absicherung biometrischer Risiken über den Zukauf einer Versicherung möglich. Der Umfang der Absicherung soll vom Arbeitgeber und –nehmer bestimmt werden.

II. Bewertung des Betriebs-Pensionsfonds

Der „Betriebs-Pensionsfonds" erfüllt die finanzierungstechnischen Zielvorstellungen an eine zukünftige betriebliche Altersversorgung. Es besteht die Möglichkeit, das Versorgungskapital in einem rechtlich und wirtschaftlich vom Arbeitgeberunternehmen selbständigen Versorgungsträger anzusammeln. Hinsichtlich der Anlagemöglichkeiten des Versorgungskapitals gelten hier jedoch auch Einschränkungen, wenn auch nicht so stark wie durch das Versicherungsaufsichtsgesetz bzw. den vorgegebenen Grenzen, denen das Altersvorsorge-Sondervermögen unterliegt. Diese beziehen sich jedoch nur auf Grundstücke und stille Beteiligungen.

Die Leistungen des „Betriebs-Pensionsfonds" sollen nachgelagert besteuert werden. Es soll eine steuerliche Anerkennung des Versorgungsaufwands als Betriebsausgabe innerhalb gewisser Grenzen beim Arbeitgeber gestattet werden. Auch eine steuerneutrale Ansammlung des Versorgungskapitals soll gewährleistet werden; nähere Erläuterungen, wie auch zur steuerneutralen Überführung von bisher angesammelten Versorgungskapital fehlen völlig.

In dotierungstechnischer Hinsicht besteht die Möglichkeit, Leistungszusagen und Beitragszusagen zu geben. Die Zulässigkeit von Arbeitnehmerbeiträgen ist nicht vorgesehen. Auch bei diesem Vorschlag wird lediglich das Risiko der Langlebigkeit abgesichert. Andere biometrische Risiken können durch Zukauf abgesichert werden, welches dem Versorgungscharakter des Betriebsrentengesetzes widerspricht. Bei Eintritt des Versorgungsfalles muß der Arbeitgeber dem begünstigten Arbeitnehmer bei Absicherung über einen „leistungsbezogenen Betriebs-Pensionsfonds" so viele Anteile verschaffen, daß dieser aus dem Erlös die zugesagte Rente erwerben kann.

Hier besteht allerdings die Gefahr, daß die Performance des „Betriebs-Pensionsfonds“ schlecht ist und folglich der Arbeitgeber im Sinne einer Nachschußpflicht mit erhöhten Zahlungen konfrontiert wird.

Der Versorgungsempfänger soll keinen Rechtsanspruch auf die Leistungen erhalten. Das Altersversorgungskapital wird aus dem Vermögen des Arbeitgebers in das Sondervermögen ausgegliedert. Im Falle eines Konkurses zählt dieses Vermögen nicht zu der Konkursmasse. Der Insolvenzschutz soll bei beiden Ausgestaltungen des „Betriebs-Pensionsfonds“ entfallen, da wegen der Verwaltung der Mittel in einer Kapitalanlagegesellschaft auch eine einheitliche Aufsicht durch das Bundesaufsichtsamt für das Kreditwesen gewährleistet sei. Allerdings soll der *PSVaG* lediglich für Unterdeckungen einstehen.

Letztlich läßt sich somit sagen, daß der „Betriebs-Pensionsfonds“ die Anforderungen an einen zukunftsträchtigen Durchführungsweg der betrieblichen Altersversorgung nicht hinreichend erfüllt. Zunächst sind bereits die finanzierungstechnischen Kriterien insoweit nicht erfüllt, da das Modell – wenn auch in geringem Maße – Anlagerestriktionen unterliegt, welche einer bestmöglichen Performance entgegenstehen. Darüber hinaus sind die vorgesehenen Beitragszusagen nicht mit dem Betriebsrentengesetz kompatibel. Entscheidend ist aber letztlich, daß biometrische Risiken nicht per se abgesichert werden und somit schon gar keine betriebliche Altersversorgung im Sinne des Betriebsrentenrechts vorliegt. Es handelt sich bei diesem Modell somit erneut lediglich um ein Kapitalbildungsinstrument, nicht um einen sozialpolitisch wünschenswerten betrieblichen Altersversorgungsträger. Eine Einführung des „Betriebs-Pensionsfonds“ in das betriebliche Altersversorgungssystem ist somit abzulehnen.

Fünfter Teil: Schlußbetrachtung

Ungeachtet des im internationalen Vergleich hohen Leistungsniveaus der deutschen gesetzlichen Rentenversicherung besteht Handlungsbedarf hinsichtlich der Altersversorgung von Arbeitnehmern. So sind aufgrund der demographischen Entwicklungen notwendige Gesetzesänderungen der staatlichen Rentenversicherung in jüngerer Zeit wahrscheinlich nicht in der Lage, dem zukünftigen Versorgungsempfänger nach Ablauf von 45 beitragspflichtigen Versicherungsjahren Rentenbezüge, die über 70 % der jeweiligen Nettobezüge des Arbeitnehmers liegen, zu gewährleisten. Die somit entstehende erhebliche Differenz zu dem während des aktiven Berufslebens erreichten Standards auszugleichen, soll durch die weiteren zwei Säulen, der privaten Altersvorsorge und der betrieblichen Altersversorgung, erreicht werden.

Der Verbreitungsgrad der betrieblichen Altersversorgung ist allerdings – im Gegensatz zu der wachsenden Bedeutung – rückläufig. Der Grund hierfür liegt im wesentlichen in den kostenintensiven arbeits- und steuerrechtlichen Rahmenbedingungen.

In diesem Sinne sah das Programm der Bundesregierung zu Beginn der 13. Legislaturperiode des deutschen Bundestages vor, die Rahmenbedingungen der betrieblichen Altersversorgung zu verbessern, damit diese weiterhin einen wichtigen Beitrag zur Alterssicherung der Arbeitnehmer leisten kann. Angesichts der seit Jahrzehnten rückläufigen Tendenz der Verbreitung der betrieblichen Altersversorgung sind Vorschläge zur Verbesserung der Rahmenbedingungen zu begrüßen. Die Reform der betrieblichen Altersversorgung konkurriert jedoch mit einer Vielzahl von Interessengruppen, die, so ist zu vermuten, alle eine günstige Ausgangsposition bei der Verteilung des Marktes für betriebliche Altersversorgungsmittel erlangen wollen. Angesichts dieser Sachlage kann man sich nicht des Eindrucks erwehren, daß vielmehr das Interesse an einer Überführung des Versorgungskapitals der betrieblichen Altersversorgung in neue Durchführungswege im Vordergrund steht, als eine Förderung der Altersversorgung der Arbeitnehmer. In Presseveröffentlichungen und der Fachliteratur wird bisweilen der Eindruck vermittelt, daß „Pensionsfonds“ angelsächsischer Prägung der Schlüssel zur Lösung aller Probleme in bezug auf die Alterssicherung sein könnten. Um die verschiedenen Vorschläge objektiv zu analysieren, wurden die Wünsche und Forderungen der verschiedenen Interessengruppen in Einklang gebracht und hiervon ausgehend ein Kriterienkatalog entwickelt, der als Beurteilungsmaßstab der Reformvorschläge zur Weiterentwicklung des betrieblichen Alterversorgungssystems diente.

Die sozial- und ordnungspolitische Einordnung der betrieblichen Altersversorgung bedingt deren Einordnung in das Arbeitsrecht. Die Konsequenz sind Schutzvorschriften für Arbeitnehmer, wie z. B. Mindestanforderungen zur Unverfallbarkeit, Gleichbehandlungsgrundsätze, Vorschriften zur Änderung von Versorgungszusagen bis hin zur Insolvenzsicherung. Aber auch der Arbeitgeber benötigt verläßliche Rahmenbedingungen, um Versorgungszusagen zuverlässig kalkulieren und auch nachhaltig tragen zu können. Da die Reformvorschläge alle vor dem Hintergrund des bestehenden Rechtssystems geäußert wurden, schien u. a. eine ausführliche Analyse des zum 01.01.1999 novellierten Gesetz zur Verbesserung der betrieblichen Altersversorgung im Rahmen dieser Untersuchung angebracht. Für die Unternehmen sollte durch die Novellierung ein weiterer Anreiz geschaffen werden, ihren Arbeitnehmern eine betriebliche Altersversorgung zu gewähren. Die Neuerungen im Betriebsrentengesetz bringen aber nicht die erhofften Entlastungen für die Arbeitgeber, um der betrieblichen Altersversorgung neuen Schub zu geben. Unerläßlich ist deshalb eine – weitere – Reform des Betriebsrentengesetzes, damit auf die größere Flexibilität der Arbeitswelt und die zunehmende Globalisierung der Wirtschaft reagiert werden kann. Eine so verstandene Reform müßte aus Sicht der Arbeitgeber folgende Kernelemente aufweisen: Erweiterung der Abfindungs- und Übernahmemöglichkeiten für Versorgungsanwartschaften und laufende Versorgungsleistungen mit der Möglichkeit eines steuerneutralen Wechsels zwischen den unterschiedlichen Durchführungswegen, Übergang auf nachgelagerte Besteuerung, Verbesserung der Dotierungsmöglichkeiten bei Unterstützungskassen, Liberalisierung der Kapitalanlagevorschriften von Pensionskassen.

Wichtigster Anreiz für eine betriebliche Altersversorgung scheint heutzutage die Möglichkeit der Entgeltumwandlung zu sein. Um so unverständlicher ist es, daß im Rahmen des Steuerentlastungsgesetzes 1999/2000/2002 für die beiden externen, kapitalgedeckten Durchführungswege Pensionskasse und Direktversicherung die Vorteilhaftigkeit der Entgeltumwandlung verringert wurde. Hierdurch wurde die Möglichkeit der Arbeitnehmer zum Aufbau einer zusätzlichen Altersversorgung deutlich verschlechtert. Auch die beschlossene Absenkung des Eingangsteuersatzes im Jahr 2002 auf 19,9 % bei unveränderter Beibehaltung des Pauschalsteuersatzes des § 40b EStG von 20 % verringert zusätzlich den Anreiz für die betriebliche Altersversorgung. Solche Verschlechterungen sind vor dem Hintergrund des erklärten Ziels der Koalitionsvereinbarung zwischen SPD und Bündnis 90/Die Grünen, die betriebliche Altersversorgung zu stärken, unverständlich. Gleichzeitig schwindet vor dem Hintergrund der Entgeltumwandlung faktisch die Unterscheidung zwischen der zweiten und dritten Säule. Eine solche Entwicklung kann nicht ohne Einfluß auf den Regelungsbedarf sein. Hier müßte z. B. die Gleichbehandlung von zweiter und dritter Säule sowie die spezifische steuerliche Förderung unterer und mittlerer Einkommensgruppen geklärt werden. Weiterhin ist zu erwarten, daß mit zunehmender Gehaltsumwandlung nicht nur das Lohnsteueraufkommen, sondern auch die Sozialversicherungsbeiträge zurückgehen. Ein steigender Beitragssatz auf die verbleibenden Gehaltsbestandteile wäre die Folge. Einer sicheren und finanzierbaren gesetzlichen Rentenversicherung steht dies sicherlich entgegen.

Im Zusammenhang mit den Vorschlägen zur Weiterentwicklung bzw. Neueinführung von betrieblichen Altersversorgungsträgern mußte auch der Zusammenhang der steuerlichen Behandlung von Beiträgen zur gesetzlichen Altersversicherung bzw. privaten Altersvorsorge beachtet werden. Das BMF fürchtete bei einem Übergang auf die nachgelagerte Besteuerung Steuerausfälle in Höhe von insgesamt 30,4 Mrd. DM.[1] Wie die Untersuchung jedoch zeigte, darf der Gesetzgeber bei einer Umstellung der (gesamten) Altersbesteuerung auf die nachgelagerte Besteuerung schrittweise vorgehen. Eine solche Stufenlösung ist auch dann zulässig, wenn eine vollständige Durchführung einer Reform zunächst nicht finanzierbar ist. Sofern nur begrenzte finanzielle Möglichkeiten bestehen, sollte der Gesetzgeber Stufenlösungen nach Stichtagen treffen. Auch wenn eine Stichtagsumstellung naturgemäß Härten mit sich bringt, sollte eine Doppelbesteuerung vermieden werden.
Weiterhin beruht die unterschiedliche Behandlung vergleichbarer Sachverhalte innerhalb des betrieblichen Altersversorgungssystems auf nicht nachvollziehbaren Argumenten. In diesem Zusammenhang ist z. B. der fehlende Rechtsanspruch auf die Leistungen einer Unterstützungskasse unverständlich. Die ständige Rechtsprechung des BAG[2] zeigt, daß auch gegen die Unterstützungskasse bzw. unter Umständen gegen den Arbeitgeber Rechtsansprüche gewährt werden. Da die Leistungsfähigkeit des Versorgungsempfängers erst bei Zufluß im Alter erhöht wird, erscheint die nachgelagerte Besteuerung geboten. Weiterhin könnte die Mobilität in Europa ohne komplizierte DBA gefördert werden. Aus steuersystematischen Gründen ist eine generelle Umstellung der betrieblichen Altersversorgung auf eine

---

1 Vgl. BMF (1998 a), S. 28.

2 BAG (05.06.1984), S. 2416; BAG (17.04.1985), S. 228.

nachgelagerte Besteuerung geboten. Allerdings würde eine weitgehende steuerliche Befreiung der Zuwendungen zu neuartigen Versorgungsträgern die finanzielle Basis der Rentenversicherung beeinträchtigen. Sobald die neuen Durchführungswege tatsächlich mit erheblichen Vorteilen für Unternehmen und deren Versorgungsempfänger ausgestattet würden, ergäbe sich folgender Effekt: Zuwendungen, die bisher der vorgelagerten Besteuerung unterlagen, würden verstärkt in die neuen Alterssicherungssysteme fließen. Weiterhin könnte es zu Gehaltsumwandlungen kommen. Bisher voll lohnsteuerpflichtige Gehaltsbestandteile könnten in neue Versorgungsträger fließen, wodurch Lohnsteuer einzusparen wäre. Die Folge wäre, daß nicht nur Sozialversicherungsbeiträge, sondern auch das Lohnsteueraufkommen zurückgehen und das Rentenniveau gefährdet bzw. der Beitragssatz auf die verbleibenden Gehaltsbestandteile in die Höhe getrieben würde.[3] Solche Folgen sind sicherlich beide nicht im Sinne einer finanzierbaren und sicheren gesetzlichen Altersversorgung.

Das Vorhaben des *wissenschaftlichen Beirats beim Bundeswirtschaftsministerium* und der Bank- bzw. der Investmentbranche, die Deckungsmittel der betrieblichen Altersversorgungsmittel zu instrumentalisieren, um den deutschen Kapitalmarkt zu fördern, ist nicht nötig. Die Unternehmen nutzen schon seit langem die Möglichkeit der externen Finanzierung von Pensionsrückstellungen über Spezialfonds. Spätestens seit der vor kurzem der Öffentlichkeit zugänglich gemachten Studie von *Rößler/McShee*[4] bewahrheitet sich die Vermutung, daß bereits heute enorme Summen von den Altersversorgungsträgern – direkt oder indirekt – dem Aktienmarkt zugute kommen. Daß eine Auslagerung des Versorgungskapitals auf externe Versorgungsträger aus einzel- und gesamtwirtschaftlicher Sicht eine

---

3 Vgl. Otremba (1998), S. 254.

4 Vgl. Rößler/McShee (1998).

effizientere Mittelverwendung als bei Direktzusagen bedingt, ist nicht nachvollziehbar (sog. Effizienzprobleme). Darüber hinaus würden die Unternehmen mit einer zwangsweisen Auslagerung der Pensionsrückstellungen hin zu externen Versorgungsträgern die Dispositionsmöglichkeiten verlieren, die sie über ihre Bilanz- und Finanzstruktur haben. Doch auch gesamtwirtschaftlich würden sich die Rahmenbedingungen für die Unternehmen verschlechtern, da es zu einer tendenziellen Verlagerung der Entscheidungsfindung und Machtverhältnisse hin zu den Kapitalanlagemanagern kommen würde. Als Folge sind die Unternehmen in einem stärkeren Maße gezwungen, sich über Bankkredite oder Fremd- und Eigenkapitalmärkte, an denen externe Versorgungsträger wiederum ihre Mittel anlegen, zu finanzieren. Eine zwangsweise verstärkte Nutzung von den externen Trägern würde daher mit einer Strukturveränderung im Finanzwesen, d. h. hin zu starken kapitalmarktorientierten Strukturen mit einem geringeren Gewicht auf Bankkrediten und Innenfinanzierung, einhergehen müssen. Sofern der Kapitalmarkt die Versorgungsmittel in die günstigste Verwendungsmöglichkeit lenkt, ist eine solche Entwicklung der allokativen Effizienz durchaus förderlich. Außerdem erscheint es nicht angebracht, die Sozialpolitik in den Dienst der Kapitalmarktpolitik zu stellen. Insgesamt betrachtet würde sich eine zwangsweise Auslagerung der Versorgungsmittel nachteilig auf die künftige Entwicklung auswirken und zu einer Reduzierung des Angebots an freiwilligen betrieblichen Versorgungsleistungen führen. Am Durchführungsweg der Direktzusage an sich sollte festgehalten werden.

Allen Vorschlägen ist gemeinsam, daß sie am Prinzip der Freiwilligkeit der betrieblichen Altersversorgung festhalten und kein Obligatorium, wie teilweise in anderen europäischen Ländern, schaffen. Durch den Ausbau der betrieblichen Altersversorgung kann somit keine Entlastungsfunktion für die gesetzliche Rentenversicherung einsetzen. Die vorgesehene – und zur Zeit ausgesetzte – Absenkung des gesetzlichen Rentenniveaus könnte zwar eher hingenommen werden, doch nur für diejenigen, welche im Besitz einer betrieblichen Altersversorgung sind. Eine dauerhafte Entlastung der gesetzlichen Rentenversicherung ist nur dann sichergestellt, wenn vergleichbare Leistungsformen und Risikoabsicherungen in der zweiten bzw. dritten Säule den Schutz aller Arbeitnehmer übernehmen. An der Freiwilligkeit der betrieblichen Altersversorgung sollte aufgrund der personalpolitischen Bedeutung festgehalten werden.

Bei der Diskussion um den geeigneten Durchführungsweg für die Altersversorgung ist daran zu erinnern, daß die betriebliche Altersversorgung eine andere Funktion besitzt als die reine Vermögensbildung oder das Kontensparen. Die Übernahme biometrischer Risiken bzw. die Leistungsgarantie im Versorgungsfall erfordern strengere Voraussetzungen an die Sicherheit und Dauerhaftigkeit der Kapitalanlage. Der Unterschied zur reinen Vermögensbildung rechtfertigt zugleich eine andere steuerliche Behandlung bzw. eine steuerliche Privilegierung, die dem Altersvorsorge-Sondervermögen bisher zu Recht versagt wurde. Hauptsächlich sind betriebliche Versorgungszusagen arbeitsrechtlich mit einem bestimmten Leistungsversprechen zu verbinden. Regelungen, in denen die Leistung vom Anlageerfolg abhängig gemacht wird, sind eher in Ergänzung zu üblichen Formen zu finden. Eine Aufnahme des Altersvorsorge-Sondervermögens als weiterer Durchführungsweg im System der betrieblichen Altersversorgung sollte nicht erfolgen.

Sofern ein fünfter Durchführungsweg im Sinne des „anlageorientierten Pensionsfonds“ bzw. „Betriebs-Pensionsfonds“ eingeführt würde, hätte dies unweigerlich Auswirkungen auf die – nicht weiterentwickelten – bestehenden Durchführungswege. So ist z. B. kaum vorstellbar, daß bei Einrichtung eines selbständigen Versorgungsträgers mit weitgehenden Freiheiten in der Vermögensanlage sowie der vorgesehenen steuerlichen Behandlung der Versorgungsträger und der

Arbeitnehmer die bisherige aufsichtsrechtlich kontrollierte Pensionskasse noch substantielle Marktchancen hätte. Vor allem im Vergleich zur Weiterentwicklung der Unterstützungskasse ist von der Einführung eines „anlageorientierten Pensionsfonds" bzw. „Betriebs-Pensionsfonds" abzuraten.

Durch die Umstrukturierung und einen Ausbau der externen Finanzierungsform der Unterstützungskasse zum „Pensionsfonds", wie ihn die *aba* vorschlägt, kann mit nur wenigen gesetzlichen Änderungen innerhalb des bestehenden rechtlichen Rahmens des Betriebsrenten- und Einkommensteuergesetzes ein Träger der betrieblichen Altersversorgung geschaffen werden, der, im Vergleich zur „Pensionsfonds-Unterstützungskasse" und dem „Betriebsrenten-fonds", dem eingangs aufgestellten Anforderungskatalog im wesent-lichen entspricht. Die Unterstützungskasse erfüllt als anerkannte rechtlich selbständige Institution mit dem Zweck, Leistungen der betrieblichen Altersversorgung zu erbringen, eine wesentliche Forderung. Der Rechtsform nach ist sie eine mit einem Sonder-vermögen ausgestattete Versorgungseinrichtung im Sinne des Betriebsrentengesetzes. Sie wird von einem oder mehreren Unternehmen getragen und gewährt den Arbeitnehmern einmalige oder laufende Leistungen. Weiterhin kann sie biometrische Risiken übernehmen. Auf der Grundlage der an sie gezahlten Beiträge und Zuwendungen kann sie versicherungsmathematisch kalkulierte Leistungen der Altersversorgung vorsehen. Im Rahmen solcher „Pensionsfonds" sollen auch Beitragszusagen gegeben werden können. Diese Beiträge sollen nach dem Vorschlag zu einem neuen § 4d EStG bis zu einem festen Prozentsatz einer bestimmten Bezugsgröße (z. B. Beitragsbemessungsgrenze) limitiert werden. Bei einer entsprechenden gesetzlichen Umsetzung bleiben somit Steuerausfälle kalkulierbar. Im Gegensatz zu der von der *aba* vorgesehenen Beitragszusage mit Mindestleistung wäre dem Anliegen der Arbeitnehmer mit der beitragsorientierten Leistungszusage eher Rechnung getragen. Von einer

Implementierung der Beitragszusage in das Betriebsrentengesetz ist abzuraten. Durch die Auslagerung von Versorgungsmitteln auf einen Versorgungsträger wird nicht nur der Verwaltungsaufwand minimiert, sondern der Arbeitgeber kann sich hierdurch auch refinanzieren. Das Finanzierungsverfahren müßte allerdings auf eine flexible aufwands- und periodengerechte Vorausfinanzierung der zugesagten Leistungen umgestellt werden.
Durch die Reformierung der Unterstützungskasse könnte eine Trendwende herbeigeführt werden: Der Mangel an einer flexiblen, kostengünstigen und insbesondere für mittelständische Unternehmen attraktiven Alternative zu der jetzigen Durchführungsform würde behoben. Wesentliche Vorteile wie die hohe Sicherheit der den „Pensionsfonds" anvertrauten Mittel, die günstigen Ertragsperspektiven und die klaren, allgemein verständlichen Grundprinzipien der externen Altersversorgung sprechen für eine große Akzeptanz dieser modernen Finanzierungsform auch bei den Arbeitnehmern. Der Ausbau der Unterstützungskasse zu einem sog. „Pensionsfonds" könnte somit zu einer Belebung der betrieblichen Altersversorgung führen. Der Einführung eines fünften Durchführungsweges bedarf es nicht.

In jedem Unternehmen, das die Einrichtung einer betrieblichen Altersversorgung plant, stellt sich die Frage nach der optimalen Durchführungsform. Die Entscheidung für oder gegen einen Durchführungsweg kann nicht generell getroffen werden. Dies hängt von den individuellen Gegebenheiten und Erwartungen jedes einzelnen Unternehmens ab. Hinsichtlich der Hauptentscheidungskriterien, der Sicherheit und der Anlagerendite, bieten die bestehenden Durchführungswege verschiedene sachgerechte Möglichkeiten, unterschiedlichen Zielvorstellungen gerecht zu werden. Die Vorteile und Nachteile sind zwar trägerspezifisch, aber in Hinblick auf das Sicherheits- und Renditeziel gut abzuschätzen. Eine Grundvoraussetzung für die Existenz und Weiterentwicklung des betrieblichen Altersversorgungs-

systems ist die steuerliche Anerkennung des betriebswirtschaftlichen Aufwandes, damit die Entscheidung hinsichtlich der Wahl der Durchführungsform sowie der Mittelverwendung ausschließlich nach betriebswirtschaftlichen Grundsätzen erfolgen kann. Folglich sollten die steuerlichen Rahmenbedingungen so gestaltet sein, daß eine aufwands- und periodengerechte Vorausfinanzierung der zugesagten Leistungen möglich ist. Im Sinne einer wettbewerbsneutralen Besteuerung sollten die steuerlichen Rahmenbedingungen für sämtliche Durchführungsformen angeglichen werden (level playing field). Diese Angleichung der steuerlichen Rahmenbedingungen müßte sich auf die steuerlichen Grundlagen der Berechnung des Versorgungsaufwands, der Besteuerung der Versorgungsträger und der Besteuerung der Versorgungsempfänger während der Anwartschafts- und der Versorgungszeit beziehen.
Maßnahmen zur Berechnung des Versorgungsaufwands betreffen zum einen die Behandlung künftiger Änderungen der Berechnungsgrundlagen (z. B. Gehalts- und Rententrends); am Stichtagsprinzip sollte deshalb nicht festgehalten werden. Zum anderen sollte der Rechnungszinssatz nicht in Abhängigkeit vom jeweiligen Durchführungsweg festgeschrieben werden. Um steuerbedingte Wettbewerbsverzerrungen zwischen unmittelbaren und mittelbaren Durchführungswegen zu vermeiden, bietet es sich an, als einheitlichen Rechnungszinssatz einen langfristigen Kapitalmarktzins anzusetzen, dessen Höhe in regelmäßigen Abständen überprüft und ggf. angepaßt werden müßte.[5] Am betrieblichen Altersversorgungssystem an sich, d. h. der Möglichkeit zwischen verschiedenen Versorgungsträgern zu wählen, sollte festgehalten werden.

Die Probleme des betrieblichen Altersversorgungssystems sind institutionell bedingt und können durch eine Verbesserung der Rahmenbedingungen behoben werden. Voraussetzung hierfür ist die

---

5 Vgl. Spengel/Schmidt (1998), S. 93.

Anpassung der steuer- und arbeitsrechtlichen Rahmenbedingungen, so daß ihre Nutzung aus Sicht der Arbeitgeber und Arbeitnehmer in Relation zu den bestehenden Durchführungswegen an Attraktivität gewinnt. Angesichts der bekannten Haushaltsprobleme muß trotzdem eine Steuerreform, die auch längerfristige Perspektiven haben soll, hier ansetzen und die steuerlichen Rahmenbedingungen für die betriebliche Altersversorgung verläßlicher gestalten und nachhaltig verbessern. Denn ohne eine Verbesserung der steuerlichen Situation ist kein Ausbau der zweiten Säule zu erwarten.

Literaturverzeichnis

ABA (1996 a): Arbeitsgemeinschaft für betriebliche Altersversorgung, Betriebliche Altersversorgung im Spannungsfeld zwischen Innenfinanzierung und Finanzmarkförderung, – Podiumsdiskussion -, in: BetrAV, 51. Jg. (1996), S. 136 – 142

ABA (1996 b): Arbeitsgemeinschaft für betriebliche Altersversorgung, Pensionsfonds für die betriebliche Altersversorgung?, in: BetrAV, 51. Jg. (1996), S. 237 – 243

ABA (1997 a): Arbeitsgemeinschaft für betriebliche Altersversorgung, Welcher Maßnahmen bedarf die betriebliche Altersversorgung zur Bestandssicherung und Weiterentwicklung? – Podiumsdiskussion -, in: BetrAV, 52. Jg. (1997), S. 124 – 128

ABA (1997 b): Arbeitsgemeinschaft für betriebliche Altersversorgung, Betriebliche Altersversorgung in Europa aus deutscher Sicht, Juli 1997

ABA (1997 d): Arbeitsgemeinschaft für betriebliche Altersversorgung, Thesen der Arbeitsgemeinschaft für betriebliche Altersversorgung zur Integration von Beitragszusagen in das BetrAVG, in: BetrAV, 52. Jg. (1997), S. 318 – 320

ABA (1998 a): Arbeitsgemeinschaft für betriebliche Altersversorgung, Modell „Zweite Säule", Vorschläge der aba zur Einführung international wettbewerbsfähiger Finanzierungsformen der betrieblichen Altersversorgung, Juni 1998

ABA (1998 b): Arbeitsgemeinschaft für betriebliche Altersversorgung, Zum Beschluß des Bundestages zur Einführung von Pensionsfonds, in: BetrAV, 53. Jg. (1998), S. 241 – 246

ABA (1998 c): Arbeitsgemeinschaft für betriebliche Altersversorgung, Aktuelle Modelle und Konzepte zur Fortentwicklung der betrieblichen Altersversorgung aus der Sicht der Wirtschaft, in: BetrAV, 53. Jg. (1998), S. 254 – 257

Ahrend (1993): Ahrend, Peter, Bedeutung und Konsequenzen der BAG-Rechtsprechung zur nachholenden Anpassung, in: BetrAV, 48. Jg. (1993), S. 112 – 114

Ahrend (1994): Ahrend, Peter, Die betriebliche Altersversorgung und ihr Stellenwert in einer sozialen Marktwirtschaft, in: BB, 49. Jg. (1994), S. 1225 – 1230

Ahrend/Beucher (1993): Ahrend, Peter; Beucher, Doris, Die Gleichberechtigung der Geschlechter in der betrieblichen Altersversorgung seit dem Barber-Urteil des EuGH, in: BetrAV, 48. Jg. (1993), S. 253 – 258

Ahrend/Förster (1992): Ahrend, Peter; Förster, Wolfgang, Recht der betrieblichen Altersversorgung, in: Richardi, Reinhardt/Wlotzke, Ottfried (Hrsg.), Münchener Handbuch zum Arbeitsrecht, Band 1, München 1992

Ahrend/Förster (1999): Ahrend, Peter; Förster, Wolfgang, Gesetz zur Verbesserung der betrieblichen Altersversorgung, 7. Auflage, München 1999

Ahrend/Förster/Rößler (1995): Ahrend, Peter; Förster, Wolfgang; Rößler, Norbert, Effizienzgewinne bei gleichzeitiger Kostenreduktion in der betrieblichen Altersversorgung, in: BB, 50. Jg. (1995), Beilage 10 vom 10.08.1995, S. 1 – 19

Ahrend/Förster/Rößler (1998): Ahrend, Peter, Förster, Wolfgang, Rößler, Norbert, Steuerrecht der betrieblichen Altersversorgung, 4. Auflage, Band 1 (Teil 1 – 2) und 2 (Teil 3 – 9), Köln 1995 (Grundwerk), Loseblatt mit Ergänzung: Stand November 1998

Ahrend/Heger (1990): Ahrend, Peter; Heger, Heinz – Josef, Gestaltung der betrieblichen Altersversorgung bei Umstrukturierungen von Unternehmen aus arbeitsrechtlicher und steuerrechtlicher Sicht, in: DStZ, 78. Jg. (1990), S. 287 – 296

Albach/Schmidt (1990): Albach, Horst; Schmidt, Axel, Belegschaftskapital statt Investitionsrücklage zum Nachteilsausgleich kleiner und mittlerer Unternehmen, in: ZfB, 60. Jg. (1990), S. 248 – 259

Albrod/Friele (1975): Albrod, Peter; Friele, Klaus, Der Teilwert von Investmentanteilen. Kritische Anmerkungen zur Rechtsprechung des Bundesfinanzhofs, in: FR, 57. Jg. (1975), S. 235 – 238

Allianz (1996): Allianz-Lebensversicherungs AG, Geschäftsbericht 1996

Allianz (1997): Allianz-Lebensversicherungs AG, Pensionsfonds – Ein neuer Weg für die betriebliche Altersversorgung in Deutschland?, in: Versicherungswirtschaft, 52. Jg. (1997), S. 119 – 120

Andresen (1997): Andresen, Boy-Jürgen, Die betriebliche Altersversorgung in Europa aus deutscher Sicht, in: BetrAV, 52. Jg. (1997), S. 128 – 131

Andresen (1999): Andresen, Boy-Jürgen, Entgeltumwandlung in flexible Vergütungssysteme einbeziehen, in: Vermögen und Steuern, 1. Jg. (1999), S. 31 – 34

Arbeitskreis (1998 a): Arbeitskreis „Finanzierung" der Schmalenbach-Gesellschaft e. V., Betriebliche Altersversorgung mit Pensionsrückstellungen oder Pensionsfonds – Analyse unter finanzwirtschaftlichen Gesichtspunkten, in: DB, 51. Jg. (1998), S. 321 – 331

ASID (1995): Alterssicherung in Deutschland 1995, Forschungsprojekt im Auftrag des Bundesministeriums für Arbeit und Sozialordnung, Infratest Burke Sozialforschung, München, Januar 1997

AVID (1996): Die Altersvorsorge in Deutschland 1996, Infratest Burke Sozialforschung, bearbeitet von Kortmann, Klaus; Schatz, Christof, Braunschweig 1999

Baer (1994): Baer, Alfred, Neue steuerliche Entwicklungen bei Direktversicherungen und rückgedeckten Unterstützungskassen, in: BetrAV, 49. Jg. (1994), S. 36 – 42

Baltzer (1978): Baltzer, Christian, Vermögensverwaltung durch Investmentfonds, in: BetrAV, 33. Jg. (1978), S. 152 – 155

Baltzer (1986): Baltzer, Christian, Wertpapierspezialfonds – Handhabung in der Praxis, Verfahrensfragen, Berichtssystematik, in: BetrAV, 41. Jg. (1986), S. 154 – 158

Balz (1994): Balz, Ulrich, Betriebliche Altersversorgung – Der staatliche Einfluß auf soziale Sicherung und Kapitalbildung, zugl. Univ. Diss., Frankfurt am Main 1994

Bank (1999): Bank, Matthias, Betriebliche Pensionsfonds, in: WiSt, 28. Jg. (1999), S. 367 – 369

Barz (1997): Barz, Peter, Ansprüche an die Weiterentwicklung der Rahmenbedingungen für Pensionskassen, in: BetrAV, 52. Jg. (1997), S. 236 – 239

Battis (1998): Battis, Ulrich, Beamtenversorgung, in: Handbuch zur Altersversorgung, Herausgegeben von Cramer, Jörg-E.; Förster, Wolfgang; Ruland, Franz, Frankfurt am Main 1998, S. 117 – 127

Bauer (1997): Bauer, Mathias, Pensionsvorsorge in Österreich: Erfahrungen und Überlegungen, in: Kreditwesen, 50. Jg. (1997), S. 177 – 179

Baum (1997): Baum, Gunther, Wunschzettel für die Altersvorsorge, in: Handelsblatt vom 29.12.97, S. 25

BAV (1969): Bundesaufsichtsamt für das Versicherungswesen, Rundschreiben vom 1. 8. 1969, in: Veröffentlichungen des Bundesaufsichtsamtes für das Versicherungswesen 1969

BAV (1996): Bundesaufsichtsamt für das Versicherungswesen, Rundschreiben Heft 1 (1996), in: Veröffentlichungen des Bundesaufsichtsamtes für das Versicherungswesen 1996

BdB (1997 a): Bundesverband deutscher Banken, Entwurf zur Änderung und Ergänzung des Entwurfs eines Gesetzes zur weiteren Fortentwicklung des Finanzplatzes Deutschland (Drittes Finanzmarktförderungsgesetz), Fassung 24.11.1997, o. O. 1997

BdB (1997 b): Bundesverband deutscher Banken, Begründung zu den Änderungsvorschlägen betreffend den Entwurf eines Gesetzes zur weiteren Fortentwicklung des Finanzplatzes Deutschland (Drittes Finanzmarktförderungsgesetz), Fassung 24.11.1997, o.O. 1997

BdB (1999): Bundesverband deutscher Banken, Betriebs-Pensionsfonds, Berlin, Mai 1999

Becher (1996): Becher, Günter, Maximierung und Optimierung der Finanzierung von Pensionsplänen aus internationaler Sicht, in: BetrAV, 51. Jg. (1996), S. 13 – 18

Becher (1998): Becher, Günter, Pensionsfonds im internationalen Umfeld, in: BetrAV, 53. Jg. (1998), S. 291 – 295

Becker (1999): Becker, Uta, Die Berechnung von Anwartschaftsbarwerten für Pensionsrückstellungen nach der individuellen Methode, in: BetrAV, 54. Jg. (1999), S. 159 – 162

Benz (1999): Benz, Nadja, Der Neue Markt der Frankfurter Wertpapierbörse – Zulassung und Folgepflichten, in: DStR, 37. Jg. (1999), S. 1162 – 1168

Berenz (1994): Berenz, Claus, Hat die betriebliche Altersversorgung zukünftig noch eine Chance ?. in: NZA, 11. Jg. (1994), S. 433 – 480

Berenz (1996 a): Berenz, Claus, Aktuelle Rechtsprechung zur Insolvenzsicherung, in: BetrAV, 51. Jg. (1996), S. 171 – 176

Berenz (1996 b): Berenz, Claus, Gleichbehandlung und Altersgrenze in der betrieblichen Altersversorgung, in: BB, 51. Jg. (1996), S. 530 – 537

Berenz (1999): Berenz, Claus, Überblick über die neue Insolvenzordung, in: BetrAV, 54. Jg. (1999), S. 149 – 156

Bergmann (1988): Bergmann, Hans, Investmentwissen für Versicherungskaufleute – Wertpapierfonds für Versicherungen, Frankfurt am Main 1988

Berner-Lüll/Drochner (1998): Berner-Lüll, Anette; Drochner, Sabine, Novellierung des Betriebsrentenrechts, in: BB, 53. Jg. (1998), S. 1002 – 1006

Beye (1998): Beye, Claus-Jürgen, Freiwillige Versicherung und Höherversicherung, in: Handbuch der betrieblichen Altersversorgung, Arbeitsgemeinschaft für betriebliche Altersversorgung (Hrsg.), 8. Auflage, Wiesbaden 1993, Band 1, Loseblatt mit Ergänzung: Stand September 1998

Beye (1999): Beye, Claus-Jürgen, Bericht der Leitung der Fachvereinigung Mathematische Sachverständige, in: BetrAV, 54. Jg. (1999), S. 146 – 148

Beyer (1996): Beyer, Jürgen, Ziele und Vorhaben für die ergänzenden Versorgungssysteme – insbesondere Versicherungslösungen – im nationalen und europäischen Bereich, in: BetrAV, 51. Jg. (1996), S. 192 – 197

Beyer/Langohr-Plato (1994): Beyer, Jürgen/Langohr-Plato, Uwe, Der aktuelle Stand der Pensionsfonds-Richtlinie, in: BetrAV, 49. Jg. (1994), S. 71 – 74

Bezler/Fiedler (1991): Bezler, Rudolf; Fiedler, Manfred, § 6 Satz 1 BetrAVG diskriminiert Männer, in: BB, 46 Jg. (1991), S. 2074 – 2076

Birk (1999): Birk, Dieter, Nachgelagerte Besteuerung in der betrieblichen Altersversorgung, in: StuW, 29. Jg. (1999), S. 321 – 327

Birk/Wernsmann (1999 a): Birk, Dieter; Wernsmann, Rainer, Die Besteuerung der betrieblichen Altersversorgung – Reformbedarf und Gestaltungsmöglichkeiten des Gesetzgebers, in: DB, 52. Jg. (1999), S. 166 – 172

Birk/Wernsmann (1999 b): Birk, Dieter; Wernsmann, Rainer, Die Besteuerung der Alterssicherung in ihren verschiedenen Formen, in: Handbuch zur Altersversorgung, Herausgegeben von Cramer, Jörg-E.; Förster, Wolfgang; Ruland, Franz, Frankfurt am Main 1998, S. 833 – 853

Bischoff (1998): Bischoff, Hans-Albrecht, Pensionskassen, in: Handbuch der betrieblichen Altersversorgung, Arbeitsgemeinschaft für betriebliche Altersversorgung (Hrsg.), 8. Auflage, Wiesbaden 1993, Band 1, Loseblatt mit Ergänzung: Stand September 1998

Blake (1995): Blake, David, Pension schemes and pension funds in the United Kingdom, Oxford 1995

Blomeyer (1991): Blomeyer, Wolfgang, Der Widerruf von Versorgungszusagen infolge „Treuepflichtverletzung" des Arbeitnehmers, in: ZIP, 12. Jg. (1991), S. 1113 – 1120

Blomeyer (1996): Blomeyer, Wolfgang, Arbeitsrechtliche Grundlinien der beitragsorientierten Versorgungszusage zwischen Beitrags- und Leistungszusage, in: BetrAV, 51. Jg. (1996), S. 308 – 315

Blomeyer (1997 a): Blomeyer, Wolfgang, Betriebsrente durch Pensionsfonds?, in: ZIP, 18. Jg. (1997), S. 1397 – 1404

Blomeyer (1997 b): Blomeyer, Wolfgang, Pensionsfonds in der parlamentarischen Beratung, in: ZIP, 18. Jg. (1997), S. 1955 – 1957

Blomeyer (1997 c): Blomeyer, Wolfgang, Flexibilisierung des Betriebsrentenrechts durch Beitragszusagen, in: DB, 50. Jg. (1997), S. 1921 – 1926

Blomeyer (1998 a): Blomeyer, Wolfgang, Betriebliche Pensionsfonds in neuer Auflage, in: ZIP, 19. Jg. (1998), S. 1737 – 1747

Blomeyer (1998 b): Blomeyer, Wolfgang, Beitragsversprechen in Pensionszusagen und bei Unterstützungskassen, in: BetrAV, 53. Jg. (1998), S. 124 – 131

Blomeyer (1999): Blomeyer, Wolfgang, Die Verpfändung von Rückdeckungsversicherungen an Versorgungsanwärter der betrieblichen Altersversorgung, in: BetrAV, 54. Jg. (1999), S. 293 – 304

Blomeyer/Otto (1997): Blomeyer, Wolfgang; Otto, Klaus, Gesetz zur Verbesserung der betrieblichen Altersversorgung, 2. Auflage, München 1997 und Ergänzungsheft (mit Kommentierung der Änderungen durch die neue Insolvenzordnung und Art. 8 Rentenreformgesetz 1999, Stand: 1.05.1998 (in den Fußnoten wird auf dieses Ergänzungsheft gesondert hingewiesen)

Blumenstein/Krekeler (1998): Blumenstein, Meike; Krekeler, Nicola, Auswirkungen des neuen Betriebsrentenrechts auf die Praxis, in: DB, 51. Jg. (1998), S. 2600 – 2606

Blümich (1999): Blümich, Walther, EStG Kommentar, 15. Auflage, Band 1 (§ 1 – 8 EStG), Band 2 (§ 9 – 21a EStG), § 4c EStG sowie § 6a EStG bearbeitet von Ahrend, Peter; Förster, Wolfgang; Rößler, Norbert, München, Loseblatt mit Ergänzung: Stand Juli 1999, 64. Ergänzungslieferung

BMF (1997): Bundesministerium der Finanzen: Bericht zur steuerlichen Berücksichtigung von Vorsorgeaufwendungen, Schriftenreihe des BMF, Heft 62, Bonn 1997

BMF (1998 a): Unveröffentlichtes Gutachten für das Bundesministerium der Finanzen, Titel: Auswirkungen der Einführung betrieblicher Pensionsfonds auf das Steueraufkommen, Gutachter Dr. Dr. Heissmann GmbH, Wiesbaden Mai 1998

BMF (1998 b): Unveröffentlichtes Gutachten für das Bundesministerium der Finanzen zur Beurteilung der Vorschläge des Arbeitskreises „Betriebliche Pensionsfonds", Titel: Auswirkungen der Einführung betrieblicher Pensionsfonds auf das Steueraufkommen, Gutachter Dr. Dr. Heissmann GmbH, Wiesbaden Dezember 1998

Bode (1991): Bode, Karl-Josef, Gesetzliche Neuregelung der betrieblichen Altersversorgung in Österreich, in: BetrAV, 46 Jg. (1991), S. 31 – 36

Bode (1994): Bode, Karl-Josef, Betriebliche Altersversorgung in Form von Gehaltsumwandlungs-Direktzusagen, in: DB, 47. Jg. (1994), S. 784 – 786

Bode/Bode/Dickfeld/Dresp/Emmert (1998): Bode, Karl-Josef; Bode, Joachim; Dickfeld; Dresp; Emmert, Pensionskassen, in: Handbuch der betrieblichen Altersversorgung, Arbeitsgemeinschaft für betriebliche Altersversorgung (Hrsg.), 8. Auflage, Wiesbaden 1993, Band 1, Loseblatt mit Ergänzung: Stand September 1998

Bode/Gohdes/Thurnes (1999): Bode, Joachim; Gohdes, Alfred; Thurnes, Georg, Betriebliche Altersversorgung im internationalen Jahresabschluß – Bewertungsannahmen zum 31.12.1998/1.1.1999, in: DB, 52. Jg. (1999), S. 1715 – 1718.

Bode/Grabner (1980): Bode, Karl-Josef; Grabner, Edwin, Pensionsrückstellungen für beitragsorientierte Versorgungszusagen, in: DB, 33. Jg. (1980), S. 2151 – 2158

Bode/Grabner (1997 a): Bode, Karl-Josef; Grabner, Edwin R., Pensionsfonds in Deutschland?, in: DB, 50. Jg. (1997), S. 928 – 935

Bode/Grabner (1997 b): Bode, Karl-Josef; Grabner, Edwin, Auswirkungen des Rentenreformgesetzes 1999 auf die betriebliche Altersversorgung, in: DB, 50. Jg. (1997), S. 2502 – 2503

Bode/Grabner (1998): Bode, Karl-Josef; Grabner, Edwin R., Prüfkriterien für die Wahl eines geeigneten Durchführungsweges, in: Handbuch zur Altersversorgung, Herausgegeben von Cramer, Jörg-E.; Förster, Wolfgang; Ruland, Franz, Frankfurt am Main 1998, S. 363 – 398

Bode/Grabner (1999 a): Bode, Christoph; Grabner, Edwin, Teuerungsanpassung der Betriebsrenten in 1999, in: DB, 52. Jg. (1999), S. 227 – 230

Bölter/Linner/Otto (1996): Bölter, Hendrick; Linner, Corinna; Otto, Liselotte, Handbuch für die Besteuerung von Fondsvermögen, Berlin 1996

Börsen-Zeitung (05.03.1996) o. V., Deutsche Bank packt 1 Mrd. DM Pensionsrückstellungen in Fonds, in: Börsen-Zeitung Nr. 45 vom 5. 3. 1996, S. 1

Börsen-Zeitung (11.10.1997): Nürk, Bettina, Der steinige Weg zu deutschen Pensionsfonds, in: Börsen-Zeitung vom 11.10.1997, S. 4

Börsen-Zeitung (27.11.1997): o. V., Pensionsfonds sollen steuerneutral sein, Börsenzeitung vom 27. 11. 1997, S. 1

Bredebusch (1996): Bredebusch, Peter, Arbeitnehmerfinanzierte Pensionszusage mit Rückdeckung, in: DB, 49. Jg. (1996), S. 49 – 56

Brög (1979): Brög, Hans-Georg, Praktische Erfahrungen mit dem Vermögensanlage-Instrument Spezialfonds aus der Sicht der Versicherungswirtschaft, in: Die deutschen Spezialfonds – Entwicklung, Aufgaben und Rechtstellung, hrsg. von Mühlhaupt, Ludwig und Kandlbinder, Hans Karl, Frankfurt am Main 1979, S. 203 – 218

Brönner/Bareis (1991): Brönner, Herbert; Bareis, Peter, Die Bilanz nach Handels- und Steuerrecht, 9. Auflage, Stuttgart 1991

Brühler Empfehlungen (1999): Brühler Empfehlungen zur Reform der Unternehmensbesteuerung, Bericht der Kommission zur Reform der Unternehmensbesteuerung vom 30.04.1999, www.bundesfinanzministerium.de

Bundesrat (1997): Bundesrat zu Pensions-Sondervermögen nach dem 3. Finanzmarktförderungsgesetz, Ziffer 30.6: Zum achten Abschnitt – §§ 37 h ff. KAGG, in: ZIP, 18. Jg. (1997), S. 1990 – 1992

Bundesregierung (1995): Bundesregierung, Bericht der Bundesregierung über die gesetzliche Rentenversicherung, insbesondere über die Entwicklung der Einnahmen und Ausgaben, der Schwankungsreserve sowie des jeweils erforderlichen Beitragssatzes in den künftigen 15 Kalenderjahren gemäß § 154 SGB VI (Rentenversicherungsbericht 1995), Bundestags-Drucksache 13/2017 vom 18.07.1995

Bunicich (1993): Bunicich, Bob, Die betriebliche Altersversorgung in den Niederlanden, in: BetrAV, 48. Jg. (1993), S. 72 – 77

Buttler (1997): Buttler, Andreas, Steuerliche Zweifelsfragen zur rückgedeckten Unterstützungskasse, in: BB, 52. Jg. (1997), S. 1661 – 1666

Buttler (1998): Buttler, Andreas, Steuerliche Restriktionen bei der Gestaltung der betrieblichen Altersversorgung bei Auslandsentsendungen, in: BB, 53. Jg. (1998), S. 1132 – 1139

Buttler/Jäger (1988): Buttler, Günter; Jäger, Norbert, Reform der gesetzlichen Rentenversicherung durch ein Teilkapitaldeckungsverfahren, in: Zeitschrift für das gesamte Versicherungswesen, 77. Jg. (1988), S. 385 – 406

Christiansen/Riemer (1984): Christiansen, Alfred; Riemer, Dieter, Rückstellungen für künftige Beiträge an den Pensions-Sicherungs-Verein auf Gegenseitigkeit, 24. Jg. (1984), S. 169 – 174

Clemm/Erle (1999): Clemm, Hermann; Erle, Bernd, § 249 HGB, in: Beck`scher Bilanz-Kommentar, Handels- und Steuerrecht – §§ 238 – 339 HGB -, 4., völlig neubearbeitete Auflage, München 1999

Coenenberg (1993): Coenenberg, Adolf Gerhardt, Jahresabschluß und Jahresabschlußanalyse, 14. überarbeitete Auflage, Landsberg am Lech 1993

Copeland/Weston (1988): Copeland, Thomas E.; Weston, John Fred, Financial Theory and Corporate Policy, 3. Auflage, Reading, Mass. 1988

Cramer (1994): Cramer, Konrad, Steuerbilanzielle Pensionsrückstellung und Rentenanpassung, in: BB, 49. Jg. (1994), S. 755 – 756

Curall (1999): Curall, Julian, Artikel 119, Kommentar zum EU-/EG-Vertrag, Band 3, Fünfte neubearbeitete Auflage, von der Groeben, Hans; Thiesing, Jochen; Ehlermann, Claus-Dieter (Hrsg.), Baden-Baden 1999

DAI (1997): Deutsches Aktieninstitut, Positionspapier des Deutschen Aktieninstituts 1997, S. 4

DAI (1998): Deutsches Aktieninstitut, DAI-Factbook 1998, Frankfurt am Main

Davis (1992): Davis, E. P., Pension Funds, in: The new Palgrave Dictionary of Money & Finance, hrsg. von Peter Newman, Murray Milgate, John Eatwell, Mac Millan Press Ltd., London und Basingstone 1992, S. 127 – 130

DB Research (1995): Deutsche Bank Research, Von der Pensionsrückstellung zum Pensionsfonds: Eine Chance für den deutschen Finanzmarkt, Frankfurt am Main 1995

DB Research (1996): Deutsche Bank Research, Mehr Kapitalbildung in der Altersvorsorge notwendig, Bulletin, Frankfurt am Main 1996

DB Research (1997): Deutsche Bank Research, Pensionsfonds als Ergänzung des französischen Alterssicherungssystems, Sonderbericht, März 1997

DB Research (1998 a): Deutsche Bank Research, Bulletin 1998, Nr. 2, Frankfurt am Main 1998

Deisler (1998): Deisler, Harald, Die Alterssicherung der Landwirte, in: Handbuch zur Altersversorgung, Herausgegeben von Cramer, Jörg-E.; Förster, Wolfgang; Ruland, Franz, Frankfurt am Main 1998, S. 129 – 149

Dernberger/Förster (1993): Dernberger, Mattias; Förster, Wolfgang, Zur Bilanzierung zukünftiger Anpassungen von laufenden Betriebsrenten aufgrund unterlassener Anpassungen, in: BB, 48. Jg. (1993), S. 70 – 73

Deutsche Bundesbank (1995): Deutsche Bundesbank, Zur Finanzentwicklung der gesetzlichen Rentenversicherung seit Beginn der neunziger Jahre, in: Monatsbericht, 47. Jg. (1995), Nr. 3, S. 17 – 31

Deutsche Bundesbank (1999): Deutsche Bundesbank, Monatsbericht Dezember 1999, 51. Jg. (1999), Frankfurt am Main

Deutsches Aktieninstitut (1996): Deutsches Aktieninstitut, Betriebliche Altersvorsorge: Von der Pensionsrückstellung zum Pensionsfonds, in: Mitteilung des Deutschen Aktieninstituts e. V., Frankfurt 1996

Diederich (1999): Diederich, Thomas, Teilwertabschreibung, Wertaufholung und Lifo-Verfahren, in: DStR, 37. Jg. (1999), S. 583 – 584

DIW (1999): Deutsches Institut für Wirtschaftsforschung, Die Lage der Weltwirtschaft und der deutschen Wirtschaft im Herbst 1999, 66. Jg. (1999), Wochenbericht 43 – 44, Berlin

Doetsch (1993): Doetsch, Peter A., Erhaltung der Gestaltungsfreiheit bei der betrieblichen Altersversorgung, in: DB, 46. Jg. (1993), S. 981 – 985

Doetsch (1997): Doetsch, Peter A., Möglichkeiten der Differenzierung bei der betrieblichen Altersversorgung, in: BetrAV, 52. Jg. (1997), S. 25 – 31

Doetsch (1998): Doetsch, Peter A., Möglichkeit beitragsdefinierter Versorgungszusagen nach geltendem Arbeits- und Steuerrecht , in: ZIP, 53. Jg. (1998), S. 270 – 276

Dötsch/Eversberg/Jost/Witt (1999): Dötsch, Ewald; Eversberg, Horst; Jost, Werner; Witt, Georg, Die Körperschaftsteuer, Kommentar zum Körperschaftsteuergesetz und Einkommensteuergesetz, Loseblattsammlung Stand Dezember 1998

Doetsch/Förster/Rühmann (1998): Doetsch, Peter A.; Förster, Wolfgang; Rühmann, Jochen, Änderungen des Betriebsrentengesetzes durch das Rentenreformgesetz 1999, in: DB, 51. Jg. (1998), S. 258 – 263

Eberstadt (1978): Eberstadt, Gerhard, Der Spezialfonds aus der Sicht der Anbieter, in: Zeitschrift für das gesamte Kreditwesen, 31. Jg. (1978), 806 – 809

Eichelmann (1997): Eichelmann, Jürgen, Bericht der Leitung der Fachvereinigung Direktversicherung, in BetrAV, 52. Jg. (1997), S. 172 – 174

Engbroks (1986): Engbroks, Hartmut, Finanzielle Effekte der Vorausfinanzierung betrieblicher Altersversorgung, in: Wegweiser für die Altersversorgung, Georg Heubeck zum 75. aus dem Kreise seiner Mitarbeiter, Stuttgart 1986

Engbroks (1993): Engbroks, Hartmut, Interne und externe Finanzierung der betrieblichen Altersversorgung unter steuerlichen und betriebswirtschaftlichen Aspekten, in: BetrAV, 48. Jg. (1993), S. 140 – 143

Engbroks (1997): Engbroks, Hartmut, Anforderungen an ein zeitgemäßes Verwaltungskonzept für die betriebliche Altersversorgung, in: BetrAV, 52. Jg. (1997), S. 88 – 91

Engbroks (1998): Engbroks, Hartmut, Das Versorgungskapital einer Pensionszusage nach dem Beitragsprimat, in: BetrAV, 53. Jg. (1998), S. 137 – 140

Engbroks (1999): Engbroks, Hartmut, Berücksichtigung der neuen gesetzlichen Höchstgrenzen für die Insolvenzsicherungspflicht bei der Ermittlung der PSV-Beitragsbemessungsgrenze, in: BetrAV, 54. Jg. (1999), S. 1 – 3

Engbroks (1999 b): Engbroks, Hartmut, Übergang auf die Richttafeln 1998 in der Praxis, in: BetrAV, 54. Jg. (1999), S. 156 – 159

Engbroks/Urbitsch (1992): Engbroks, Hartmut; Urbitsch, Christian, Betriebswirtschaftliche und steuerliche Wirkungen unmittelbarer Pensionszusagen, in: DB, 47. Jg. (1992), S. 2454 – 2456

Esser/Sieben (1997): Esser, Klaus; Sieben, Günter, Betriebliche Altersversorgung, Stuttgart 1997

Etzel (1996): Etzel, Hans A., Gesetz zur Verbesserung der Betrieblichen Altersversorung in Großbritannien, in: BetrAV, 51 Jg. (1996), S. 97 – 98

EU-Kommission (1994): Europäische Kommission, Ergänzende Altersversorgungssysteme in der Europäischen Gemeinschaft, Brüssel 1994

EU-Kommission (1997): Europäische Kommission, Grünbuch der EU-Kommission, Zusätzliche Altersversorgung im Binnenmarkt, 1997

EU-Kommission (1999): Europäische Kommission, Zu einem Binnenmarkt für die zusätzliche Altersversorgung, Mitteilung der Kommission, Ergebnisse der Konsultation zum Grünbuch „Zusätzliche Altersversorgung im europäischen Binnenmarkt", COM (99) 134 eng., 11.05.1999, http://europa.eu.int/comm/dg15/de/finances/pensions/pensions.htm

Everhardt (1994): Everhardt, Karl Hans, Insolvenzschutz für durch den Arbeitgeber zugesagte Altersversorgung aus Gehaltsumwandlung ?, in: DB, 47. Jg. (1994), S. 780 – 783

Fabian (1998): Fabian, Rainer, Euro: Praxisbeispiel zur Umsetzung, in: BetrAV, 53. Jg. (1998), S. 188 – 193

Facca (1998): Facca, Tobias, Europäische Währungsunion – Methoden zur Umstellung, in: BetrAV, 53. Jg. (1998), S. 184 – 188

Farny (1995): Farny, Dieter, Versicherungsbetriebslehre, 2. Auflage 1995, Karlsruhe

FAZ (22.03.1996): o. V., Die Pensionsfonds sind schon längst am deutschen Markt, in: FAZ Nr. 70 vom 22. 3. 1996, S. 31

FAZ (20.03.1997): o. V., Das von Pensionsfonds verwaltete Vermögen wächst stürmisch, in: FAZ vom 20.03.1997, S. 33

FAZ (08.10.1997): o. V., Investmentbranche tritt für Pensions-Sondervermögen ein, in: FAZ vom 08.10.1997, S. 32

FAZ (17.02.1998): Lubnow, Michael, Zweite Säule braucht stärkere Anreize, in: FAZ vom 17.02.1998, S. 34

FAZ (08.07.1998): o. V., Pensionsfonds sollen betriebliche Altersvorsorge erleichtern, in: FAZ vom 08.07.1998, S. 31

FAZ (31.08.1998): o. V. Mit dem AS im Alter beim Anleger auftrumpfen, in: FAZ vom 31.08.1998, S. 30

Figge (1999): Figge, Gustav, Beitrags- und versicherungsrechtliche Änderungen in der Sozialversicherung zum Jahreswechsel 1999/2000, in: DB, 52 Jg. (1999), S. 2412 – 2421

Flesch (1993): Flesch, Carl F., Die Reform der betrieblichen Altersversorgung in Großbritannien, in: Versicherungswirtschaft, 5. Jg. (1993), S. 908 – 912 und 992 – 996

Fodor (1999): Fodor, Jürgen, Kommt nun auch die Betriebsrente für die 630-Mark-Jobs?, in: DB, 52. Jg. (1999), S. 800 – 803

Förster (1992 a): Förster, Wolfgang, Konsequenzen und Gestaltungsmöglichkeiten bei Unterstützungskassen nach dem Steueränderungsgesetz, in: BetrAV, 47. Jg. (1992), S. 128 – 133

Förster (1992 b): Förster, Wolfgang, Möglichkeiten eines betrieblichen Altersversorgungssystems, in: Betriebliche Altersversorgung in der Diskussion zwischen Praxis und Wissenschaft, Köln 1992, S. 116 – 129

Förster (1998 a): Förster, Wolfgang, Inhalt und Chancen der Neuregelungen zum Betriebsrentengesetz, in: BetrAV, 53. Jg. (1998), S. 117 – 120

Förster (1998 b): Förster, Wolfgang, Unterstützungskassen, in: Handbuch der betrieblichen Altersversorgung, Arbeitsgemeinschaft für betriebliche Altersversorgung (Hrsg.), 8. Auflage, Wiesbaden 1993, Band 1, Loseblatt mit Ergänzung: Stand September 1998

Förster/Heger (1998): Förster, Wolfgang; Heger, Heinz-Josef, Altersteilzeit und betriebliche Altersversorgung, in: DB, 51. Jg. (1998), S. 141 – 145

Förster/Rößler (1992): Förster, Wolfgang; Rößler, Norbert, Betriebliche Altersversorgung in der Diskussion zwischen Praxis und Wissenschaft, Köln 1992

Förterer (1996): Förterer, Axel, Die Aktienanlage wird überschätzt, in: Börsenzeitung vom 19. 7. 1996, S. 19

Gauggel (1990): Gauggel, Herbert, Steuer- und sozialversicherungsrechtliche Behandlung der betrieblichen Altersversorgung in Form der Direktversicherung, in: DB, 43. Jg. (1990), S. 1887 – 1893

GB BAV (1952/53): Geschäftsbericht 1952/53, Bundesaufsichtsamt für das Versicherungswesen

GB BAV (1969): Geschäftsbericht 1969, Bundesaufsichtsamt für das Versicherungswesen

GB BAV (1975): Geschäftsbericht 1975, Bundesaufsichtsamt für das Versicherungswesen

GB BAV (1982): Geschäftsbericht 1982, Bundesaufsichtsamt für das Versicherungswesen

GB BAV (1983): Geschäftsbericht 1983, Bundesaufsichtsamt für das Versicherungswesen

GB BAV (1996): Geschäftsbericht 1996, Bundesaufsichtsamt für das Versicherungswesen

GDV (1998): Gesamtverband der deutschen Versicherungswirtschaft e. V., Zukunftsmodell Pensionskasse, 1. Auflage, September 1998

Gebhard (1995): Gebhard, Rüdiger, Gefahren für die finanzielle Stabilität der auf dem deutschen Markt vertretenen Lebensversicherer im Zuge des europäischen Binnenmarktes, Berliner Reihe Heft 10, 1995

Gerke (1995): Gerke, Wolfgang, Probleme deutscher mittelständischer Unternehmen beim Zugang zum Kapitalmarkt, Schriftenreihe des ZEW (Band 7), Baden-Baden 1995

Gerke-Kommission (1998): Arbeitskreis „Betriebliche Pensionsfonds", Bericht des Arbeitskreises „Betriebliche Pensionsfonds" im Auftrag des „Forums Finanzplatz beim Bundesministerium der Finanzen", Schriftenreihe des Bundesministeriums der Finanzen Heft 64, Bonn Juli 1998

Giloy (1999 a): Giloy, Jörg, Pauschalierung der Lohnsteuer bei Gehaltsumwandlungen ab 1.4.1999, in: BetrAV, 54. Jg. (1999), S. 273 – 274

Giloy (1999 b): Giloy, Jörg, in: Kirchhof, Paul; Söhn, Hartmut, Einkommensteuergesetz-Kommentar, § 19 EStG, Band 10, Stand Oktober 1999, Heidelberg

Goecke (1997): Goecke, Oskar, Neuorientierung der steuerlichen Förderung der Direktversicherung, in: DB, 50. Jg. (1997), S. 2568 – 2571

Gohdes (1997): Gohdes, Alfred E., Anwendung internationaler Rechnungslegungsvorschriften für Pensionsverpflichtungen in der deutschen Handelsbilanz, in: BetrAV, 52. Jg. (1997), S. 1 – 7

Gohdes (1998): Gohdes, Alfred E., IAS 19: Endgültige Neufassung, in: BetrAV, 53. Jg. (1998), S. 166 – 170

Gohdes (1999): Gohdes, Alfred E., Beitrags- oder Leistungszusage? Prüfkriterien für die Auswahl unter „angelsächsischen" Bedingungen, in: BetrAV, 54 Jg. (1999), S. 188 – 191

Gosch (1999): Gosch, in: Kirchhof, Paul; Söhn, Hartmut, Einkommensteuergesetz-Kommentar, § 4d EStG, Band 3, Stand: Oktober 1999, Heidelberg

Grabner (1997): Grabner, Edwin R., Beitragsprimat und Pensionsfonds, in: BetrAV, 52. Jg. (1997), S. 254 – 262

Grabner (1999): Grabner, Edwin R., Der betriebsinterne Pensionsfonds, in: DB, 52. Jg. (1999), S. 903 – 908

Grawert/Knoll (1998): Grawert, Achim; Knoll, Leonhard, Steuerliche Auswirkungen von Deferred Compensation aus Arbeitnehmer- und Arbeitgebersicht, in: DStR, 36. Jg. (1998), S. 1692 – 1696

Groh (1992): Groh, Manfred, Rechtsprechung zum Bilanzsteuerrecht, in: StuW, 69. Jg. (1992), S. 178 – 185

Groh (1999): Groh, Manfred, Steuerentlastungsgesetz 1999/2000/ 2002: Imparitätsprinzip und Teilwertabschreibung, in: DB, 52. Jg. (1999), S. 978 – 984

Großmann (1992): Großmann, Jörg Matthias, Die flexible Finanzierung der betrieblichen Altersversorgung mit Hilfe von Spezialfonds, Frankfurt am Main 1992

Haferstock/Kerstein (1999): Haferstock, Bernd; Kerstein, Erwin, Neue Rechnungsgrundlagen für die betriebliche Altersversorgung und ihre bilanziellen Auswirkungen, in: BetrAV, 54. Jg. (1999), S. 44 – 46

Hanau (1976): Hanau, Peter, Die Mitbestimmung in der betrieblichen Altersversorgung und der neuen Rechtsprechung des Bundesarbeitsgerichts, in: BB, 31. (1976), S. 91 – 96

Hanau/Arteaga (1997): Hanau, Peter; Arteaga, Marco, Pensionssondervermögen und betriebliche Altersversorgung, in: BB, 52. Jg. (1997), Beilage 17 zu Heft 47, S. 1 – 14

Hanau/Arteaga (1999 a): Hanau, Peter; Arteaga, Marco, Sofortprogramm zur Förderung der betrieblichen Altersversorgung, in: DB, 52. Jg. (1999), S. 898 – 903

Hanau/Arteaga (1999 b): Hanau, Peter; Arteaga, Marco, Gehaltsumwandlung zur betrieblichen Altersversorgung: Direktversicherung, Direktzusage, Unterstützungskasse, Pensionskasse, Köln 1999

Hanau/Arteaga/Kessel (1997): Hanau, Peter; Arteaga, Marco; Kessel, Hans, Änderungsvorschläge zur Neufassung des Betriebsrentengesetzes, in: DB, 50. Jg. (1997), S. 1401 – 1406

Handelsblatt (07.10.1997): Narat, Ingo, Deutsches Modell ein „Megaschritt", in: Handelsblatt vom 07.10.1997, S. 4

Handelsblatt (29.01.1998): o. V., Betriebliche Pensionsfonds frühestens nach der Wahl, in: Handelsblatt vom 29.01.1998, S. 5

Handelsblatt (02.02.1998): o. V., Pensionsfonds umfassend prüfen, in: Handelsblatt vom 02.02.1998, S. 6

Handelsblatt (27.03.1998 a): o. V., Mit der Einführung von Pensionsfonds haben es fast alle Parteien eilig, in: Handelsblatt vom 27.03.1998, S. 6

Handelsblatt (27.03.1998 b): Heinacher, Peter, Die Rente ist keineswegs sicher: Altersvorsorge auf neuen Wegen, in: Handelsblatt vom 27.03.1998, S. 6

Handelsblatt (27.03.1998 c): o. V., Risse in der zweiten Säule der Alterssicherung, in: Handelsblatt vom 27.03.1998, S. 7

Handelsblatt (09.04.1998): Knipp, Thomas, Die Revolution hat in Deutschland noch nicht begonnen, in: Handelsblatt vom 09.04.1998, S. 6

Handelsblatt (17.04.1998): o. V., Banken haben dem Finanzminister ihr Modell längst präsentiert, in: Handelsblatt vom 17.04.1998, S. 6

Handelsblatt (11.05.1998 a): Lansch, Rita, Unterschiedliche Auffassung über Pensionsfonds in der EU, in: Handelsblatt vom 11.05.1998, S. 9

Handelsblatt (11.05.1998 b): Terwey, Franz, Monopolstellung betrieblicher Fonds stört die Europarichter, in: Handelsblatt vom 11.05.1998, S. 10

Handelsblatt (25.05.1998): Lückmann, Reinhard, Keine Garantie für bessere Eigenkapitalquoten, in: Handelsblatt vom 25.05.1998, S. 9

Handelsblatt (08.06.1998): Bergius, Susanne, Auch der niederländische Staat finanziert einen Pensionsfonds, in: Handelsblatt (08.06.1998), S. 8

Handelsblatt (18.06.1998): o. V., Pensionsfonds mit Risikovorsorge geplant, in: Handelsblatt vom 18.06.1998, S. 7

Handelsblatt (01.07.1998): o. V., Neuer Schwung für Betriebsrenten, in: Handelsblatt vom 01.07.1998, S. 5

Handelsblatt (07.07.1998 a): o. V., Experten fordern Pensionsfonds, in: Handelsblatt vom 07.07.1998, S. 4

Handelsblatt (07.07.1998 b): o. V., Neuer Schwung mit Pensionsfonds, in: Handelsblatt vom 07.07.1998, S. 6

Handelsblatt (08.07.1998 a): o. V., Arbeitnehmer sollen von den hohen Aktien-Renditen profitieren, in: Handelsblatt vom 08.07.1998, S. 5

Handelsblatt (08.07.1998 b): o. V., Regierung sucht nach Parteien-Konsens, in: Handelsblatt vom 08.07.1998, S. 6

Handelsblatt (11.09.1998): o. V., Deutsche Pensionsfonds in weiter Ferne, in: Handelsblatt vom 11.09.1998, S. 4

Handelsblatt (29.09.1998): Birk, Dieter, Mehr steuerliche Anreize für die betriebliche Altersversorgung, in: Handelsblatt vom 29.09.1998, S. 45

Handelsblatt (05.11.1998): Laux, Manfred, AS-Fonds stärken die zweite Säule, in: Handelsblatt vom 05.11.1998, S. B 1

Handelsblatt (13.10.1999): o. V., Prämien für neue Policen steigen um zehn Prozent, in: Handelsblatt vom 13.10.1999, S. 47

Handelsblatt (18.11.1999): o. V., Beitrag soll langfristig bei 19 % stabil bleiben, in: Handelsblatt vom 18.11.1999, S. 4

Handelsblatt (15.12.1999): o. V., Daimler-Chrysler gründet eigenen Pensionsfonds, in: Handelsblatt vom 15.12.1999, S. 13

Handelsblatt (27.12.1999): Jocham, Andrea, Daimler-Pensionsfonds kommt durch die Hintertür, in: Handelsblatt vom 27.12.1999, S. 9

Häuselmann (1992): Häuselmann, Holger, Zur Bilanzierung von Investmentanteilen, insbesondere von Anteilen von Spezialfonds, in: BB, 47. Jg. (1992), S. 312 – 321

Hecker (1997): Hecker, Wilhelm, Die künftige Bedeutung und Rolle der betrieblichen Altersversorgung in Deutschland, in: BetrAV, 52. Jg. (1997), S. 118 – 123

Hecker (1998): Hecker, Wilhelm, Die Reformvorschläge zur Weiterentwicklung der betrieblichen Altersversorgung in Deutschland aus der Sicht des Bundesarbeitsministeriums, in: BetrAV, 53. Jg. (1998), S. 248 – 251

Heintges (1996): Heintges, Sebastian, Bilanzkultur und Bilanzpolitik in den USA und in Deutschland, 2. Auflage, zugl. Univ. Diss., Berlin 1996

Heißmann (1966): Heißmann, Ernst, Betriebliche Unterstützungskassen, 3. Auflage, Köln 1966

Heither (1991): Heither, Friedrich, Aktuelle Rechtsprechung zu Fragen der betrieblichen Altersversorgung bei individualrechtlicher Ausgestaltung, in: DB, 44. Jg. (1991), S. 165 – 172

Heither (1992): Heither, Friedrich, Möglichkeiten und Grenzen der Änderung von Zusagen auf betriebliche Altersversorgung, in: BB, 47. Jg. (1992), S. 145 – 149

Heither (1996): Heither, Friedrich, Aktuelle Rechtsprechung des Bundesarbeitsgerichts zur betrieblichen Altersversorgung, in: BetrAV, 51. Jg. (1996), S. 2 – 7

Heither (1998 a): Heither, Friedrich, Die Betriebsrentenanpassung im Spiegel der Gesetzgebung und der Rechtsprechung, in: BetrAV, 53. Jg. (1998), S. 140 – 142

Heither (1998 b): Heither, Friedrich, Die Rechtsprechung des Bundesarbeitsgerichts zur betrieblichen Altersversorgung, in: BB, 53. Jg. (1998), S. 1155 – 1161

Heither (1998 c): Heither, Friedrich, Aktuelle Rechtsprechung des Bundesarbeitsgerichts zur betrieblichen Altersversorgung, in: BetrAV, 53. Jg. (1998), S. 258 – 259

Heitkamp (1994): Heitkamp, Axel, Absicherung von Risiken der betrieblichen Altersversorgung, in: BetrAV, 49. Jg. (1994), S. 237 – 241

Helten/Kaluza (1984): Helten, Elmar; Kaluza, Bernd, Alterssicherung bei sich ändernden Rahmenbedingungen, Karlsruhe 1984

Henke/Klingebiel (1992): Henke, Klaus – Dirk; Klingebiel, Olaf, Die steuerliche Behandlung der Altersversorgung durch Unterstützungskassen aus finanzwirtschaftlicher Sicht, in: Betriebliche Altersversorgung in der Diskussion zwischen Praxis und Wissenschaft, Köln 1992, S. 435 – 456

Hermann (1993): Hermann, J., Die Rentenreform in Frankreich, in: BetrAV, 48. Jg. (1993), S. 41 – 42

Hermann (1994): Hermann, J., Die Rentenreform in Frankreich, in: BetrAV, 49. Jg. (1994), S. 205 – 206

Herzig (1986): Herzig, Norbert, Rückstellungen für Verbindlichkeiten aus Arbeitsverhältnissen, in: StbJb 1985/86 S. 61 - 112

Herzig/Rieck (1999): Herzig, Norbert; Rieck, Ulrich, Bilanzsteuerliche Aspekte des Wertaufholungsgebotes im Steuerentlastungsgesetz, in: WPg, 52 Jg. (1999), S. 305 – 318

Herzig/Rieck/Gehring (1999): Herzig, Norbert; Rieck, Ulrich; Gehring, Nicole, Vermeidung steuerpflichtiger Zuschreibungen bei Beteiligungen an Kapitalgesellschaften, in: BB, 54. Jg. (1999), S. 575 – 579

Hessling (1995): Hessling, Michael, Pensionszusage durch Gehaltsumwandlung – eine attraktive Möglichkeit der Altersvorsorge, in: DB, 48. Jg. (1995), Beilage Nr. 13 zu Heft 45, S. 12 – 15

Hessling (1997): Hessling, Michael, Zukunftsorientierte Gestaltung der betrieblichen Altersvorsorge, in: DB, 50 Jg. (1997), Beilage Nr. 16 zu Heft 45, S. 20 – 23

Heubeck (1996): Heubeck, Klaus, Pensionsfonds für die Alterssicherung – Der Name allein reicht nicht, in: DB, 49. Jg. (1996), Beilage Nr. 15 zu Heft 45

Heubeck (1997 a): Heubek, Klaus, Pensionsfonds für die Altersvorsorge: mehr als eine Vermögensanlage, in: Kreditwesen, 50. Jg. (1997), S. 168 – 170

Heubeck (1997 b): Heubeck, Klaus, Die betriebliche Altersversorgung in Europa – Reform- und Erneuerungsbedarf in Deutschland -, in: BetrAV, 52. Jg. (1997), S. 131 – 135

Heubeck (1998 a): Heubeck, Klaus, Die Beratungsergebnisse des Arbeitskreises „Betriebliche Pensionsfonds" (Gerke-Kommission), in: BetrAV, 53. Jg. (1998), S. 246 – 247

Heubeck (1998 b): Heubeck, Klaus, Richttafeln 1998 – Neubewertung der Pensionsrückstellungen und ähnlicher Verpflichtungen, in: DB, 51. Jg. (1998), S. 2542 – 2544

Heubeck (1998 c): Heubeck, Georg, Die Pensionsrückstellung, in: Handbuch der betrieblichen Altersversorgung, Arbeitsgemeinschaft für betriebliche Altersversorgung (Hrsg.), 8. Auflage, Wiesbaden 1993, Band 1, Loseblatt mit Ergänzung: Stand September1998

Hill (1993): Hill, Ulrike, Betriebliche Altersversorgung im Betriebsübergang aus arbeits-, handels- und steuerrechtlicher Sicht, in: BetrAV, 48. Jg. (1993), S. 133 – 137

Höfer (1984): Höfer, Reinhold, Ein betriebswirtschaftlicher Vergleich der Durchführungswege der betrieblichen Altersversorgung, in: Helten, Elmar; Kaluza, Bernd, Alterssicherung bei sich ändernden Rahmenbedingungen, Karlsruhe 1984, S. 133 – 156

Höfer (1996): Höfer, Reinhold, Pensionsrückstellungen und angemessenes Versorgungsniveau, in: BetrAV, 51. Jg. (1996), S. 76 – 80

Höfer (1998 a): Höfer, Hugues, Impulse aus dem novellierten Betriebsrentengesetz und aus neuen Versorgungsformen – Auszüge aus einer Umfrage, in: DB, 51. Jg. (1998), S. 1562 – 1565

Höfer (1998 b): Höfer, Reinhold, Entgeltumwandlungszusagen im novellierten Betriebsrentengesetz, in: DB, 51. Jg. (1998), S. 2266 – 2269

Höfer (1998 c): Höfer, Reinhold, Die Eindämmung der Betriebsrentenanpassung durch das novellierte Betriebsrentengesetz, in: BB, 53. Jg. (1998), S. 2362 – 2365

Höfer (1998 d): Höfer, Reinhold, Neue Chancen für Betriebsrenten: Die Novellierung des Betriebsrentengesetzes, Reinhold Höfer (Hrsg.), 1. Auflage, Stuttgart 1998,

Höfer/Abt (1982): Höfer, Reinhold; Abt, Oskar, Gesetz zur Verbesserung der betrieblichen Altersversorgung, Kommentar, 2. Auflage, München 1982

Höfer/Meier (1998): Höfer, Reinhold; Meier, Karin, Tarifvertragliche Altersversorgung und Entgeltumwandlung, in: BB, 53. Jg. (1998), S. 1894 – 1898

Höfer/Oppermann/Dikhoff (1990): Höfer, Reinhold; Oppermann, D.; Dikhoff, W., Gesetzliche Regelung der betrieblichen Altersversorgung in Österreich, in: DB, 43. Jg. (1990), S. 1662 – 1665

Höfer/Reiners (1989): Höfer, Reinhold; Reiners, Stephan, Rückstellungen für künftige Beiträge an den Pensions-Sicherungs-Verein, in: DB, 42. Jg. (1989), S. 589 – 593

Holzwarth (1997): Holzwarth, Axel, Mit der Direktversicherung zur europatauglichen Pensionsfondslösung, in: Versicherungswirtschaft, 52. Jg. (1997), S. 825 – 829

Hromadka (1984): Hromadka, Wolfgang, Zur betrieblichen Übung, in: Neue Zeitschrift für Arbeitsrecht 1984, 1. Jg. (1984), S. 241 – 246

Husmann (1998 a): Husmann, Jürgen, Auswirkung der Globalisierung auf die Standards der betrieblichen Altersversorgung, in: BetrAV, 53. Jg. (1998), S. 7 – 11

Husmann (1998 b): Husmann, Jürgen, Wertung der gesetzlichen Neuregelung aus der Sicht der Sozialpartner – Eine Standortbestimmung aus Arbeitgebersicht, in: Neue Chancen für Betriebsrenten: Die Novellierung des Betriebsrentengesetzes, Reinhold Höfer (Hrsg.), 1. Auflage, Stuttgart 1998, S. 15 – 24

Ifo (1997): Ifo Institut für Wirtschaftsforschung, Betriebliche Altersversorgung, Siebtes Forschungsvorhaben zur Situation und Entwicklung der betrieblichen Altersversorgung, München 1996

IFSt (1999): Institut „Finanzen und Steuern“ e. V., Steuerliche Probleme der Altersvorsorge und der Vermögensbildung, IFSt-Schrift Nr. 377, Bonn, August 1999

Jaeger (1997): Jaeger, Harald, Die rückgedeckte Pensionszusage durch Gehaltsumwandlung aus Sicht des Arbeitnehmers, in: BB, 52. Jg. (1997), S. 1474 – 1479

Jaeger (1998): Jaeger, Harald, Die Pensionszusage gegen Gehaltsverzicht – eine Lebensversicherung, in: BetrAV, 53. Jg. (1998), S. 78 – 82

Jaeger (1999): Jaeger, Harald, Fallstricke bei der Deferred Compensation mittels einer Unterstützungskasse, in: BB, 54. Jg. (1999), S. 1430 – 1434.

Jung (1998): Jung, Michael, Berufsständische Versorgung, in: Handbuch zur Altersversorgung, Herausgegeben von Cramer, Jörg-E.; Förster, Wolfgang; Ruland, Franz, Frankfurt am Main 1998, S. 151 – 170

Kalbaum/Mees (1988): Kalbaum, Günter; Mees, Jürgen, Kapitalanlagen, in: Handwörterbuch der Versicherung, hrsg. von Dieter Farny, Karlsruhe 1988, S. 331 – 343

Kandlbinder (1991): Kandlbinder, Hans Karl, Spezialfonds als Anlageinstrument, Frankfurt am Main 1991

Kemper (1998 a): Kemper, Kurt, Inhalt und Chancen der Neuregelungen zum Betriebsrentengesetz, in: BetrAV, 53. Jg. (1998), S. 116 – 117

Kemper (1998 b): Kemper, Kurt, Neue Abfindungs- und Übernahmemöglichkeiten (§§ 3 und 4 BetrAVG), in: Neue Chancen für Betriebsrenten: Die Novellierung des Betriebsrentengesetzes, Reinhold Höfer (Hrsg.), 1. Auflage, Stuttgart 1998, S. 51 – 74

Kemper (1998 c): Kemper, Kurt, Reaktionsmöglichkeiten der betrieblichen Altersversorgung auf die gestiegene Lebenserwartung, in: DB, 51. Jg. (1998), S. 774 – 779

Kemper/Kisters-Kölkes (1992): Kemper, Kurt; Kisters-Kölkes, Margret, Betriebliche Altersversorgung, München 1992

Kemper/Beyschlag (1999): Kemper, Nicolas; Beyschlag, Georg, Abkehr von der Maßgeblichkeit – Änderungen des Bilanzsteuerrechts und ihre Auswirkungen auf die Personengesellschaft, in: DStR, 37. Jg. (1999), S. 737 – 742

Kiemel (1999): Kiemel, Wolfgang, Artikel 73, in: Kommentar zum EU-/EG-Vertrag, Band 1, Fünfte neubearbeitete Auflage, von der Groeben, Hans; Thiesing, Jochen; Ehlermann, Claus-Dieter (Hrsg.), Baden-Baden 1999

Kirchhof (1999): Kirchhof, in: Kirchhof, Paul; Söhn, Hartmut, Einkommensteuergesetz-Kommentar, § 2 EStG, Band 1, Stand: Oktober 1999, Heidelberg

Kisters-Kölkes (1998): Kisters-Kölkes, Margret, Rechtsfragen zur Entgeltumwandlung und zur beitragsorientierten Leistungszusage, in: Neue Chancen für Betriebsrenten: Die Novellierung des Betriebsrentengesetzes, Reinhold Höfer (Hrsg.), 1. Auflage, Stuttgart 1998, S. 33 – 50

Kleine (1995): Kleine, Hans Peter, Modell eines ergebnisorientierten, eigenbeitragsgestützten und individuell leistungsorientierten mehrstufigen Versorgungssystems, in: BetrAV, 50. Jg. (1995), S. 135 – 138

Koenen (1990): Koenen, Stefan, Betriebliche Altersversorgung: Gestaltungsalternativen und ihre steuerlichen Wirkungen, in: DB, 43. Jg. (1990), S. 1425 – 1431

Körber (1993): Körber, Karl-Otto, Die Verwaltung von Pensionsfonds durch deutsche Lebensversicherer, in: Versicherungswirtschaft, 48. Jg. (1993), S. 254 – 260

Kolvenbach (1994): Kolvenbach, Paulgerd, Auswirkungen der Urteile des Bundesarbeitsgerichts zur nachholenden Anpassung von Betriebsrenten auf den Verpflichtungsumfang und den Jahresabschluß der Unternehmen, in: Stbg, 37. Jg. (1994), S. 74 – 80

Kolvenbach (1995): Kolvenbach, Paulgerd, Versorgungslohn statt Barlohn – Ein attraktiver Weg der eigenfinanzierten Vorsorge, in: DB, 48. Jg. (1995), Beilage Nr. 13 zu Heft 45, S. 15 – 18

Kolvenbach (1997 a): Kolvenbach, Paulgerd, Für eine Pensionsfonds-Unterstützungskasse, in: DB, 50. Jg. (1997), S. 290 – 292

Kolvenbach (1997 b): Kolvenbach, Paulgerd, Weiterentwicklung der Unterstützungskasse, in: BetrAV, 52. Jg. (1997), S. 210 – 214

Kommission Rentenversicherung (1997): Kommission „Fortentwicklung der Rentenversicherung", Bundesministerium für Arbeit und Sozialordnung (Hrsg.), April 1997

Krahnen/Meran (1991): Krahnen, Jan Peter; Meran, Georg, Lohn, Pension und Besteuerung, in: ZfbF, 43. Jg. (1991), S. 119 – 129

Krause-Junk/Müller (1999): Krause-Junk, Gerold; Müller, Regina, Nachgelagertes Verfahren bei der Besteuerung der Alterseinkünfte, in: DB, 52. Jg. (1999), S. 2282 – 2288.

Kreßel (1998): Kreßel, Eckhard, Bericht der Leitung der Fachvereinigung Unterstützungskassen und Pensionszusagen, in: BetrAV, 53. Jg. (1998), S. 157 – 158

Kühlein (1995): Kühlein, Bernd, Betriebliche Altersversorgung: Der lange Marsch nach Europa, in: BetrAV, 50. Jg. (1995), S. 207 – 211

Kühlein (1996): Kühlein, Bernd, Faszinosum Pensionsfonds: Blendwerk oder Rettungsengel?, in: BetrAV, 51. Jg. (1996), S. 244

Küpper (1998): Küpper, Peter, Neue Gestaltungsmöglichkeiten bei der Betriebsrentenanpassung (§ 16 Abs. 2 bis 4 BetrAVG), in: Neue Chancen für Betriebsrenten: Die Novellierung des Betriebsrentengesetzes, Reinhold Höfer (Hrsg.), 1. Auflage, Stuttgart 1998, S. 75 – 92

Küting (1999): Küting, Karlheinz, Zur geplanten Einführung eines Wertaufholungsgebots – Auswirkungen einer Zuschreibungspflicht auf die Handels- und Steuerbilanz, in: Steuern und Bilanzen, 1. Jg. (1999), S. 1 – 9

Langohr-Plato (1994): Langohr-Plato, Uwe, Die Direktversicherung in der aktuellen Entwicklung des Insolvenzrechts, in: DB, 47. Jg. (1994), S. 325 – 331

Langohr-Plato (1996): Langohr-Plato, Uwe, Neue haftungsrechtliche Aspekte in der betrieblichen Altersversorgung, in: BetrAV, 51. Jg. (1996), S. 81 – 88

Langohr-Plato (1997): Langohr-Plato, Uwe, Die rechtlichen Rahmenbedingungen der Anpassungsprüfung laufender Betriebsrenten nach § 16 BetrAVG, in: BB, 52. Jg. (1997), S. 1634 – 1638

Langohr-Plato (1999 a): Langohr-Plato, Uwe, Das Steuerentlastungsgesetz 1999/2000/2002 und seine Auswirkungen auf betriebliche Direktversicherungen, in: INF, 53. Jg. (1999), S. 266 – 268

Langohr-Plato (1999 b): Langohr-Plato, Uwe, Auswirkungen neuer biometrischer Rechnungsgrundlagen auf die Bewertung von Pensionsverpflichtungen, in: Stbg, 42. Jg. (1999), S. 19 – 22

Langohr-Plato (1999 c): Langohr-Plato, Uwe, Die rechtlichen Rahmenbedingungen der Anpassungsprüfung laufender Betriebsrenten nach § 16 BetrAVG, in: BB, 54. Jg. (1999), S. 2134 – 2140

Langohr-Plato/Teslau (1999): Langohr-Plato, Uwe; Teslau, Johannes, Das Verpfändungsmodell: Privatrechtliche Insolvenzsicherung durch Verpfändung einer Rückdeckungsversicherung, in: INF, 53. Jg. (1999), S. 400 – 404

Laux (1996): Laux, Manfred, Vorsorgeaufwendungen 1996, in: BB, 51. Jg. (1996), Beilage Heft 10, S. 1 – 29

Laux (1997): Laux, Manfred, Pensions-Sondervermögen – ein effizientes, flexibles und transparentes Altersvorsorgeinstrument, in: Kreditwesen, 50. Jg. (1997), S. 163 – 167

Lohneiß (1997): Lohneiß, Herbert, Pensionsfonds für die betriebliche Altersversorgung, in: BetrAV, 52. Jg. (1997), S. 214 – 222

Lorenz (1996): Lorenz, Martin, Zur Lohngleichheit von Männern und Frauen, in: DB, 49. Jg. (1996), S. 1234 – 1237

Lubnow (1992): Lubnow, Michael, Die Rechtsprechung zur Gleichbehandlung von Teilzeitbeschäftigten in der betrieblichen Altersversorgung, in: BB, 47. Jg. (1992), S. 1204 – 1210

Ludewig/Kube (1998): Ludewig, Rainer; Kube, Marcus C., Zur Berücksichtigung einer angemessenen Eigenkapitalverzinsung und der Ertragsteuern im Rahmen der Anpassungsentscheidung nach § 16 BetrAVG, in: DB, 51. Jg. (1998), S. 1725 – 1730

Lutz (1993): Lutz, Joachim, Die betriebliche Altersversorgung, 2. Auflage, Ehningen bei Böblingen 1993

Lutz (1998): Lutz, Joachim, Deferred compensation, in: DSWR, 27. Jg. (1998), S. 177 – 178

Marburger (1998): Marburger, Horst, Rentenreformgesetz 1999: Auswirkungen auf die betriebliche Praxis, in: BB, 53. Jg. (1998), S. 1946 – 1949

Matthießen/Rößler/Rühmann (1993): Matthießen, Volker; Rößler, Norbert; Rühmann, Jochen, Die nachholende Anpassung von Betriebsrenten, in: DB, 46. Jg. (1993), Beilage zu Heft Nr. 17, S. 1 – 23

Maute (1999): Maute, Hanspeter, Börsenfähigkeit mittelständischer Unternehmen, in: DStR, 37. Jg. (1999), S. 687 – 692

Meier (1993): Meier, Karin, Das Spannungsfeld zwischen handels- und steuerrechtlicher Rechnungslegung bei Unterstützungskassen, in: BetrAV, 48. Jg. (1993), S. 143 – 148

Meier (1998): Meier, Karin, Flexibilität und wirtschaftliche Chancen aus der Novellierung des BetrAVG, in: Neue Chancen für Betriebsrenten: Die Novellierung des Betriebsrentengesetzes, Reinhold Höfer (Hrsg.), 1. Auflage, Stuttgart 1998, S. 93 – 114

Meinhardt (1992): Meinhardt, Hans, Betriebliche Altersversorgung – ein wesentliches Element der Personalpolitik, in: Betriebliche Altersversorgung in der Diskussion zwischen Praxis und Wissenschaft, Köln 1992, S. 310 – 318

Michaelis (1998): Michaelis, Klaus, Rentenversicherung, in: Handbuch zur Altersversorgung, Herausgegeben von Cramer, Jörg-E.; Förster, Wolfgang; Ruland, Franz, Frankfurt am Main 1998, S. 85 – 116

Moxter (1997): Moxter, Adolf, Zum Verhältnis von Handelsbilanz und Steuerbilanz, in: BB, 52. Jg. (1997), S. 195 – 199

Müller (1994): Müller, Eugen, Angemessene betriebliche Altersversorgung aus Arbeitgebersicht, in: BetrAV, 49. Jg. (1994), S. 1 – 2

Müller (1997): Müller, Reinhold, Pensionsfonds – Ein neuer Weg für die betriebliche Altersversorgung in Deutschland?, in: Versicherungswirtschaft, 9. Jg. (1997), S. 119 – 120

Neuhaus (1997): Neuhaus, Walter, Euro-Pensionsfonds als Gegenstand einer Bank-Assekuranz-Zusammenarbeit, in: Versicherungswirtschaft, 9. Jg. (1997), S. 1056 – 1059

Neurohr (1998): Neurohr, Paul, Insolvenzgeschützte Altersversorgung des Gesellschafter-Geschäftsführers, in: Vermögen & Steuern, 1. Jg. (1998), S. 32 – 33

Neynaber (1997): Neynaber, Jochen, Einfluß der Währungsunion auf die Anlagestrategie und die betriebliche Altersversorgung, in: BetrAV, 52. Jg. (1997), S. 73 – 79

Nürk (1996): Nürk, Bettina, Pensionsfonds und betriebliche Altersversorgung, in: BB, 51. Jg. (1996), S. 2187 – 2190

Oecking (1998): Oecking, Stefan, Die Auswirkungen der Wirtschafts- und Währungsunion auf die betriebliche Altersversorgung, in: BetrAV, 53 Jg. (1998), S. 196 – 198

Ophoff/Walkiewicz (1996): Ophoff, Jürgen; Walkiewicz, Norbert, Kostenneutrale und insolvenzsichere Gestaltung arbeitnehmerfinanzierter Pensionszusagen, in: DB, 49. Jg. (1996), S. 2240 – 2244

Otremba (1998): Otremba, Walther, Die Reformvorschläge zur Weiterentwicklung der betrieblichen Altersversorgung in Deutschland aus der Sicht des Bundesfinanzministeriums, in: BetrAV, 53. Jg. (1998), S. 251 – 254

Palandt (1999): Palandt, Bürgerliches Gesetzbuch, 58., neubearbeitete Auflage, München 1999

Paschek (1997): Paschek, Winfried, Zum Wechsel zwischen Versorgungsformen – Erfahrungen und praktische Hinweise, in: BetrAV, 52. Jg. (1997), S. 46 – 51

Peemöller/Geiger/Fiedler (1999): Peemöller, V. H.; Geiger, Th.; Fiedler, H.; Pensionsfonds als Chance für die betriebliche Altersversorgung – eine empirische Untersuchung, in: DB, 52. Jg. (1999), S. 809 – 814

Pinkos (1991): Pinkos, Erich, Umgekehrte Maßgeblichkeit und betriebliche Altersversorgung, in: DB, 44. Jg. (1991), S. 361 – 362

Popahl (1997): Popahl, Roger, Direktversicherung als Beitrags- oder Leistungszusage, in: BetrAV, 52. Jg. (1997), S. 174 – 178

Postert/Wolz (1999): Postert, Andreas; Wolz, Matthias, Die Bilanzierung von Pensionsrückstellungen nach HGB und US-GAAP, in: DB, 52. Jg. (1999), S. 2173 – 2178

Prölss (1996): Prölss, Erich R., Versicherungsaufsichtsgesetz, 11., völlig neu bearbeitete Auflage, München 1996

Prognos AG (1995): Prognos AG, Prognos-Gutachten 1995, Perspektiven der gesetzlichen Rentenversicherung für Gesamtdeutschland vor dem Hintergrund veränderter politischer und ökonomischer Rahmenbedingungen, Verband deutscher Rentenversicherungsträger (Hrsg.), Frankfurt am Main 1995

PSVaG (1996): Pensions-Sicherungs-Verein, Versicherungsverein auf Gegenseitigkeit, Geschäftsjahr 1996

PSVaG (1997): Pensions-Sicherungs-Verein, Versicherungsverein auf Gegenseitigkeit, Geschäftsjahr 1997

PSVaG (1998): Pensions-Sicherungs-Verein, Versicherungsverein auf Gegenseitigkeit, Geschäftsjahr 1998

Puskas (1999): Puskas, Geza von, Bericht der Leitung der Fachvereinigung öffentlich-rechtliche Altersversorgungseinrichtungen, in: BetrAV, 54 Jg. (1999), S. 247 – 249

Radtke (1992): Radtke, Günter, Betriebliche Altersversorgung, in: Betrieb und Wirtschaft, 46. Jg. (1992), S. 371 – 372

Ranke/Roesler (1994): Ranke, Fritz; Roesler, Ingeborg, Betriebliche Altersversorgung in Frankreich, in: BetrAV, 49. Jg. (1994), S. 206 – 210

Rauser/De Meo (1995): Rauser, Klaus-Dieter; De Meo, Francesco, Deferred Compensation, in: BB, 50. Jg. (1995), S. 381 – 383

Recht (1998): Recht, Georg, Die Novellierung des Betriebsrentengesetzes – Grundzüge und Hintergründe der Änderungen, in: Neue Chancen für Betriebsrenten: Die Novellierung des Betriebsrentengesetzes, Reinhold Höfer (Hrsg.), 1. Auflage, Stuttgart 1998, S. 1 – 14

Reichenbach (1998): Reichenbach, Rita, Aspekte der Mitbestimmung bei der Gestaltung betrieblicher Versorgungswerke, in: BetrAV, 53 Jg. (1998), S. 161 – 165

Rentenversicherungsbericht (1999), bundesministerium für Arbeit und Sozialordnung, www.bma.de

Rhiel (1998 a): Rhiel, Raimund, Flexibilisierung der Zusatzversorgung – Aspekte und Zukunftsperspektiven, in: BetrAV, 53. Jg. (1998), S. 176 – 180

Rhiel (1998 b): Rhiel, Raimund, Altersvorsorge, Kapitaldeckung und Pensionsfonds, in: BB, 53. Jg. (1998), S. 2522 – 2525

Richardi/Wlotzke (1992): Richardi, Reinhardt; Wlotzke, Otfried, Münchener Handbuch zum Arbeitsrecht, Band 1, München 1992

Richter (1996): Richter, Gerd, Zeitgemäße Gestaltung von Pensionsplänen, in: DB, 49. Jg. (1996), S. 1733 – 1737

Roland (1996): Roland, Detlef, Perspektiven für die Unterstützungskasse nach dem Jahressteuergesetz 1996, in: BetrAV, 51. Jg. (1996), S. 215 – 220

Rosen (1996): Rosen, Rüdiger, von, Was machen die anderen besser?, in: Börsenzeitung vom 23. 2. 1996, S. 2

Rosen (1997): Rosen, Rüdiger, von, Aktien und Pensionsfonds, Dokumentation der Börsen-Zeitung zum 6. Deutschen Börsentag, S. 41 – 47

Roßmanith (1999): Roßmanith, Günther, Die Kündigung von Betriebsvereinbarungen über betriebliche Altersversorgung, in: DB, 52. Jg. (1999), S. 634 – 637

Rößler (1992): Rößler, Norbert, Internationale Aspekte der betrieblichen Altersversorgung, in: Betriebliche Altersversorgung in der Diskussion zwischen Praxis und Wissenschaft, Köln 1992, S. 465 – 476

Rößler (1995): Rößler, Norbert, Das europäische Umfeld der betrieblichen Altersversorgung, in: BetrAV, 50. Jg. (1995), S. 64 – 68

Rößler (1996 a): Rößler, Norbert, Pensionsfonds für die betriebliche Altersversorgung in Deutschland?, in: BetrAV, 51. Jg. (1996), S. 316 – 322

Rößler (1997): Rößler, Norbert, Wünsche des Anwenders an die Direktversicherung unter besonderer Berücksichtigung aktueller und europäischer Aspekte, in: BetrAV, 52. Jg. (1997), S. 61 – 67

Rößler/Dernberger/Schmandt (1996): Rößler, Norbert; Dernberger, Matthias; Schmandt, Ernst Martin, Aufspaltung des Versorgungsaufwands bei Pensionsrückstellungen, in: DB, 49. Jg. (1996), S. 1785 – 1790

Rößler/Doetsch (1998): Rößler, Norbert; Doetsch, Peter, Bevorzugte Verfahren zur Finanzierung betrieblicher Pensionsverpflichtungen in Deutschland, in: DB, 51. Jg. (1998), S. 1773 – 1776

Rößler/Doetsch (1999): Rößler, Norbert; Doetsch, Peter, Auslagerung von Pensionsverpflichtungen im Rahmen einer Bilanzierung gemäß SFAS bzw. IAS, in: BB, 54. Jg. (1999), S. 2498 – 2504

Rößler/McShee (1998): Rößler, Norbert; McShee, Michael, Untersuchung der bevorzugten Verfahren zur Finanzierung betrieblicher Pensionsverpflichtungen in Deutschland, Public Version, Wiesbaden/Genf im März 1998

Rößler/Schmandt (1997): Rößler, Norbert; Schmandt, Ernst Martin, Auslagerung der Pensionsrückstellungen auf „Pensionsfonds" – eine Chance für Kapitalmarkt oder betrieblichen Altersversorgung?, in: DStR, 35. Jg. (1997), S. 1057 – 1060

Ruland (1998): Ruland, Franz, Die Zukunft der Rentenversicherung, in: Handbuch der Altersversorgung, herausgegeben von Cramer, Jörg-E.; Förster, Wolfgang; Ruland, Franz, Frankfurt am Main 1998, S. 935 – 972

Rürup/Liedtke (1998): Rürup, Bert; Liedtke, Patrick M., Umlageverfahren versus Kapitaldeckung, in: Handbuch zur Altersversorgung, herausgegeben von Cramer, Jörg-E.; Förster, Wolfgang; Ruland, Franz, Frankfurt am Main 1998, S. 779 – 798

Rupprecht (1996): Rupprecht, Gerhard, Pensionsfonds – Wunsch und Wirklichkeit, in: Versicherungswirtschaft, 51. Jg. (1996), S. 1100 – 1107

Sachverständigenrat (1997): Sachverständigenrat zur Begutachtung der gesamtwirtschaftlichen Situation, Gutachten 1996/1997

Sarrazin (1992): Sarrazin, Viktor, Gesetzliche Neuregelung der betrieblichen Altersversorgung durch Unterstützungskassen, in: Betriebliche Altersversorgung in der Diskussion zwischen Praxis und Wissenschaft, Köln 1992, S. 457 – 464

Sasdrich (1998): Sasdrich, Werner, Aktuelle Entwicklungen zur betrieblichen Altersversorgung in Europa, in: BetrAV, 53. Jg. (1998), S. 257 – 259

Schaber (1994): Schaber, Mathias, Spezialfonds: Maßgeschneidertes Investmentprodukt oder ein Fall für das Gesetz zur Bekämpfung des Mißbrauches und zur Bereinigung des Steuerrechts, in: DB, 47. Jg. (1994), S. 993 – 998

Schaber (1996): Schaber, Mathias, Spezialfonds: Trotz Publizitäts- und Prüfungspflichten Vorteile gegenüber der direkten Kapitalanlage, in: BB, 51. Jg. (1996), S. 313 – 314

Schanz (1992): Schanz, Thomas, Risikobewältigung in der betrieblichen Altersversorgung mittelständischer Unternehmen, Frankfurt am Main 1992

Schanz (1996): Schanz, Thomas, Börsenzeitung vom 29. 10. 1996, S. 19

Schaub (1992): Schaub, Günther, Die Sicherung der Versorgungszusage gegen Änderung und Aufhebung, in: BB, 47. Jg. (1992), S. 1058 – 1062

Schaumlöffel (1995): Schaumlöffel, Kay, Die Änderung des Versicherungsaufsichtsrechts durch das Dritte Durchführungsgesetz / EWG zum VAG: Unmittelbare Auswirkungen auf die Pensionskassen und die weitere Entwicklung, in: BetrAV, 50. Jg. (1995), S. 153 – 160

Schaumlöffel (1999): Schaumlöffel, Kay, Änderung des Höchstrechnungszinses in der Lebensversicherung: Aktuelle Entwicklungen und Auswirkungen auf Pensionskassen, in: BetrAV, 54. Jg. (1995), S. 237 – 244

Scheffler (1990): Scheffler, Wolfram, Betriebliche Altersversorgung, Wiesbaden 1990

Scheffler (1993): Scheffler, Wolfram, Einfluß der betrieblichen Altersversorgung auf die Jahresabschlußanalyse, in: Die Wirtschaftsprüfung, 46. Jg. (1993), S. 461 – 472

Scheurle (1994): Scheurle, Florian, Besteuerung des Zwischengewinns aus Investmentanteilen, in: NWB, Fach 3, S. 9101 – 9114

Scheurle (1998): Scheurle, Florian, Investmentfonds: Änderungen durch das Dritte Finanzmarktförderungsgesetz, in: DB, 51. Jg. (1998), S. 1099 – 1106

Schmähl (1981): Schmähl, Winfried, Soziale Sicherheit im Alter, in: Handwörterbuch der Wirtschaftswissenschaft, Band 6, S. 645 – 661, Stuttgart 1981

Schmähl (1994): Schmähl, Winfried, Strategien und Maßnahmen künftiger Alterssicherungspolitik in Deutschland, in: Wirtschaftsdienst, 74 Jg. (1994), S. 507 – 514

Schmähl (1998): Schmähl, Winfried, Das Gesamtsystem der Alterssicherung, in: Handbuch zur Altersversorgung, herausgegeben von Cramer, Jörg-E.; Förster, Wolfgang; Ruland, Franz, Frankfurt am Main 1998, S. 59 – 83

Schmeisser/Blömer (1999 a): Schmeisser, Wilhelm; Blömer, Karsten, Modelle der betrieblichen Altersversorgung, in: DStR, 37. Jg. (1999), S. 334 – 342

Schmeisser/Blömer (1999 b): Schmeisser, Wilhelm; Blömer, Karsten, Pensionsfondsmodelle im Rahmen der betrieblichen Altersversorgung, in: DStR, 37. Jg. (1999), S. 1747 – 1752

Schmid (1977): Schmid, Hans Dieter, Verwendung von Gehaltsteilen für die betriebliche Altersversorgung, in: BB, 32. Jg. (1977), S. 700 – 704

Schmidt (1988): Schmidt, Axel, Versorgungsrisiken betrieblicher Ruhegeldzusagen, Diss., Bonn 1988

Schmidt (1995): Schmidt, Carsten, Die betriebliche Altersversorgung in Dänemark und Schweden, in: BetrAV, 50. Jg. (1995), S. 51 – 54

Schmidt (1999): Schmidt, Ludwig, Einkommensteuergesetz, Kommentar, 18., völlig neubearbeitete Auflage, München 1999

Schmitz (1996): Schmitz, Jöns-Peter, Sind Pensionsfonds für die deutsche betriebliche Altersversorgung die einzig sinnvolle Lösung?, in: BB, 51. Jg. (1996) S. 1547 – 1553

Schneider (1992): Schneider, Dieter, Investition, Finanzierung und Besteuerung, 7., vollständig überarbeitete und erweiterte Auflage, Wiesbaden 1992

Schoden (1994): Schoden, Michael, Betriebliche Altersversorgung, 3. Auflage, Köln 1994

Schön (1997): Schön, Wolfgang, Zur Verfassungsmäßigkeit der rückwirkenden Wertaufholung von Teilwertabschreibungen, in: BB, 52. Jg. (1997), S. 1333 – 1344

Schulz (1997): Schulz, Helmut, Euro und Direktversicherung – die versicherungsmäßige Versorgungslösung bleibt attraktiv, in: BetrAV, 52. Jg. (1997), S. 41 – 46

Schulze-Osterloh (1997): Schulze-Osterloh, Joachim, Bilanzierungsentscheidungen bei der Personenhandelsgesellschaft und ihre Auswirkungen auf die Haftung des Kommanditisten und das Abfindungsguthaben auf Grund einer Buchwertklausel, in: BB, 52. Jg. (1997), S. 1783 – 1789

Schumann (1990): Schumann, Hans – Heinrich, Wie sicher ist die Betriebsrente ?, in: DB., 43. Jg. (1990), S. 2118 – 2122

Schütt-Alpen (1998): Schütt-Alpen, Björn, Merkmale der Alterssicherung in Abgrenzung zur Vermögensbildung, in: BetrAV, 53. Jg. (1998), S. 257

Schwind (1998): Schwind, Joachim, Bericht der Leitung der Fachvereinigung Pensionskassen, in: BetrAV, 53. Jg. (1998), S. 180 – 183

Schwind (1999): Schwind, Joachim, Bericht der Leitung der Fachvereinigung Pensionskassen, in: BetrAV, 54. Jg. (1999), S. 235 – 237

Seithel (1973): Seithel, Rolf, Zum Teilwert von Investment-Anteilen, in: FR, 55. Jg. (1973), S. 169 – 169

Söffing (1998): Söffing, Matthias, Die arbeitnehmerfinanzierte Versorgungszusage – § 1 Abs. 5 BetrAVG-Änderungsgesetz, in: DB, 51. Jg. (1998), S. 1285 – 1286

Soziales Europa (1994): Soziales Europa, ergänzende Altersversorgungssysteme in der Europäischen Union, Beiheft 3/94, Europäische Kommission, Generaldirektion Beschäftigung, Arbeitsbeziehungen und soziale Angelegenheiten

Spengel/Schmidt (1997 a): Spengel, Christoph; Schmidt, Frank, Betriebliche Altersversorgung, Besteuerung und Kapitalmarkt, Baden – Baden 1997

Spengel/Schmidt (1997 b): Spengel, Christoph; Schmidt, Frank, Der Wechsel von Pensionsrückstellungen zu Pensionsfonds als Durchführungsform der betrieblichen Altersversorgung, in: BB, 52. Jg. (1997), S. 2097 – 2104

Spengel/Schmidt (1997 c): Spengel, Christoph; Schmidt, Frank, Pensionsfonds als Allheilmittel zur stärkeren Verbreitung der betrieblichen Altersversorgung?, in: BetrAV, 52. Jg. (1997), S. 83 – 88

Spengel/Schmidt (1998): Spengel, Christoph; Schmidt, Frank, Perspektiven der betrieblichen Altersversorgung – Ein internationaler Vergleich, in: IStR, 7. Jg. (1998), S. 89 – 94

Standfest (1998): Standfest, Erich, Die Wertung der gesetzlichen Neuregelung aus der Sicht der Arbeitnehmervertreter, in: Neue Chancen für Betriebsrenten: Die Novellierung des Betriebsrentengesetzes, Reinhold Höfer (Hrsg.), 1. Auflage, Stuttgart 1998, S. 25 – 32

Stradinger (1999): Stradinger, Manfred, Die Bemessungs- und Entgeltgrenzen in der Sozialversicherung 2000, in: NWB, Fach 27, S. 5071 – 5077

Steenbock (1999): Steenbock, Anke, Private Alterssicherung über den Kapitalmarkt, Dissertation, Hamburg 1999

Stegmann (1997): Stegmann, Volker, Forderungen und Lösungsvorschläge für eine europataugliche betriebliche Altersversorgung in Deutschland, in: Tagungsband zum 3. Winterthur Workshop zur betrieblichen Altersversorgung in Europa, S. 43 – 62

Stegmann/Buttler (1997): Stegmann, Volker; Buttler, Andreas, Die zweite Säule – ein Blick über die Grenzen, in: Versicherungswirtschaft, 52. Jg. (1997), S. 1275 – 1277

Steiger (1998): Steiger, Mathias, Institutionelle Investoren und Corporate Governance – eine empirische Analyse, ZEW-Dokumentation Nr. 98-05

Steinmeyer (1992 a): Steinmeyer, Heinz-Dietrich, Arbeitsrechtliche Probleme der betrieblichen Altersversorgung im europäischen Binnenmarkt, in: Betriebliche Altersversorgung in der Diskussion zwischen Praxis und Wissenschaft, Köln 1992, S. 475 – 491

Steinmeyer (1992 b): Steinmeyer, Heinz-Dietrich, Die Gehaltsumwandlungsversicherung als betriebliche Altersversorgung, in: BB, 47. Jg. (1992), S. 1553 – 1559

Steinmeyer (1995): Steinmeyer, Heinz- Dietrich, Nationaler Bericht Deutschland, in: Zusatzversorgungssysteme in der Bundesrepublik Deutschland, Frankreich und Großbritannien – Entwicklung, Tendenzen und offene Fragen -, Köln 1995, S. 13 – 86

Steinmeyer (1998): Steinmeyer, Heinz- Dietrich, Umsetzung des europäischen Lohngleichheitsgebotes und die Neuregelung des BetrAVG, in: Neue Chancen für Betriebsrenten: Die Novellierung des Betriebsrentengesetzes, Reinhold Höfer (Hrsg.), 1. Auflage, Stuttgart 1998, S. 115 – 130

Stern (1997): Zeitschrift „Stern", Heft Nr. 50, 1997, S. 222 – 224

Stiefermann (1995): Stiefermann, Klaus, Bestandteil des Integrationsprozesses, in: Arbeitgeber, 4. Jg. (1995), S. 804 – 806

Stephen (1992): Stephen, Richard, Betriebliche Altersversorgung in Großbritannien, in: BetrAV, 47. Jg. (1992), S. 68 – 73

Stöhr (1998): Stöhr, Jens-Peter, Betrieblicher Pensionsfonds in Form einer Treuhand findet Anerkennung als „funded pension plan" nach US-GAAP, in: DB, 51. Jg. (1998), S. 2233 – 2234

Stürmer (1998): Stürmer, Klaus, Das Grünbuch der EU-Kommission: Zusätzliche Altersversorgung im Binnenmarkt, in: BetrAV, 53. Jg. (1998), S. 210 – 216

Stuhrmann (1980): Stuhrmann, Gerd, Die Körperschaftsteuerfreiheit einer Unterstützungskasse, in: BB, 35. Jg. (1980), S. 879 – 880

Stuhrmann (1989): Stuhrmann, Gerd, Rückstellungen für die Verpflichtung zur Zahlung von Beiträgen an den Pensionssicherungs-Verein, in: BB, 44. Jg. (1989), S. 879 – 881

Stürmer (1998): Stürmer, Klaus, Das Grünbuch der Eu-Kommision: Zusätzliche Altersversorgung im Binnenmarkt, in: BetrAV, 53. Jg. (1998), S. 210 – 216

Süchting (1995): Süchting, Joachim, Finanzmanagement, 6. Auflage, Wiesbaden 1995

Tappe/Koplin (1998): Tappe, Konstantin; Koplin, Bernhard, Die „negative betriebliche Übung", in: DB, 51. Jg. (1998), S. 2114 – 2118

Teetz (1984): Teetz, Gerhard, Ausgewählte Probleme der Vermögensanlage aus der Sicht der Aufsichtsbehörde, in: BetrAV, 39. Jg. (1984), S. 163 – 167

Thümmler (1990): Thümmler, Hans, Partielle Steuerpflicht von Pensionskassen, in: BetrAV, 45. Jg. (1990), S. 1 – 6

Tiemann (1996): Tiemann, Susanne, Die betriebliche Altersversorgung und das europäische Freizügigkeitsgebot, in: BetrAV, 51. Jg. (1996), S. 18 – 21

Tödtmann (1998): Tödtmann, Ulrich, Der Einfluß des EuGH auf die Gleichstellung von Mann und Frau, in: DB, 51. Jg. (1998), S. 2322 – 2324

Trzaskalik (1999): Trzaskalik, in: Kirchhof, Paul; Söhn, Hartmut, Einkommensteuergesetz-Kommentar, § 40b EStG, Band 13, § 11 EStG, Band 8, Stand: Oktober 1999, Heidelberg

Uebelhack (1998 a): Uebelhack, Birgit, Die betriebliche Altersversorgung, in: Handbuch der betrieblichen Altersversorgung, Arbeitsgemeinschaft für betriebliche Altersversorgung (Hrsg.), 8. Auflage, Wiesbaden 1993, Band 1, Loseblatt mit Ergänzung: Stand September 1998

Uebelhack (1998 b): Uebelhack, Birgit, Weiterentwicklung der Unterstützungskasse zum betrieblichen Pensionsfonds, in: BetrAV, 53. Jg. (1998), S. 132 – 137

Uhrmann (1986): Uhrmann, Karl, Unterschiede zwischen verbuchten und zu versteuernden Erträgen aus inländischen Investmentfonds und ihre steuerliche Behandlung, in: StBp, 26. Jg. (1986), S. 155 – 159

Urbitsch (1992): Urbitsch, Christian, Arbeitskostenerhebung 1988, in: BetrAV, 47. Jg. (1992), S. 24 – 27

Versicherungswirtschaft (1997): o. V., Pensionsfonds – Ein neuer Weg für die betriebliche Altersversorgung in Deutschland?, in: Versicherungswirtschaft, 9. Jg. (1997), S. 119 – 120

Wagner (1997): Wagner, Klaus, Ergebnisorientierte variable Vergütungen, in: BB, 52. Jg. (1997), S. 150 – 158

Walser (1992): Walser, Hermann, Die Stiftung in der Schweiz – Vorbild für Pensionsfonds in Deutschland?, in: BetrAV, 47. Jg. (1992), S. 19 – 24

Walser (1997): Walser, Hermann, Freizügigkeitsgebot und Zusatzversorgung in Europa, in: BetrAV 52. Jg. (1997), S. 307 – 310

Wartenberg (1992): Wartenberg, von, L. G., Zur Bedeutung der betrieblichen Altersversorgung für die Finanzierung deutscher Unternehmen, in: Betriebliche Altersversorgung in der Diskussion zwischen Praxis und Wissenschaft, Köln 1992, S. 141 – 159

Weber (1998): Weber, Manfred, Betriebs-Pensions-Fonds – die attraktive Alternative, in: Die Bank, 38. Jg. (1998), S. 339 – 343

Weber-Grellet (1999): Weber-Grellet, Heinrich, Der Maßgeblichkeitsgrundsatz im Lichte aktueller Entwicklungen, in: BB, 54 Jg. (1999), S. 2659 – 2666

Wehlmann (1996): Wehlmann, Frank, Betriebliche Altersversorgung- Spezialfonds als neues Finanzierungsmodell, in: DB, 49. Jg. (1996), S. 1145 – 1148

Werner (1993): Werner, Lutz, Betriebliche Altersversorgung in Europa, in: Versicherungswirtschaft, 5. Jg. (1993), S. 903 – 907

Werner/Hagen (1993): Werner, Gustav Adolf; Hagen, Wolfgang, Betriebliche Altersversorgung, 10. Auflage, München 1993

Wiegers (1999): Wiegers, Anton, Mehr Freiheit bei den Kapitalanlagen – Änderungsvorschläge zum VAG, in: BetrAV, 54. Jg. (1999), S. 15 – 17

Willms (1999): Willms, Benno, Artikel 51, in: Kommentar zum EU-/EG-Vertrag, Band 1, Fünfte neubearbeitete Auflage, von der Groeben, Hans; Thiesing, Jochen; Ehlermann, Claus-Dieter (Hrsg.), Baden-Baden 1999

Windel (1998): Windel, Eckart, Die Insolvenzversicherung der betrieblichen Altersversorgung, in: Handbuch der betrieblichen Altersversorgung, Arbeitsgemeinschaft für betriebliche Altersversorgung (Hrsg.), 8. Auflage, Wiesbaden 1993, Band 1, Loseblatt mit Ergänzung: September 1998

Wissenschaftlicher Beirat (1997): Wissenschaftlicher Beirat beim Bundesministerium für Wirtschaft, Gutachten „Wagniskapital", 1997

Wissenschaftlicher Beirat (1998): Wissenschaftlicher Beirat beim Bundesministerium für Wirtschaft, Gutachten „Grundlegende Reform der gesetzlichen Rentenversicherung", 1998

Wittek (1993): Wittek, Rupert, Die nachholende Anpassung von Betriebsrenten, in: BetrAV, 48. Jg. (1993), S. 108 – 110

Wölker (1999): Wölker, Ulrich, Artikel 48, in: Kommentar zum EU-/EG-Vertrag, Band 1, Fünfte neubearbeitete Auflage, von der Groeben, Hans; Thiesing, Jochen; Ehlermann, Claus-Dieter (Hrsg.), Baden-Baden 1999

Wohlleben (1998 a): Wohlleben, Hermann Peter, Inhalt und Chancen der Neuregelungen zum Betriebsrentengesetz, in: BetrAV, 53. Jg. (1998), S. 120 – 123

Wohlleben (1998 b): Wohlleben, Hermann Peter, Die Insolvenzsicherung der Betriebsrenten, in: Neue Chancen für Betriebsrenten: Die Novellierung des Betriebsrentengesetzes, Reinhold Höfer (Hrsg.), 1. Auflage, Stuttgart 1998, S. 131 – 142

Wohlleben (1998 c): Wohlleben, Hermann Peter, Neuregelungen zur Insolvenzsicherung der Betriebsrenten, in: DB, 51. Jg. (1998), S. 1230 – 1233

Verzeichnis der Entscheidungen

Datum	Aktenzeichen	Fundstelle	Seite
1. Europäischer Gerichtshof			
13.05.1986	Rs. C-170/84	BB 1986	S. 1509
17.05.1990	Rs. C-262/88	DB 1990	S. 1824 – 1825
06.10.1993	Rs. C-109/91	DB 1993	S. 2132 – 2133
14.12.1993	Rs. C-110/91	DB 1994	S. 228
28.09.1994	Rs. C-200/91	DB 1994	S. 2091 – 2095
28.09.1994	Rs. C-408/92	DB 1994	S. 2086 – 2088
28.09.1994	Rs. C-128/93	DB 1994	S. 2145 – 2147
2. Bundesverfassungsgericht			
26.03.1980	1 BvR 121, 122/76	BB 1980	S. 1083
07.07.1992	1 Bvl 51/86	BB 1992	S. 1430 – 1431
27.11.1997	1 BvL 12/91	NZA 1998	S. 247 – 249
3. Bundesfinanzhof			
28.03.1958	VI 233/56 S	BStBl III 1958	S. 268 – 271
28.11.1961	I 191/59 S	BStBl III 1962	S. 101 – 104
30.08.1962	II 207/57 U	BStBl III 1962	S. 445 – 448
04.12.1962	I 71/60 S	BStBl III 1963	S. 93 – 94
24.04.1968	I R 50/67	BStBl II 1968	S. 544 – 545
11.07.1968	IV 139/63	BStBl II 1968	S. 775 – 777
29.01.1969	I 247/65	BStBl II 1969	S. 269 – 272

14.05.1971	III R 52/68	BStBl II 1971	S. 583 – 586
05.10.1972	IV R 118/70	BStBl II 1973	S. 207 – 209
25.10.1972	Gr.S. 6/71	BStBl II 1973	S. 79 – 83
17.01.1973	I R 191/72	BStBl II 1973	S. 260 – 261
14.02.1973	I R 77/71	BStBl II 1973	S. 452 – 453
29.03.1973	I R 153/71	BStBl II 1973	S. 661 – 663
19.12.1973	VI R 339/70	BStBl II 1974	S. 237 – 238
21.12.1976	VIII R 27/72	BStBl II 1977	S. 244 – 245
27.01.1977	I B 60/76	BStBl II 1977	S. 442 – 443
08.08.1979	I R 186/78	BStBl II 1980	S. 106 – 107
17.10.1979	I R 14/76	BStBl II 1980	S. 225 – 227
30.01.1980	I R 48/77	DB 1982	S. 1040 – 1041
25.06.1981	IV R 61/78	BStBl II 1982	S. 59 – 60
07.02.1990	X R 36/86	DB 1990	S. 1901 – 1903
30.05.1990	I R 64/86	BStBl II 1990	S.1000 – 1002
29.04.1991	VI R 61/88	BStBl II 1991	S. 647 – 649
13.11.1991	I R 102/88	BStBl II 1992	S. 336 – 342
27.03.1993	VI R 19/92	BStBl II 1994	S. 246 – 248
27,05.1993	VI R 19/92	DB 1994	S. 23 – 24
18.05.1994	I R 59/93	BStBl II 1995	S. 54 – 57
17.05.1995	I R 16/94	DB 1995	S. 1992 – 1993
26.11.1998	IV R 52/96	DStR 1999	S. 363 – 366

4. Bundesgerichtshof

28.04.1980	II ZR 254/78	BB 1980	S. 1046 – 1048
09.06.1980	II ZR 255/78	BB 1980	S. 1215 – 1218

5. Bundesarbeitsgericht

09.12.1970	4 AZR 356/69	DB 1971	S. 580 – 581
10.03.1972	3 AZR 278/71	DB 1972	S. 1486 – 1491
17.05.1973	3 AZR 381/72	BB 1973	S. 1308 – 1310
12.06.1975	3 ABR 13/74	BB 1975	S. 1062 – 1064
28.04.1977	3 AZR 300/76	BB 1977	S. 1202 – 1204
10.11.1977	3 AZR 705/76	BB 1978	S. 762 – 764
05.07.1979	3 AZR 197/78	BB 1979	S. 1605 – 1609
30.10. 1980	3 AZR 805/79	BB 1981	S. 1153 – 1154
22.03.1983	3 AZR 574/81	DB 1983	S. 1982 -1983
05.06.1984	3 AZR 22/84	DB 1984	S. 2416
30.10.1984	3 AZR 236/82	DB 1985	S. 1747 – 1748
17.04.1985	3 AZR 72/83	DB 1986	S. 228 – 230
16.09.1986	GS 1 /82	BB 1987	S. 265 – 272
14.10.1986	3 AZR 66/83	BB 1987	S. 829 – 832
17.03.1987	3 AZR 605/85	DB 1988	S. 122 – 123
05.09.1989	3 AZR 575/88	BB 1989	S. 2400 – 2402
26.09.1989	3 AZR 815/87	DB 1990	S. 383 – 384
08.05.1990	3 AZR 121/89	DB 1990	S. 2375 – 2376
12.06.1990	3 AZR 166/89	DB 1991	S. 389 – 390
26.06.1990	3 AZR 641/88	DB 1990	S. 2475 – 2476
20.11.1990	3 AZR 613/89	BB 1991	S. 1570 – 1571
28.04.1992	3 AZR 244/91	BB 1992	S. 2292 – 2295
28.07.1992	3 AZR 173/92	BB 1993	S. 224
17.11.1992	3 AZR 51/92	DB 1993	S. 986 – 987

05.10.1993	3 AZR 698/92	BB 1994	S. 864 – 865
05.10.1993	3 AZR 586/92	DB 1994	S. 1683 – 1684
07.03.1995	3 AZR 282/94	DB 1995	S. 2020 – 2024
17.04.1996	3 AZR 56/95	DB 1996	S. 2496 – 2498
20.11.1996	5 AZR 518/95	DB 1996	S. 2547
26.03.1997	10 AZR 612/96	DB 1997	S. 1672 – 1673
09.12.1997	3 AZR 661/96	DB 1998	S. 1823 – 1824
04.05.1999	10 AZR 290/98	BB 1999	S. 1924 – 1928
04.05.1999	10 AZR 290/98	DStR 1999	S. 2082
28.04.1992	3 AZR 354/91	BetrAV 1992	S. 229

6. Landesarbeitsgericht Hamm:

14.07.1998	6 Sa 2450/97	BB 1998	S. 1851 – 1852

7. Finanzgerichte:

a) Baden-Würtemberg

14.07.1983	X 185/79	EFG 1984	S. 189 – 191

b) Rheinland Pfalz

19.08.1999	4 K 3459/97	EFG 1999	S. 1280
	Rev. eingel. Az. d. BFH VI R 154/99		

8. Schreiben des BMF und Erlasse

a) BMF

17.12.1975	IV B 6-S 2345-28/75 II	BB 1976	S. 77 – 77
31.10.1996	IV B 2-S 2176-80/96	BStBl.I 1996	S. 1256 – 1256

b) Erlasse

FinMin Baden-Württemberg

20.11.1984 S 2220 A – 2/73, Nr. 2 c aa DStZ/E 1985, S. 76

FinMin NRW

15.05.1995 S 2332-75-V B 3 DB 1995 S. 1150 – 1151

c) andere Behörden

OFD Münster 29.09.1982 – S 2729 – 82 – St 13 – 31, DStR 1982 S. 685 – 686

9. Gesetzesmaterialien (Bundestag)

BT-Drucks. **(2/481)**, Entwurf eines Gesetzes zur Neuordnung von Steuern v. 29.04.1954

BT-Drucks. **(7/1281)**, Gesetzentwurf der Bundesregierung v. 26.11.1973

BT-Drucks. **(12/3803)**, Gesetzentwurf der Bundesregierung v. 24.11.1992

BT-Drucks. **(13/8011)**, Gesetzentwurf der Fraktionen der CDU/CSU und F. D. P. v. 24.06.1997

BT-Drucks. **(13/1855)**, Beschlußempfehlung und Bericht des Auswärtigen Ausschusses v. 28.06.1995

BT-Drucks. **(13/8671)**, Beschlußempfehlung des Ausschusses für Arbeits- und Sozialordnung v. 2.10.1997

BT-Drucks. **(13/9923)**, Entschließungsantrag der Fraktionen der CDU/CSU und der F. D. P. v. 12.02.1998

BT-Drucks. **(13/9924)**, Entschließungsantrag der Fraktion der SPD v. 12.02.1998

BT-Drucks. **(14/45)**, Gesetzentwurf der Fraktionen SPD und BÜNDNIS 90/DIE GRÜNEN, v. 17.11.1998

BT-Drucks. **(14/23)**, Gesetzentwurf der Fraktionen SPD und BÜNDNIS 90/DIE GRÜNEN v. 9.11.1998

BT-Drucks. **(14/2046)**, Beschlussempfehlung und Bericht Ausschuss für Arbeit und Sozialordnung v. 10.11.1999

10. Sonstige Quellen

Ausschuß für Arbeit und Sozialordnung des Deutschen Bundestages vom 24.02.1999, in: BetrAV, 54. Jg. (1999), S. 69 – 71

BdF-Schreiben vom 23. Juni 1998, in: BetrAV, 53. Jg. (1998), S. 232

BMF-Pressemitteilung Nr. 67/98 vom 7.07.1998

Bundesverband deutscher Kapitalbeteiligungsgesellschaften (1999), www.bvk-ev.de

Drittes Finanzmarktförderungsgesetz, Gesetz zur Verbesserung der Rahmenbedingungen der Finanzmärkte (Finanzmarktförderungsgesetz) vom 22.02.1990, BGBl. I, 1990, S. 266 ff.

Ergänzung zu Rundschreiben R 2/75 TZ 12.33, VerBAV1989, S. 358

Einführungsgesetz zur Insolvenzordnung vom 5.10.1994, BGBl. I, S. 2866 ff. (InsO), S. 2911 ff. (EGInsO)

Gesetz zur Förderung eines gleitenden Übergangs in den Ruhestand vom 23.07.1996, BGBl. I, S. 1078 ff.

Gesetz zur Umsetzung des Programms für mehr Wachstum und Beschäftigung in den Bereichen der Rentenversicherung und Arbeitsförderung vom 25.09.1996, BGBl. I, S. 1461 ff.

Gesetz zur Finanzierung eines zusätzlichen Bundeszuschusses zur gesetzlichen Rentenversicherung vom 19.12.1997, BGBl. I, S. 3121 ff.

Gesetz zur weiteren Fortentwicklung des Finanzplatzes Deutschland, BGBl. I, S. 529 ff.

HFA, 2/1988 (Abschnitt 4), in: Wpg., 41. Jg. (1988), S. 403 – 405

HFA, Fachnachrichten 1993, S. 90 - 92

Memorandum der Arbeitsgemeinschaft für betriebliche Altersversorgung zur Sicherung und Förderung der betrieblichen Altersversorgung in Deutschland vom 24.01.1995

Merkblatt 300/M1, 1995, vom PSVaG

Merkblatt 300/M4, 1995, vom PSVaG

Nachweisgesetz vom 20.07.1995, BGBl. I, S. 946 ff.

Rentenreformgesetz 1992 vom 18.12.1989, BGBl. I, S. 2261 ff.

Rentenreformgesetz 1999 vom 16.12.1997, BGBl. I, S. 2998 ff.

Rundschreiben R 2/75, 1989, vom VerBAV

Steueränderungsgesetz 1960, BGBl. I, S. 616 ff.

Steuerentlastungsgesetz 1999/2000/2002 v. 24.03.1999, BGBl. I, S. 402 ff.

Vorschlag für eine Richtlinie des Rates zur Wahrung ergänzender Rentenansprüche von Arbeitnehmern und Selbständigen, die sich innerhalb der EU bewegen, KOM (97) 486 endg., Richtlinie des Rates vom 29. Juni 1998 (Richtlinie 98/49/EG)

Zweites Haushaltsstrukturgesetz vom 22.12.1981, BGBl. I, S. 1523 ff.

Dorothea Alewell (Hrsg.)

Zwischen Arbeitslosigkeit und Überstunden

Personalwirtschaftliche Überlegungen zur Verteilung von Arbeitsvolumina

Frankfurt/M., Berlin, Bern, Bruxelles, New York, Wien, 2000. 231 S.
ISBN 3-631-35685-4 · br. DM 58.–*

Die Autorinnen des Sammelbandes untersuchen die Verteilung von Arbeitsvolumina aus personalwirtschaftlicher Perspektive. Warum werden Überstunden geleistet, obwohl Arbeitslosigkeit herrscht? Wann werden Arbeitsvolumina unter Vertragsformen wie Telearbeit, Zeitarbeit oder geringfügiger Beschäftigung abgeleistet? Zur Beantwortung dieser Fragen werden empirische Befunde mit theoretischen Überlegungen zu den personalwirtschaftlichen Einflußfaktoren auf die Verteilung von Arbeitsvolumina kontrastiert. Insbesondere wird untersucht, ob aktuelle arbeitsrechtliche Maßnahmen zu dem vielfach postulierten Ziel einer breiteren personellen Verteilung von Arbeitsvolumina führen. Ein gemeinsames Ergebnis der Einzelbeiträge ist, daß aufgrund der vielfältigen Mechanismen hinter der Verteilung von Arbeitsvolumina isolierte Maßnahmen kaum zu einem Abbau der Arbeitslosigkeit führen werden.

Aus dem Inhalt: Verteilung von Arbeitsvolumina · Überstundenabbau · Geringfügige Beschäftigung · Telearbeit · Arbeitnehmerüberlassung · Kündigungsschutz in Kleinbetrieben · Normalarbeitsverhältnisse

Frankfurt/M · Berlin · Bern · New York · Paris · Wien
Auslieferung: Verlag Peter Lang AG
Jupiterstr. 15, CH-3000 Bern 15
Telefax (004131) 9402131
*inklusive Mehrwertsteuer
Preisänderungen vorbehalten

Druck:
CPI Druckdienstleistungen GmbH
im Auftrag der
Kolibri 360 GmbH
Ferdinand-Jühlke-Str. 7
99095 Erfurt

FSC
www.fsc.org
MIX
Papier | Fördert gute Waldnutzung
FSC® C083411

Kolibri 360 GmbH
Ferdinand-Jühlke-Straße 7
99095 Erfurt, Deutschland
produktsicherheit@kolibri360.de